Das Imperium
der Steine

David C. Robertson war von 2002 bis 2012 Professor für Innovation und Technologiemanagement am International Institute for Management Development (IMD) in Lausanne und wurde 2008 zum LEGO-Professor ernannt. Als LEGO-Professor erhielt Robertson einen einzigartigen Zugang zum Management, den Partnern und den Kunden des Unternehmens. Am IMD war er der Co-Direktor des größten Bildungsprogramms der Schule, des Program for Executive Development, und leitete Programme für Credit Suisse, EMC, HSBC, Skanska, BT und andere führende europäische Unternehmen. Vor seiner Zeit an der IMD war Robertson Berater bei McKinsey & Company und Führungskraft in drei verschiedenen Start-up-Unternehmen. Robertson gehört seit 2011 zur Wharton School an der University of Pennsylvania und lebt mit seiner Frau und zwei Kindern in Chestnut Hill, Pennsylvania. Um mit dem Autor Kontakt aufzunehmen, besuchen Sie *www.robertson innovation.com*.

Bill Breen ist Gründungsmitglied des Teams, das die Zeitschrift *Fast Company* herausbrachte, welche zahlreiche Auszeichnungen gewann, darunter den National Magazine Award for General Excellence. Als Chefredakteur veröffentlichte er Sonderausgaben von *Fast Company* über Design und Führung und schrieb viele Artikel über Wettbewerb, Innovation und persönlichen Erfolg. Er ist Co-Autor von *The Responsibility Revolution* und *The Future of Management* (auf Deutsch 2008 erschienen unter dem Titel *Das Ende des Managements*), das die Redakteure von Amazon.com zum besten Businessbuch des Jahres wählten.

David C. Robertson
mit Bill Breen

Das Imperium der Steine

Wie LEGO
den Kampf
ums Kinderzimmer
gewann

Aus dem Englischen von
T. A. Wegberg

Campus Verlag
Frankfurt/New York

Die Originalausgabe erschien erstmals 2013 unter dem Titel *Brick by Brick. How LEGO Rewrote the Rules of Innovation and Conquered the Global Toy Industry* bei Crown Business, einem Imprint der Crown Publishing Group, einem Unternehmen der Random House, Inc.

ISBN 978-3-593-50010-2

Gestaltung und Bildkonzept: hauser lacour, Frankfurt;
Melanie Opad, Kerstin Finger
Fotografie: Becker Lacour, Frankfurt; Olaf Becker
Gesetzt aus: Brown und Sabon
Druck und Bindung: Beltz Bad Langensalza
Printed in Germany

Dieses Buch ist auch als E-Book erschienen.
www.campus.de

Für Gordon und Caroline,
von denen ich die wichtigsten Dinge
über LEGO gelernt habe.

– DCR

6 Inhalt

Mein erster Kontakt mit der Firma LEGO fand 2007 statt, als ich die Innovationsstrategien von Unternehmen in den USA und Europa untersuchte. Ich hatte 56 Firmen befragt, um ihre Methoden des Innovationsmanagements zu ergründen, und wollte ein Buch über Innovation und Führung schreiben, in dem ich anhand von Hilfereichungen und Fallbeispielen aus vielen Unternehmen verdeutlichen wollte, wie Firmen mit Innovation umgehen sollten. Nach meinem Besuch bei LEGO verfasste ich eine Fallstudie, die ich sowohl im Unterricht an der Schweizer Business-Schule IMD als auch später für mein Buch verwenden zu können hoffte.

Als ich 2008 und 2009 erstmals meine Fallstudie über LEGO in die Seminare an der IMD einbaute, war ich überwältigt von der Begeisterung, die diese Marke auslöste, sowie von ihrer Fähigkeit, die Experimentier- und Spielfreude in jedem von uns zu wecken. Jedes weitere Interview mit LEGO-Führungskräften, das ich in der Folgezeit führte, enthüllte neue faszinierende Aspekte. Mir wurde klar, dass das Führungsteam von LEGO mehr getan hatte, als eine Kehrtwende für das Unternehmen herbeizuführen; sie hatten eine grundlegend neue Sichtweise dessen entwickelt, was »Innovation« bedeutet und wie man damit umgehen sollte, und eben dadurch hatten sie das Unternehmen gerettet und ihm eine enorme Leistungssteigerung beschert. Ich erkannte, dass diese Fallstudie weitaus mehr war als ein Kapitel in einem Buch über Innovationsmanagement – sie verdiente ein eigenes Buch voller Geschichten und Lektionen: über ein Spielzeug, das fast ein Jahrhundert lang für Millionen von Menschen auf der ganzen Welt zum Leben dazugehörte; über ein äußerst beliebtes Unternehmen, das die Verbindung zu seinen Kunden und zu seiner eigenen Geschichte verlor und infolgedessen beinahe vom Markt verschwand; und über Führungskräfte, deren Firmentreue und Hartnäckigkeit es vor dem Untergang bewahrten. Was ursprünglich als Lehrbuch zum Thema Innovationsmanagement angelegt gewesen war, wurde nun zu einem viel umfangreicheren Bericht über Scheitern und Wiederaufschwung.

Seit 2008 habe ich über ein Dutzend Reisen zur LEGO-Hauptverwaltung im dänischen Billund unternommen (eine Reise im Juni kann ich weitaus mehr empfehlen als eine im Januar), wo ich Dutzende von Führungskräften interviewte, in den hellen, weißen Räumen des Ideenhauses zuhörte, wie Designer neue Spiele erträumten, mich in Skizzen und Computerentwürfe vertiefte, die die Entwicklung einiger der erfolgreichsten Spielsets des Unternehmens nachverfolgten, die ausgedehnten, lärmigen Fabriken besuchte, in denen Millionen Tonnen Kunststoff zu Milliarden Steinchen geformt werden, und eine unvergessliche Begegnung mit Kjeld Kirk Kristiansen hatte, dem Enkel des Firmengründers und Unternehmensführer seit über 25 Jahren.

Meine Reise in die LEGO-Welt führte mich auch zu Wettbewerben der FIRST LEGO League in den USA und in der Schweiz, bei denen ich verfolgte, wie das Team meines Sohnes in fieberhaften Steckwettbewerben gegen Hunderte andere Kinder antrat. In Fort Lee, New Jersey, begleitete ich eine Gruppe von LEGO-Designern und Anthropologen, die ihre Ideen für die kommende Generation von Spielsets an den wankelmütigsten und anspruchsvollsten Kunden der Welt testeten – an neun- bis zehnjährigen Jungen. In einem Vorort von Chicago traf ich mich mit Adam Reed Tucker, der nicht nur eine Replik des weltbekannten Fallingwater House des Architekten Frank Lloyd Wright komplett aus Bausteinen errichtet, sondern diese Replik auch zu einem Themenset gemacht und über LEGO auf den Markt gebracht hatte. In West Lafayette, Indiana, begegnete ich Steve Hassenplug, einem der großartigsten Mindstorms-Konstrukteure der Welt. Und ich reiste nach Boulder, Colorado, wo ich einige der besten Spieleprogrammierer und -designer der Vereinigten Staaten kennen lernte, die endlose Zeilen von Softwarecodes in jene virtuellen Welten verwandeln, aus denen LEGO-Universen bestehen.

Bei jeder Begegnung sprachen die Führungskräfte, die Mitarbeiter, die Partner und die Fans des Unternehmens bemerkenswert freimütig über jene Fehler, die den Abstieg des Konzerns bewirkt hatten, ebenso aber auch über die Fehlstarts und die Irrwege, die zur Kehrtwende gehörten. Während ihrer über 80-jährigen Geschichte – und insbesondere während des letzten Jahrzehnts – hat sich die LEGO Gruppe als genauso widerstandsfähig erwiesen wie ihre sprichwörtlich unzerstörbaren Bausteine und als ebenso einfallsreich wie die Neunjährigen, die ihnen Leben einhauchen.

Beim Verfassen wurde ich unterstützt von Bill Breen. Bill nahm an den meisten Interviews teil und trug zur Entwicklung vieler zentraler Ideen bei; seine klare, kraftvolle Sprache prägt jede einzelne Seite.

In Ihren Händen halten Sie das Ergebnis von fünf Jahren Studien und Überlegungen zu LEGO. Indem ich Ihnen die Geschichte erzähle, wie das Unternehmen beinahe unterging, wie es überraschenderweise wiedergeboren wurde und was für einen überwältigenden Erfolg es in letzter Zeit hatte, möchte ich Ihnen Beispiele aufzeigen, die Ihnen bei der Verbesserung der Innovationskraft Ihrer Firma als Richtlinien dienen können. Ich habe versucht, die Lektionen aus den zurückliegenden Erfolgen und Fehlern des Unternehmens zusammenzufassen, damit Sie eine bessere Zukunft für sich selbst und für Ihre Organisation aufbauen können – Stein für Stein.

Betrachten Sie einmal einen LEGO-Stein, jenes harte, bonbonbunte Stück Plastik, das barfüßige Eltern weltweit zur Weißglut bringt. Für sich genommen ist so ein einzelner Baustein leblos, unbeseelt – oder wenigstens inaktiv. Lediglich die acht kleinen Noppen auf der Oberseite des rechteckigen Klötzchens und die drei Hohlräume an der Unterseite geben einen Hinweis auf sein Potenzial.

Doch wenn Sie zwei dieser inaktiven, anorganischen Klötze zusammenstecken, öffnen Sie plötzlich das Tor zu einer Welt schier unbegrenzter Möglichkeiten. Nur sechs Steine ergeben über 915 Millionen potenzielle Kombinationen. Und mit ein paar Steinen mehr könnten Sie einen Supercomputer bauen, bestehend aus 64 Raspberry-Pi-PCs und 1000 LEGO-Steinen, einen originalgroßen Rolls-Royce-Flugzeugmotor (152 000 Steine), eine detailgetreue Nachbildung des Londoner Olympiastadions von 2012 (250 000 Steine) oder ein zweistöckiges Haus mit funktionierender Toilette und Dusche in Lebensgröße (3,3 Millionen Steine), wie es andere bereits getan haben. In den über 50 Jahren seit der Patentanmeldung hat der kleine LEGO-Stein die Fantasie von Millionen Kindern und Erwachsenen beflügelt – und ist zu einem universellen Symbol für angewandte Kreativität geworden.

Vielleicht mit Ausnahme von Apple wird wohl keiner Marke so viel kultische Verehrung entgegengebracht wie LEGO. Der Mega-Nerd Jonathan Gay behauptet, der LEGO-Stein habe ihm bei der Erfindung von Flash-Animationen geholfen und damit das Internet attraktiver gemacht. Der Google-Mitgründer Larry Page hat einmal einen voll funktionsfähigen Tintenstrahldrucker aus LEGO-Steinen gebastelt; heute verwenden Google-Manager die Bausteine bei einigen ihrer Einstellungstests für Hochbegabte. Die erfolgreiche Modedesignerin Eileen Fisher rühmt den Stein für seine Fähigkeit, die kreative Spielfreude anzuregen. In seiner BBC-Serie *Toy Stories* schwärmte der britische Fernsehmoderator James May, der LEGO-Stein verkörpere »Geometrie, Mathematik, Wahrheit«.

Die Freude an LEGO ist nicht nur den berühmten Alpha-Kreativen vorbehalten. Tausende von LEGO-Getreuen begegnen sich bei Zusammenkünften, die jeden Monat in Städten auf der ganzen Welt abgehalten werden. Diese Stammestreffen richten sich sowohl an die breite Masse (LEGO World in den Niederlanden, die alljährlich 75 000

Kinder und ihre Familien anlockt) als auch an Randgruppen (die LEGO Graffiti Convention in München, ein Treffen für Freaks und Geeks zum Thema bausteinbezogener Street Art). Das Internet bietet LEGO-Zusammenkünfte im Überfluss, zum Beispiel LUGNET (alias LEGO Users Group Network), ein weltweites Forum für LEGO-Fans; MOCpages, wo Konstrukteure über 350 000 LEGO-Eigenkreationen zeigen; Brickshelf, eine von Fans eingerichtete Website, die fast zwei Millionen Bilder sowie eine florierende Handelsplattform für LEGO-Sets und -Steine bietet; sowie Brickipedia, ein LEGO-Wiki, das nahezu 24 000 Rezensions- und Forenseiten umfasst. Nur allein bei YouTube gibt es über 900 000 Clips, in denen überragende LEGO-Schöpfungen zu sehen sind, darunter Roboter, die das Rätsel des Rubik's Cube in wenigen Sekunden lösen, sowie die grandiose, mit LEGO-Steinen erstellte satirische Darth-Vader-Animation des britischen Komikers Eddie Izzard, die bereits über 19 Millionen Mal angeklickt wurde.

Neben Coca-Cola und Disney rangierte LEGO an der Spitze einer Umfrage von Young and Rubicam zu den beliebtesten Marken der Welt. Im Jahre 2007 erklärte das Reputation Institute LEGO zur weltweit angesehensten Marke. 2010 zeichnete eine breit angelegte Befragung von über 3 000 Erwachsenen zwischen 20 und 40 Jahren den LEGO-Stein als »beliebtestes Spielzeug aller Zeiten« aus.

Fast jeder scheint LEGO zu lieben. Oder zumindest scheint es jeder zu kennen. Als *Fortune* LEGO zum Spielzeug des Jahrhunderts erklärte, schrieb die Zeitschrift halb scherzhaft, bei über 200 Milliarden auf aller Welt verteilter Bausteine »kann man getrost davon ausgehen, dass sich wenigstens 10 Milliarden davon unter Sofapolstern [und] 3 Milliarden in Staubsaugern befinden«. Diese Zahl hat sich seither verdreifacht, denn Jahr für Jahr verlassen Milliarden neuer Steine die LEGO-Fabriken (allein 2010 waren es ungefähr 36 Milliarden Stück). Die LEGO-Fabriken haben einen jährlichen Ausstoß von Bausteinen, der mehr als das Fünffache der Weltbevölkerung beträgt. Mittlerweile kommen auf jeden Mann, jede Frau und jedes Kind dieser Welt rund 80 LEGO-Steine.

Doch obwohl beinahe jeder LEGO schon mal begegnet ist, sind nur wenige mit der Organisation vertraut, die dahintersteht. Die Wall Street ignoriert die familiengeführte LEGO Gruppe mit ihrem Firmensitz in der dänischen Provinz weitgehend. Angesichts der Tatsache, dass LEGO nicht an der Börse notiert ist, lässt sich diese Missachtung halbwegs nachvollziehen. Überraschender dagegen ist, dass – abgesehen von der Spielzeugbranche – erstaunlich wenige Business-Journalisten und -Analysten einem der kreativsten Unternehmen der Welt ihre Aufmerksamkeit widmen.

Zwischen 2009 und 2012 zählten zu den »50 innovativsten Firmen«, die *Fast Company* in der jährlichen Bestandsaufnahme auflistet, das Unscheinbare (Microsoft), das wenig Überraschende (Facebook) und das Glanzlose (MITRE) ebenso wie Unternehmen, die ihren Firmensitz außerhalb der USA haben (Samsung, Nissan), nicht jedoch die Hersteller der kultverdächtigen Bausteine. Ebenso tauchte die LEGO Gruppe von 2010 bis 2012 auch nicht in den Listen der innovativsten Firmen von *Bloomsberg Businessweek, Forbes* oder der MIT *Technology Review* auf.

Warum sollten sie sich – und wir uns – LEGO und seine Innovationsstrategie näher anschauen?

LEGO war während des Großteils seiner bisher acht Jahrzehnte andauernden Existenz in jeder Hinsicht schonungslos innovativ. An oberster Stelle stand die Erfindung des Bausteins, der sich einen Weg in die Hände, Köpfe und Herzen von 400 Millionen Menschen auf der ganzen Welt bahnte. Und dann schaffte es die idealistische, fantasievolle Einstellung der LEGO Gruppe zum Spielen Jahr für Jahr, überzeugende Spielzeuge herzustellen, die in den Kinderzimmern nur selten auf den Regalen verstaubten. Die Werte und die Kreativität des Unternehmens schufen ihm eine unerreichte Position innerhalb der Spielzeugbranche: Kinder lieben die Bausteine, weil sie Spaß machen, und Eltern lieben sie, weil sie erzieherischen Wert haben. Diese Kombination verhalf LEGO zu einem jahrzehntelangen ununterbrochenen Umsatzwachstum.

Doch am Ende des 20. Jahrhunderts wurden die Veränderungen im Leben von Kindern zur Herausforderung für die Vormachtstellung der Bausteine. Spielzeug wurde zu einem unerbittlichen Geschäftsfeld, auf dem aggressive Wettbewerber schonungslos um die wachsende Anzahl von Kindern kämpften, die sich für Videospiele, MP3-Player und andere Hightech-Errungenschaften begeistern konnten.

LEGO als weitgehend analoges Unternehmen verblasste zunehmend in dieser schnelllebigeren, viel konkurrenzorientierteren digitalen Welt.

Um Schritt zu halten, entwarf LEGO eine ehrgeizige Wachstums-strategie, die auf einigen der am weitesten verbreiteten Innovations-förderungstheorien des vergangenen Jahrzehnts fußte. Das Unter-nehmen machte sich auf die Suche nach unerschlossenen »Blauer-Ozean«-Märkten; es heckte »umwälzende« Innovationen aus, und es öffnete seinen Entwicklungsprozess für die »wisdom of crowds«, die »Weisheit der Vielen«, der Schwarmintelligenz. Diese Rezepte für In-novationen des 21. Jahrhunderts hätten bei anderen Firmen vielleicht wunderbar funktioniert, aber LEGO ging daran beinahe zugrunde. 2003, nur drei Jahre nachdem sowohl *Fortune* als auch die British Toy Retailers Association den Baustein zum Spielzeug des Jahrhunderts gekrönt hatten, vermeldete die LEGO Gruppe den größten Verlust ihrer Geschichte. Ihr außergewöhnlicher Zusammenbruch ließ zahlrei-che Beobachter zweifeln, ob LEGO, eine der meistgeschätzten Marken der Welt, als unabhängiges Unternehmen überleben konnte.

DIE VERWANDLUNG VON LEGO

In der Folgezeit vollzog ein neues Führungsteam eine der erfolg-reichsten Unternehmenstransformationen der neueren Zeit. Schritt für Schritt erfand LEGO die theoretischen Innovationsrezepte neu, stimmte sie auf ein Weltklasse-Managementsystem ab und ging als kraftvolles, dauerhaft innovatives Unternehmen daraus hervor. LEGO schuf die erste Produktlinie zusammenbaubarer Actionfiguren, beflü-gelt von einer fesselnden Handlung, die sich über einen Zeitraum von neun Jahren erstreckte. Das Unternehmen brachte eine Produktreihe auf den Markt, die einen »intelligenten Baustein« umfasste, mit dem Kinder (sowie viele erfahrene Erwachsene) programmierbare LEGO-Roboter bauen konnten. Eine weitere Marktneuheit war eine Serie von Brettspielen, die zusammengesetzt, auseinandergenommen und er-neut aufgebaut werden konnten.

LEGO öffnete seinen Entwicklungsprozess und ermöglichte es unzähligen Fans, online ihre eigenen personalisierten Do-it-yourself-LEGO-Baukästen zu posten. Und es konzipierte die zentrale Produktlinie der klassischen LEGO-Sets neu, indem sie zwar beibehalten, aber modern genug für Kinder des 21. Jahrhunderts gemacht wurden.

Das Ergebnis: LEGO ging als gewinnträchtigstes und am schnellsten wachsendes Spielzeugunternehmen der Welt aus seinem Nahtoderlebnis hervor. Zwischen 2007 und 2011, inmitten der schlimmsten Phase der weltweiten Rezession, vervierfachten sich die Gewinne vor Steuern von LEGO und übertrafen damit bei weitem die Titanen der Spielzeugbranche, Hasbro und Mattel, die während desselben Zeitraums auf einstellige Zahlen abrutschten. Von 2008 bis 2010 wuchs der Gewinn von LEGO schneller als der von Apple, und das in einer Branche mit nur geringen Eintrittsbarrieren, einem aggressiven weltweiten Wettbewerb, unbeständigen Kunden, einem Produktionskostennachteil und ohne Patentrecht auf sein Kernprodukt – den LEGO-Stein. Diese Ergebnisse erzielte LEGO nicht, indem es mit den geschäftlichen Konventionen brach, sondern indem es sich innerhalb ihres Rahmens aufbaute.

Die Business-Literatur ist voll mit Beispielen von wagemutigen, die Regeln missachtenden Firmen, deren ketzerische Managementmethoden als Auslöser eines organischen Wachstums gefeiert werden. Da gibt es beispielsweise Google, bei dem die Entwickler bis zu 20 Prozent ihrer Zeit jedem beliebigen Projekt ihrer Wahl widmen

LEGO-Verkaufszahlen (in Mio. DKK)

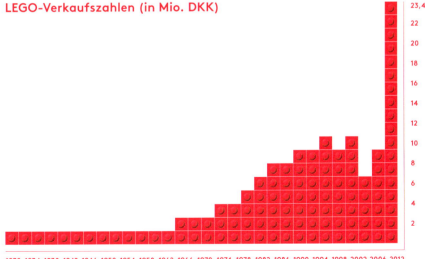

1932 1934 1938 1942 1946 1950 1954 1958 1962 1966 1970 1974 1978 1982 1986 1990 1994 1998 2002 2006 2012

dürfen. Oder den Gore-Tex-Hersteller W. L. Gore, dessen hierarchie-freie Arbeitsumgebung, in der praktisch niemand eine Vorgesetz-tenfunktion hat, ihm dazu verholfen hat, über 50 Jahre in Folge Gewinne zu machen. Und es gibt den brasilianischen Hersteller Semco, dessen radikale (und häufig erfolgreiche) Experimente mit der Selbstverwaltung der Mitarbeiter – wie jene von Google und W. L. Gore – von zahllosen Consultants und Wissenschaftlern untersucht wurden.

Kein Zweifel, diese Business-Rebellen sind inspirierend. Aber ihre bahnbrechenden Managementsysteme sind nicht leicht zu übertra-gen. Für viele Unternehmen ist es keine Option, ein Innovationsmo-dell von Grund auf neu einzuführen, während sie sich abmühen, die Leistungsvorgaben für das Quartal zu erreichen und die Konkurrenz abzuwehren.

LEGO ist ein genialer Innovator, arbeitet aber nicht im Randbe-reich der geschäftlichen Erfahrungswerte. Es gibt keine 20 Prozent frei verfügbarer Zeit bei LEGO, dafür aber jede Menge Hierarchiestufen. Nachdem die Führungsriege der LEGO Gruppe mit ansehen musste, wie einige der beliebtesten Innovationsstrategien der Welt die Firma beinahe ruiniert hätten, schuf sie stattdessen einen klaren Rahmen für jede Art Innovationsvorhaben, von der Verbesserung der aktuellen Angebote bis zur Erfindung der Märkte von morgen.

Das System für Managementinnovation von LEGO steht auch in starkem Gegensatz zu dem von Apple (oder zumindest zu dem, das man Apple in der Business-Presse zuschreibt). Während sich Apple ganz auf den brillanten, aber oftmals schwierigen Steve Jobs stützte, der als oberster Richter dafür fungierte, wann ein Produkt gut genug war, um auf den Markt gebracht zu werden, ist das System bei LEGO viel dezentralisierter. Das Apple-Modell ist anregend, aber schwierig nachzuahmen: Finden Sie einen beispiellosen Innovator, befördern Sie ihn an die Unternehmensspitze und statten Sie ihn mit der Macht aus, die großen Entscheidungen zu treffen. Jørgen Vig Knudstorp, der CEO von LEGO, ist überzeugt, dass er das Unternehmen für drei Monate verlassen könnte, ohne den Innovationsprozess zu unterbinden. Ob-wohl er in dessen früher Entwicklungsphase an vielen Entscheidungen großen Anteil hatte, haben er und andere Führungskräfte den Prozess

Jährliche Wachstumsquote 2007 – 2012

Hasbro

+ 1,3%

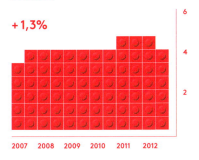

– 0,3%

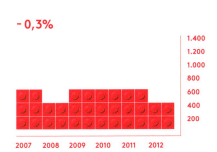

Mattel

+ 1,5%

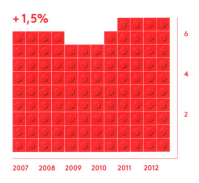

+ 6,1%

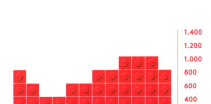

LEGO

+ 22%

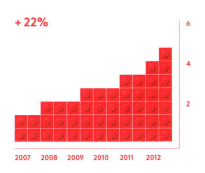

+ 38%

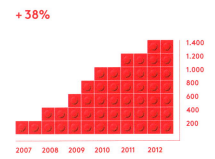

Umsatz (Mrd. $)   **Gewinn vor Steuern (Mio. $)**

so gestaltet, dass er auch ohne Knudstorps maßgebliche Beteiligung reibungslos funktioniert.

Dieses Buch ergründet den praktischen Ansatz, den die LEGO Gruppe bei der alltäglichen Innovation verfolgt, und zeigt, wie die Unternehmensführung die scheinbar unüberbrückbaren Gegensätze überwindet, mit denen jede Organisation konfrontiert ist: Wie kann eine Firma den Mitarbeitern Freiraum für Innovationen lassen und gleichzeitig ihre Kernkompetenz bewahren? Wie kann sie Autonomie zulassen und zugleich Zuverlässigkeit gewährleisten? Wie kann sie kurzfristig Vereinbarungen erfüllen und dabei langfristig planen? Vor allem aber: Wie kann sie innerhalb der konventionellen Grenzen des Business bleiben und trotzdem einen ernstzunehmenden Plan für expansives Wachstum schmieden? Mit anderen Worten: Wie kann ein Unternehmen innovieren und dabei im Rahmen bleiben? Durch den geschickten Ausgleich dieser Widersprüche hat LEGO fortwährend bahnbrechende Produkte geschaffen, selbst in den schwierigsten Zeiten.

Wir wollen in diesem Buch auch die außergewöhnliche Entwicklung der LEGO Gruppe nachverfolgen – vom bescheidenen Spielzeughersteller zum Giganten am Rande des Zusammenbruchs und zurück ins Zentrum des Marktes –, die sowohl eine heilsame Lehre als auch eine Warnung zur Vorsicht darstellt, wenn es um gewitzte Innovations-, Führungs- und Gewinnstrategien geht. Bei der Gelegenheit erinnern wir uns an die Erfindung einiger der kultigsten LEGO-Spielzeuge und stellen Ihnen die Designer und Entwickler vor, die sich die nächste Generation von LEGO-Spielen ausdenken.

Darüber hinaus enthüllen wir die Hintergründe der erfolgreichsten jüngsten Markteinführungen des Unternehmens sowie die Managementinnovationen, die den Spielzeugerfindern die Freiheit und die Verantwortung gegeben haben, ihr Potenzial voll auszuschöpfen. Und wir zeigen, wie LEGO die meistempfohlenen Rezepte für den Umgang mit Innovationen neu erfand und in ein System integrierte, das die Umsätze und Gewinne nach oben katapultierte.

Indem wir nachzeichnen, wie die LEGO Gruppe die Innovation neu erfand, möchten wir Ihnen dabei helfen, die verschiedenen Innovationsvorhaben Ihres Unternehmens zu einem einheitlichen System zusammenzuführen. Ob Sie nun ein Start-up, eine Filiale oder einen multinationalen Konzern führen – wir sind der Überzeugung, dass das Innovationsmanagementsystem der LEGO Gruppe Sie dabei unterstützen kann, die verschiedenen Formen von Innovationsinitiativen zu koordinieren und auf effektivere Weise mit Ihren wichtigsten Kunden und Partnern zusammenzuarbeiten. Unser Ziel ist es, die fortwährende Innovation zu etwas weniger Außergewöhnlichem, sondern vielmehr zu etwas ganz Normalem zu machen.

Nachdem nun die wesentlichen Themen dieses Buches kurz umrissen sind, möchten wir noch sagen, worum es in diesem Buch *nicht* geht. Obwohl sich auf den folgenden Seiten viele Details und neue Erkenntnisse finden, haben wir es bewusst vermieden, genaue Anweisungen zu liefern und Sie zu deren Befolgung zu ermuntern. Sie werden nicht dieselben Ergebnisse erzielen, wenn Sie einfach das Innovationssystem der LEGO Gruppe auf Ihren eigenen Geschäftsbereich übertragen. Und wir raten auch strikt davon ab, den Fehler des Spielzeugherstellers zu wiederholen und so lange zu warten, bis der drohende Bankrott das Management zwingt, eine tiefgreifende Veränderung herbeizuführen. Ganz bestimmt möchten Sie, wenn es um die Gestaltung der Zukunft Ihres Teams oder Ihres Unternehmens geht, die Qualen einer kompletten Kehrtwende lieber vermeiden und stattdessen Ihren eigenen, schmerzfreien Weg gehen. Unsere Absicht ist es, Wegmarken aufzuzeigen und Ihre Bemühungen zu lenken, nicht jedoch vorzuschreiben.

Wie jeder LEGO-Fan müssen Sie Ihre eigene Fantasie und Erfahrung einbringen, um herauszufinden, was für Sie und Ihre Firma das Beste ist. Es ist an jedem Einzelnen von uns, die Steine zusammenzustecken.

Teil 1

Sieben
Wahrheiten
über Innovation
und der
Niedergang
der LEGO Gruppe

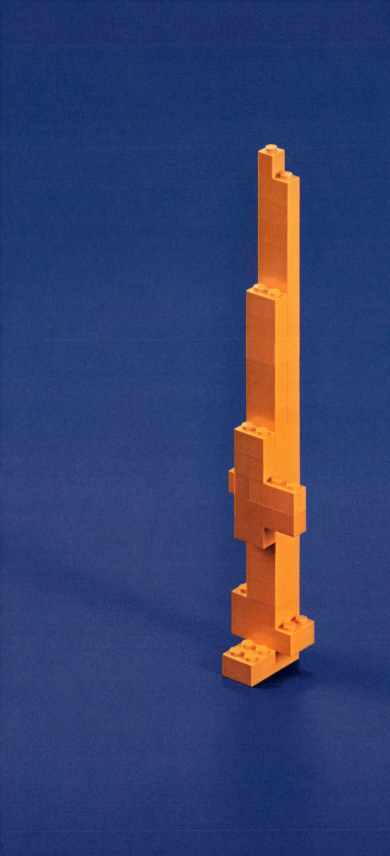

Aufeinander-
stapeln

Die
Entstehung
des
Bausteins

Wir haben die Bausteine,
ihr habt die Ideen.

LEGO-Katalog, 1992

Die kleine Gemeinde Billund, in der die LEGO-Firmenzentrale angesiedelt ist, liegt in der ländlichen Gegend der flachen dänischen Halbinsel
Jütland und ist in jeder Hinsicht aus Steinen erbaut. Die Einwohner
sagen, dass Billund »drei Stunden von allem entfernt« ist – eine lange,
ermüdende Fahrt vorbei an windgepeitschten Bauernhöfen entweder
nach Kopenhagen oder nach Hamburg, die nächstgelegenen größeren
Städte. Jeder vierte Bewohner dieses isolierten Dorfes verdient seinen
Lebensunterhalt bei LEGO. Und mit jeder Stunde vergrößert sich die
globale Reichweite der LEGO Gruppe außerhalb von Billund, während
weitere 2,2 Millionen Bausteine von den Fließbändern des weit ver-
zweigten Fabrikennetzwerks des Unternehmens purzeln.[1]

Man könnte sagen, Billund selbst ist eine Spielzeugstadt. Das
Schloss und die Türme des LEGOLAND-Freizeitparks prägen ihre
Silhouette. Die ordentlichen Reihen von rot gedeckten Backstein-
häuschen besitzen die Symmetrie und Behäbigkeit eines kleinen
LEGO-Straßenbilds. Das gilt auch für die bausteinartige Eingangs-
halle des LEGO-Firmensitzes, in der riesige LEGO-Knöpfe und -Röh-
ren aus Boden und Decke ragen. In jedem Konferenzraum steht eine

durchsichtige Plastikschale, die mit LEGO-Steinen gefüllt ist. Auf fast jedem Schreibtisch findet sich eine Auswahl extravaganter LEGO-Kreationen. Wenn man beobachtet, wie die Mitarbeiter die neonbeleuchteten roten und gelben Flure entlangeilen, kann man sie sich mit ihren sonnengebräunten und übernatürlich glücklichen Gesichtern ohne weiteres als LEGO-Spielfiguren vorstellen. Wenn es so etwas wie eine Spaßfabrik gibt, dann hier in Billund.

Und doch war das Leben in Billund in den dreißiger Jahren, als LEGO nichts als ein Start-up war, alles andere als Spaß und Spiel. Damals war das Dorf kaum mehr als eine Ansammlung von Bauernhäusern, die entlang einer Eisenbahnstrecke verteilt lagen, ein Ort, an dem die Bauern sich ihren Lebensunterhalt mühsam aus der umliegenden Heidelandschaft erwirtschafteten. In einem kurz nach dem Zweiten Weltkrieg verfassten Brief wurde Billund geschmäht als »gottverlassene Bahnstation, an der unmöglich irgendetwas gedeihen kann«.[2] Es wäre schwierig, dem Autor dieser Zeilen zu widersprechen. Die Weltwirtschaftskrise der dreißiger Jahre hatte die regionale Wirtschaft gebeutelt, die fast vollständig auf Landwirtschaft beruhte. Fotografien aus dieser Zeit zeigen Billund als spärlich besiedelte Ansammlung bescheidener Hütten, umgeben von kargen, flachen Feldern.

Wie ist es LEGO gelungen, entgegen aller Erwartungen aus einer kleinen Tischlerwerkstatt in der jütländischen Heide aufzusteigen und bis in fast jedes Kinderzimmer der gesamten Welt vorzudringen? Wie schaffte es das Unternehmen, kontinuierlich Jahr für Jahr und Jahrzehnt für Jahrzehnt Produkte herzustellen, die die Fantasie der Kinder beflügeln? Wie konnte LEGO den größten Teil des 20. Jahrhunderts überdauern?

Einen Großteil seiner anhaltenden Leistung verdankt LEGO einigen Grundprinzipien, die das Unternehmen während seiner über 80-jährigen Geschichte an jedem entscheidenden Wendepunkt auf den richtigen Weg geführt haben.

DAS ERSTE PRINZIP: WERTE SIND UNBEZAHLBAR

Jedes Unterfangen ist zu Beginn durchdrungen von einem Kernziel und einem Wertekanon. Beides wird vom Gründer bestimmt, und beides prägt die Unternehmenskultur und beeinflusst maßgeblich seine Zukunft, sei es zum Guten oder zum Schlechten. Amazon ist hauptsächlich deshalb für seine »Kundenbesessenheit« bekannt, weil sein Gründer Jeff Bezos alles daransetzt, es zum »kundenorientiertesten Unternehmen der Welt« zu machen. Die Mission der Firma Google, »den Informationsfluss der Welt zu organisieren«, spiegelt das Umfeld ihrer Gründer wider – Silicon Valley und die Stanford University's School of Engineering –, wo ein ausgeprägtes Streben nach Wissen hoch geschätzt wird. Und in Bentonville, Arkansas, prägen die Sparsamkeit und der Konkurrenzkampf des Walmart-Gründers Sam Walton nach wie vor den zentralen Grundsatz seiner Firma: »Immer preiswert.«

Der Tischlermeister Ole Kirk Christiansen, der in Billund 1932 eine Firma gründete und sie 1934 LEGO nannte, ließ den zentralen Wert des Unternehmens in seinen Namen einfließen, eine Kombination der ersten beiden Buchstaben zweier dänischer Wörter: *leg godt:* »spiel gut«. Mit dem Gedanken, dass Eltern ihre Kinder umso mehr aufmuntern wollen, je schlechter die Zeiten sind – und die dreißiger Jahre waren angesichts der weltweiten Wirtschaftskrise mit ihren nachfolgenden Rezessionen schwere Jahre –, nutzte Ole Kirk seine handwerklichen Fähigkeiten, um hochwertige Holzspielzeuge herzustellen: bunte Jo-Jos, Nachziehtiere, Lastwagen. Und er schuf die Grundlage für die übergeordnete Firmenphilosophie, nach der »gutes Spielen« ebenso das kreative Leben des Kindes bereichert wie auch sein späteres Erwachsenendasein. Diese Philosophie hat LEGO für den Großteil eines Jahrhunderts gestützt.

Im Laufe der Jahre hat LEGO seine Mission verfeinert und neu interpretiert: Kindern die »Freude am Bauen, den Stolz auf das Selbstgeschaffene« zu vermitteln, ihre »Fantasie und Kreativität anzuregen«, »das Kind in jedem Einzelnen von uns zu fördern«. Aber auf einer grundlegenden Ebene ist das Unternehmensziel bemerkenswert konstant geblieben und lässt sich wohl am besten mit seinem gegenwärtigen Motto ausdrücken: »die Konstrukteure von morgen zu inspirieren und zu fördern«. Dieser kollektive Wunsch – Kinder anzuregen, ihre Ideen durch Spiele »für Körper und Geist« umzusetzen – kann zurückverfolgt werden bis zu Ole Kirks lebensverändernder Entscheidung, sich und sein Geschäft der Förderung von Kindern zu widmen. Im Rückblick auf die ersten Zeiten seines Start-ups schrieb er später: »Ich habe die wahre Antwort erst an dem Tag gefunden, an dem ich mir sagte: ›Du musst dich zwischen Tischlerei und Spielzeug entscheiden.‹«[3]

Die frühen Jahre der LEGO Gruppe waren von Entbehrungen geprägt. Ole Kirks Frau starb im selben Jahr, in dem er LEGO grün-dete, und ließ ihn mit vier kleinen Söhnen und einer auf der Kippe stehenden Firma zurück. Zwei Jahre später heiratete er erneut und führte sein junges Unternehmen durch die Verheerungen der Welt-wirtschaftskrise und der deutschen Besatzung Dänemarks während des Zweiten Weltkriegs. Im Jahre 1942 verursachte ein Kurzschluss einen Kabelbrand, der die LEGO-Fabrik, das gesamte Firmeninventar sowie die Entwürfe für neues Spielzeug vernichtete. Die kumulativen Auswirkungen so vieler Rückschläge erdrückten Ole Kirk beinahe; eine Zeit lang erwog er aufzugeben. Aber das Verantwortungsgefühl gegenüber seinen Angestellten gab ihm schließlich die Kraft, wieder neu anzufangen. 1944 hatte LEGO ein neues Fabrikgebäude, eines, das für die Fließbandproduktion ausgerichtet war. Die Zähigkeit der Organisation – ihre Fähigkeit, Hindernisse auf dem Weg zum Erfolg beiseite zu schieben – findet sich zweifellos in Ole Kirks sturer Ent-schlossenheit wieder, sein Unternehmen aus der Asche jenes Brandes wiederaufzubauen.

Heutzutage wird jeder, der in der Billunder Niederlassung der LEGO Gruppe eingestellt wird, durch das kleine Backsteingebäude mit den flankierenden Löwen an der Eingangstreppe geführt, in dem Ole Kirk und seine Familie damals wohnten. Dort lernt man einen weiteren essenziellen Wert kennen, den der Unternehmensgründer seiner Firma vermacht hat: das unerschütterliche Prinzip, dass »nur das Beste gut genug« ist.

Das Motto basiert auf einer Geschichte, die Bestandteil der LEGO-Legende ist. Damals, als LEGO noch Holzspielzeug herstellte, prahlte Ole Kirks Sohn Godtfred Kirk – der seit seinem zwölften Le-bensjahr für das Unternehmen arbeitete und es später führen sollte –, dass er Geld gespart habe, indem er bei einer Charge Holzenten nur zwei anstelle von drei Lackschichten aufgetragen habe (siehe *Eine kurze Geschichte von LEGO*). Der Betrug verärgerte Ole, der den zukünftigen LEGO-Chef anwies, wieder zum Bahnhof zu gehen, die Kiste mit Holzenten zurückzuholen und die Nacht damit zuzubringen, seinen Fehler auszubügeln. Diese Erfahrung veranlasste Godtfred später, dem Ideal seines Vaters durch die Gravur auf einem Holzschild zur Unsterblichkeit zu verhelfen. Heute schmückt eine wandgroße Fotografie dieses Schildes mit dem Motto »Det bedste er ikke for godt« – »Nur das Beste ist gut genug« – den Eingangsbereich der Cafeteria in der Billunder LEGO-Niederlassung. Es ist ein Wegweiser, der die LEGO-Mitarbeiter zu außergewöhnlichen Leistungen auffordert.

Die Verschmelzung dieser beiden Leitprinzipien – den »Konstrukteuren von morgen« zu dienen und »nur das Beste« zu produzieren – hebt LEGO von der Konkurrenz ab und lässt das Unternehmen auf dem Weltmarkt herausragen. Jeder, der die Qualitätsverpflichtung der Firma heute in Zweifel zieht, muss sich bloß die Mühsal und die Fertigkeiten vor Augen führen, welche die Herstellung des nahezu unzerstörbaren LEGO-Steins erfordert; ein so dauerhafter und gnadenloser Gegenstand, dass über eine halbe Million Menschen auf der Facebook-Seite »Für alle, die schon mal den Schmerz beim Treten auf einen LEGO-Stein erlebt haben!« »Gefällt mir« geklickt haben.

DAS ZWEITE PRINZIP: UNERMÜDLICHES EXPERIMENTIEREN FÜHRT ZU BAHNBRECHENDEN INNOVATIONEN

In aller Regel entstehen bahnbrechende Innovationen nicht aus einer einzelnen allumfassenden, ehrgeizigen Strategie. Sie erwachsen aus hartnäckigem Experimentieren, das die Wahrscheinlichkeit erhöht, dass wenigstens ein Versuch den erhofften Vorsprung verschafft. Diese Auffassung vertritt auch der Business-Stratege Gary Hamel im Buch *Das Ende des Managements*: »Innovation ist immer ein Zahlenspiel: Je mehr Sie machen, desto größer sind Ihre Chancen, einen satten Gewinn einzustreichen.«[4] LEGO hat das verstanden. Das Unternehmen besitzt genügend Kreativität, um auf die verschiedensten Innovationen zu setzen, und genügend Ausdauer, um so lange dabeizubleiben, dass es Profit daraus zieht.

Selbst in den Anfangsjahren experimentierte LEGO unermüdlich mit neuen Ideen und investierte manchmal hoch in unerprobte Technologien. 1946 war LEGO der erste Spielzeughersteller in Dänemark, der eine Kunststoffspritzgießmaschine anschaffte; sie kostete mehr als das Doppelte des Vorjahresgewinns. (Die Familie musste Ole Kirk – zumindest vorübergehend – davon abhalten, noch eine zweite zu kaufen.) Für einen dänischen Zimmermann vom Lande, der sein ganzes Leben lang mit Holz gearbeitet hatte, stellte Kunststoff eine riskante, lebensverändernde Herausforderung dar. Anschließend bewiesen die Unternehmenschefs eine ungewöhnliche Ausdauer, indem sie den Großteil des folgenden Jahrzehnts damit zubrachten, an einer bedeutenden Idee herumzutüfteln: wie der LEGO-Stein zu formen war.

In einem ersten Schritt modifizierten Ole Kirk und Godtfred, der 1950 zum Juniorchef von LEGO ernannt wurde, die »selbsteinrastenden Bausteine« des britischen Erfinders Hilary Fisher Page – Plastikwürfel mit vier Noppen in zwei Reihen, die Kinder zu kleinen Häuschen und anderen Kreationen zusammenstecken konnten –, indem sie die Größe der Steine um 0,1 Millimeter änderten und die Kanten schliffen. Ergebnis war der sich »automatisch verbindende Baustein«, hergestellt aus Zelluloseacetat, der die kleinen Noppen aufwies, die sich auf der Oberseite der heutigen LEGO-Steine befinden, darunter aber hohl war. Die sich »verbindenden« Bausteine konnten zwar zusammengesteckt werden, waren aber nicht allzu stabil. Kinder konnten die Steine zu einem kippeligen Haus aufschichten, doch ein Stoß genügte, um die Kreation zusammenstürzen zu lassen. Deshalb ließen die Einzelhändler viele Bausteinsets unverkauft an LEGO zurückgehen. Es war auch nicht hilfreich, dass die dänische Spielzeughandel-Fachzeitschrift *Legetøjs-Tidende* nach einem Besuch der LEGO-Fabrik in Billund erklärte: »Plastik wird niemals den Stellenwert von guten, soliden Holzspielwaren einnehmen.« Trotz der geringen Meinung der Konsumenten von Plastikspielzeug und der unverhohlenen Kritik einiger Einzelhändler blieben die Christiansens hartnäckig.

Während der folgenden zehn Jahre bastelte Godtfred weiter an seinen »LEGO Mursten« (LEGO-Steinen) herum. Aber die Bausteine hatten immer noch Schwierigkeiten mit der Steckverbindung und

wiesen häufig den »Springeffekt« auf – wenn man zwei Steine zu-
sammensteckte, verbanden sie sich für einen kurzen Zeitraum, spran-
gen dann aber wieder voneinander ab. LEGO stellte zwar weiterhin
Bausteinsets her, doch sie verkauften sich nicht gut und machten in
den frühen fünfziger Jahren höchstens fünf bis sieben Prozent des
Gesamtumsatzes aus.

Es dauerte Jahre und kostete viele gescheiterte Experimente, ehe
Godtfred auf das System der Noppen-und-Röhren-Verbindung kam,
bei dem die Noppen oben auf einem Baustein zwischen die runden
Hohlkörper und die Seitenwände an der Unterseite eines anderen
Steins passten. Die engen Toleranzgrenzen und die flexiblen Eigenschaften des modernen Bausteins, der aus ABS-Kunststoff (Acrylni-
tril-Butadien-Styrol) besteht, ließen die Noppen und Röhren durch
Reibung aneinander haften. Dieser Entwurf, der am 28. Januar 1958
in Kopenhagen patentiert wurde, bot das, was LEGO nach wie vor als
»Haftkraft« bezeichnet. Wenn ein Kind zwei Steine zusammensteckt,
rasten sie mit einem befriedigenden *Klick* ein. Und sie haften aneinander, bis das Kind sie durch beherztes Ziehen wieder trennt. Genau
darin liegt die Magie des LEGO-Steins. Da die Steine nicht auseinan-
derfallen, können Kinder in die Höhe bauen und ihre Kreationen so
einfach oder kompliziert gestalten, wie sie wollen.

Die Haftkraft, hervorgegangen aus einer scheinbar unendlichen
Reihe von Experimenten vor über einem halben Jahrhundert, macht
LEGO zu einem so unendlich ausbaufähigen Spielzeug, mit dem Kin-
der bauen können, was immer sie sich ausdenken. Und es ist dieser
Stein, der zur sichtbaren Manifestation einer gesamten Philosophie
wurde, die das Lernen durch Spielen in den Mittelpunkt rückt.

Obwohl der Baustein ein Durchbruch war, ging ihm eine lange,
harte Schinderei voraus. Godtfreds Entschlossenheit, ein entferntes
Ziel trotz widriger Umstände unbeirrt zu verfolgen, legt Zeugnis ab
von seiner Beharrlichkeit, die im Geschäftsleben viel zu oft unterbe-
wertet wird. Dem langsamen, zentimeterweisen Fortschritt fehlt die
dramatische Genugtuung, die sich mit raschen Erfolgen einstellt. Aber
im Fall der LEGO-Gruppe brachte er einen Sieger hervor.

In den folgenden Jahren blieben Zähigkeit und Experimentier-
freude die wesentlichen Zutaten des Unternehmensrezepts für Inno-

vation, und die Firma bewies eine ungewöhnliche Bereitschaft, Rückschläge zu ertragen, wenn sie vielversprechende Ideen ausprobierte. Bestseller-Produkten wie Bionicle, LEGO Games und der *Star-Wars*-Videospielreihe von LEGO gingen jeweils jahrelange Experimente voraus, die sich nicht bezahlt machten. Allerdings wurden die Ausdauer und die Willensstärke der LEGO Gruppe nie wieder so spektakulär belohnt wie mit der Erfindung des »wahren« Bausteins (wie Godtfred ihn nannte), der sich als eine der größten Innovationen der Spielzeugbranche erweisen sollte.

DAS DRITTE PRINZIP: SYSTEM STATT PRODUKT

Der außergewöhnliche Erfolg der LEGO Gruppe entstand aus ihrer Fähigkeit zu erkennen, wohin die Spielzeugbranche sich bewegte, und dann als Erster dort anzukommen. Der erste vorausschauende Schachzug des Unternehmens war es, auf Kunststoffspielzeuge sowie auf die Zukunft des Bausteins zu setzen. Der zweite war die Erkenntnis, dass LEGO sich von der Produktion einzelner Spielzeuge wegbewegen und ganze Spielsysteme schaffen musste, deren übergeordnetes Element der Baustein war.

Lange bevor die ersten Computersoftwareprogramme patentiert wurden, machte LEGO den Baustein »abwärtskompatibel«, sodass die neu hergestellten Steine mit den Originalsteinen von 1958 zusammenpassten. Dank dieser Abwärtskompatibilität konnten die Kinder LEGO-Modellbauten aus dem einen Set mit LEGO-Modellautos, Lampenmasten, Verkehrszeichen, Gleissignalen und anderem aus anderen Sets kombinieren. Egal um welches Spielzeug es sich handelte, die Steine ließen sich mit allen anderen Steinen zusammenstecken, und das hieß, dass jedes LEGO-Set erweiterbar war. Daher wuchs das LEGO-Universum mit jedem neuen Produkt, das auf den Markt kam. Eine frühe Werbekampagne fasste die Unternehmenskapazität für grenzenloses Spielen (und unbeschränkten Verkauf) folgendermaßen zusammen: »Du kannst immer weitermachen, du kannst bauen und bauen. LEGO wird niemals langweilig.« Jahrzehnte vor dem Aufkommen von »Value Webs« und dem »Marken-Ökosystem« von Apple mit seinen i-Angeboten betrachtete LEGO seine Produktfamilie als etwas Ganzheitliches, wobei der allgegenwärtige Baustein den Maßstab setzte.

Der Gedanke an ein LEGO-Spielsystem kam Godtfred Kirk Christiansen im Januar 1945 bei einer Reise zur Londoner Spielzeugmesse. Ole Kirk hatte gesundheitliche Probleme, und Godtfred erhielt immer mehr Einblick in das Alltagsgeschäft des Unternehmens. Auf der Nordseefähre lernte er einen Spielwareneinkäufer aus dem Magasin du Nord kennen, dem größten Kaufhaus in Kopenhagen. Der Einkäufer beklagte, anstelle der marktdominierenden Einwegprodukte sollten die Spielzeughersteller lieber ein zusammenhängendes System entwickeln, bei dem ganze Spielsets miteinander kombinierbar waren. Ein solches System würde Nachfolgekäufe generieren. Dieser Vorschlag blieb Godtfred im Gedächtnis. Nach seiner Rückkehr brachte er etliche Wochen damit zu, die Merkmale auszuarbeiten, die ein funktionsfähiges System bestimmten. Schließlich legte er sechs Eigenschaften fest, die er als die »Spielprinzipien« des Unternehmens bezeichnete und an jeden LEGO-Mitarbeiter aushändigte:

1.   beschränkte Größe ohne Einschränkung für die Fantasie
2.   erschwinglich
3.   einfach, haltbar und abwechslungsreich
4.   für Mädchen, für Jungen, Spaß für jede Altersgruppe
5.   ein Klassiker unter den Spielzeugen ohne Erneuerungsbedarf
6.   einfacher Vertrieb[5]

Godtfred nutzte diese Prinzipien als Benchmark und überprüfte daraufhin das breit gefächerte Portfolio des Unternehmens, das über 200 Holz- und Kunststoffprodukte umfasste. Er kam zu dem Schluss, dass der LEGO-Stein allen sechs Eigenschaften am nächsten kam und die beste Möglichkeit bot, ein echtes Spielsystem zu entwickeln, eines, das sich für die Massenproduktion und für einen großen Umsatz eignete.

Das ganze nächste Jahr brachten Godtfred und eine kleine Gruppe erfahrener Designer damit zu, LEGO-Sets um ein einziges, umfassendes Stadtthema zu formen. Mit den überarbeiteten Sets konnten die Kinder jene Häuser und Gebäude bauen, die schon seit langem in den LEGO-Katalogen abgebildet werden. Die Sets sorgten auch dafür, dass die Kinder durch Fahrzeuge, Bäume, Büsche und Verkehrszeichen die Straßenzüge ausschmücken – und dadurch zusätzliches Spielpotenzial entdecken – konnten. Der große Vorteil des LEGO-Systems war seine Vielseitigkeit. Das heißt, die Eltern konnten ein Set kaufen und es dann, auf Wunsch des Kindes, mit einer beliebigen Zahl weiterer Sets ergänzen. Tatsächlich brachte LEGO für genau diesen Zweck sogar zusätzliche »Teilesets« heraus. Sie bestanden nur aus einem oder zwei speziellen Stücken und weniger als 50 Steinen, um preiswerte, spontane Ergänzungen zu bestehenden Sets zu bieten.

In einer Mitteilung an die Unternehmensvertreter von 1955 betonte Godtfred die Philosophie, welche bis heute das LEGO-System mit Leben erfüllt: »Unsere Idee war es, ein Spielzeug zu schaffen, das das Kind auf das Leben vorbereitet, seine Fantasie anspricht und den kreativen Drang und die Schöpferfreude entfaltet, die zu den Antriebskräften jedes menschlichen Wesens gehören.«

Trotz Godtfreds hochfliegender Pläne für das Set erhielt das LEGO-*System i Leg* (Spielsystem) im Februar 1955 bei der Nürnberger Spielzeugmesse sehr gemischte Kritiken. Ein Käufer kommentierte: »Das Produkt hat dem deutschen Spielzeugmarkt überhaupt nichts zu bieten.« (Heute gehört Deutschland für die LEGO-Gruppe zu den führenden Märkten, was den Pro-Kopf-Verkauf angeht, und überflügelt sogar die Vereinigten Staaten.) Doch der Einkäufer vom Magasin du Nord, der Godtfred 13 Monate zuvor die Systemidee nahegebracht hatte, war von dem Set so angetan, dass er für die dänische Markteinführung eine aufwändige Präsentation im Erdgeschoss des Kaufhauses arrangierte.

Die ersten Erfolge des *Systems i Leg* in Dänemark und seine Expansion nach Deutschland ließen die Verkaufszahlen 1957 fast auf das Doppelte hochschnellen, 1958 wiederholte sich dasselbe. Doch was noch wichtiger war: Das Potenzial des Sets trieb Godtfred dazu, weiterhin zu experimentieren und schließlich den modernen Baustein mit seiner Noppen-und-Röhren-Verbindung zu entwickeln, der das System im wahrsten Sinne des Wortes »klick« machen ließ. Nun, da der Baustein Ole Kirks anspruchsvollem Standard »Nur das Beste« entsprach und das Spielsystem fest etabliert war, erweiterte LEGO

rasch seine Stadt- und Straßenthemensets, bald gab es eine Tank-
stelle, ein Autoverkaufshaus und eine Feuerwache (siehe *Eine kurze
Geschichte von LEGO*). LEGO hatte damit eine positive Dynamik
angestoßen: Je weiter sich das System fortentwickelte und je mehr
Motive in den folgenden Jahren hinzukamen, zum Beispiel Schlösser, der Weltraum, Eisenbahnen, Piraten und vieles mehr, umso stärker wuchs zugleich die Möglichkeit der Kinder zum »unbegrenzten
Spiel«. Das Versprechen der LEGO-Steine war sowohl unendlich als
auch unwiderstehlich: Je mehr man kaufte, desto mehr konnte man
bauen.

DAS VIERTE PRINZIP: ENGERE ZIELSETZUNG FÜHRT
ZU PROFITABLEREN INNOVATIONEN

Als Godtfred auf den Baustein setzte, entschied er sich gleichzeitig
gegen die Herstellung von Holzspielzeug. Es war gewiss keine leichte
Entscheidung, die Spielzeuge aufzugeben, die 90 Prozent des Firmen-
sortiments ausmachten. Aber Godtfred war überzeugt, dass zu viele
Wahlmöglichkeiten seine Bemühungen, eine neue Form der Spielerfahrung zu schaffen, behindern könnten – dass also weniger mehr
sein kann. Die begrenzten Ressourcen seines Unternehmens in einem
Bereich, nämlich dem des Plastikbausteins, zu bündeln, konnte zur
Markteinführung zunehmend profitablerer Produkte führen. Wenn
die Designer nicht durch das Ersinnen neuer Arten von Holzspielzeug
abgelenkt waren, konnten sie ihr gesamtes Talent darauf verwenden,
neue Spielmöglichkeiten für den Baustein zu entwickeln.

Die Vorstellung, dass ein Unternehmen seine Ressourcen auf ein
klar definiertes Kerngeschäft konzentrieren sollte, widerspricht weitgehend der zuvor herrschenden Auffassung von Innovation, wonach
begabte Mitarbeiter einen großen Spielraum für Kreativität und die
Erlaubnis haben sollten, nach »Blauer-Ozean«-Märkten zu suchen
oder »Durchbruch«-Technologien zu entwickeln (auf diese Themen
kommen wir später noch zurück). Godtfred dagegen fand, dass das
LEGO-System flexibel genug war, um ein großes Maß an Innovation
innerhalb sehr enger Beschränkungen zuzulassen. Für ihn passte jede
Idee eines Designers in diesen Bereich, solange sie auf dem Baustein

basierte und mit dem Spielsystem übereinstimmte. In den folgenden Jahren wurden die Designer immer besser darin, die DNA des Bausteins zu erweitern, und sie schufen eine schwindelerregende Vielzahl profitabler Produkte, von den DUPLO-Steinen für Vorschulkinder über die LEGO-Technic-Rods und -Beams für fortgeschrittene Bastler bis hin zu den programmierbaren Mindstorms-Steinen und darüber hinaus. Doch all diese bahnbrechenden Produkte beruhten auf der Innovation »innerhalb des Bausteinbereichs«. Indem er die Grenzen des Kerngeschäfts genau definierte, gab Godtfred seinen Designern die Gelegenheit, eine weltweit unschlagbare Kompetenz in Sachen Bausteinkreativität zu entwickeln, die LEGO über Jahre hinweg zu Erfolg verhalf. »Weniger ist mehr« ist ein Prinzip, das viele Unternehmen außer Acht lassen – und das auch LEGO gegen Ende des Jahrhunderts vernachlässigen sollte.

Nachdem er einmal auf den Baustein gesetzt hatte, bündelte Godtfred auch weitere unternehmerischen Aktivitäten innerhalb eindeutig definierter Grenzen. Um die Unversehrtheit des Systems zu gewährleisten, beschränkte er die Bandbreite der verschiedenen Formen und Bausteinfarben, die LEGO herstellte.[6] Der Unternehmenschef versuchte zu garantieren, dass jedes LEGO-Set mit allen anderen LEGO-Sets kompatibel war, und überprüfte daher persönlich jeden Vorschlag für neue LEGO-Elemente.[7] Godtfred wies weitaus mehr Ideen zurück, als er akzeptierte, und behielt dadurch die Anzahl der verschiedenen LEGO-Formen und -Farben während der ersten zwanzig Lebensjahre des Bausteins unter Kontrolle. Sein laserähnlicher Fokus auf die außergewöhnlich gute Durchführung einiger weniger Aufgaben – wie zum Beispiel ausschließlich für den Baustein zu entwerfen – ließ bereits die zentrale Führungslektion eines anderen Serieninnovators ahnen, nämlich Steve Jobs, der bekanntlich witzelte: »Innovation heißt, zu tausend Sachen nein zu sagen.«[8] Zu wissen, was man weglassen muss – selbst wenn es wirklich gut ist –, kann häufig sehr viel bessere Ergebnisse hervorbringen. Nehmen Sie zum Beispiel das LEGO-Universal-Bauset von 1977. Das Set bestand aus ein paar Dutzend Formen in nur sieben Farben. Dennoch machten seine Einfachheit und Nützlichkeit es zum Bestseller.

Godtfreds strikte Kontrolle der Bandbreite verschiedener LEGO-Teile zwang die Designer, innerhalb einer begrenzten Palette von Optionen zu arbeiten. Es mag zwar der Intuition widersprechen, doch diese eindeutigen Beschränkungen zeigten den Designern, worauf es ankam, und das wiederum beflügelte ihre Kreativität. Im Katalog von 1975 beispielsweise fand sich eine beeindruckende Vielfalt unterschiedlicher Spielzeuge, darunter ein historischer Renault, ein Helikopter, ein Formel-Eins-Rennwagen, eine dreiköpfige Familie (mit zwei Hunden), eine Windmühle, eine Westernstadt, ein Krankenhaus, ein Zug (mit Tankwagen, Passagierwaggon und mobilem Kran) sowie ein Bahnhof, alle aus derselben begrenzten Anzahl von Formen und nur neun verschiedenen Farben.

Die Wette auf den Baustein war eine riskante Strategie, denn sie machte LEGO zu einem Ein-Spielzeug-Unternehmen. Die zahlreichen Konkurrenten der LEGO Gruppe erweiterten lediglich Godtfreds Konzept, alles auf eine Karte zu setzen. Mitte bis Ende der fünfziger Jahre gab es Dutzende Hersteller von Architekturspielzeugen, darunter Minibrix (gummierte, zusammensteckbare Steine), Lincoln Logs (eingekerbte Holzklötze) und Erector-Sets (kleine Metallträger). Eine Zeit lang war jede dieser Marken ein Bestseller. Aber keine ergab ein komplettes Spielsystem. Also verschwanden sie wieder. Nur Godtfred erfasste das Potenzial eines eng fokussierten, endlos erweiterbaren und ganzheitlichen Systems, das auf dem Baustein aufbaute.

DAS FÜNFTE PRINZIP: AUTHENTIZITÄT

Auf den ersten Blick lässt sich kaum erkennen, wie ein Universum bunter Klötzchen aus ABS, jenem unverwüstlichen Kunststoff, der für die Herstellung von LEGO-Steinen verwendet wird, in irgendeiner Form als authentisch gelten kann. Schließlich sind die inaktiven Plastikbausteine, ebenso wie die winzigen Boote, Kräne, Türen, Elektromotoren, Fahnen, Garagen, Scharniere, Haken und tausend anderen Elemente, die das gesamte Alphabet von Aqua Raiders bis Znaps (eine Art Träger) umfassen, die Materialien, aus denen ein Kind eine LEGO-Fantasiewelt erschafft. Es ist eine synthetische Welt aus Plastikninjas, Drachen, der versunkenen Stadt Atlantis, Skeletten, Schatzsuchern und einer verwirrenden Vielfalt weiterer unnatürlicher Schöpfungen. Und doch: Für LEGO ist die Nähe zur Realität, nun ja, sehr realistisch.

Schon vor langer Zeit gelangte LEGO zu der Erkenntnis, dass die Fantasie von Kindern aus ihrem realen Leben erwächst. Die Alltagswelt, die Kinder beobachten, ist der Nährboden ihrer Vorstellungskraft. Lange vor der Entstehung des modernen Bausteins war eins der bestverkauften Spielzeuge von Ole Kirk der Plastiktraktor 781 Ferguson, der den Massey-Fergusons nachgebildet war, die sich auf zahlreichen europäischen Bauernhöfen der Nachkriegszeit fanden. Die Logik war unumgänglich: Wenn Papa einen Traktor hatte, sollte das Kind auch einen haben – ebenso wie Miniatureggen, Ackerfräsen und andere Arbeitsgeräte, die an das Spielzeug angehängt werden konnten. Heute finden sich bei YouTube zahlreiche Videos von erwachsenen LEGO-Fans, die ferngesteuerte, aus Bausteinen maßgeschneiderte Mini-Massey-Fergusons zeigen.

Mitte bis Ende der fünfziger Jahre produzierte LEGO eine Serie von Mini-Metall- und Plastiklastwagen, die detailgetreu europäische Fahrzeugmodelle wie Citroën, Mercedes und Opel nachbildeten. Die ersten Sets, mit denen sich der moderne Baustein präsentierte, boten Dorf- und Stadtszenen, die jedem Vorstadtkind vertraut waren: eine Feuerwache, eine Kirche, sogar ein VW-Verkaufshaus und eine Esso-Tankstelle (siehe *Eine kurze Geschichte von LEGO*). Diese und spätere Baukästen schwelgten in dem Versprechen einer der Anzeigenkampagnen des Unternehmens aus den sechziger Jahren, in der es hieß, was immer man mit LEGO-Steinen baue, es sei »echter als echt«.

In einer zunehmend strahlenden, fingierten Welt ausgedachter Erfahrungen hungern wir nach dem Authentischen. Kinder wie Erwachsene fühlen sich von Erlebnissen angezogen, die sie als echt und ursprünglich empfinden. LEGO versteht das. Selbst wenn LEGO in ein fiktives Universum »weit, weit weg« aufbricht wie mit den *Star-Wars*-Sets, wurzelt dieses Bestreben im Realen. Hat man alle 274 Teile des Bausatzes zusammengesetzt, so bildet der LEGO X-Wing Fighter, um nur ein Beispiel aus der *Star-Wars*-Umgebung zu nennen, auf verblüffende Weise das Vorbild ab.

Das Wort »authentisch« leitet sich ab vom Griechischen *authentikós,* was »ursprünglich« bedeutet. Und wie wir gesehen haben, hat LEGO sein eigenes Rezept für Ursprünglichkeit zusammengestellt. Der LEGO-Stein ist die erste Kreation seiner Art. Das LEGO-Spielsystem findet in der Spielzeugwelt keine Entsprechung. Wenn man »Fake LEGO« bei Google eingibt, erhält man über 16 Millionen Ergebnisse, ein Beweis für die Originalität des Systems. LEGO ist so authentisch, dass es ein ganzes Universum von Nachahmern und unverblümten Fälschungen hervorgebracht hat. Wie LEGO anhand von Produktlinien beweist, die komplett fiktive exotische Welten abbilden, zum Beispiel Bionicle und Power Miners, ist das Authentische nicht immer »real«. Real sind jedoch die Verknüpfungen, welche die Kinder und die Junggebliebenen herstellen, untereinander und mit LEGO selbst, wenn sie die Steine zusammensetzen. Für viele erwachsene LEGO-Fans beschwören Klassiker wie Yellow Castle und Space Cruiser, die in den späten Siebzigern herauskamen, lebendige Kindheitserinnerungen herauf und locken sie zweifellos zu den Regalen mit den neuen LEGO-Angeboten für ihre eigenen Kinder. Es ist die ursprüngliche Beziehung von Mensch zu Mensch, die LEGO fördert – durch das Spiel, durch das Internet, durch Fan-Events und vieles mehr –, sie hat dazu beigetragen, dass der Baustein mehr als 80 Jahre überdauert hat.

DAS SECHSTE PRINZIP: ERST DIE LÄDEN, DANN DIE KINDER

Wenn man sich im LEGO-Hauptsitz in Billund umschaut, wird der Respekt des Unternehmens gegenüber Kindern ganz offensichtlich. Wandgroße Plakate mit spielenden Kindern schmücken das Design- und Entwicklungsbüro, in dem extravagante Bausteinkonstruktionen auf fast jedem Schreibtisch zu finden sind. Zu den Slogans der Firma gehörten Sätze wie »Kinder sind unsere Vorbilder« oder »Wir wollen das Kind in jedem von uns fördern«. Solche Sprüche könnten auch ziemlich kitschig wirken. Aber die Wertschätzung von Kindern ist in diesem Unternehmen ein ebenso wichtiges Wirtschaftsgut wie der Baustein selbst. Weil LEGO ein zusammenbaubares Spielzeug ist, das die Fantasie allein durch die Konstruktion anregt, ist es noch stärker auf Kinder angewiesen als andere Spiele. Designer und Entwickler wissen, dass sogar ihr einfachstes Spielzeug, wie etwa die schnörkellose Basispackung mit Bausteinen, die Hände und die Vorstellungskraft von Kindern braucht, um zum Leben zu erwachen. Deshalb überrascht es, dass – obwohl Kinder doch für LEGO unverzichtbar sind – ein Großteil der Aufmerksamkeit des Unternehmens einer anderen Instanz gewidmet ist.

Auch wenn die Leitmission der LEGO Gruppe lautet, Kinder durch das Spiel zu fördern, sind es die Geschäfte, nicht die Kinder, die an erster Stelle der Firmenprioritäten stehen. Es war sicher kein Zufall, dass ein Einzelhändler – der Einkäufer des Magasin du Nord – Godtfred zu einer der entscheidendsten Innovationen des Unternehmens inspirierte, dem Spielsystem. Von Anfang an hatten Ole Kirk und Godtfred sich bemüht, enge Beziehungen zu den Geschäften zu pflegen, die LEGO-Spielzeug führten. Die Führungskräfte der LEGO Gruppe wussten, dass sie sich erst mit den Läden abstimmen mussten, um eine Verbindung zu den Kindern herstellen zu können.

Die Notwendigkeit, die LEGO dazu brachte, enge persönliche Kontakte mit Einzelhändlern aufzubauen, hatte ihren Ursprung im Frühjahr und Sommer 1951. In diesem Jahr teilten die Vertreter Ole Kirk mit, dass es keine neuen Bestellungen geben würde, solange die Einzelhändler nicht bis nach den Sommerferien ihre Weihnachtswarenbestände losgeworden wären. Aus der Sorge heraus, dass das Unternehmen es sich nicht leisten konnte, Spiele zu produzieren, die dann monatelang auf Lager blieben, entschied Ole Kirk, die Fabrik während des Sommers zu schließen.

Godtfred dagegen war der Meinung, es sei ein verheerender Fehler, den Betrieb zu unterbrechen. Gemeinsam mit seiner Frau Edith suchte er jeden Spielzeugeinkäufer in Süd-Jütland auf und erzielte genügend Aufträge, um den Fabrikbetrieb während des Sommers aufrechterhalten zu können. Die Reise war so erfolgreich, dass er sie in anderen Teilen Dänemarks wiederholte. Ehe das Jahr vorüber war, hatte Godtfred persönlich fast jeden Einkäufer im Land besucht.

In den fünfziger und sechziger Jahren erweiterte LEGO sein Einzelhandelsnetzwerk, indem das Unternehmen sich in Westeuropa und den Vereinigten Staaten ausbreitete und mit den Einkäufern zusammenarbeitete, um aufmerksamkeitsstarke Verkaufshilfen zu erschaffen. Der Unternehmenskatalog von 1963 zeigt eine eindrucksvolle Auswahl von Materialien für die Einzelhändler: einen Kalender, freistehende Spielzeugregale, Hängeschilder, beleuchtete Schaufensterauslagen, Poster, Displays und sogar kurze Filme, die dazu gedacht waren, vor dem Hauptfilm im Kino gezeigt zu werden. Von Anfang an begriff LEGO, dass es für Wiederholungsverkäufe notwendig ist, die Kinder für sich zu gewinnen, der Erstverkauf jedoch hängt davon ab, wie man die Einzelhändler unterstützt.

Eine ehrgeizige Mission. Unermüdliches Experimentieren. Systematisches Denken. Disziplin und Fokussierung. Der Reiz des Realen. Den Kunden begeistern, dem Händler Vorrang einräumen. Durch die Befolgung dieser sechs Prinzipien beschrieb LEGO eine Wachstumskurve, die sich auch räumlich immer weiter ausdehnte – über ganz Westeuropa und die Vereinigten Staaten nach Asien, Australien und Südamerika –, und erweiterte während der gesamten sechziger Jahre seine Palette bahnbrechender Produkte.

DIES WAREN EINIGE DER HIGHLIGHTS:

– Im Jahr 1961 erfanden die Bausteintüftler des Unternehmens das Rad, einen einfachen runden Stein, der von einem Gummireifen umgeben war und ein Auflager besaß, das innovativ genug war, um eine Patentanfrage zu rechtfertigen. Heute produziert LEGO etwa 300 Millionen Reifen im Jahr, mehr als Goodyear oder Bridgestone.

– 1967 kam DUPLO auf den Markt, eine Produktlinie mit größeren Bausteinen für die kleinen Hände von Vorschulkindern. DUPLO leitet sich von dem lateinischen Wort *duplus* ab (»doppelt«) und erwies sich als unwiderstehlicher Einstiegsbaustein für LEGO. Weil sich die LEGO-Steine mit den größeren DUPLO-Steinen zusammenstecken ließen, konnten die Kinder problemlos zu LEGO überwechseln, wenn sie aus DUPLO herausgewachsen waren.

– 1968 wurde in Billund das erste LEGOLAND eröffnet. Noch heute lockt der Freizeitpark mit seinen außergewöhnlichen Attraktionen – etwa dem bemerkenswert realistischen,

19 Meter großen Häuptling Sitting Bull, der aus über 1,75 Millionen Bausteinen besteht – rund 1,5 Millionen Besucher jährlich an.

Anfang der siebziger Jahre waren 1000 Angestellte in der LEGO-Zentrale in Billund beschäftigt und zeichneten verantwortlich für rund ein Prozent der gewerblichen Exporte Dänemarks. Doch dann flachte die Wachstumskurve ab. Das Produktangebot war ein bisschen schal geworden, die alles entscheidenden Weihnachtsumsätze sanken dramatisch, und in die Unternehmensleitung war der Schlendrian eingekehrt, denn Godtfred war noch nicht bereit, die Führung an seinen Sohn Kjeld Kirk Kristiansen abzutreten. »Alles wurde in die nächsten Jahre hinausgeschoben«, erinnerte sich Kristiansen. »Es war eine Zeit der Unsicherheit.«[9]

Niemand bei LEGO hat mehr Baustein im Blut als Kristiansen, der mit dem LEGO-Stein aufgewachsen ist und die Verbindung zu jenen Zeiten bildet, als das Unternehmen hauptsächlich Holzspielzeuge produzierte. (Kjeld Kirks Familienname wurde auf seiner Geburtsurkunde irrtümlich mit »K« geschrieben.) Er und seine Schwestern waren die erste Zielgruppe der LEGO Gruppe, um den Reiz der Bausteine zu erproben; 1950 war sein Bild auf den Verpackungen einiger der ersten LEGO-Kunststoffsets zu sehen. Der ehemalige Vizechef Poul Plougmann erkannte seinen sicheren Instinkt dafür, was Kindern am besten gefällt, und nannte Kristiansen »den Steve Jobs von LEGO«.

Kristiansen war erst 31 Jahre alt, als er 1979 zum Unternehmenschef ernannt wurde. Der ruhige, mittelgroße Mann mit Brille, der häufig innehält, um seine Gedanken zu ordnen, ehe er spricht, scheut das Rampenlicht und weist jede Verantwortung für den geradezu übernatürlichen Erfolg des Unternehmens zwischen Ende der siebziger und Anfang der neunziger Jahre von sich. Doch es war Kristiansen, der eine Managementorganisation rund um das LEGO-Spielsystem aufbaute und dem Unternehmen einen fünfzehn Jahre währenden Wachstumsschub bescherte, eine Expansion, in deren Rahmen LEGO alle fünf Jahre seine Größe verdoppelte. Als ersten Schritt arbeitete er das aus, was er später als »Entwicklungsmodell für das Unternehmen« bezeichnete und was den Designern der LEGO Gruppe eine lebendige Zielvorstellung und den Kunden eine klare Auswahl gab.

Ehe er das Unternehmensangebot ausweitete, schuf Kristiansen die Grundlage für Wachstum. Unter seinem Vater war die Produktpalette der Firma lediglich unter der Marke LEGO-System zusammengefasst worden. Kristiansen machte sich daran, ein professionelles Managementsystem einzuführen, indem er die Erzeugnisse der LEGO Gruppe in drei Bereiche unterteilte: DUPLO mit seinen Bausteinen für die Kleinsten, LEGO-Konstruktionsspielzeuge, die auch die Basis-Bausets umfassten, die das Herz des LEGO-Systems darstellten, sowie eine dritte Kategorie, die »andere Formen hochwertiger LEGO-Spielmaterialien« enthielt, beispielsweise Scala, eine neue Produktlinie mit zusammenbaubarem Schmuck für junge Mädchen.

»Der Gedanke hinter [der Reorganisation] war zweigeteilt«, erzählte er uns. »Wir wollten es den Kunden sehr viel leichter machen, das für ihr Kind relevante Produktangebot zu finden. Und wir wollten es für unsere Entwicklungs- und Marketingabteilung sehr viel leichter machen, konkret innerhalb ihrer eigenen Markenprofile zu arbeiten, was es ihnen wiederum erleichterte, deutlich mehr Möglichkeiten zu erkennen.«

Das Ergebnis war, dass eine Produktlinie wie DUPLO zu einer vollumfänglichen eigenständigen Marke wurde. Bei seiner Wiedereinführung im Jahr 1979 mit dem inzwischen berühmten roten Kaninchen im Logo wuchs DUPLO weit über Bausteine hinaus und umfasste nun auch Eisenbahnsets, DUPLO-»Männchen« mit beweglichen Gliedern, Puppenhäuser und lizenzierte Figuren aus der Disney-Welt, zum Beispiel aus *Winnie Puh* und *Toy Story*.

Kristiansens zweite bedeutsame Innovation war die Neudefinition und Ausweitung des gesamten Spielsystemkonzepts. Mitte der siebziger Jahre hatte das Unternehmen seine zentralen LEGO-Stadtsets, mit denen die Kinder ganze Städte mit Häusern, Läden, Autos und Tankstellen bauen konnten. Das Unternehmen hatte auch Sets mit elektrischen Eisenbahnen, allerdings waren die Lokomotiven fast doppelt so groß wie die Häuser in den LEGO-Städten. 1974 wurden die »LEGO-Familie«-Sets eingeführt – eine Großmutter, Mutter,

Vater und Kinder mit beweglichen Armen. Damals waren sie einer der Bestseller des Unternehmens. Doch die Figuren hatten eine maximale Größe von mehr als zehn Bausteinen, waren also so groß, dass sie nicht in die Eisenbahnen passten und wie Godzilla die Häuser einer LEGO-Stadt überragten. 1978 setzte sich Kristiansen mit einem Designerteam zusammen und erarbeitete eine überholte Produktlinie mit Miniaturfiguren, die maßstabgerecht in das System passten. Zwei Jahre später legte er eine überarbeitete Version der Eisenbahnen nach, die in der Größe auf die Minifiguren abgestimmt waren.

Die ersten kleinen Plastikmännchen von Kristiansen kamen 1975 auf den Markt und hatten weder Arme noch Gesichter. Dieses Versäumnis wurde drei Jahre später behoben, als die LEGO-Minifiguren mit schwarzen, starren Augen, einem unauslöschlichen Lächeln und einem knallgelben Teint ausgestattet wurden. Zehn Jahre später enthielt die Piraten-Serie erstmals Figuren mit einem Gesichtsausdruck sowie mit Haken anstelle von Händen und Zapfen als Beine. Dadurch konnten die Figuren sich in nahezu alles verwandeln, das die LEGO-Designer sich ausdenken konnten: grinsende Vampire, grimassierende Gewichtheber, enthusiastische Cheerleader, sogar berühmte fiktive Gestalten wie Batman, Yoda, SpongeBob Schwammkopf und viele, viele andere. Die Minifiguren ermöglichten Rollenspiele und belebten die LEGO-Sets ganz erheblich, deshalb sind sie möglicherweise die bedeutsamste Schöpfung des Unternehmens gleich nach dem Baustein. Bis Juni 2013 sind über 4,4 Milliarden Minifiguren von den Fließbändern des Bausteinherstellers gerollt, mehr als die Gesamtbevölkerung Chinas, Indiens, Europas und der Vereinigten Staaten zusammen.

Kristiansens dritte wichtige Innovation war es, den Themensets höhere Aufmerksamkeit zu widmen. Obwohl LEGO bereits die Stadtsets herausbrachte, engagierte Kristiansen sich für neue Themen, die der Spielerfahrung neue Dimensionen hinzufügten. »Anstatt darüber zu reden, dass Kinder verschiedene Altersklassen durchlaufen, dachten wir über unterschiedliche Spielideen nach«, erinnerte er sich. »Wir konzentrierten uns mehr auf die kindlichen Bedürfnisse.« Mit den elementaren Bausteinen konnten Kinder bauen, was immer sie sich vorstellten. Mit den Themensets konnten Kinder erschaffen, was immer das Thema bei ihnen auslöste. Das Bauerlebnis war zwar weniger kreativ, doch das Spielerlebnis dafür umso lohnenswerter. Das Ergebnis waren zwei der größten Erfolge des Unternehmens: Burg und Weltraum.

Die Burg-Produktlinie kam 1978 mit einem einzigen Set auf den Markt und wuchs rasch zu einer mittelalterlichen Welt von LEGO-Kreuzfahrern, Drachenbezwingern und königlichen Rittern heran, die bis heute fortdauert. Die Weltraum-Serie erschien im selben Jahr und bot so zauberhafte Kuriositäten wie Mini-LEGO-Astronauten in offenen, ungeschützten Cockpits mit autoähnlichen Lenkrädern, um das Raumschiff zu steuern. Diese Produktlinie wurde mit über 200 individuellen Sets zu einem der meistausgebauten Themen in der Geschichte des Unternehmens (siehe *Eine kurze Geschichte von LEGO*). Weltraum und Burgen waren von gleicher Wichtigkeit und bereiteten den Weg für andere überwältigend erfolgreiche, selbst ersonnene Themen wie Piraten und sogar für lizenzierte Titel wie LEGO *Star Wars* und LEGO *Harry Potter*.

Durch die Kombination von Minifiguren und Themensets schuf Kristiansen ein umfassendes Spielerlebnis. Die Kinder behandelten die Figuren wie analoge Avatare und stellten sich vor, selbst Ritter oder Astronauten zu sein, während sie ganze Welten aus Bausteinen errichteten. Die Verknüpfung des Geschichtenerzählens (durch The-

LEGO-Verkaufszahlen (in Mio. DKK)

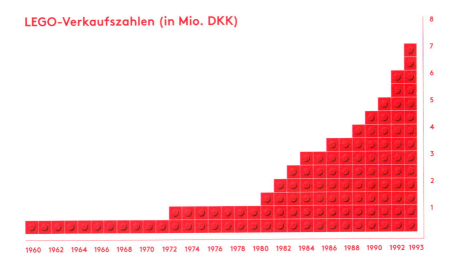

men) mit dem Rollenspiel (durch die Figuren) faszinierte eine neue Generation von Kindern und löste für LEGO eine Periode rasanten Wachstums aus. Man stelle sich vor: Es dauerte 46 Jahre, von der Gründung im Jahr 1932 bis zum Jahr 1978, bis LEGO die Umsatzmarke von einer Milliarde DKK knackte (zu jener Zeit entsprach das etwa 180 Millionen US-Dollar). In den nächsten zehn Jahren schnellte die Verkaufskurve nach oben und stieg bis 1988 um das Fünffache.

Natürlich hat LEGO auf diesem Weg auch einige bedeutende Misserfolge erlebt. Scala, die Produktlinie für junge Mädchen, erwies sich als Flop und wurde 1981 eingestellt. Und Fabuland, ein ehrgeiziges Produktangebot für kleinere Kinder und das erste LEGO-Thema, das auch um Bücher, Kleidung und eine Fernsehserie erweitert wurde, schlug nie richtig ein und wurde 1989 nach zehnjähriger Laufzeit beendet. Trotzdem beschleunigte sich das Wachstum der LEGO Gruppe weiterhin. 1991 verzeichnete sie einen 18-prozentigen Umsatzanstieg, während die Spielzeugbranche insgesamt sich nur um vier Prozentpunkte verbessern konnte. Im Jahre 1992 kontrollierte LEGO fast 80 Prozent des Marktes für Konstruktionsspielzeug. Bis Mitte der neunziger Jahre war aus dem kleinen Billunder Tischlergeschäft ein Konzern von 45 Unternehmen auf sechs Kontinenten mit fast 9 000 Mitarbeitern geworden.

Die ständig steigenden Verkaufszahlen ließen die LEGO Gruppe gut dastehen. Doch als die Neunziger anbrachen und der Umsatz den Gipfelpunkt erreicht hatte, begann LEGO, Wachstum mit Erfolg zu verwechseln. LEGO hatte seine Verkaufsaktivitäten auf Märkte in der ganzen Welt ausgeweitet – die Sets waren nun von Norwegen bis Brasilien erhältlich –, doch die rapide Globalisierung des Unternehmens wurde nicht ausreichend durch Innovationen begleitet. Mittlerweile hatte der technologische Fortschritt begonnen, den Charakter des Spielens radikal zu verändern, denn Videorekorder, Videospiele, Kabelfernsehen und Computer nahmen immer mehr Platz im Leben der Kinder ein. In einem Interview mit *Fast Company* aus dem Jahr 2001 gestand Kristiansen ein, dass LEGO bis Mitte der neunziger Jahre ein langsames Unternehmen geworden war. »Wir sind eine wuchtige Institution«, erklärte er. »Wir sind dabei, unsere Dynamik zu verlieren – und den Spaß.«[10]

Tatsächlich war LEGO, das an der Schwelle dazu stand, zum Spielzeug des Jahrhunderts erklärt zu werden, selbstzufrieden und engstirnig geworden. Und deshalb trafen die rapiden Veränderungen im Leben von Kindern das Unternehmen unvorbereitet.

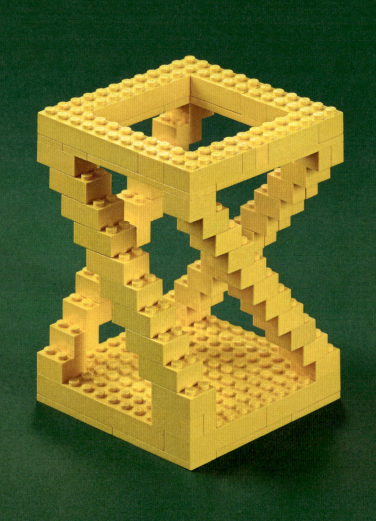

Die Innovation ankurbeln

Mit einer schnelllebigen Welt Schritt halten

Unser Ziel, dass LEGO für Familien mit Kindern
die stärkste Marke sein soll,
befindet sich innerhalb unserer Reichweite.

LEGO-Jahresbericht, 1999

Die wütende Antwort des LEGO-Vorstands hing in der Luft wie der scharfe Geruch einer Zigarre: »Nur über meine Leiche bringt LEGO jemals *Star Wars* heraus.«

Es war Anfang 1997, und Peter Eio, der amerikanische CCO, hatte der Führungsriege von LEGO soeben eine Kollaboration vorgeschlagen, an der er schon monatelang arbeitete: einen Zusammenschluss mit Lucasfilm Ltd., um eine lizenzierte Produktreihe von LEGO-*Star-Wars*-Spielen herauszubringen. Diese Produktreihe käme begleitend zur lang erwarteten *Star-Wars*-Prequel-Trilogie auf den Markt, die im Frühjahr 1999 anlaufen sollte. Der Vorstand von Lucas mochte LEGO und hatte lange darauf gewartet, mit dem Unternehmen eine Partnerschaft zu bilden. Die Chefs in Billund waren entgeistert. Eio rang mühsam um Fassung.

»Die Dänen sind normalerweise sehr höflich«, erinnerte sich Eio. »Wir hatten nie größere Auseinandersetzungen. Aber ihre erste Reaktion auf *Star Wars* war Schock und Abscheu, dass wir so etwas überhaupt vorschlugen. Das war einfach nicht die LEGO-Art.«

Die *Star-Wars*-Skeptiker hatten ihre Gründe. In den 40 Jahren seit der Geburt des Bausteins war LEGO immer seinen eigenen Weg gegangen und hatte Partnerschaften und Lizenzvereinbarungen gemieden. Der Erfolg begleitete das Unternehmen bei nahezu jeder Entscheidung. Jahr für Jahr hatten die Chef-Spielzeugmacher unfehlbar erkannt, was die Kinder als Nächstes wollten. Räder, Minifiguren, Eisenbahnen, Themensets wie Weltraum und Burgen – schon seit Jahren erzielte die ständig wachsende Produktpalette der LEGO Gruppe anhaltende Gewinne. Für das stolze, selbstzufriedene Unternehmen war die Vorstellung, eine Lizenz auf das geistige Eigentum eines anderen zu erwerben, regelrecht abstoßend – auch wenn der Partner ein unaufhaltsamer Produzent von Kassenschlagern war wie Lucasfilm. Die Befürchtung war: Wenn LEGO eine *Star-Wars*-Lizenz kaufte, musste es nach den Regeln von Hollywood spielen. »Es war fast, als würde LEGO externen Partnern nicht vertrauen«, sagte Eio. »Die Denkweise war immer: Wir machen es selbst. Wir können es besser.«

Abgesehen von der Einzelgängerkultur, die in Billund herrschte, war das größte Hindernis für eine Lizenzvereinbarung zwischen Lucasfilm und LEGO die Vorstellung, Sternenzerstörer, Kampfdroiden und andere *Star-Wars*-Kriegsausrüstungen in das Umfeld der LEGO Gruppe einzuführen. Selbst heute noch beherzigt LEGO einen der Kernwerte seines Gründers Ole Kirk Christiansen: den Krieg niemals zum Kinderspiel zu machen. Jene LEGO-Chefs, die sich gegen das Abkommen aussprachen, fürchteten, dass der blitzsaubere Ruf des Unternehmens durch die Anpassung an die Marke *Star Wars* Schaden nehmen könnte. »Schon allein der Name *Star Wars* widersprach dem LEGO-Konzept«, sagte Eio. »Es schreckte sie vollkommen ab, dass wir in Betracht zogen, uns mit einer Marke zusammenzutun, bei der es nur ums Kämpfen ging.«

Ungeachtet des Widerstands der LEGO-Führung glaubte Eio, dass er *sein* Gefecht – das Unternehmen zu überreden, den Baustein und die Macht miteinander zu koppeln – gewinnen musste. Das überzeugendste Argument für Eio, eine Vereinbarung mit Lucasfilm zu schließen, war die Gefahr, *keine* zu schließen.

Eio in seiner nordamerikanischen LEGO-Hauptniederlassung in Enfield, Connecticut, sah mit Sorge, dass die Vereinigten Staaten sehr viel schneller zu einem lizenzorientierten Markt wurden als Europa.

Erfolgreiche Filme und Zeichentrickserien wurden durch zahllose Lizenzprodukte vermarktet, von *Buzz Lightyear* bis *Transformers*, und machten die Hälfte aller Spielzeugverkäufe in den USA aus. Schwergewichtige Konkurrenten wie Hasbro und Mattel schlossen zunehmend Lizenzverträge mit Disney und anderen ab, während LEGO noch gar nicht in das Spiel eingestiegen war. Eio fürchtete, wenn LEGO nicht am weltweiten Phänomen der Popkultur teilhatte, wie sie durch *Star Wars* repräsentiert wurde, würde es von der Zukunft überrollt und immer ein Lizenznachzügler bleiben.

In Zusammenarbeit mit Howard Ruffmann, dem Chef der Lizenzabteilung von Lucasfilm, startete Eio eine interne Kampagne, um den Beraterstab der LEGO Gruppe davon zu überzeugen, dass *Star Wars* mehr *Ivanhoe* als *G. I. Joe* war – dass die Serie trotz ihrer Science-Fiction-Aufmachung eine klassische Konfrontation zwischen Gut und Böse darstellte, bei der kaum Blut und keinerlei Eingeweide zu sehen waren. Eio machte zudem einen so vernünftigen Vorschlag, dass niemand ihn zurückweisen konnte: Warum nicht mal die Eltern fragen? Und so geschah es. LEGO befragte Eltern in den Vereinigten Staaten und in Deutschland, um herauszufinden, ob sie eine Eheschließung zwischen LEGO und *Star Wars* begrüßen würden. Amerikanische Eltern befürworteten die Idee mit überwältigender Mehrheit; überraschenderweise traf dies auch auf die deutschen Eltern zu, die zu jenem Zeitpunkt den größten und bei weitem konservativsten Markt des Unternehmens bildeten.

Ungeachtet der Zustimmung der meisten befragten Eltern weigerten sich einige LEGO-Führungskräfte nach wie vor, *Star Wars* zu billigen. Schließlich setzte sich Kjeld Kirk Kristiansen, der ein glühender *Star-Wars*-Fan war und dem die Umfrage Auftrieb gegeben hatte, über die traditionsbewussten Vorstandsmitglieder hinweg und erteilte der Kooperation seinen Segen. Und damit wurde eine der erfolgreichsten und langfristigsten Partnerschaften in der Geschichte der Spielzeugbranche in Gang gesetzt. LEGO *Star Wars* erschien zeitgleich mit dem Blockbuster *Die dunkle Bedrohung* und war ein beispielloser Verkaufsschlager, der mehr als ein Sechstel der Gesamtumsätze des Unternehmens ausmachte.

Dennoch: Selbst in jenem Augenblick, da Eio und seine Verbündeten die Auseinandersetzung um *Star Wars* gewonnen hatten, brachten radikale Veränderungen der Konkurrenzsituation LEGO in ernste Gefahr, den größeren Krieg zu verlieren. Die Schlacht um *Star Wars* erwies sich als lediglich die erste zahlreicher nachfolgender Streitigkeiten, die bei LEGO hochkochten, weil das Unternehmen einer zunehmend zerstörerischen Welt und einer Spielzeugbranche gegenüberstand, die Jahr für Jahr immer unbeständiger wurde.

Jahrzehntelang hatte die Fähigkeit der LEGO Gruppe, Bildung mit Fantasie und Kreativität mit Spaß zu verknüpfen, ihr nahezu eine Monopolstellung auf dem Markt für Konstruktionsspielzeuge verliehen. Jahrein, jahraus verkauften sich die LEGO-Sets wie geschnitten Brot, und die Gewinne strömten in die Unternehmenskasse. In den neunziger Jahren begann das Märchen vom Baustein allerdings an Glanz zu verlieren.

Die erste Herausforderung für die Wachstumssträhne der Bausteinhersteller stellte sich 1988, als die letzten Patente der LEGO Gruppe für den zusammensteckbaren Baustein ausliefen. Danach konnte jedes Unternehmen einen Plastikstein herstellen, der mit LEGO-Steinen kompatibel war, solange es nicht das LEGO-Logo verwendete. Infolgedessen ging das langjährige Monopol der LEGO Gruppe auf den Noppen-und-Röhren-Baustein rasch verloren und wich der Anarchie des Wettbewerbs. Eine Welle von neuen Billigkonkurrenten – Mega Bloks aus Kanada, Cobi SA aus Polen, Oxford Bricks aus China und viele andere – überflutete den Markt mit Baustein- und Figurenkopien, die sich mit jedem LEGO-Set zusammenstecken ließen. LEGO konterte mit einer Vielzahl von Prozessen und vertrat den Standpunkt, das Patent sei zwar ausgelaufen, doch das Design des LEGO-Steins sei so allgegenwärtig, dass seine Herstellung durch jede andere Firma eine Markenrechtsverletzung sei. In jedem Land, in dem LEGO diese Strategie verfolgte, verlor das Unternehmen letztlich.

Einen zweiten Rückschlag hatte sich die LEGO Gruppe selbst zuzuschreiben. 1993 war die bemerkenswerte 15-jährige Phase zweistelliger Wachstumszahlen zum Stillstand gekommen. Die Fähigkeit des Unternehmens, den Umsatz zu steigern und mit seinem langjährigen Portfolio auf neue Märkte vorzudringen, hatte offensichtlich ihr natürliches Ende gefunden. LEGO konnte die zweistelligen

Wachstumszahlen nicht durch eine schrittweise Verbesserung seiner existierenden Produktpalette aufrechterhalten. Um den Aufstieg fortzusetzen, musste LEGO eine neue, kraftvolle Zusammenstellung von Wachstumsmotoren aufbauen.

Als das Umsatzwachstum zum Halten kam, reagierten die Spielzeughersteller mit exzessiver Weiterentwicklung und vergrößerten die Anzahl der Produkte in ihrem Portfolio drastisch. In der Theorie war das eine gute Sache: Experimente sind das Vorspiel echten Fortschritts. Indem LEGO zahlreiche Produkte auf den Markt brachte, war ein Verkaufsschlager praktisch unausweichlich. Das Problem war nur, dass die einstmals so berühmte Disziplin der LEGO Gruppe ebenso schnell wegbrach, wie ihre Produkte sich vermehrten. Von 1994 bis 1998 verdreifachte LEGO die Anzahl der neuen Spielzeuge und führte jedes Jahr im Durchschnitt fünf große Produktneuheiten ein. Das Ergebnis war eine Menge Hektik, aber nur sehr wenig Gewinn. Kostspielige neue Produktlinien wie die Primo-Reihe für Babys, die Znap-Reihe mit ihrem neuen, flexibleren Kunststoff, die bereits erwähnte Scala-Reihe mit barbieartigen Puppen und ein CyberMaster-Robotics-Set waren alle ausgesprochene Misserfolge. Die Produktionskosten schnellten in die Höhe, doch die Verkaufszahlen stagnierten und gingen im Laufe von vier Jahren lediglich um magere fünf Prozent nach oben.

Die schwierigste Herausforderung für das Unternehmen war es, mit einer Welt Schritt zu halten, die ihr rasch davonrannte. Ende der neunziger Jahre übten interaktive Spiele und für Kinder gestaltete Software eine unwiderstehliche Faszination auf große Teile der Baustein-Kernzielgruppe aus. Suchtgefährdende Spiele wie *Sim City* und *RollerCoaster Tycoon* waren überaus gut geeignet, Konstruktionserlebnisse in einer virtuellen Welt abzubilden. Und digitale Spezialeffekte verliehen den Fantasiewelten aus Kinofilmen mehr Leben als je zuvor. Verglichen mit der Effekthascherei von Game Boy und Xbox, *Jurassic Park* und Nintendo wirkte der bescheidene Baustein wie ein Relikt aus einer längst vergangenen Ära.

Ebenso problematisch war die Tatsache, dass das Alltagsleben von Kindern der Mittelschicht unter hohem Zeitdruck straff durchorganisiert war und damit viel weniger Stunden für das zeitlich un-

Verkauf, Gewinn und Anzahl neuer Spielzeuge bei LEGO

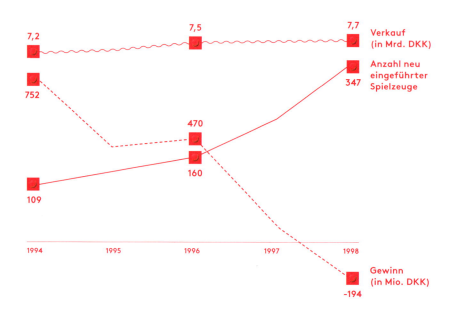

begrenzte, selbstgesteuerte Spielen nach LEGO-Art übrig blieben. Zudem wuchsen die Kinder viel schneller aus traditionellen Spielwaren heraus als früher. Im Dezember 2000 erfasste der Londoner *Independent* den Zeitgeist in einem Artikel über LEGO: »Ein Kind von heute, das sofortige Belohnung gewohnt ist, will sich nicht die Mühe machen, etwas aus mehreren hundert Plastikbausteinen zusammenzusetzen, wenn ein virtuelles Haustier durch ein einziges Streicheln seines Rückens ins Leben gerufen werden kann.«[11]

Diese sich rasch beschleunigenden Kräfte – eine ganze Horde von Marktneulingen, die daran interessiert waren, das Erbe der LEGO Gruppe anzutreten, die revolutionären Umwälzungen im Leben der Kinder und der zunehmend verzweifelte Versuch, Dutzende von neuen Produkten auf den Markt zu werfen in der Hoffnung, dass etwas, *irgendetwas* davon den Verkauf ankurbeln möge – wirkten zusammen, um LEGO aus seinem Adlerhorst nahe dem Gipfel der Spielzeugbranche zu vertreiben. 1998 berichtete Billund, dass LEGO rote Zahlen in Höhe von 48 Millionen US-Dollar schrieb. Das war der erste Verlust in der Geschichte der LEGO

Gruppe, und er zog die Entlassung von über 1 000 Mitarbeitern im ersten Halbjahr 1999 nach sich, bei weitem die umfangreichste Entlassungswelle des Unternehmens. Diese beiden bitteren Rückschläge bewiesen erneut, dass LEGO plötzlich um seine Bedeutung kämpfen musste.

LEGO sah sich einer Herausforderung gegenüber, die seine Zukunft bestimmen würde: Wie konnte die Philosophie des freien, kreativen Spielens mit einer medienzentrierten Unterhaltungswirtschaft mithalten, in der die linearen, handlungsgetriebenen Erfahrungen von Computerspielen und Fernsehsendungen die Herrschaft übernommen hatten?

Der Versuch der LEGO Gruppe, diese Frage zu beantworten, begann mit einer Reihe von entschiedenen Schritten. Im Oktober 1998, als die Verluste stiegen, stellte Kristiansen Poul Plougmann ein, Turnaround-Experte und ehemaliger COO von Bang & Olufsen, dem dänischen Hersteller hochwertiger Unterhaltungselektronik, damit dieser das Tagesgeschäft des Unternehmens leitete. Der begeisterte Jäger, Kunstfreund und Frankophile Plougmann, der mit seiner Frau in Paris lebte (er sollte nach Billund pendeln), war eine etwas einsiedlerische Führungskraft, die ihre Gedanken und Pläne nur mit einigen wenigen Vertrauten teilte. Da er beim Wiederaufschwung von Bang & Olufsen, einem dänischen Nationalheiligtum, eine führende Rolle gespielt hatte, pries die dänische Presse ihn als »Miracle Man«, als er bei LEGO eintrat. Es war ein bemerkenswertes Zugeständnis, dass Kristiansen seinen Platz räumte, doch er behielt seinen Titel als Präsident des Unternehmens und richtete sein Augenmerk wieder auf die Entwicklung von Spielzeug. Im Bemühen, den Abwärtstrend zu stoppen, gestaltete und initiierte Plougmann, der den Titel des Finanzdirektors erhielt (später wurde er zum COO befördert), die Massenentlassungen Anfang 1999. Aber LEGO hatte nicht die Absicht, sich wegzuducken und zu verstecken. Plougmann wurde ein kräftiger Bonus versprochen, wenn er die Verkaufszahlen der LEGO Gruppe bis 2005 verdoppelte. Er war angeworben und mit Belohnungen gelockt worden, um LEGO aus der Bredouille zu helfen.

Plougmann fing bei LEGO zu einem Zeitpunkt an, der unbestritten zu den schlimmsten und zugleich zu den besten Augenblicken seiner neueren Geschichte zählte. Das Unternehmen stand kurz vor seinem allerersten umfassenden Downsizing, unharmonisch als Fitnessplan bezeichnet, der schließlich zur bereits erwähnten Entlassung eines Zehntels der Belegschaft führte. Gleichzeitig erhaschte LEGO gerade einen ersten Blick auf den Markterfolg von LEGO *Star Wars*, wobei die Umsätze des ersten Jahres die ursprüngliche Vorhersage des Unternehmens um 500 Prozent übertrafen. Plougmann und sein Team wurden von den astronomischen *Star-Wars*-Ergebnissen und der anhaltenden Stärke der Marke LEGO ermutigt – die ungeachtet der jüngsten Plackereien des Unternehmens immer noch von über 70 Prozent aller Haushalte mit Kindern in westlichen Ländern geschätzt wurde – und starteten eine ehrgeizige Initiative zur Wachstumsförderung. Die Bemühungen orientierten sich an sieben der beliebtesten Strategien der Geschäftswelt zur Entwicklung neuer Produkte und Dienstleistungen. Tatsächlich sind sie heute deshalb so weit verbreitet, weil sie zu einer Art Evangelium geworden sind: die sieben Wahrheiten der Innovation.

1. Stellen Sie unterschiedliche und kreative Leute ein.
2. Suchen Sie nach Blauer-Ozean-Märkten.
3. Seien Sie kundenorientiert.
4. Entwickeln Sie bahnbrechende Innovationen.
5. Fördern Sie Open Innovation – beherzigen Sie die »Weisheit der Vielen«.
6. Schöpfen Sie die ganze Bandbreite von Innovation aus.
7. Schaffen Sie eine Innovationskultur.

Viele der klügsten Köpfe der Businesswelt haben wenigstens eins dieser Prinzipien als Innovationsverstärker gepriesen; viele der angesehensten Unternehmen der Welt haben sie angewandt.

– Procter & Gamble eröffneten ihre Innovationsbestrebungen mit ihrer Initiative Connect + Develop, in deren Rahmen sie über 1000 erfolgreiche Übereinkünfte mit Topinnovatoren auf aller Welt schlossen. Zeitweise steuerten Inno-

vatoren, die außerhalb von P&G arbeiteten, mehr als die Hälfte der neuen Produktinitiativen des Unternehmens bei.
– Quicken und Southwest Airlines gestalteten ihre Branchen weitgehend neu, indem sie Blauer-Ozean-Märkte erforschten, welche die Wettbewerber ignoriert hatten.
– Die Digitalkameras von Canon stellten den Filmkameramarkt auf den Kopf und zerstörten ihn beinahe.
– Apple hielt den Markt für MP3-Player hauptsächlich deshalb in seinem Würgegriff, weil das Unternehmen den iPod mit einer großen Bandbreite ergänzender Innovationen ausstattete: dem iTunes-Musikdienst mit seinem marktgestaltenden 99-Cent-pro-Song-Modell, seinem umfangreichen Sortiment an Dockingstationen, Hüllen, Ladegeräten und anderen Accessoires sowie seiner kultigen Markenkampagne.

Angesichts der Aufgabe, die Umsätze der LEGO Gruppe bis 2005 zu verdoppeln, lenkten Plougmann und seine Stellvertreter den Fokus der Entwickler des Unternehmens auf die sieben Wahrheiten der Innovation und forderten sie auf, Giganten wie McDonald's oder Coca-Cola zu übertreffen und zur »stärksten Marke der Welt für Familien mit Kindern« zu werden. Zwar bezeichnete LEGO diese Innovationsstrategien niemals explizit als »sieben Wahrheiten«, befolgte sie aber gleichwohl.

Was LEGO tat, schildern wir nun. Im nächsten Kapitel erfahren Sie dann, was dabei herausgekommen ist.

Die Einstellung unterschiedlicher und kreativer Menschen Schon seit langem behaupten moderne Managementstrategen, dass Heterogenität die Kreativität beflügelt – Unternehmenskulturen, die sich durch eine leistungsfähige Mischung unterschiedlichster Erfahrungen und Arbeitsweisen auszeichnen, bringen bessere Ideen hervor, führen diese Ideen besser aus und haben sogar eine bessere Personalentwicklung. Nicholas Negroponte, Gründer des MIT Media Lab, geht sogar noch weiter und erklärt, die sicherste Methode, eine Quelle neuer Ideen anzuzapfen, sei »sicherzustellen, dass jede Person in Ihrem

Unternehmen so verschieden wie möglich von den anderen ist. Unter diesen Umständen – und nur unter diesen Umständen – nehmen die Menschen verschiedene Perspektiven ein und stellen ihr Wissen auf verschiedene Arten unter Beweis.«[12]

Als Plougmann zu LEGO kam, fand er eine isolierte und verkrustete Arbeitskultur vor – die überwiegend männlichen, sehr altgedienten dänischen Führungskräfte und Designer waren durch das Fehlen von Dringlichkeit sowie durch gleichgeschaltetes Denken wie gelähmt. »Die Produktentwicklung lag in den Händen von Leuten, die seit 20 oder 30 Jahren bei LEGO arbeiteten«, erinnerte er sich. »Sie waren so selbstbezogen, dass sie davon ausgingen, was immer sie schufen, wäre das Richtige für den Markt.« Er stellte auch fest, dass das Unternehmen an seine Grenzen gestoßen war, wenn es darum ging, Talente in die abgelegene, regnerische Heimatstadt der LEGO Gruppe zu locken. Wenn LEGO frischen Wind in die Produktentwicklung bringen und für die Vielfalt an ethnischen Gruppen und Spielerfahrungen auf der ganzen Welt attraktiv sein wollte, musste es Billund hinter sich lassen.

In der Folgezeit lockte LEGO erfolgreich Toptalente von außerhalb Dänemarks an und erweiterte seine weltweiten Verbindungen. Das Unternehmen kaufte Zowie Intertainment, einen Hersteller von technologieorientierten Lernspielzeugen aus San Mateo, Kalifornien, und bekam dadurch einen guten Einblick in neue Projekte aus Silicon Valley. Um seine Konsolen- und Internetangebote zu erweitern, mietete LEGO eine Entwicklungseinrichtung außerhalb Londons und errichtete eine weitere in New York. Ein Außenposten für den Entwurf von Kleinkindspielzeug wurde in Mailand errichtet. Und durch die Einrichtung eines Netzwerks von LEGO-Designern in Tokio, Barcelona, München und Los Angeles sollten neue Spielzeugtrends erfasst werden. Anstatt zu versuchen, Weltklassetalente nach Billund zu holen, brachte LEGO Billund zu den Talenten.

Plougmann verpasste der Produktentwicklungsabteilung des Unternehmens eine weitere Frischzellenkur, indem er einen ehemaligen Kollegen von Bang & Olufsen einstellte, den Italiener Francesco Ciccolella, um die LEGO-Spielzeuge neu zu positionieren und die Marke LEGO aufzupolieren. Ciccolella und sein Markenentwicklungsteam wollten nichts Geringeres als die totale Verwandlung vom Spielzeug zur Idee und erklärten, dass das Unternehmen »Geschäfte machen wird, wo immer unsere Idee sich in einzigartige Konzepte umsetzen lässt«. Er prägte auch die Markenaussage »Play On«, die aus »play well« (»spiel gut«), der englischen Übersetzung des LEGO-Namens hervorging. Ohne Zweifel spiegelte der Slogan »Play On« den Wunsch des Unternehmens wider, dass Kinder weiterhin mit Bausteinen spielen – und Bausteine kaufen – sollten, während ihrer Kindheit und darüber hinaus. In dem neuen LEGO-Marken-Manual erklärten Ciccolellas Imageschöpfer: »*Play On* ist der ultimative Ausdruck der Marke LEGO.«

Eine Produktlinie, die nach Ciccolellas Ansicht keine Abkapselung der Marke LEGO darstellte, war DUPLO. In zwei der größten Marktsegmente des Spielzeugherstellers, in Deutschland und den Niederlanden, war DUPLO eine beinahe ebenso große Marke wie LEGO selbst. In den Vereinigten Staaten dagegen zeigte DUPLO weitaus weniger Präsenz, und die LEGO-Chefs waren verunsichert durch den plötzlichen Aufschwung elektronischer Lernspielzeuge von Firmen wie LeapFrog, die LEGO bald überholen sollte, um (vorübergehend) zum drittgrößten Spielzeughersteller auf dem weltweit größten Spielzeugmarkt zu werden.

Der langjährige DUPLO-Designer Allan Steen Larsen erinnerte sich: »Es herrschte wirklich Angst, dass elektronisches Spielzeug die physischen, traditionellen Spielwaren ausstechen würde.«

Ciccolellas Team versuchte, mit höherpreisigen Elektronikspielzeugen eine bessere Marktposition in Amerika zu erlangen, ließ die Marke DUPLO mit ihren Einstiegsbausteinen in den Hintergrund treten und ersetzte sie weitgehend durch eine vollkommen andere Produktlinie namens LEGO Explore, die als »Entdecker-Komplettsystem von der Geburt bis zum Schulalter« vermarktet wurde. Ciccolellas Designerteam rückte Kreationen wie den Explore Music Roller (siehe *Eine kurze Geschichte von LEGO*) in den Vordergrund, ein elektronisches Spielzeug auf Rollen, das Kindermelodien piepste, wenn es von einem Kleinkind gezogen wurde. Die Designer vernachlässigten den Baustein – was nur ein paar Jahre zuvor undenkbar gewesen wäre – und fertigten Spielzeuge an, deren Aussehen und Anmutung weit mehr an Fisher-Price erinnerte als an LEGO.

Die Logik hinter der Markteinführung von Explore, erklärte Plougmann, lag darin, »den einzelnen Baustein für die Mütter weniger bedeutsam zu machen. Entscheidend waren die Fähigkeiten und das Wissen, die das [Explore-]System ihren Kindern vermitteln konnte.« Von all den verschiedenen, breitgefächerten Ideen, die die neue kreative Mannschaft des Unternehmens hervorbrachte, sollte sich Explore als die gewagteste, am wenigsten LEGO-artige Produktreihe erweisen, die LEGO jemals hervorgebracht hatte.

Die Suche nach Blauer-Ozean-Märkten Über zehn Jahre lang haben Business-Denker wie W. Chan Kim und Renée Mauborgne, die Autoren von *Der blaue Ozean als Strategie,* Unternehmen dazu angehalten, über die Taktik der schrittweisen Verbesserung von existierenden Produkten hinauszugehen und stattdessen ins offene Meer hinauszuschwimmen, um unerschlossene Märkte zu entdecken. Während rote Ozeane die überfüllten, blutverseuchten Gewässer sind, in denen Unternehmen einander gegenseitig zerfleischen, nur um immer kleinere Marktanteile zu erlangen, sind blaue Ozeane riesige Märkte, unbefleckt von mörderischer Konkurrenz, in denen gewaltige Profite warten. Die LEGO-Explore-Spielzeuge waren der Versuch, einen blauen Ozean im Kleinkind-Spielzeugmarkt zu entdecken, indem man elektronisches Lernspielzeug unter der Marke LEGO herausbrachte.

Eine weitere Suche nach dem blauen Ozean war der Wechsel der Firma LEGO vom Spielzeug zum Lernen. Eigentlich hatte der erste Vorstoß des Unternehmens in den Lernspielzeugmarkt bereits 1950 stattgefunden, als es Sets mit großen LEGO-Steinen für Kindergärten produzierte. Ende der neunziger Jahre verfolgte LEGO eine Strategie, bei der es sich von Lernmitteln auf Dienstleistungen verlegte. Der Markt für das außerschulische Lernen in Japan und Südkorea boomte. (Ein typisches südkoreanisches Kind konnte nach dem Unterricht täglich durchaus zwei oder sogar drei zusätzliche Kurse belegen.) LEGO setzte darauf, dass der Markt reif für eine gänzlich neue Lernerfahrung sei, in deren Mittelpunkt die LEGO-Steine standen.

LEGO schloss sich mit einer südkoreanischen Firma namens Learning Tool zusammen und entwickelte eine Reihe von Lerneinheiten, bei denen Bausteine und andere LEGO-Elemente verwendet wurden, um Kindern Naturwissenschaften, Technik, Ingenieurwesen und Mathematik zu vermitteln. Die Idee bestand darin, den Kindern das Lösen von Problemen durch eigenhändiges Bauen zu erleichtern; in einer Unterrichtseinheit wurden beispielsweise LEGO-Produkte verwendet, um Mengenverhältnisse zu verdeutlichen. LEGO stellte der Initiative seine Marke zur Verfügung, half bei der Entwicklung des Lehrplans, bildete Personal aus und entwarf spezielle Sets für die LEGO Education Center. Dies war für LEGO ein absolut konkurrenzloser Markt. Die Center gingen 2001 an den Start und begannen vielversprechend. Innerhalb von drei Jahren gab es allein in Südkorea 140 LEGO Education Center.

Auf der Produktseite strebte LEGO in Richtung Hollywood. Nach den Rekordumsätzen, die durch die Lizenzrechte auf George Lucas' *Star Wars* eingespielt worden waren, war die LEGO-Beratergruppe der Meinung, dass ein weiterer Hollywood-Blockbuster-Garant, nämlich Steven Spielberg, das Unternehmen in einen neuen, grenzenlosen blauen Ozean lenken könne. Aber statt einer Lizenz auf ein vielversprechendes Spielberg-Produkt erwarb LEGO die Lizenz auf Spielbergs Namen. Ein Produkt wurde geschaffen, das den Kindern nie angeboten wurde: ein zusammenbaubares »Filmstudio in der Schachtel« für die Herstellung von LEGO-Animationen. Das Set bestand aus einer Reihe von Minifiguren und LEGO-Steinen zum Bauen eines Filmsets, einer bewegungssensitiven Digitalkamera im LEGO-Gehäuse und einer Bearbeitungssoftware. Insgesamt ermöglichte das etwas umständlich benannte LEGO & Steven Spielberg MovieMaker Set Kindern, Filme zu drehen, in denen die Spielszenen festgehalten wurden, die sie sich ausgedacht hatten.

»Es gab sonst nichts, womit Kinder sich ihr eigenes Modell bauen und daraus einen Film machen konnten«, sagte John Sahlertz, der das MovieMaker-Entwicklungsteam leitete. »Das war eine vollständig neue Spielzeugkategorie.«

Mit einer cleveren Umsetzung der Blauer-Ozean-Strategie zielte

LEGO nicht nur darauf ab, mit den Spielberg-Sets einen konkurrenzlosen Markt zu erobern, sondern verleitete die Kinder auch dazu, nach den traditionelleren Sets wie den LEGO-Piraten zu greifen, um mithilfe der Kamera und der Software aus dem Spielberg-Set Piratenfilme drehen zu können. Dadurch sollte der Spielberg MovieMaker den Verkauf der LEGO-Piraten und anderer klassischer Produktreihen ankurbeln. Wenn diese Strategie erfolgreich wäre, würde der Spielberg MovieMaker – eine Blauer-Ozean-Kreation, die eine ganz neue Kategorie schuf – das Wasser für die Segler auf roten Ozeanen wie LEGO-Piraten reinigen.

Kundenorientierung Kaum ein moderner Business-Stratege würde verneinen, dass erfolgreiche Marken so eingehend am Leben ihrer Kunden interessiert und so stark auf ihre Bedürfnisse ausgerichtet seien, dass sie gar nicht anders könnten, als die Kundenperspektive über alles andere zu stellen. Und LEGO schaffte es genauso gut wie jedes andere Unternehmen, die Welt mit den Augen eines erfinderischen Siebenjährigen zu sehen. Doch kurz nach Plougmanns Ankunft versuchte LEGO, die Umsätze zu steigern, indem man eine andere Art von Kunden ansprach.

Nachdem ein Team externer Berater Zahlen vorgelegt hatte, wonach zwei Drittel der Kinder in westlichen Haushalten sich immer früher elektronischen Spielzeugen zuwandten und traditionelle Spielwaren ausrangierten, beschlossen Plougmann und seine Mitarbeiter, dass LEGO eine deutliche Kehrtwende vornehmen müsse. Anstatt seine Bemühungen zu verstärken, der Spielzeughersteller Nummer eins für jene immer kleiner werdende Gruppe von Kindern zu werden, die gerne etwas bauten, entschied sich LEGO, auf das größere Segment von Kindern abzuzielen, für die das nicht galt. Die Quintessenz dieses Bestrebens fand sich später in Ciccolellas überarbeitetem Markenmanual wieder, das schockierenderweise erklärte, die »größte Stärke« des Unternehmens, der LEGO-Stein, »ist unsere größte Einschränkung«.

Wie stets war LEGO bemüht, seine Kundenorientierung zu bewahren. Doch plötzlich bestimmte eine ganz andere Art von Kunden das Bild – Kinder, die einen rascheren Erfolg wollten und die als weniger geschickt beim Konstruieren mit Bausteinen galten. »Die Sorge war groß, dass Kinder nicht mehr bauen konnten«, erinnerte sich Niels Milan Pedersen, langjähriger freiberuflicher Designer für LEGO. »Man ging davon aus, dass insbesondere amerikanische Kinder nicht so gut bauen konnten wie noch in den Achtzigern. Man sagte uns, dass die Bausteinsets sehr elementar sein sollten.«

Die Entwickler der LEGO Gruppe wussten, dass einfacheren Sets per se die magische Anziehungskraft fehlte, um die mediengesättigten Kinder der späten Neunziger anzulocken. Aber was hatte diese Anziehungskraft? Voller Zuversicht wegen des Erfolgs von LEGO *Star Wars* verwiesen die Entwickler darauf, dass die Kinder durch *Star Wars* an etwas herangeführt wurden, das LEGO nie zuvor hatte bieten können: eine reichhaltige, themenbezogene Welt, in der Kinder spielend ihre Fantasie ausleben konnten. LEGO *Star Wars* und später auch die *Harry-Potter*-Sets der LEGO Gruppe unterstrichen die Tatsache, dass es in einer Welt, die das Spielen so stark durch Filme, Fernsehen und das Internet formt, letztlich immer noch auf das Geschichtenerzählen ankommt.

Im Bemühen, eine überzeugende Geschichte mit einem Konstruktionserlebnis zu kombinieren, schuf ein Team von LEGO-Designern eine personenzentrierte Spielzeugreihe, die sich an einer leicht zu bauenden Actionfigur orientierte. Sie begannen, indem sie ein Set würfelförmiger Bausteine herstellten, die zu einer menschenähnlichen Figur zusammengesetzt werden konnten, die 30 Prozent größer war als die Minifiguren. Ihre neue Produktreihe nannten sie Cubic.

»In erster Linie ging es darum, dass ein Fünfjähriger es mühelos zusammensetzen konnte«, sagte Jan Ryan, der das Cubic-Designteam leitete. »Und dann hatten wir die Idee, dass es eine Art Held sein sollte.«

In Anbetracht der Notwendigkeit, ein Spielzeug zu entwickeln, das amerikanische Jungen in Verzückung versetzen sollte, stellte sich das Cubic-Team eine designerische Herausforderung: Was ist die LEGO-Version eines sehr amerikanischen Spielzeughelden, von G. I. Joe? Im Verlaufe vieler Monate packten sie der

Cubic-Figur Muskeln auf den Leib, steckten sie in einen quasi-militärischen Fliegeranzug und gaben ihr einen beherzten, überaus amerikanischen Namen, Jack Stone. Mit diesem gegen die Bösen kämpfenden Helden machten die Kinder eine ganz andere LEGO-Erfahrung – düsterer und trendiger, mit einer rasanten Hintergrundstory, in der er Res-Q-Hubschrauber fliegt und Bankräubern einen Strich durch die Rechnung macht. LEGO setzte darauf, dass Jack Stone einen ganzen Schwarm neuer Kunden anlocken würde, die sich Sets wünschten, bei denen man weniger bauen musste und mehr spielen konnte. So sehr vertraute LEGO in das Potenzial von Jack Stone, dass die Designer schon mutmaßten, er könne das Undenkbare schaffen: die kultige Minifigur verdrängen.

»Sie wollten die Minifigur durch diese Jack-Stone-Figur [ersetzen]«, sagte Pedersen, der am Entwurf von Jack Stone beteiligt war. »Uns wurde von der Führungsetage mitgeteilt, dass die Minifiguren nicht als cool galten.«

Bahnbrechende Innovationen In seinem Buch *The Innovator's Dilemma* stellt der Harvard-Professor Clayton Christensen seine Theorie der bahnbrechenden Innovation vor. Er beschreibt sie als weniger kostspieliges Produkt oder Dienstleistung, ursprünglich für weniger anspruchsvolle Kunden entwickelt, das sich durchsetzt und seinen Markt erobert, wo es die Vorgänger verdrängt.[13] Christensen beobachtete, wie geringwertige, preiswerte Technologien sich schneller durchsetzten als je zuvor. Unbeschwert von den Altlasten und der unternehmerischen Langsamkeit reiferer Wettbewerber ersetzten diese neuen rasch die etablierten Technologien und zerstörten die Kernmärkte der bisher Vorherrschenden. Technologien wie die Digitalfotografie und Computerlaufwerke begannen als preiswerte Alternativen zu ihren kostspieligeren Gegenstücken; die Branchenführer fühlten sich kaum veranlasst, darauf zu reagieren. Aber diese Technologien verbesserten sich rasch und revolutionierten letztendlich ihre Branchen. Im Glauben, dass Videospielehersteller wie Nintendo auch weiterhin den Markt für traditionelles Spielzeug in Aufruhr versetzen würden, setzte LEGO darauf, mit einem Projekt namens Darwin selbst für einigen Aufruhr sorgen zu können.

Der Grundstein für Darwin wurde an einem Herbsttag des Jahres 1994 gelegt, als ein Schweizer unerwartet in der LEGO-Hauptniederlassung Billund auftauchte und nach Kjeld Kirk Kristiansen fragte. Der Mann mit den Kniebundhosen, den schulterlangen Haaren und dem Bart, der bis zu seiner Brust herunterreichte, hatte einen vierminütigen Videoclip dabei, in dem computeranimierte LEGO-Raumschiffe durch das Weltall sausten. Er stellte sich als Dent-de-Lion du Midi vor, auch »Dandi« genannt (ausgesprochen »Dondie«). Den Chef der LEGO Gruppe bekam er nicht zu Gesicht, aber immerhin schaffte er es, mit zwei Technikern aus der audiovisuellen Abteilung des Unternehmens zu sprechen.

Dandi zeigte den beiden Männern sein Video, dessen 3-D-Darstellung bei weitem alles übertraf, das LEGO in Arbeit hatte. Und er stellte einen Plan vor, um LEGO-Steine in digitale Bits umzuwandeln. Er schlug vor, eine Datenbank mit hochwertigen digitalen Renderings der Tausende Stücke des LEGO-Portfolios zu schaffen – Bausteine, Räder, Minifiguren, Stäbe, Zahnräder und vieles mehr. Wenn diese Datenbank erst fertig wäre, hätte jedes LEGO-Designerteam die Möglichkeit, rasch digitale Versionen der tatsächlichen Kits zu erstellen, aber auch 3-D-LEGO-Cartoons, Filme, Bauanleitungen, Fernsehspots und anderes Marketingmaterial. Dandis Präsentation war so überzeugend, dass er zu einem Treffen mit der LEGO-Geschäftsführung vorgelassen wurde, die zu dem Schluss kam, eine solche Datenbank könne LEGO im Markt für computeranimierte Spielerlebnisse in die vorderste Reihe befördern. Im Mai 1995 begannen Dandi und eine kleine Gruppe von Softwareprogrammierern mit der Arbeit am Darwin-Projekt.

Darwin war ein höchst ehrgeiziges Unterfangen, das eine enorme Anschubinvestition erforderte, sowohl um die 3-D-LEGO-Datenbank namens L3-D aufzubauen, als auch um eine kommerzielle Verwertbarkeit für L3-D und die digitale Technologie zu entwickeln. LEGO heuerte führende Softwareprogrammierer und 3-D-Computergrafik-Spezialisten aus ganz Europa und den Vereinigten Staaten für das Darwin-Projekt an, am Ende waren es über 120 Personen. Und LEGO rüstete sie mit der umfassendsten Einrichtung von Silicon-Graphics-Supercomputern aus, die in Nordeuropa zu finden war.

Obwohl die Aufgabe, ein computerisiertes LEGO-Konstruktions-system zu erstellen, mit zahlreichen technologischen Herausforde-rungen verknüpft war, wurden die Risiken des Darwin-Projekts ein wenig durch die Tatsache gemildert, dass die Entwicklungstrends im Softwarebereich in die LEGO Gruppe Einzug hielten. Bjarne Tves-kov, der Leiter des Darwin-Softwareteams, war einer von vielen, die bemerkten, dass die Entwicklung in Richtung objektorientierter Programmierung, bei der die Anwendungen aus kleinen, festgeleg-ten Codeabschnitten bestanden, ganz ähnlich war wie das Bauen mit LEGO. Tveskov erinnerte sich, dass das Darwin-Team stark von dem Autor Douglas Coupland beeinflusst wurde. In seinem Briefroman *Microsklaven* beschrieb Coupland LEGO als »vielseitiges dreidimen-sionales Bauspielzeug und eine eigene Sprache«.[14] Später sagte Cou-pland in einem dänischen Fernsehinterview, dass LEGO, sofern es seine Trümpfe richtig ausspiele, zum Microsoft des 21. Jahrhunderts werden könne. (In den neunziger Jahren galt das als äußerst schmei-chelhaftes Kompliment.)

Eine Zeit lang sah es so aus, als könne Couplands vollmundige Vorhersage ein Körnchen Wahrheit enthalten. 1996 begeisterte das Darwin-Team die Teilnehmer von SIGGRAPH, der weltgrößten Kon-ferenz für Computergrafiken, mit der Virtual-Reality-Vorstellung einer LEGO-Version von New Orleans, dem Veranstaltungsort. Die Teilnehmer erlebten ein vollständig virtuelles New Orleans, das aus dreidimensionalen LEGO-Steinen bestand und von digitalisierten Minifiguren bevölkert war. Im Anschluss traf sich eine hocherfreute Gruppe von Darwinisten mit dem LEGO-Vorstand zum Abendes-sen. »Kjeld stand auf und sagte: ›Ihr seid die Zukunft des Unterneh-mens!‹«, erinnerte sich Tveskov. »Und wir glaubten ihm bedingungs-los.«

Open Innovation fördern – die Weisheit der Vielen Während der ers-ten Jahre des zurückliegenden Jahrzehnts wurde das rasante Wachs-tum umfangreicher Online-Communitys zur Inspirationsquelle von

Büchern wie *Open Innovation, Wikinomics* und *The Wisdom of Crowds* (deutscher Titel: *Die Weisheit der Vielen*), die zeigten, wie kreative Unternehmen die kollektive Genialität virtueller Communitys nutzen konnten, um Innovation und Wachstum anzukurbeln. LEGO, eine konservative Firma, deren zahlreiche Kämpfe gegen Patentverletzungen sie überbehütend im Hinblick auf ihr geistiges Eigentum hatten werden lassen, war sicherlich kein Vorreiter im Hype um die Schwarmintelligenz. Aber LEGO unternahm erste zögerliche Schritte.

Während eines Großteils seiner Geschichte war LEGO ein Monolith – eine hochgradig eigensinnige Organisation, die ihre Fans ausschließlich als Konsumenten betrachtete, niemals als Mitschöpfer. Die vorwiegend dänischen Designer des Unternehmens hielten sich für die klügsten Köpfe, wenn es darum ging, die nächste Runde Spielzeuge auf Bausteinbasis zu entwickeln. Und wer hätte ihnen widersprechen wollen? Ihre Kreationen, von der Minifigur über batteriebetriebene Eisenbahnen bis hin zu Dauerbrennern wie Weltraum und Burg, hatten das zweistellige Wachstum der LEGO Gruppe für den größten Teil der vergangenen 20 Jahre beflügelt.

Doch Mitte der neunziger Jahre entstanden im Internet von Fans erstellte Website wie zum Beispiel LUGNET.com, wo LEGO-Fans aus aller Welt chatten, auf ihre persönlichen Websites verlinken und sogar alle Teile und Sets auflisten konnten, die LEGO je hergestellt hatte. Am aufschlussreichsten waren aber wohl die von den Fans hochgeladenen Fotos und Videos ihrer bemerkenswert raffinierten »MOCs« – die Abkürzung für »My Own Creations« –, die überzeugend bewiesen, dass nicht mal die begabtesten Designer der LEGO Gruppe fortwährend innovativer sein konnten als die Millionen LEGO-Fans weltweit. Die kreativen Ergebnisse der beständig wachsenden Online-Community von unabhängigen Baumeistern überzeugte LEGO, die Intelligenz der Vielen einem einfachen Test zu unterziehen.

Mitte der ersten Dekade des neuen Jahrtausends nahm LEGO eine Softwareentwicklung in Betrieb, die die Arbeit mit dem LEGO Digital Designer ermöglichte, einem computergestützten Designprogramm, mit dem Fans unter Verwendung virtueller

3-D-Bausteine (siehe *Eine kurze Geschichte von LEGO*) ihre eigenen Traummodelle entwerfen konnten. Die Strategie des Unternehmens bestand darin, Fans die Designsoftware nutzen zu lassen (die auf der Technologie des Darwin-Projekts fußte), um virtuelle Modelle zu erschaffen und sie auf eine LEGO-Website hochzuladen, die später LEGO Factory heißen sollte. LEGO produzierte dann die Kundenentwürfe als physische Sets und lieferte sie an Konsumenten aus. Dadurch ermöglichte LEGO es den Fans, ihre eigenen Sets zu schaffen – sie zu gestalten und zu formen –, und das ganz nach ihren individuellen Wünschen. Wenn anderen die von Kunden entworfenen Sets gefielen, konnten sie sie ebenfalls bestellen.

Ein frühes Exemplar dieser Strategie war die LEGO-Schmiede, geschaffen von einem Fan namens Daniel Siskind. Der Designer aus Minneapolis hatte Brickamania.com gegründet, eine unabhängige Website mit Bausteinsets, die auch Themenbereiche abdeckten wie moderne Kriegsführung, ein bei einigen Fans beliebtes, in Billund jedoch eindeutig unerwünschtes Sujet. Doch Siskind schuf und verkaufte auch Eisenbahn- und Burgsets, was wiederum genau in die Bandbreite der LEGO Gruppe fiel. Siskinds erstes Set für Brickmania war eine mittelalterliche Schmiede; sie verkaufte sich so gut, dass LEGO im Jahr 2003 darauf aufmerksam wurde und von Siskind die Lizenz erwarb. Set 3739 bestand aus 622 Teilen und wurde für 39,99 US-Dollar verkauft. Es war das erste von einem Fan entworfene Set, das LEGO auf den Markt brachte. Damit begann LEGO, sich gegenüber seinen kreativsten Fans zu öffnen. Der Monolith hatte einen Riss bekommen.

Die ganze Bandbreite an Innovationen ausschöpfen Mehr als zehn Jahre lang forderten Innovationsstrategen wie Professor Mohanbir Sawhney von der Northwestern University Business School und Berater wie Doblin aus Chicago Führungskräfte auf, Schluss zu machen mit ihrem kurzsichtigen Streben nach Innovationen im konventionellen Sinne, das sich allzu oft auf Produktentwicklung und traditionelle Forschung und Entwicklung beschränkte, und stattdessen eine viel umfassendere Sichtweise einzunehmen. Um in stark umkämpften Märkten außergewöhnliche Gewinne einzufahren, müssten die Unternehmen *alle* Möglichkeiten nutzen, um neue Umsatzquellen zu erschließen, indem sie Bündel einander ergänzender Innovationen einführten. Ein Produkt für sich genommen ist leicht zu kopieren. Aber ein Full-Spectrum-Innovationsansatz, bei dem eine Gruppe komplementärer Produkte mit einer neuen Preisgestaltung auf neuen Vertriebswegen angeboten wird, ist kaum zu übertreffen.[15]

Die LEGO Gruppe verschrieb sich der Full-Spectrum-Innovation bereits im Jahr 1999. Im Zuge eines uneingeschränkten Versuches, das LEGO-Spielerlebnis zu erweitern und neu zu gestalten, erteilten die führenden Designer des Unternehmens einem Konzeptentwicklungsteam eine nahezu ketzerische Aufgabe: ein völlig neues Konstruktionssystem zu erschaffen, das ohne Bausteine auskam.

Nach mehrmonatigem Brainstorming hatte das Team ein System entwickelt, bei dem Kinder exotische Plastikteile zusammenstecken konnten, um verrückte Fantasiefiguren zu schaffen, zum Beispiel eine Raupe mit Schwimmhäuten an den Füßen und dem Kopf eines Aliens. Das System ermöglichte eine LEGO-typische freie Form des Spielens. Die Sets wurden ohne Anleitung verkauft, ein Rückblick auf die Zeiten des klassischen LEGO. Die Teile aus einem Set konnten problemlos mit denen eines anderen verbunden werden, genau wie die Bausteine. Nur dass es keine LEGO-Steine gab. Das Set bestand aus gänzlich originalen, zusammensteckbaren Teilen, die auf das LEGO-typische System der Verbindung von Noppen und Röhre verzichteten. Das Team nannte das Konzept LEGO Beings. Die Idee war zu ausgefallen, um kommerzialisiert werden zu können, aber sie lieferte den führenden Designern den Beweis, dass sie aus dem LEGO-Spielsystem ausbrechen konnten. Und was noch wichtiger war: LEGO Beings wurde zur Grundlage für einen der höchsten Einsätze, den die LEGO Gruppe im neuen Jahrhundert wagte.

Während das Entwurfsteam LEGO Beings entwickelte, schwappte eine neue Welle der Begeisterung für Actionfiguren durch Europa und Amerika, ausgelöst durch den Action Man von Hasbro, einen modernen Abenteurer, der gegen Erzschurken kämpfte. Die Spielzeugmacher der LEGO Gruppe versuchten, Gewinn aus diesem Hype zu schlagen, indem sie eine eigene Actionfigur schufen, die von LEGO Beings inspiriert wurde. Ein neu eingesetztes Produktentwicklungsteam trug einen hundertseitigen Forschungsbericht über Actionfiguren zusammen und warb den früheren Leiter der Entwicklungsabteilung für Actionfiguren bei Hasbro an, um die Markteroberung der LEGO Gruppe anzuführen. Nach monatelangem Experimentieren brachte das Team eine organische Konstruktionsplattform hervor – wie jene, die für LEGO Beings geschaffen worden war – und nutzte sie, um eine Reihe von kindgerechten Charakteren zu entwickeln.

»Die treibende Kraft bei der Kategorie Actionfiguren besteht in erster Linie darin, die Fantasie von Jungen durch Rollenspiele anzuregen«, sagte Jacob Kragh, der die Entwicklung der neuen Spielzeuge leitete. »Und beim Rollenspiel geht es in erster Linie darum, starke Charaktere zu haben.«

Kraghs Team nannte die neue Serie Galidor, ein cool klingendes, aber sinnfreies Wort, von dem sie hofften, dass es sich für Neunjährige machtvoll anhörte. Galidor bestand aus archetypischen, kindgerechten Charakteren aus der SciFi-Szene – ein Teenie-Heldenpärchen, finstere, aber nicht furchterregende Bösewichter und ein helfender Roboter –, die aus einem guten Dutzend Einzelteile bestanden, welche die Kinder mittels Zapfen und Löchern (anstelle von Noppen und Röhren) zusammenstecken konnten. Um die Chancen der Serie auf einen Verkaufserfolg zu erhöhen, befolgte LEGO ein Vermarktungskonzept, das eine radikale Abwendung vom Status quo der Spielzeugbranche vorsah. Statt das Spielzeug zu bewerben, indem es mit etablierten Fernsehserien verknüpft wurde, verpflichtete LEGO den Hollywood-Produzenten Thomas Lynch, um eine eigene TV-Serie zu erschaffen, in die das Spielzeug eingebunden war: *Galidor: Defenders of the Outer Dimension.*

»Die Idee war, die Fernsehausstrahlungen zu nutzen, um Aufmerksamkeit [für das Spielzeug] zu schaffen«, sagte Kragh. »Als die Einschaltquoten für die Sendung in die Höhe gingen, zogen die Umsätze für das Spielzeug nach.«

Galidor war der ambitionierteste Versuch der LEGO Gruppe, die volle Bandbreite an Innovationen auszuschöpfen. Im Hinblick auf die Produktneuheit war Galidor ein gänzlich neues Konstruktionssystem, das LEGO in eine neue Spielzeugkategorie katapultierte. Im Hinblick auf das Kundenerlebnis bereiteten die Fernsehsendung sowie ein Videospiel und eine DVD den Weg für eine Wechselwirkung mit Galidor. Im Hinblick auf die Wertschöpfung boten die Fernsehsendung und das Videospiel LEGO die Möglichkeit, neue Umsatzquellen anzuzapfen und den Wert zu steigern, den die Produktreihe schuf. Und im Hinblick auf den Vertrieb war der Plan des Unternehmens, die Galidor-Figuren den Happy Meals von McDonald's beizufügen, eine clevere Methode, um amerikanische Kinder zu erreichen (insbesondere jene, die LEGO zuvor nicht gekannt hatten) sowie eine weitere Umsatzquelle aufzutun. (*Eine kurze Geschichte von LEGO* zeigt einige dieser Galidor-Produkte.)

»Wir wollten sicherstellen, dass wir neue Wachstumsströme und weitere Zusatzteile für das Kernprodukt schufen«, sagte Kragh. »Und dann, als wir anfingen, die Medienvermarktung mit der Fernsehsendung zu verbinden, war unser Führungsstab total begeistert von Galidor.«

Wenn es darum ging, eine 360-Grad-Perspektive zur Innovation einzunehmen, beschränkte LEGO sich nicht ausschließlich auf neue Produktthemen. Als Bestandteil des Ziels, LEGO zur »stärksten Marke der Welt bei Familien mit Kindern« zu machen, wagten Plougmann und Kristiansen ambitionierte Schritte, um die LEGOLAND-Freizeitparks und die LEGO-Markengeschäfte zu erweitern. Das ursprüngliche Flagship-LEGOLAND in Billund lockte jedes Jahr über anderthalb Millionen Besucher an. Dieser Erfolg verleitete die LEGO Gruppe, 1996 ein zweites LEGOLAND in der Nähe von London zu eröffnen. In der Hoffnung, die Marke Millionen weiterer Kindern bekannt zu machen und eine noch höhere Nachfrage nach den Bausteinen zu erzielen, beschleunigte Plougmann die Eröffnung weiterer Freizeitparks. 1999 wurde LEGOLAND Kalifornien in der Nähe von San Diego eröffnet, 2002 folgte LEGOLAND Deutschland bei München (siehe *Eine kurze Geschichte von LEGO*).

Was die Idee der LEGO-Markengeschäfte betraf, so war sie nicht ganz neu. Schon früher hatte das Unternehmen LEGO Imagination Center in der Mall of America in Minneapolis sowie in Disney World in Orlando eröffnet, in denen die Kinder den Baustein in einer interaktiven, spielerischen Verkaufsatmosphäre kennen lernen konnten. So wurde die Marke LEGO über 20 Millionen Menschen jährlich bekannt gemacht. Mit der Absicht, eine millionenfache emotionale Bindung an die Marke zu erzeugen, versprach Plougmann die Eröffnung von 300 weiteren LEGO-Geschäften.

»Wir konnten mit amerikanischen Müttern nicht in Dialog treten, wenn wir sie immer an die Walmart-Regale dirigierten«, erklärte Plougmann. »Wir mussten sie in die LEGO-Welt bringen. Und das sollte durch die LEGO-Markengeschäfte geschehen. Gemeinsam mit den LEGOLAND-Freizeitparks sollten die Geschäfte unsere Markenverstärker sein.«

Eine Innovationskultur aufbauen In nur wenigen Jahren hatten Plougmann und sein Team das Thema Innovation ganz oben auf ihre Managementagenda gesetzt und trieben sie im gesamten Unternehmen voran. Nachdem sie die rasante Beschleunigung der Veränderungen in der Spielzeugbranche erkannt hatten, warben sie die allerbesten Designtalente an und brachten sie an die kreativsten Hotspots der Welt. Angesichts der Herausforderung durch die revolutionären Wandlungen im Leben von Kindern trieben sie die Designer und Entwickler an, über LEGO hinauszudenken und sich Spielerlebnisse auszudenken, die den Baustein weniger wichtig machten oder ganz ausschlossen. Sie brachen die abgeschottete Unternehmenskultur auf, indem sie erste Schritte unternahmen, den Entwicklungsprozess für externe Mitwirkende zu öffnen. Sie setzten eine Prämie für Verwegenheit und Nonkonformität aus und wagten es, eine lieb gewonnene, aber langweilige Marke wie DUPLO vom Markt zu nehmen und sie durch etwas vollkommen Neues zu ersetzen. Wieder und wieder stellten sie den Status quo des Unternehmens auf den Kopf.

Darüber hinaus schuf das Führungsteam der LEGO Gruppe eine Unternehmenskultur, in der Kreativität die höchste Wertschätzung

Die Struktur der LEGO-Produktreihen, 1932 bis 2000 (© LEGO Group)

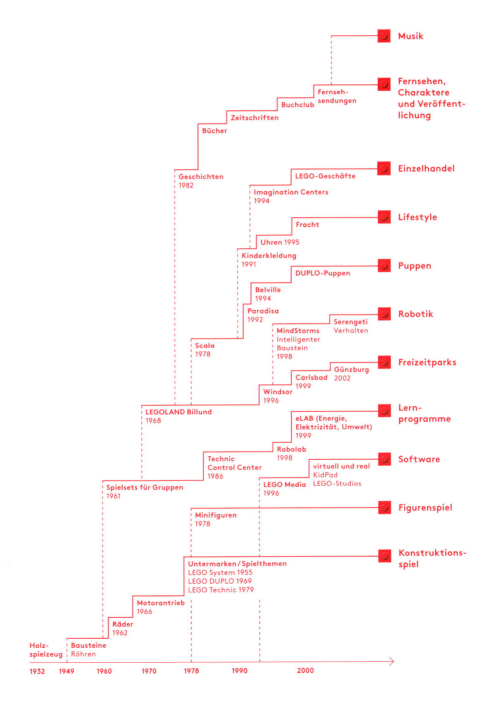

erhielt. Das Management ermunterte die Mitarbeiter in jedem Organisationsbereich, über den sprichwörtlichen Tellerrand hinauszudenken, und belohnte alle, die das tatsächlich taten. Infolgedessen wurde LEGO zu einer uneingeschränkten Kreativitätsmaschine, die eine großartige Idee nach der anderen hervorbrachte.

Von der Geburtsstunde des Bausteins bis in die frühen neunziger Jahre fanden die Innovationen bei LEGO in zwei zentralen Bereichen statt: Konstruktionsspiele mit dem LEGO-System und Figurenspiele mit den Minifiguren. Und dann, Ende der Neunziger und zu Beginn des neuen Jahrtausends, trieb Plougmann mit seinen Leuten LEGO von seinem Kernbereich in jedes nur denkbare neue Marktsegment – wofür er ja auch eingestellt worden war. LEGO erschloss neue Vertriebswege, neue Kundensegmente, neue Geschäftsmöglichkeiten und vollständig neue Produktkategorien. Es wagte sich in den Softwarebereich mit Darwin und LEGO MovieMaker. Es eröffnete eine neue Generation von Freizeitparks. Es eroberte den Einzelhandel mit den LEGO-Geschäften. Und es betrat die Arena der Medienformate mit seinen Fernsehserien, DVDs und Videospielen.

LEGO beherzigte die Ratschläge von Managementstrategen und übernahm die sieben Wahrheiten der Innovation. Eine Zeit lang funktionierte die Strategie. Trotz der wachstumshemmenden Effekte der Digitalisierung und einer Vielzahl neuer Billigwettbewerber, die die Volatilität der Spielzeugbranche verstärkten, stiegen die Umsätze der LEGO Gruppe von 2000 bis 2002 um 17 Prozent. Beim Blick nach vorn blieb die Führungsriege verhalten optimistisch, dass LEGO weiterhin seine Mitbewerber an Innovativität übertreffen würde. Im Jahresbericht des Unternehmens von 2002 erklärten Kristiansen und Plougmann, es sei ein »gutes Jahr« gewesen. Für das kommende Jahr gingen sie davon aus, dass das Unternehmen »dank seiner breiten Produktpalette einem weitgehend gleich bleibenden Ergebnis und Umsatz für 2003 entgegensehen« könne.

Wie sich herausstellte, war das Wunschdenken. Für ein Unternehmen, das sich bemühte, den Anschluss an eine Welt zu erlangen, die es überholte, war es stimmig, die sieben Wahrheiten zu befolgen.

Doch LEGO hatte in nur wenigen Jahren eine Reihe großer Einsätze gewagt. Das Unternehmen versuchte, an so vielen Fronten zu expandieren, dass es Gefahr lief, seinen Fokus und seine Disziplin einzubüßen. Wenn nur ein paar dieser Einsätze verlorengingen, konnte die gesamte LEGO Gruppe abstürzen.

Kontrollverlust

Die
traurigen Reste
der
überragenden
Innovation

Wir befinden uns auf einer
brennenden Plattform.

Jørgen Vig Knudstorp,
Memo an den LEGO-Vorstand, Juni 2003

In den ersten Monaten des Jahres 2003 begann das LEGO-Reich aus-
einanderzubrechen. Das vorangegangene Jahr war gut gestartet, und
das Unternehmen war auf dem besten Wege, ein Wachstum von rund
zehn Prozent zu erzielen, hauptsächlich aufgrund des verblüffenden
Erfolgs der *Star-Wars-* und *Harry-Potter*-Sets. Einige vermuteten
sogar, dass das Unternehmen zum ersten Mal seit 1993 einen Gewinn von einer Milliarde DKK (134 Millionen Euro) überschreiten
würde. Doch als 2002 sich seinem Ende näherte, sanken die Umsätze
der LEGO Gruppe rapide. Der Weihnachtsverkauf lag weit unter den
unternehmensinternen Prognosen. Bis zum Februar 2003 erstickten
riesige Einzelhändler wie Target und Walmart fast unter der Masse
unverkaufter LEGO-Sets. In einigen Geschäften waren die LEGO-
Warenbestände um 40 Prozent aufgebläht, mehr als das Doppelte
dessen, was als akzeptabel gilt.

Da die Finanzlage des Unternehmens sich dramatisch verschlech-
terte, beauftragte die Leitung den vor kurzem eingestellten Jørgen Vig
Knudstorp, zu diesem Zeitpunkt Chef der strategischen Entwicklung,
das Problem zu diagnostizieren und dem Vorstand Bericht zu erstatten.

Mit seinen zerzausten Haaren, der Harry-Potter-Brille und einem jungenhaften Enthusiasmus für alle LEGO-Spielzeuge muss Knudstorp einigen LEGO-Vorstandsmitgliedern jünger als seine tatsächlichen 33 Jahre vorgekommen sein. Er war erst 18 Monate zuvor in das Unternehmen eingetreten und immer noch ein relativer Neuling an einem Ort, wo es nicht ungewöhnlich war, Bausteinveteranen mit 20, 30 und manchmal sogar 40 Jahren Berufserfahrung vorzufinden. Trotz seiner kurzen Beschäftigungsdauer war er aber bereits zu einer der besser vernetzten Führungskräfte der LEGO Gruppe geworden.

Knudstorp hatte einen Doktortitel und war 18 Monate lang Erzieher in einem Kindergarten gewesen, ehe er seine berufliche Laufbahn gewechselt hatte. Zu LEGO war er über die Kopenhagener Niederlassung der weltweit tätigen strategischen Beratungsfirma McKinsey & Company gekommen. Ende der neunziger Jahre wurde das Kopenhagener McKinsey-Büro von athletischen, extrem wettbewerbsorientierten Dänen dominiert. Ein ehemaliger Kollege erinnert sich, dass Knudstorp anders war als die anderen im Büro – ein genialer, etwas nerdiger Zeitgenosse, der immer mit dem neuesten technischen Schnickschnack ausgerüstet war. Er erwies sich als fähiger Berater. Aber die machohafte, sehr traditionelle Firmenkultur konnte ihn nie vollständig akzeptieren, und so ging er nach nur zweieinhalb Jahren, was selbst nach McKinsey-Maßstäben ein relativ kurzer Zeitraum ist.

Wie sich zeigte, passte Knudstorp in die LEGO Gruppe besser hinein. Obwohl er während seiner Zeit bei McKinsey nie als Berater für LEGO tätig gewesen war und das Unternehmen vor seinem Eintritt im September 2001 nie besucht hatte, war Knudstorp weniger als eine Autostunde von Billund entfernt aufgewachsen. Als Kind hatte Knudstorp nicht mit elektronischem Spielzeug spielen dürfen und hatte daher viele Stunden mit seinen LEGO-Sets verbracht. »Ich war mir des LEGO-Erbes absolut bewusst, deshalb war das Stellenangebot so etwas wie eine Heimkehr«, erinnerte er sich. »Aber was mich tatsächlich dazu bewog, bei LEGO zu arbeiten, war, dass das Unternehmen so schwere Zeiten durchgemacht hatte. Es schien wieder in der Spur zu sein, hatte aber immer noch einige Herausforderungen zu bewältigen. Aus professioneller Sicht war das eine spannende Gelegenheit.«

Nachdem er sich bei LEGO eingerichtet hatte, wurde Knudstorp zu einer Art Generalstratege, der im Unternehmen herumschweifte und verschiedene Aufgaben übernahm, sobald neue Herausforderungen auftauchten: Zusammenarbeit mit dem Führungsteam von LEGOLAND, um die Leistung der Freizeitparks zu verbessern, Entwicklung eines Handlungsplans, um die soeben entstehende Reihe von Einzelhandelsgeschäften des Unternehmens aufzubauen, Rückbau der globalen Lieferkette und Empfehlung von Verbesserungen. Knudstorp handelte nach der Devise »Beziehungen sind genauso wichtig wie Ergebnisse« und stellte viele Bindungen in der seinerzeit stark aufgegliederten Organisation her.

Innerhalb von sechs Monaten begann Knudstorp, direkt an den COO Poul Plougmann zu berichten. Der Freizeitpark und insbesondere die LEGO-Geschäftsprojekte ließen ihn häufig mit dem Unternehmenschef Kjeld Kirk Kristiansen zusammenarbeiten. Infolgedessen erstattete er häufig dem Vorstand der LEGO Gruppe Bericht. Zur Vorbereitung seiner Analyse des Unternehmensstatus griff Knudstorp intensiv auf seine McKinsey-Schulung zurück, wo er gelernt hatte, dass die Faktensuche der erste Schritt der Problemlösung ist. Er verbrachte mehrere Monate damit, sich jeden Bereich der LEGO-Organisation anzusehen, er befragte Führungskräfte, Angestellte und große Einzelhandelskunden, was gut lief und, noch entscheidender, was nicht so gut lief.

Die unmittelbaren Probleme der LEGO Gruppe waren nicht schwer zu finden. Im Grunde waren sie vielen der Führungskräfte des Unternehmens vollkommen klar. Ermutigt durch die sagenhaften Umsätze der LEGO-*Star-Wars*- und *Harry-Potter*-Sets von 2001 und dem ersten Halbjahr 2002 hatten die Einzelhändler ihre LEGO-Bestellungen für die Weihnachtssaison verdoppelt. Das Problem war, dass für 2003 weder ein *Star-Wars*- noch ein *Harry-Potter*-Film geplant waren, daher waren die Kinder nicht auf die fortgesetzten Angebote von LEGO-Yoda- und Kammer-des-Schreckens-Sets eingestimmt. (Und wie wir noch sehen werden, verlief auch der Abverkauf vieler anderer LEGO-Produktreihen bestenfalls lustlos.)

Knudstorp glaubte, das Dilemma des Unternehmens sei keinesfalls auf einen Mangel an Innovation zurückzuführen. Obwohl er neu in der Firma war, war ihm durchaus bewusst, dass LEGO während der letzten drei Jahre neuartige Produkte auf den Markt gebracht hatte. Doch als er sich intensiver mit den Verkäufen und den Herstellungs-, Vertriebs- und Werbungskosten der LEGO Gruppe beschäftigte, entdeckte er, dass es einen schockierenden Mangel an *profitabler* Innovation gab. LEGO hatte seinen Bruttogewinn aufgebläht, doch der Nettoprofit war magersüchtig geworden. All die Kreativität der vergangenen Jahre hatte einen Reichtum an neuen Produkten hervorgebracht, aber nur ganz wenige davon brachten tatsächlich Gewinn. Als wäre das noch nicht schlimm genug, waren die Organisation und das System des Managements der LEGO Gruppe, geprägt durch jahrzehntelangen Erfolg, nur mangelhaft ausgerüstet, um mit einem Abschwung umzugehen.

LEGO steckte in einer schmerzlichen Zwickmühle. Statt die neuen Produktreihen voranzutreiben, die das Unternehmen Anfang 2003 bewarb, versuchten die Einzelhändler, ihre LEGO-Bestände von Weihnachten 2002 loszuwerden. Das Ergebnis: Befriedigende Verkäufe der neuen LEGO-Sets fanden niemals statt, während die Einzelhändler ihre vorhandenen LEGO-Warenbestände stark im Preis reduzieren mussten und ihre Gewinne davonschwimmen sahen. Wenig überraschend betrachteten sie LEGO bald als außerordentlich unattraktiv. Zur Misere der LEGO Gruppe kam noch hinzu, dass der US-Dollar-Kurs zu sinken begann. LEGO machte nicht nur weniger Umsatz in US-Dollar, sondern verlor aufgrund des schwachen US-Dollars auch an Gewinn. Im Verlaufe des Jahres beschleunigte sich der Abstieg. »Unsere Probleme konnten nicht auf ein gescheitertes Produkt zurückgeführt werden«, sagte Knudstorp. »Es war das Scheitern beinahe des gesamten LEGO-Portfolios.«

Als Knudstorp tiefer in die Malaise der LEGO Gruppe vordrang, stellte er fest, dass die Probleme des Unternehmens weitaus stärker systembedingt und nicht allein auf die fallende US-Währung und ein verpatztes Weihnachtsgeschäft zurückzuführen waren. Zuerst und vor allem war die Unternehmensleitung, bestehend aus zwölf Vorständen, die sechs Marktregionen sowie so traditionelle

LEGO-Verkaufszahlen (in Mrd. DKK)

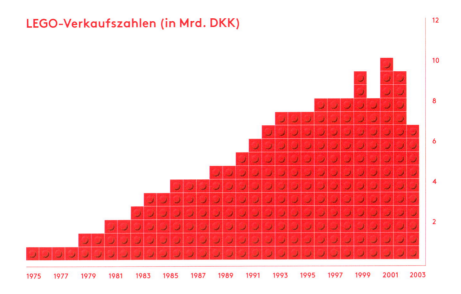

Funktionen wie das Direktkundengeschäft und die weltweite Lieferkette leiteten, »hochgradig dysfunktional«, wie Knudstorp sich
erinnerte. »Sie arbeiteten nicht zusammen. Sie waren in isolierten
Bereichen tätig.«

Der kühle Wind aus der Vorstandsetage ließ häufig auch die Ein-
zelhandelspartner des Unternehmens frieren, die LEGO als distanziert
und weitgehend gleichgültig erlebten. Knudstorp fand auch heraus,
dass es den Designern und Entwicklern der Firma nicht gelang, die
geschäftlichen Auswirkungen ihrer Handlungen zu erfassen. Und zu
viele Führungskräfte schafften es nicht, Zuständigkeiten zuzuweisen
und Entscheidungen durchzusetzen. Obwohl es bei LEGO deutliche
Autoritätsebenen gab, herrschte viel zu wenig Verantwortlichkeit.

Gleichermaßen ärgerlich war die Tatsache, dass das Unternehmen erschreckend schlecht in der Lage war, sein Sortiment zu erfassen und eine einigermaßen treffende finanzielle Vorhersage zu machen, hauptsächlich weil die LEGO Gruppe als eine lose miteinander
verbundene Holding organisiert war, bei der sich jede Geschäftseinheit auf ihre eigene spezielle Art eine Übersicht über Umsätze und
Kosten verschaffte.

Trotz der Schwierigkeiten der Führungsetage, rechtzeitig ein Gespür für die Warenbestände und den Cashflow der LEGO Gruppe

zu entwickeln, untersuchte Knudstorp gründlich die Performance des Unternehmens während der letzten zehn Jahre. Er orientierte sich am Geschäftswertbeitrag (GWB), bei dem die Alternativkosten sich von den Umsätzen ableiten. GWB ist eine Standard-Branchenmessgröße, die feststellt, was die Besitzer eines Unternehmens hätten erzielen können, wenn sie in risikofreie Regierungsanleihen investiert hätten anstatt in ihre Firma. Die Berechnung des GWB ist eine Art akademische Übung für Unternehmen, die einer großen Shareholder-Gruppe gehören. Doch für Kjeld Kirk Kristiansen, den Chef der Eigentümer der LEGO Gruppe und Hüter des Familienvermögens, war der GWB durchaus von Belang.

Knudstorps Ergebnisse waren schockierend. Seine Analyse enthüllte, dass die LEGO Gruppe zwischen 1993 und 2002 mit Ausnahme von 1998 fortwährend rechnerische Gewinne gemacht, im selben Zeitraum jedoch rund 1,6 Milliarden US-Dollar an wirtschaftlichem Wert verloren hatte. Mit anderen Worten, die Unternehmenseigner wären besser gefahren, wenn sie Geld in risikofreien, ertragarmen Regierungsanleihen angelegt hätten statt in LEGO. Mit anderen Worten: Durch die Investitionen in LEGO hatten sie das Familienvermögen um nahezu eine halbe Million US-Dollar täglich verringert, Tag für Tag, zehn Jahre lang.

Knudstorp folgte dem Leitspruch des ehemaligen General-Electric-CEO Jack Welch, wonach eine Führungskraft »die Dinge sehen muss, wie sie sind, nicht wie [sie] sie gerne hätte«, und lieferte einen unerschrockenen Bericht über die Performance der LEGO Gruppe ab. Seine Botschaft an den Unternehmensvorstand bei ihrer Zusammenkunft in Billund im Juni war schonungslos. Er fasste seine Analyse in einer Folie zusammen, die den Titel trug: »Was ist der Preis eines guten Managements?«

Und dann gab er ein paar Antworten. Die unmittelbare Zukunft der LEGO Gruppe sah sogar noch trüber aus als ihre jüngste Vergangenheit. Das Unternehmen war dabei, einen 30-prozentigen Rückgang der Verkaufszahlen zu erleiden, und hatte 250 Millionen US-Dollar Betriebskosten. Es wies einen negativen Cashflow von über 160 Millionen US-Dollar auf. Bis zum Ende des Jahres wäre LEGO bei seiner außerordentlichen Verschuldung von fast 800 Millionen

US-Dollar vermutlich zahlungsunfähig, und ihm fehlte ein verbindlicher Kreditrahmen. Die Vorausschau für 2004 war ganz genauso hässlich, wenn nicht sogar noch schlimmer, denn es wurde eine Verdoppelung des Nettoverlusts erwartet.

»Ich [sagte ihnen], dass wir auf einer brennenden Plattform ständen«, erinnerte sich Knudstorp. »Wir mussten handeln, denn von alleine verschwindet das Problem nicht.«

Angesichts von Knudstorps Bericht fiel es einigen Vorstandsmitgliedern schwer, mit dem Dilemma des Unternehmens umzugehen. Auch wenn sie Knudstorps Zusammenfassung der Herausforderungen für die LEGO Gruppe im Jahr 2003 zähneknirschend akzeptierten, lehnten sie sich vehement gegen seine Prognose für 2004 auf. Die Skeptiker argumentierten, auch wenn die Verluste bedeuteten, dass sie zwischen 135 und 155 Millionen US-Dollar Betriebskosten einsparen müssten, würden die Verkäufe sich erholen, sobald die amerikanische Währungskrise beigelegt und der nächste *Star-Wars*-Film in den Kinos gezeigt werde. Einer von ihnen rief aus: »Ich weiß nicht, wie Sie darauf kommen, dass 2004 auch wieder ein schwieriges Jahr wird. Auf welcher Grundlage behaupten Sie das eigentlich?« Als Knudstorp die Konferenz verließ, kam ihm in den Sinn, dass er durchaus seine Arbeit verlieren könnte.

»Ich habe nicht absichtlich versucht, ihnen zu widersprechen«, erinnerte er sich. »Ich hatte bloß das Gefühl, ihnen sei am besten damit gedient, wenn ich ihnen die Wahrheit sagte, so wie ich sie sah. Natürlich sahen sie die Dinge anders. Deshalb dachte ich darüber nach, ob das wohl das Ende meiner Karriere in dieser Firma wäre.«

Im Verlauf des Sommers wurde immer offensichtlicher, dass LEGO sein schwindendes Glück nicht leicht würde zurückgewinnen können. In dem Versuch, die Unternehmensbilanz auszugleichen, stellten Kristiansen und Plougmann Jesper Ovesen ein, den CFO der Danske Bank, einer der größten Banken Skandinaviens, um die finanziellen Angelegenheiten der LEGO Gruppe zu lenken.

Ovesen kam am 1. November 2003 in Billund an, nahm eine Suite im LEGOLAND Hotel und vertiefte sich in die Bücher des Unternehmens. Obwohl er die breiten Schultern und die massive Stirn eines Boxers besaß, hatte Ovesen ebenso viel mathematischen

Verstand wie ein bleichgesichtiger Streber. Er war bekannt für seine Bemerkung: »Hinter jedem Produkt und jeder Person steht eine Zahl, und genau danach suche ich.« Es dauerte nicht lange, bis die Belegschaft von LEGO ihn mit den Figuren aus dem Science-Fiction-Thriller *Matrix* verglich, welche die Welt als einen unendlichen, fließenden Computercode sehen.

Ovesen war verblüfft darüber, was er bei LEGO fand – und was er nicht finden konnte. Seit der Gründung der Firma hatten die Führungskräfte der LEGO Gruppe nach dem Grundsatz gearbeitet, dass die Profite sich schon einstellen würden, wenn sie nur fortwährend hervorragende Produkte für Kinder lieferten – eine Philosophie, die ihnen während der ersten Jahre des Unternehmens gute Dienste geleistet haben mochte, sie aber schließlich ohne ein umfassendes System zur Kontrolle der Firmengelder schlecht dastehen ließ. LEGO hatte auch kein belastbares, zeitnahes Buchhaltungssystem, das die Manager alarmierte, wenn etwas schiefging.

»Sie hatten keine Kontrolle über ihre Investitionen«, rief Ovesen später aus, immer noch entsetzt von dem mangelnden finanziellen Überblick des Unternehmens. »Sie wussten nicht, woher ihre Gewinne kamen. Sie wussten nicht, ob sie mit ihren Produkten Gewinn machten. Sie hatten keine Ahnung von Produktprofitabilität. Sie wussten, dass in den LEGOLAND-Parks Geld versickerte, aber sie wussten nicht, warum.«

Selbst Ende 2003 wirkte sich die wirre Unternehmensstruktur, in der die Organisationen eines jeden Landes eigene Gewinn-und-Verlust-Rechnungen aufstellten, immer noch negativ auf die Performance der LEGO Gruppe aus. Das neu eingerichtete IT-System für die Verwaltung der Unternehmensfinanzen ließ die Führungskräfte zwar erkennen, ob beispielsweise die USA oder Deutschland Gewinne hervorbrachten. Doch das Unternehmen konnte immer noch nicht zurückverfolgen, welche *Produkte* Gewinne oder Verluste erzielten. LEGO hatte kein System der Prozesskostenrechnung, deshalb besaß man nur einen groben Überblick über die Herstellungskosten einzelner Produkte und die Umsätze einzelner Sets. Hätte LEGO nur tief genug geschürft, so hätte man die Produktprofitabilität ausrechnen können, ungeachtet der komplexen Unternehmensstruktur. Doch man hatte dafür keinen Anlass gesehen. LEGO war so viele Jahre lang so erfolgreich gewesen, dass sich niemand die Mühe gemacht hatte, wirklich zu erfassen, was die verschiedenen Sets kosten.

Gleichwohl musste Ovesen keine komplizierte Finanzanalyse vornehmen, um zu erkennen, dass gerade im dritten Quartal 2003 die Umsätze des Unternehmens in den freien Fall übergegangen waren. Sie waren im Vergleich zum entsprechenden Vorjahresquartal um fast 800 Millionen US-Dollar gesunken. Ende November versammelte sich der LEGO-Vorstand erneut in Billund. Dieses Mal war es Ovesen, der vor ihnen stand. Seine Botschaft war unverblümt: LEGO stand tatsächlich am Rande des finanziellen Abgrunds. »Es war ein reines finanzielles Desaster«, stellte er klar.

Ovesen gilt als einer der scharfsinnigsten CFOs Europas; es wäre überaus schwierig gewesen, seine Versicherung zu widerlegen, dass LEGO kurz vor dem Bankrott stand. Selbst die Skeptiker mussten nun dem ins Auge sehen, was vormals undenkbar gewesen war: Wenn das Unternehmen, das das Spielzeug des Jahrhunderts hergestellt hatte, keinen Weg fand, sich selbst neu zu erfinden, würden Kristiansen und seine Familie LEGO wohl zerschlagen und verkaufen müssen, um es zu retten.

Für Knudstorp, Ovesen und den Vorstand war die Notlage der Firma ein Schock, nicht zuletzt weil LEGO immer so stark erschienen war. Die 71-jährige Ikone der Spielzeugwelt hatte die Weltwirtschaftskrise überstanden, einen Bankrott in seinen frühen Jahren, die Verwüstungen des Zweiten Weltkriegs und die ständig wechselnden Vorlieben eines der anspruchsvollsten Kunden der Welt – des siebenjährigen Jungen. 2003 wurde der LEGO Gruppe ein Jahresumsatz von über einer Milliarde US-Dollar prognostiziert, womit sie zum fünftgrößten Spielzeughersteller der Welt und unumstrittenen König der Konstruktionsspielzeuge geworden wären. Die LEGO-Produkte reichten von der DUPLO-Serie für Vorschulkinder bis zur LEGO-Technic-Reihe für Teenager, sie fanden sich in etwa 75 Prozent der amerikanischen und 80 Prozent der europäischen Haushalte mit Kindern. Der LEGO-Stein war beinahe genauso allgegenwärtig, wie er es heute ist. Doch das Unternehmen verlor Geld und zerstörte den Reichtum seiner Eigentümer in besorgniserregender Geschwindigkeit. Wie hatte eine der beliebtesten Marken der Welt so schnell und so maßgeblich heruntergewirtschaftet werden können?

Gründe waren sicherlich darin zu finden, dass die einzelnen Geschäftsbereiche isoliert voneinander arbeiteten und die Designer viel zu weit vom Markt entfernt waren. Der Beraterstab der LEGO Gruppe hatte jahrelang zugelassen, dass die steigenden Produktions- und Marketingkosten die Unternehmensgewinne auffraßen. Und die Firma hatte fälschlicherweise darauf gesetzt, dass LEGO *Star Wars* ein Verkaufsrenner bleiben würde, selbst ohne das Erscheinen eines neuen *Star-Wars*-Films als Umsatzmotor. Doch die letztendliche Erklärung für den steilen Absturz der LEGO Gruppe liegt in jenen sieben Innovationswahrheiten. Große, kühne Veränderungen gehen oft mit dem Risiko einer langfristigen Talfahrt einher, selbst wenn die anfänglichen Ergebnisse ganz rosig scheinen.

Einzeln angewendet haben die sieben Wahrheiten in anderen Unternehmen funktioniert. Kollektiv betrachtet haben sie LEGO beinahe in den Bankrott getrieben. Das Befolgen der sieben Wahrheiten erhöhte zwar den Umsatz bei LEGO, ließ jedoch auch die Kosten in die Höhe schnellen. Da LEGO kein effektives System zur Innovationsüberwachung und zur raschen Alarmierung des Managements hatte, falls eine Initiative danebenging, wurde das Unternehmen unvorbereitet getroffen und konnte sich nicht erholen.

Für ein besseres Verständnis dessen, was geschehen ist, wollen wir die sieben Wahrheiten noch einmal Revue passieren lassen.

DIE EINSTELLUNG UNTERSCHIEDLICHER UND KREATIVER MENSCHEN

Obwohl es LEGO schaffte, herausragende Talente zu rekrutieren und Niederlassungen auf der ganzen Welt einzurichten, erwies sich die rasche Expansion als teuflisch schwer zu managen. Den Neulingen fehlte eine Verbindung zur Firmenkultur und eine übergeordnete Vision dessen, wohin Plougmann LEGO führen wollte; den neuen Designern fehlte es an Gespür für kreatives Arbeiten mit Bausteinen und für die Zusammenarbeit mit ihren altgedienten Kollegen in Billund. Denken Sie an die Bemühungen zur Entwicklung der LEGO-Explore-Produktreihe zurück, die wir in Kapitel 2 beschrieben haben. Das war der Versuch des Marketingchefs Francesco Ciccolella, die langjährige DUPLO-Reihe, deren Umsätze stagnierten, durch eine ganz neue globale Marke für das Vorschulalter zu ersetzen. Mit Explore zielte LEGO auf eine größere Präsenz im amerikanischen Markt, der nach elektronischen Spielzeugen mit pädagogischem Wert verlangte.

»Explore war unser Favorit«, bestätigte Plougmann. »Die Idee dahinter war, im Kleinkindbereich wieder stärker zu werden, indem wir ihn in verschiedene Themen und Altersgruppen aufteilten. Das LEGO-Explore-System – die Fähigkeiten und Kenntnisse, die es Kindern vermittelte – sollte den einzelnen Baustein für Mütter weniger wichtig erscheinen lassen.«

Genau, wie Kristiansens Entscheidung für die *Star-Wars*-Lizenz zuvor bewiesen hatte, dass es von Wichtigkeit war, einen gewissen Anteil der Entscheidungsautonomie an Peter Eio und sein LEGO-Americas-Team zu übertragen, glaubte Plougmann ähnliche Vorteile erzielen zu können, wenn er Ciccolella und seinem begabten Team von Mailänder Designern die Führung bei der Entwicklung von Explore überließ. Von Anfang an war dieser Versuch geprägt durch einen Führungsstil von Befehl und Kontrolle, der die Kreativität ebenso behinderte wie die praktisch vollständige Unfähigkeit der Designer in Mailand und jener in Billund zusammenzuarbeiten.

Für LEGO Explore entwarfen die Mailänder eine Serie von elektronischen Spielzeugen, die teilweise gänzlich ohne Bausteine auskamen. Obwohl das Mailänder Team die Explore-Reihe konzipierte, war eine Gruppe von Designern in Billund damit beauftragt, die Spielzeuge zu entwickeln und für die Markteinführung vorzubereiten. Nicht wenige jener Designer waren entgeistert, als sie ihre Entwurfsaufträge erhielten.

»Der Leiter der Abteilung für Marketing und Produktentwicklung stellte Explore bei einem großen Meeting vor, und es kam überhaupt nicht gut an«, erinnerte sich Allan Steen Larsen, einer der Designer in Billund, der an dieser Produktreihe mitgearbeitet hatte. »Erst haben sie das Häschen-Logo [von DUPLO] abgeschafft, das für unsere Kernmärkte so wichtig war. Und dann wurden die ganzen Werte, die wir durch die Verpackung und die Produkte hatten vermitteln sollen, komplett über den Haufen geworfen.« Ciccolella übergab dem Mailänder Team die volle Verantwortung und wies das Billunder Team an, den Anweisungen aus Mailand zu folgen. Kein Widerspruch wurde geduldet. Larsen erinnerte sich: »Sie sagten uns, wir sollten bloß nicht mit Einwänden ankommen. Es wurde zwar nicht direkt mit Kündigung gedroht, aber es ging eindeutig in diese Richtung.«

Der Erfolg von Explore beruhte teilweise auf der Kombination von Mailänder Kreativität und designerischer Fertigkeit mit dem tiefen Verständnis der Billunder Designer für das LEGO-Spielerlebnis. Bemerkenswerterweise gab es jedoch keinen Versuch, die Leistungen der beiden Abteilungen zu koordinieren. Larsen, der an der Entwicklung des Explore Music Roller beteiligt war – ein sehr LEGO-unspezifisches Konzept, das in Mailand entworfen wurde –, konnte sich an kein einziges Treffen zwischen seinem Team und dessen Gegenstück in Mailand erinnern. »Wir fühlten uns wie amputiert« von der Entwicklung der zentralen Vorschulspielzeuge, bestätigte er.

Wenn die Firmenleitung Explore in so lebendiger Weise definiert hätte, dass die Designer gewusst hätten, wohin sie die Produktreihe bringen sollten, hätten die Teams aus Billund und Mailand auch miteinander verknüpft werden und lernen können, effektiv zusammenzuarbeiten. Doch das Topmanagement des Unternehmens blieb bei der Explore-Strategie geteilter Meinung und konnte den Entwicklern der Reihe daher keine klare Richtung vermitteln.

Plougmann und Ciccolella hielten LEGO Explore wegen seines Potenzials zur Förderung der kindlichen Entwicklung für sehr vielversprechend. Im Jahresbericht der LEGO Gruppe von 2002 erklärte Plougmann, ein Wechsel zu Explore sei »die richtige Entscheidung, was sich auf lange Sicht beweisen wird«. Doch die langjährigen LEGO-Vorstände unter Mads Nipper, der damals den mitteleuropäischen Unternehmensbereich leitete, waren überzeugt, dass Explore einen zu radikalen Bruch mit dem klassischen LEGO darstelle. Eine so beliebte Marke wie DUPLO vom Markt zu nehmen werde sich als katastrophal erweisen. Nipper war ein lebhafter, energischer Vorgesetzter, der außerordentlich freimütig sein konnte, und er machte keinen Hehl aus seiner Verärgerung. »DUPLO war nach LEGO die zweitstärkste Spielzeugmarke in Nord- und Mitteleuropa«, ärgerte er sich später. »Und wir hatten nichts Klügeres zu tun, als es kaputtzumachen.«

An einem Wintertag des Jahres 2002 kochten die internen Streitigkeiten über. Nipper und die drei anderen Chefs der größten Märkte des Unternehmens wurden in eine Suite des LEGOLAND-Hotels bestellt, nur ein paar Gehminuten von der Hauptniederlassung in Billund entfernt. Die LEGO-Mitarbeiter nannten sie den »Entlassungsraum«. Wenn man als Angestellter von LEGO dort hinzitiert wurde, konnte man davon ausgehen, dass man ohne Arbeitsplatz wieder herauskam.

Monatelang hatten Nipper und die drei anderen Führungskräfte sich bemüht, ihre Bedenken gegen Explore durchzusetzen. Plougmann fand, dass es nun reichte. Er gab die Anweisung, die Abweichler zusammenzubringen und ein Ultimatum zu setzen. Nipper erinnerte sich: »Wir wurden alle vier hereingeführt, und man teilte uns mit, wenn wir nicht die Klappe hielten und Explore loyal mittrugen, könnten wir das Unternehmen verlassen.«

Vor die Wahl gestellt zwischen der Unterstützung von Explore und dem Verlust seines Arbeitsplatzes gab Nipper nach. Doch als LEGO seinen wichtigsten europäischen Einzelhändlern die Explore-Reihe vorstellte, kehrten seine Bedenken umso stärker zurück. Der Geschäftsführer von Idee+Spiel, einer der größten deutschen Spielwarenketten, war besonders unbeeindruckt von Explore. Er wandte sich an Nipper und fragte: »Sind Sie sicher, dass Sie wissen, was Sie tun?« Nipper führte Ciccolellas Argument an, dass die DUPLO-Umsätze stagnierten und es daher an der Zeit sei, einen Schlussstrich unter die Vergangenheit zu ziehen.

»Während ich sprach«, erinnerte er sich, »fühlte es sich an, als würde ich etwas essen, das mir nicht schmeckte. Wenn Leute, die den Markt außergewöhnlich gut kannten, ganz explizit zum Ausdruck brachten, was ich dachte, war ich mir nicht mehr einigermaßen sicher, dass wir in die Katastrophe steuerten. Ich war mir zu 100 Prozent sicher.«

Am Ende bestätigten sich die unguten Gefühle Nippers und anderer Führungskräfte. LEGO Explore war eine so gravierende Abkehr von den Bausteinspielzeugen, welche die Eltern aus ihrer eigenen Kindheit kannten, dass es den Markt durcheinanderbrachte und letztlich den Abverkauf verringerte. Noch schlimmer war die Entscheidung, DUPLO durch Explore komplett zu ersetzen. Obwohl DUPLO in den letzten Jahren zu kämpfen gehabt hatte, war es doch wegen seiner erkennbaren Verwandtschaft zu LEGO die am zweitbesten verkaufte Spielzeugmarke in Europa. Nippers »ganz grobe« Schätzung ist, dass das Abenteuer Explore während seiner dreijährigen Lebensdauer LEGO mindestens 500 Millionen DKK (ungefähr 67 Millionen Euro) gekostet hat. »Explore war eine einzige Katastrophe«, fasste er zusammen. »Der unseligste Augenblick aller Zeiten.«

Die neuen Designer der LEGO Gruppe können für das Explore-Debakel nicht verantwortlich gemacht werden. Vielmehr hat die Unternehmensführung drei entscheidende Fehler gemacht. Erstens versäumte sie, dafür zu sorgen, dass die Qualifikationen der Neueinstellungen auf die Erfordernisse des Unternehmens abgestimmt waren. Obwohl LEGO Weltklasseentwickler einstellte, die für ihre Grafiken, Animationen und 3-D-Filme berühmt waren, gelang es nur wenigen von ihnen, den LEGO-Stein zu verwenden, um begeisternde Spiele zu schaffen.

Paal Smith-Meyer gehörte zu der Schar von Designern, die unter Plougmann neu eingestellt worden war, und leitet jetzt die LEGO New Business Group. Er erinnerte sich: »[Wir alle] wollten großartige industrielle Produktdesigner sein, die neuen Philippe Starcks« – das ist jener französische Designer, der für seine schnittige, organische Gestaltung alltäglicher Möbel und Haushaltsgegenstände berühmt geworden ist. »LEGO fand es cool, dass wir gut zeichnen konnten. Aber niemand hat uns je gesagt, dass man etwas mit LEGO bauen können muss, wenn es der Firma Geld einbringen soll.«

Der zweite Fehler des Unternehmens: die praktisch nicht vorhandene Abstimmung zwischen den Explore-Designern in Billund und dem Satellitenteam in Mailand, wobei es sich nicht um einen Einzelfall handelte. Ebenso machte LEGO sich nie die Mühe, für eine gute Zusammenarbeit der Entwickler bei Zowie Intertainment, einer von LEGO 1998 übernommenen Firma, und dem Designerteam in Billund zu sorgen.

Eins der wichtigsten Produkte, die LEGO bei Zowie entwickeln lassen wollte, war das KidPad, ein Elektronikspielzeug, das Kindern ein Computerspiel ermöglichte, indem sie Gegenstände vor einer Kamera hin und her bewegten. Ursprünglich erhoffte sich LEGO vom KidPad im ersten Jahr einen Umsatz von 500 Millionen DKK. Am Ende verkaufte das Unternehmen nicht ein einziges KidPad, denn das Produkt kam nie auf den Markt. Ebenso wenig wie irgendein anderes Spielzeugkonzept, das von der Zowie-Geschäftseinheit entwickelt wurde. 2001, drei Jahre nach der Übernahme von Zowie, ließ LEGO das Studio schließen und entließ die meisten Mitarbeiter.

Der dritte Fehlgriff des Unternehmens war es, aus solchen Rückschlägen keine Lehren zu ziehen und keine Korrekturen vorzunehmen, um seine Strategie neu auszurichten und die Neueinstellungen besser einzusetzen. Nachdem LEGO im Herbst 2000 die KidPad-Idee fallengelassen hatte, traf sich Ciccolella mit Smith-Meyer zu einer Nachbesprechung. »Er sagte, er hätte nur eine halbe Stunde Zeit«, erinnerte sich Smith-Meyer. »Und wenn wir fertig wären, würden wir dieses Projekt nie wieder erwähnen. Seine Einstellung war: ›Weitergehen, hier gibt es nichts zu sehen.‹« Im Ergebnis lief LEGO, anstatt aus seinen Rückschlägen zu lernen, viel eher Gefahr, sie zu wiederholen.

Sicherlich hatte Plougmann Recht, wenn er sagte, das Unternehmen benötige unterschiedliche Designkulturen, um auf dem weltweiten Markt bestehen zu können. Vielfalt fördert die Kreativität; wenn sich Ähnliches an Unähnlichem reibt, kann dies den kreativen Funken schlagen, der ein Feuerwerk von Innovationen zündet. Für LEGO entstanden die Probleme erst dann, als das Unternehmen versäumte, die Energie und Inspiration der neuen Mitarbeiter in die richtigen Bahnen zu lenken. LEGO löste eine Kettenreaktion von menschlicher Kreativität aus, kanalisierte und leitete sie jedoch nicht. Das Ergebnis war eine Kaskade von bahnbrechenden Innovationen, die entweder floppten oder nach hinten losgingen.

DIE SUCHE NACH BLAUER-OZEAN-MÄRKTEN

Die Dringlichkeit, mit der LEGO konkurrenzfreie Märkte des blauen Ozeans suchte, war zum großen Teil auf die Tatsache zurückzuführen, dass der LEGO-Stein in einem zunehmend überfüllten und blutgetränkten roten Ozean gefangen schien. Nachdem in den achtziger Jahren die letzten Patente auf den LEGO-Stein ausgelaufen waren, griffen Haie wie Tyco Toys und Mega Bloks die Marktanteile der LEGO Gruppe mit Baustein-Billigkopien an, die zu einem Bruchteil der Preise von LEGO-Sets verkauft wurden. Gleichzeitig teilten Berater dem Unternehmen mit, dass der Baustein selbst überholt sei.

»Wir hatten einige externe Experten, die uns sagten, der LEGO-Stein gehöre der Vergangenheit an«, erklärte Smith-Meyer. »Sie meinten, das 21. Jahrhundert hätte nichts mit kleinen Plastikrechtecken zu tun. Es wäre digital.«

Den Beratern zufolge lag die Zukunft der LEGO Gruppe nicht im Baustein, sondern in der Ausschöpfung der hochgradig vertrauenswürdigen, überaus beliebten Marke LEGO. Ihr Rat führte zu der Strategie, einen unerschlossenen Markt in der digitalen Arena anzustreben, indem die Marke LEGO mit der Marke Spielberg zusammengespannt wurde. Das Ergebnis war natürlich der LEGO Studios Steven Spielberg MovieMaker.

Die LEGO Gruppe brachte ihr »Filmstudio in der Schachtel« im Oktober 2000 zunächst nur in den USA heraus. Der Kick des Erzeugens von Stop-Motion-Animationen mit LEGO-Steinen erwies sich bei amerikanischen Kindern als gewisser Erfolg, wenn auch kaum als Bestseller. Ermutigt durch die einigermaßen ansehnlichen Umsätze von 80 Millionen DKK (rund elf Millionen Euro) innerhalb von nur drei Monaten verpasste LEGO dem Spielberg MovieMaker Anfang 2001 eine sensationelle weltweite Markteinführung.

Die Idee bestand darin, den Erfolg des MovieMakers in den USA zu nutzen und ihn auf der ganzen Welt zu einem Renner zu machen. Eine solche Strategie stimmte vollständig überein mit dem erklärten Bestreben der LEGO Gruppe, bis 2005 zur weltweit stärksten Marke bei Familien mit Kindern zu werden. Um dieses Ziel zu erreichen, musste LEGO seinen Jahresumsatz bis 2005 verdoppeln. Deshalb mussten vielversprechende Produktreihen wie der MovieMaker ihren blauen Ozean finden und sich rasch in dicke Fische verwandeln. LEGO machte jedoch den Fehler, den MovieMaker zu frühzeitig und zu rasch zu forcieren.

Das Unternehmen hielt sich an das Drehbuch für blauen Ozeane und beeilte sich, das Produkt MovieMaker zu einer umfassenden Produktlinie auszubauen. Zuerst kam das MovieMaker-Set mit seinen Bausteinen, Minifiguren, der Digitalkamera und der Bearbeitungssoftware zum Erstellen von Stop-Motion-Animationen. Daraufhin schob LEGO neun zusätzliche MovieMaker-Sets nach, die zwar Bausteine zum Konstruieren von Filmszenen enthielten, aber weder Kamera noch Software. Das Unternehmen beabsichtigte, eine Plattform zu schaffen, die die Kinder dazu verlockte, immer mehr zu ihrer MovieMaker-Sammlung hinzuzufügen, nachdem sie bereits das teurere Set mit der Kamera gekauft hatten. Das Problem war nur, dass diese neun kameralosen Sets ein tolles Konstruktionserlebnis bieten mussten, um sich gut zu verkaufen. Und das taten sie nicht. »Ohne die Kamera waren sie wirklich nichts Besonderes«, räumte John Sahlertz ein, Chefdesigner des MovieMakers.

Die weltweite Einführung des MovieMakers bedeutete auch, dass Bedienungsanleitung und Software in 13 Sprachen übersetzt werden mussten. Nachdem LEGO im Herbst 2000 ein MovieMaker-Set präsentiert hatte, folgten daher Anfang 2001 23 verschiedene Versionen. Obwohl der MovieMaker sich in den USA als Nischenprodukt recht ordentlich verkaufte, war er als weltweite Produktlinie ein Flop. Da den kameralosen Sets ein eindeutiges und überzeugendes Wertangebot fehlte, konnten sie nie Fuß fassen. Die Einzelhändler waren gezwungen, die unverkauften Schachteln zu rabattieren, um den Lagerbestand abzubauen. Und wie es oft der Fall ist bei preisreduzierten Spielsachen, signalisierte diese Veränderung den Untergang des Produkts.

Jede Innovation hat ihren eigenen Rhythmus. Besonders bei neuen Produktkonzepten müssen Marketingmaßnahmen die unvermeidlichen Höhen und Tiefen der Kundennachfrage ausgleichen. Die MovieMaker-Serie hätte durchaus ein Erfolg sein können, wenn LEGO dem Originalset mehr Zeit zum Wachstum gegeben hätte, ehe man all diese Zusatzsets hinterherschob. Aber LEGO fand nie den richtigen Rhythmus. Durch den raschen Nachschub der verschiedenen MovieMaker-Sets überschwemmte das Unternehmen den Markt und verwässerte den Wert der Produktlinie.

Behindert durch die hochfliegenden Ambitionen der LEGO Gruppe konnte der MovieMaker die lange Reise in den offenen blauen Ozean nicht beenden. Im Jahr 2002 ging die Produktlinie unter und kehrte nie wieder an die Oberfläche zurück. Selbst die kombinierte Macht der Marken LEGO und Spielberg konnte sie nicht vor dem Ertrinken retten.

Was die anderen Versuche des Unternehmens angeht, einen blauen Ozean zu finden – LEGO Explore und LEGO Education Center –, so übertrafen die gewaltigen Verluste von Explore bei weitem die mageren Gewinne der Education Center. Fast ein Viertel der Center war unprofitabel und wurde 2004 geschlossen, im gleichen Jahr, in dem auch für Explore der Vorhang fiel.

KUNDENORIENTIERUNG

Der Ehrgeiz der LEGO Gruppe, ein völlig neues Kundensegment zu erreichen – jene zwei Drittel der Kinder, die den Interviewern gesagt hatten, sie würden lieber mit einer Xbox (und Ähnlichem) spielen als mit Konstruktionsspielzeugen –, führte zu dem Streben, über den Baustein hinauszudenken und in ganz neue Richtungen vorzustoßen, nicht nur mit digitalen Spielzeugen, sondern auch mit physischen, die leichter zu konstruieren waren, weil sie aus größeren, klobigeren Teilen bestanden. Vor allem richtete LEGO sein Augenmerk auf die Entwicklung von Spielzeugen, die sich durch mitreißende Gut-gegen-Böse-Geschichten auszeichneten.

»In der Designabteilung lautete die neue Parole, die Sachen trendiger und düsterer zu machen«, sagte Smith-Meyer. »Jungs wollten mehr Aggressivität, mehr Konflikt.«

Laut Plougmann kam ein Großteil des Drängens nach einer coolen, figurenorientierten Produktlinie, die weniger mit Konstruieren und mehr mit Spielen zu tun hatte, von dem »sehr anspruchsvollen« amerikanischen Geschäftsbereich der LEGO Gruppe. »Der amerikanische Markt wurde zunehmend dominiert von Walmart, Kmart, Toys"R"Us und Target«, bestätigte er. »Man sagte uns, wenn wir nicht solche Spielwaren herstellten, würden wir Regalanteile verlieren.«

Das Ergebnis war der bereits erwähnte Jack Stone, der sich als jüngere, weniger bedrohliche Mischung aus den Actionhelden G. I. Joe und Batman präsentierte. Aus theoretischer Perspektive hatte Jack Stone das Zeug zu einem Gewinner. Er war eine »neue Art von Held … bereit, den Tag zu retten«, wie ein Fernsehwerbespot es formulierte, für einen Spielzeugmarkt, der immer stärker von geschichtenorientierten Konzepten beherrscht wurde. Und er war auch ein schnell zusammensteckbares Spielzeug für die Mehrheit der Kinder, die ihre freie Zeit lieber mit Spielen verbrachten als mit schöpferischer Tätigkeit. Doch als Jack Stone 2001 auf den Markt kam, erwies er sich als »grauenvolles Produkt«, so fand jedenfalls Vizevorstand Mads Nipper. »Um ganz ehrlich zu sein … das [Jack-Stone-]Feuerwehrauto steht bei meinen unbeliebtesten LEGO-Produkten aller Zeiten an oberster Stelle.«

Jack Stone scheiterte an drei Fronten. Erstens fand er keinen Zugang zur Vorstellungskraft der Mehrheit aller Kinder, die Konstruktionsspielzeugen gleichgültig gegenüberstanden. Jack war ein frei erfundener Spielzeugheld ohne Geschichte oder Kontext, deshalb ließ er die Kinder kalt. 2001 beförderten amerikanische Kinder actionlastige Spielzeuge wie die Hot Wheels Cars von Mattel oder die Kawasaki Ninjas von Fisher Price an die Spitze der Bestsellerlisten. Jack Stone wurde nicht einmal erwähnt. Zweitens erforderte die Herstellung der klobigen Stücke, aus denen die Jack-Stone-Spielzeuge gebaut wurden, kostspielige neue Spritzgussformen, die das Spielzeug sogar bei relativ hohen Stückzahlen unprofitabel machten. Und drittens entfremdete der neue Held der LEGO Gruppe die engsten Fans des Unternehmens. Eltern, die mit dem LEGO-Stein aufgewachsen waren, konnten in dieser zu groß geratenen Minifigur keinen der klassischen Spielwerte des Unternehmens – die »Freude am Bauen, den Stolz des Erschaffens« – wiederfinden. Und auf Websites rund um die Welt beklagten die einflussreichen erwachsenen LEGO-Fans Jack Stone als weiteren Beweis für einen verdammenswerten Trend: die »Verjüngung« der LEGO-Spielmotive, bei denen das Konstruktionserlebnis so wenig Herausforderung bot, dass es kaum als LEGO bezeichnet werden konnte.

Die Tendenz zur radikalen Vereinfachung der Produktlinie war kein Zufall. Niels Milan Pedersen, der freiberufliche Galidor-Designer, der auch Jack Stone mitentwickelt hatte, erinnerte sich, dass er und seine Kollegen explizit angewiesen wurden, Action und Spielwert oberste Priorität einzuräumen. »[Die Vorgesetzten] sagten uns, das Konstruktionserlebnis wäre nicht mehr der Hauptzweck.«

In der Theorie hätte Jack Stone funktionieren sollen. »Die ganze Forschung, die ganzen rationalen Argumente sprachen dafür«, sagte Nipper. »Ein immer größerer Teil des Spielzeugmarktes war und ist immer noch an Geschichten orientiert, deshalb gaben wir ihnen einen erzählenden Kontext. Und wenn wir es den Jungs erleichtern konnten, die nicht speziell am Bauen interessiert waren, warum sollten wir das dann nicht tun?«

Ungeachtet des deutlichen Bruchs der LEGO Gruppe mit ihrer Vergangenheit zwangen die schlechten Verkaufszahlen das Unternehmen, die Jack-Stone-Reihe nur ein Jahr nach ihrer Markteinführung 2001 wieder zurückzuziehen. Dies war ein Fall, in dem der innere Kompass des Unternehmens es auf einen Kurs geführt hatte, der weit von den grundlegenden Prinzipien abwich – Entwicklung, Fantasie, Kreativität –, die das klassische LEGO-Spielerlebnis ausmachten. Plougmann und sein Führungsteam taten gut daran, die Grenzen dessen zu testen, was Kinder und ihre Eltern von LEGO akzeptierten, doch das Unternehmen wäre beinahe zu weit gegangen. Jack Stone misslang es nicht nur, einen Teil der zwei Drittel von Kindern zu erreichen, die keine Konstruktionsspielzeuge mochten, sondern stieß auch jene Kerngruppe loyaler LEGO-Käufer vor den Kopf, die sie durchaus mochten.

BAHNBRECHENDE INNOVATIONEN

Ende der neunziger Jahre waren viele Mitglieder der LEGO-Community überzeugt, dass mit dem Aufkommen von Videospielen und dem Game Boy von Nintendo – von dem bis 1998 über 64 Millionen Exemplare weltweit verkauft worden waren – die digitalen Spielerlebnisse das explizit physische, handfeste Konstruieren mit dem Baustein ersetzen würden. Das Darwin-Projekt, das eine Datenbank anstrebte, in der jedes LEGO-Element in High-Quality-3-D abgebildet wurde, war das kühnste Wagnis der LEGO Gruppe, um auf die Trendwelle zu springen und als Erster in die digitale Zukunft vorzudringen.

Kristiansens begeisterte Unterstützung von Darwin war zum Teil zweifellos auf seine große Liebe zur Technologie zurückzuführen.[16] Immerhin sorgte er dafür, dass LEGO gemeinsam mit IBM die erste Firma war, die das Media Lab des MIT, des Massachusetts Institute of Technology, sponserte. Vielleicht glaubte der Enkel des Gründers der LEGO Gruppe, dass die Silicon-Graphics-Supercomputer, mit deren Hilfe das Darwin-Team seine umfangreiche Datenbank aufbaute, LEGO revolutionieren und dem Unternehmen helfen würden, sein Geschäftsmodell zu erneuern, genau wie es die Kunststoffspritzgussmaschine vor einem halben Jahrhundert getan hatte. Zumindest versprach Darwin, LEGO zu digitalisieren.

Zur Erinnerung: Ziel des Darwin-Projekts war es nicht nur, überaus hochwertige virtuelle Versionen physischer Spielzeuge zu schaffen – bei denen das LEGO-Logo beispielsweise perfekt auf jeder Noppe eines digitalen LEGO-Steins eingeprägt wäre, genau wie bei dem tatsächlichen Baustein –, sondern auch einen Vorrat digitaler LEGO-Elemente anzubieten, der genutzt werden konnte, um computeranimierte Konstruktionsanleitungen, Spiele, Fernsehspots, Zeichentrick- und sogar Spielfilme zu gestalten.

Das Schaffen einer computergesteuerten Abbildung des gesamten Universums von LEGO-Teilen war nicht nur eine immense technische Herausforderung, sondern warf auch einige grundlegende Fragen zur Beschaffenheit des LEGO-Spielerlebnisses auf. Sollte ein digitaler Baustein denselben Einschränkungen unterliegen wie ein Plastikbaustein? Wie sollte sich eine Minifigur in der digitalen Welt verhalten? Eine Plastik-Minifigur kann ihre Ellbogen nicht beugen, um aus einem Glas zu trinken – sollte eine digitale Minifigur dazu in der Lage sein?

Das Darwin-Team machte genügend Fortschritte sowohl in technischer als auch in philosophischer Hinsicht, um das Potenzial des Projekts zu unterstreichen. Darwin leistete seinen Beitrag sowohl zu LEGO CyberMaster, einem Spielzeug, bei dem Computerspiel und Robotik miteinander verschmolzen, als auch zu LEGO Island, der ersten Software des Unternehmens. Der Verkauf von CyberMas-

ter war hauptsächlich auf Europa, Australien und Neuseeland beschränkt. Das Spiel LEGO Island jedoch, das im Herbst 1997 herauskam, wurde weltweit über sieben Millionen Mal verkauft und erhielt
den Titel »Familienspiel des Jahres« bei den Interactive Achievement
Awards 1998. Trotz dieser Erfolge beendete die LEGO Gruppe den
Verkauf im Jahr 1999.

Die Ursache für Darwins Ruin lag in erster Linie in dem Versuch,
zu schnell zu viel zu wollen. Zunächst war es eine beängstigende ma-
thematische Herausforderung – die dreidimensionale Darstellung
komplexer Formen ist außerordentlich schwierig. Durch einen Mangel an Fokussierung wurde dies noch komplizierter gemacht. Darwin wollte alles für alle bieten, von der digitalen Version bestimmter
Spielzeugserien bis zur Darstellung Tausender von LEGO-Elementen
in 3-D. Am Ende wählte das Darwin-Team das falsche Datenmodell
zur Reproduktion der LEGO-Formen, und das Unternehmen musste
später die gesamte Arbeit ausrangieren.

Der Zusammenbruch war ebenso sehr ein Scheitern des Managements wie ein Scheitern der Technologie. Darwin war nicht
allzu beliebt, zum Teil weil das Team im Vergleich zu anderen der
LEGO Gruppe einen Sonderstatus genoss. Da es in einem eigenen
Gebäude am Stadtrand von Billund arbeitete, wurde es nie wirklich
in die Organisation integriert. Der Projektgründer fuhr einen Por-
sche, ein Auto, das auf Billunds Straßen nur selten zu sehen ist. Bald
kursierte das Gerücht, LEGO locke die Technik-Asse für Darwin mit
Luxusautos aus Boston und Silicon Valley in die triste Heimatstadt
des Unternehmens. Auch wenn dies nicht der Wahrheit entsprach, so
herrschte doch der Eindruck von Bevorzugung vor.

»Egal was wir in Sachen Geld und Personal verlangten, wir bekamen es«, erzählte Bjarne Tveskov, Chef der Softwareabteilung von
Darwin. »Es hieß dann bloß: ›Hier habt ihr noch einen Scheck.‹«

Doch Darwin erhielt nie die beiden Dinge vom Topmanagement, die es am meisten gebraucht hätte: eine klare Richtungsvorgabe und nützliche Kritik, die das Projekt in die richtigen Bahnen gelenkt hätte. Darwin beschäftigte das größte Computergrafikstudio in
Skandinavien, in dem seine Designer mit Virtual-Reality-Brillen an
einem außerordentlich fortschrittlichen, im wahrsten Sinne des Wor-

tes gemeinschaftlichen Arbeitsplatz »mit den Daten spielen«. Aber sie lieferten nicht die digitalen Tools, die andere LEGO-Abteilungen benötigten. Deshalb zählte das Projekt nur wenige Mitarbeiter anderer LEGO-Abteilungen zu seinen Fürsprechern. Darwin benötigte eine ernsthafte Kurskorrektur, erhielt aber keine.

»Wir bekamen nicht das richtige Feedback, um während unserer Arbeit einen Realitätscheck vornehmen zu können«, sagte Tveskov. »Um ehrlich zu sein, es gab überhaupt keine Softwareexperten im Topmanagement und auch niemanden, der Ahnung von digitaler Technologie gehabt hätte. Es ist natürlich schwierig, eine qualifizierte Rückmeldung zu geben, wenn man sich damit nicht auskennt.«

Am Ende verlor Darwin gegen eine konkurrierende Abteilung, LEGO Media, die 1996 in London gegründet worden war. Christian Majgaard, der LEGO Media leitete, verfolgte einen ganz anderen Ansatz bei der Entwicklung von Computer- und Onlinespielen. Statt die gesamte technologische Arbeit in den eigenen Reihen erledigen zu lassen, glaubte Majgaard an die Zusammenarbeit mit den besten externen Experten, wann immer die Gelegenheit es erlaubte. Diese Strategie erwies sich als effizienter und für einen gewissen Zeitraum als nachhaltiger als der Alleingang von Darwin. Und so zog die LEGO Gruppe Darwin im Jahr 1999 ganz leise den Stecker heraus. Der großspurige Versuch, den Herstellern von Videospielen etwas entgegenzusetzen und den anderen Spielzeugfirmen mit schöpferischer Zerstörung zu begegnen, endete in einer entwicklungsmäßigen Sackgasse.

OPEN INNOVATION FÖRDERN – DIE WEISHEIT DER VIELEN

Zu Beginn des zurückliegenden Jahrzehnts beobachteten die New-Business-Experten der LEGO Gruppe, wie eine ganze Generation von Web-2.0-Firmen – YouTube, Facebook, Flickr – ein anscheinend unermesslich großes Reservoir an Kreativität anzapfte, indem jeder Mensch dazu ermutigt wurde, zu einem Online-Produkt oder -Service beizutragen. LEGO war viel zu vorsichtig, um seine Entwurfsabteilung für lauter Externe zu öffnen, machte jedoch ein paar zaghafte Schritte, um die Genialität seiner florierenden Fangemeinde zu nutzen. Im Großen und Ganzen verband LEGO die Technologie des Crowdsourcing-Hypes mit dem Ethos der Design-it-yourself-Bewegung.

Wie wir in Kapitel 2 gesehen haben, entwickelte LEGO das computergestützte Designprogramm LEGO Digital Designer, mit dem die Fans unter Verwendung virtueller 3-D-Bausteine ihre eigenen LEGO-Sets konzipieren und schaffen konnten. Danach konnten sie ihre Wunschmodelle auf die Website von LEGO Factory hochladen, woraufhin LEGO-Mitarbeiter dann die Sets zusammensetzten und an ihre Designer verschickten. Wenn anderen Fans das Design gefiel, konnten auch sie die maßgeschneiderten Sets von LEGO Factory beziehen. Hier handelte es sich dann um einen Fall von Massenkundenanpassung auf individueller Basis.

Ursprünglich war Factory als Do-it-yourself-Seite für erwachsene Fans konzipiert worden, die nach verschiedenen Schätzungen für rund 20 Prozent der Unternehmensumsätze verantwortlich zeichneten. Doch nach einer Nutzerumfrage entdeckten die Marketingstrategen von LEGO, dass Factory auch bei Neun- und Zehnjährigen beliebt war. Sie verpassten Factory einen neuen, sich selbst erklärenden Namen, LEGO Design byMe, und stellten fest, dass diese Dienstleistung LEGO eine viel persönlichere Verbindung zu den unzähligen Fans bot, indem man sie einzigartige Sets kreieren ließ. Design byMe konnte auch als Ausdruck eines der unternehmerischen Gründungsprinzipien betrachtet werden: Authentizität. Anstatt nur Sets herzustellen, die dem Konsumentenbild des Unternehmens entsprachen, hatte LEGO einen Weg gefunden, die Menschen Sets schaffen zu lassen, die ihr Selbstbild bestätigten. Mit Design byMe konnten sie Sets erfinden, in denen sich widerspiegelte, wer sie waren und wer sie sein wollten.

Obgleich Design byMe eine persönlichere, authentischere Bindung zu den Fans knüpfte, war es in geschäftlicher Hinsicht kein Erfolg. Auf seinem Höhepunkt hatte Design byMe eine Wandlungsrate von weniger als 0,5 Prozent – von 200 Besuchern der Seite nahm nicht einmal einer einen Kauf vor. Diese Quote wurde sicherlich von der Preisgestaltung der Dienstleistung nach unten gedrückt. Das Design-

Feature war zwar kostenlos, aber der Preis für ein selbst gestaltetes Set lag bedeutend höher als der für im Laden gekaufte LEGO-Boxen, denn die Bausteine waren kostspieliger, und LEGO berechnete einen Servicezuschlag von zehn US-Dollar für die Herstellung der maßgeschneiderten Sets und Bauanleitungen.

Der Do-it-yourself-Effekt bereitete dem LEGO-Beraterstab zunehmend Kopfschmerzen. Die LEGO-Fans präsentierten voller Stolz ihre Kreationen und entwarfen beispielsweise ein LEGO-Homer-Simpson-Set, um es zum Verkauf anzubieten – was LEGO einen Rechtsstreit mit Twentieth Century Fox einbrachte, die die Lizenz auf *The Simpsons* besaßen. Andere, eher boshafte Fans versuchten, unangemessene Inhalte hochzuladen, beispielsweise detaillierte Rekonstruktionen von Teilen der männlichen Anatomie.

Die Performance von Design byMe schwankte während der Jahre, aber die Website brachte niemals Geld ein. Sicherlich war sie nicht ursächlich verantwortlich für den Niedergang der LEGO Gruppe. Doch obwohl Design byMe ein bescheidener Versuch war, sich durch Crowdsourcing ein geschäftliches Standbein zu verschaffen, erzielte es nie großen Erfolg, und so wurde die Dienstleistung im Januar 2012 schließlich endgültig eingestellt.

DIE GANZE BANDBREITE AN INNOVATION AUSSCHÖPFEN

Die Bemühungen der LEGO Gruppe, Innovation in jedem Bereich zu schaffen – sowohl durch das Entwerfen ausgesprochen LEGO-untypischer Produkte als auch durch das Angebot neuer Konsumentenerfahrungen und Dienstleistungen –, hätte das Unternehmen seinem Ziel, bis 2005 den Jahresumsatz zu verdoppeln, eigentlich näher bringen sollen. Aber wie sich herausstellte, zog die Strategie LEGO fast in den Abgrund.

Auf der Seite der Produktinnovation stand Galidor, die Produktreihe mit den Science-Fiction-Actionfiguren, die sich drastisch vom klassischen LEGO-Konstruktionserlebnis unterschied. Zur Erinnerung: Galidor brachte ein eigenes Konstruktionssystem mit, das vollständig auf den Baustein verzichtete. Und anstatt Galidor von einer weltweit erfolgreichen Filmlizenz abzuleiten wie beispielsweise bei

Star Wars, entschied sich LEGO, eine eigene Fernsehserie zu entwickeln, um das Spielzeug zu propagieren. Eine spannende SciFi-Serie, kombiniert mit einem vollkommen untypischen figurenbezogenen Motiv von LEGO, hätte durchaus einen Teil der Begeisterung für Actionfiguren auf sich lenken können, der auf dem Spielzeugmarkt vorherrschte.

Plougmann und Kristiansen waren sich darüber im Klaren, dass Galidor ein beträchtliches Risiko darstellte. Schließlich wird nur eine von fünf Actionfiguren zu einem kommerziellen Erfolg. Aber im Jahr 2001 hatte LEGO mit seiner *Star-Wars*-Reihe beeindruckende Umsätze gemacht. Außerdem hatte LEGO gerade Bionicle auf den Markt gebracht, eine sehr verkaufsstarke Serie mit zusammensteckbaren Actionfiguren, die auf einer Science-Fiction-Story beruhten, genau wie Galidor. Angesichts des Triumphzugs von *Star Wars* und Bionicle setzte LEGO darauf, es mit Galidor entgegen aller Wahrscheinlichkeit ebenfalls zu schaffen. »Wir glaubten so fest an uns selbst«, erinnerte sich Jacob Kragh, der Leiter der Entwicklungsabteilung für Galidor. »Wir dachten, wir könnten auf Wasser wandeln.«

Kragh und sein Team testeten Galidor und seine Story bei etlichen Zielgruppen im Kindesalter; die Begeisterung der Jungen für das Konzept ließ LEGO einen weltweiten Triumph vermuten. Nicht bekannt war dagegen, ob die Fernsehserie bei den Kindern ankommen würde. Doch der Hollywood-Produzent Thomas Lynch, der die Serie erschuf, hatte so viele erfolgreiche Kinderserien gemacht, dass die *New York Times* ihn als den »David E. Kelley des Jugendfernsehens« bezeichnete. Doch *Galidor: Defenders of the Outer Dimension*, von dem auf Fox Kids zwei Staffeln ausgestrahlt wurden, war eine totale Katastrophe und machte alles in allem kaum mehr als eine halbe Stunde Werbung für die Spielzeugserie. »Wir waren sprachlos vor Abscheu, als wir die erste Folge sahen«, erinnerte sich Niels Milan Pedersen, einer der Galidor-Designer. »Es war grässlich.«

Mittlerweile war Andrew Black, der damalige Leiter von LEGO Americas, so begeistert von Galidor, dass er sein Verkaufsteam anwies, die Verkaufsprognosen für die Reihe drastisch zu erhöhen und ihre Vertriebskanäle mit Produkten zu fluten. Zu diesem Zeitpunkt begann Kragh zu befürchten, dass er und sein Team die Führung der LEGO Gruppe vielleicht ein bisschen *zu* sehr vom Potenzial Galidors überzeugt hatten. »[Die erhöhten Prognosen] bereiteten uns Unbehagen«, gestand er. »Wir redeten häufiger darüber [mit dem Topmanagement]. Aber wir fanden kein Gehör. Außerdem gab es zu diesem Zeitpunkt sowieso keinen Weg mehr zurück. Das gesamte Portfolio war so aufgebaut, dass Galidor oberste Priorität hatte.«

Als die Fernsehserie eingestellt wurde, verlor Galidor seine Plattform. Die Einzelhändler bekamen das Spielzeug nicht aus den Regalen, und es landete rasch auf dem Wühltisch. Nur ein Jahr nach seiner Einführung war Galidor ein Todeskandidat. Später bezeichnete LEGO Galidor als das »am schlechtesten verkaufte« Motiv aller Zeiten. Plougmann, der der Produktlinie grünes Licht erteilt hatte, grübelte: »Ich verstehe immer noch nicht, warum wir das Projekt nicht in die Tonne gehauen haben.«

Tatsächlich gab es sehr gute Gründe für die Markteinführung von Galidor. LEGO konnte mit der sich rapide verändernden Spielzeugbranche nicht Schritt halten, wenn es einfach immer weiter klassische Spielthemen wie Weltall und Burg ablieferte. Das Wiederholen vergangener Erfolge würde LEGO niemals helfen, seine Mitbewerber zu überholen, die schneller als je zuvor neue Geschäftsbereiche einführten. Um als Erstes in die Zukunft zu gelangen, musste LEGO den Wettbewerb an Innovationen übertreffen. Und angesichts dessen, dass Bionicle – das erste LEGO-Spielzeug, das auf einer von LEGO selbst geschaffenen Geschichte basierte – in seinen ersten Jahren ein Welterfolg war: Warum sollte sich nicht eine andere fiktionale, zusammenbaubare Actionfigur als genauso erfolgreich erweisen?

Abgesehen von dem Debakel um die Galidor-TV-Serie machte die LEGO Gruppe auch den großen Fehler, ihren Innovationen nicht den richtigen Zeitrahmen zu geben. Anstatt den Designern mehr Zeit für die Entwicklung, die Markttests und die Adjustierung von Galidor einzuräumen, drängte LEGO die Produktlinie auf den Markt, sobald Bionicle sich als unmissverständlicher Erfolg erwies.

Die Kinder hatten aber kein Interesse an Galidor, wenn sie sich bereits für Bionicle begeisterten. »Hätten wir Galidor ein paar Jahre später herausgebracht, wäre das gar nicht dumm gewesen«, schätzte Nipper. »Dumm war nur, Bionicle und Galidor parallel laufen zu lassen.«

Der Versuch der LEGO Gruppe, durch die LEGOLAND-Freizeitparks und die LEGO-Flagship-Stores Innovationen bei den Kundenerlebnissen und -services einzuführen, hatte eine ebenso verdrehte und negative Auswirkung auf die Bilanz. Plougmann ging davon aus, dass ein neuer Freizeitpark alle zwei bis drei Jahre und die Eröffnung von 300 Geschäften die Marke LEGO an die Spitze der Spielzeugbranche katapultieren würde. Ehemalige LEGO-Führungskräfte wie Peter Eio dagegen warnten, dass einmal mehr ein schlechtes Timing beide Initiativen zum Scheitern verurteile.

»Der Erfolg von *Star Wars* versetzte [Plougmann] in eine Art Euphorie, und er glaubte, dies sei der richtige Zeitpunkt, um in die verschiedensten Bereiche zu expandieren«, bemerkte Eio. »Doch anstatt sie zu analysieren und einen nach dem anderen zu erschließen, sollte in aller Eile so viel wie möglich getan werden. Es sollte alles dem Aufbau der Marke dienen, aber es gab zahlreiche Negativfaktoren, die überwunden werden mussten.«

Eins der größten Probleme war, den Einzelhandelspartnern der LEGO Gruppe die Angst zu nehmen, dass die LEGO-Markenläden ihr Geschäft kannibalisieren würden. Eio erinnerte sich, dass er kurz nach der Eröffnung des ersten Ladens, des LEGO Imagination Center in der Mall of America, zu einem Gespräch mit Charles Lazarus gebeten wurde, dem Gründer von Toys"R"Us. »Sie eröffnen diese Läden, um mir Konkurrenz zu machen«, fauchte Lazarus. Tatsächlich bewies Eio, dass die Verkäufe im nächstgelegenen Toys"R"Us in Bloomington, Minnesota, ein Jahr nach der Eröffnung des LEGO Imagination Center um 25 Prozent gestiegen waren. Das Imagination Center strahlte eindeutig auf Toys"R"Us ab. An dieser Stelle schien Lazarus »ganz zufrieden, dass wir ihm nicht sein Geschäft kaputtmachten«, sagte Eio.

Doch die Ankündigung von LEGO, Hunderte von Filialen zu eröffnen, ließ die Bedrohung für die Einzelhändler von latent auf gravierend anwachsen. Selbst innerhalb der LEGO Gruppe wurde der Plan mit großer Skepsis aufgenommen. »Die Läden waren bis jetzt nicht sehr erfolgreich gewesen und galten außerdem als sehr teures Unterfangen«, sagte Knudstorp, dessen erste Aufgabe als Unternehmensstratege darin bestand, das gesamte Geschäftskonzept zu überprüfen. »Aber was am wichtigsten war: Sie stellten eine Bedrohung für den Einzelhandel dar.«

Was die Freizeitparks betraf, so fehlten LEGO sowohl die Managementkenntnisse als auch das nötige Kleingeld, um ihren Erfolg zu gewährleisten. Das LEGOLAND in Billund warf zwar Gewinn ab, die neu eröffneten Parks in Kalifornien und in Deutschland dagegen rutschten schnell in die roten Zahlen. Jeder davon hatte 1,5 Milliarden DKK gekostet, und jeder verursachte in seinem ersten Jahr Verluste von 300 Millionen DKK. »Die Parks waren Geldvernichtungsmaschinen, und trotzdem wollten sie noch mehr davon bauen«, erinnerte sich Jesper Ovesen, der CFO, der Ende 2003 bei LEGO anfing. »Das war total verrückt.«

Verrückt oder nicht, LEGO erschloss tatsächlich die gesamte Bandbreite der Innovationen. Doch das Unternehmen war zu kurzsichtig, um die Warnsignale zu erkennen, dass es gefährlich war, ein Prioritätsprodukt an eine ungetestete Fernsehserie zu koppeln, und wahnwitzig zu glauben, dass das Management das Einzelhandels- und das Freizeitparkgeschäft gleichzeitig in den Griff bekommen könne. LEGO vergaß, dass man bei der Umsetzung von ehrgeizigen Innovationen die Risiken reduziert, indem man schrittweise und lernbereit vorgeht.

EINE INNOVATIONSKULTUR AUFBAUEN

Die neue LEGO-Führung schuf ohne Zweifel eine fruchtbare Kultur für die Saat von Innovation, aus der eine überwältigende Fülle an ambitionierten Unterfangen erblühte. Doch aus dem Blickwinkel des Innovationsmanagements gaben sich Plougmann und sein Führungsteam mit halben Sachen zufrieden. Sie unterstützten all diese verschiedenen Innovationen nicht genügend, um eine reiche Ernte einfahren zu können. Dazu trugen mehrere Faktoren bei:

– Aufgrund der Einsicht, dass sie nicht immer die besten Designtalente nach Billund holen konnten, brachte das Führungsteam Billund im Prinzip zu den Talenten, indem kleine Projekte auf der ganzen Welt ins Leben gerufen wurden. Doch die LEGO-Führung verband diese weit verstreuten Designerteams nie richtig mit den Entwicklungseinheiten für die Kernprodukte des Unternehmens. Das Ergebnis war, dass diese Außenposten als Waisenhäuser endeten, voll mit Vorhaben, für welche die Teams in Billund zu wenig Verantwortung trugen.

– Obwohl die Führungskräfte der LEGO Gruppe Mut zum Risiko förderten, ja sogar darauf bestanden, brachten sie nur wenig Toleranz auf für eine allzu häufige Konsequenz daraus: das Scheitern. Wie man an Ciccolellas Weigerung sieht, über den KidPad-Misserfolg zu reden, zog LEGO es häufig vor, Rückschläge unter den Teppich zu kehren, anstatt daraus zu lernen.

– Um eine Floskel aus dem überstrapazierten Apple-Jargon zu benutzen: Plougmann und sein Team forderten die Mitarbeiter auf, »anders zu denken« und von der Norm abzuweichen. Die Kinder wollten spielen, nicht bauen. Der Baustein war out, cool und trendig war in. »Neu und anders« war besser als »mehr vom Gleichen«. Doch wenn die Mitarbeiter beispielsweise infrage stellten, ob es so klug war, eine beliebte Untermarke wie DUPLO abzuschaffen, befahl die LEGO-Führung den Skeptikern, sich unterzuordnen. Dadurch verleugneten sie ein Grundprinzip jeder echten Innovationskultur: das Recht auf eine ehrliche, abweichende Meinung.

Poul Plougmann und sein Team waren wohl kaum die ersten Führungskräfte in der Business-Geschichte, die interne Skeptiker abstraften. Zweifellos war manchmal eine harte Hand vonnöten, um in der engstirnigen Kultur von LEGO Veränderungen durchzudrücken. Man muss Plougmann zugute halten, dass er in großen Maßstäben dachte und mutig handelte. Und einige der Innovationen des Unternehmens hätten durchaus funktionieren können, wenn man ihnen ausreichend Richtung und Fokus verliehen hätte:

– Die Stoßrichtung von LEGO Explore – nämlich die Kreativität von Vorschulkindern fördern – hätte genau ins Schwarze treffen können, doch die Unfähigkeit des Managements, das Wertangebot der Marke zu definieren und die Aktivitäten der Designer in Mailand und Billund zu koordinieren, führte schließlich zum Untergang der Produktlinie.

– Es bestand die eindeutige und überzeugende Notwendigkeit, die physischen LEGO-Steine in digitale Bits umzuwandeln, doch der Unternehmensführung gelang es auch hier nicht, die zahlreichen Initiativen von Darwin einzugrenzen und besser in die übrige Organisation zu integrieren.

– LEGO suchte zu Recht nach unerschlossenen Märkten, doch es fehlten sowohl die Feedbackmechanismen, um ein mangelhaftes Projekt vor der Markteinführung zu stoppen (Jack Stone), als auch der ausreichende Überblick, um bei problematischen, aber trotzdem vielversprechenden Produktlinien Kurskorrekturen vorzunehmen (Galidor).

– Vor allem gelang es LEGO nie, für seine zahlreichen Innovationen die richtige Abfolge und das passende Timing zu finden. Alle zwei bis drei Jahre ein neuer LEGOLAND-Freizeitpark, 300 neue LEGO-Flagship-Stores bis 2005 – der ständige Dauerlauf zur Erreichung dieser und anderer teurer Vorhaben forderte seinen Tribut nicht nur vom Management des Unternehmens, sondern auch von seiner Bilanz.

Am Ende war es die mangelhafte Durchführung der »sieben Wahrheiten der Innovation«, welche die LEGO Gruppe an den Rand des Bankrotts brachte. Die Unternehmensführung begrüßte den Zustrom talentierter neuer Designer, doch sie stimmte ihre Beiträge nie auf die tatsächlichen geschäftlichen Notwendigkeiten ab. Man förderte die Kreativität, lenkte sie jedoch nicht in die erforderlichen Bahnen. Und man drang kühn in neue Märkte vor, schuf aber keinen hinreichenden Fokus, um sicherzustellen, dass die Innovationen gute Gewinne erzielten. Das Ergebnis: bahnbrechende Innovationen, die sich bald als Fluch erwiesen.

Ende 2003 begannen die Führungskräfte der LEGO Gruppe endlich einzugestehen, dass der strahlende Erfolg von LEGO *Star Wars* letztlich nur eine »dicke Schicht Schminke« war, wie es ein Vorstand formulierte, die die Schönheitsfehler eines kränkelnden Kerngeschäfts verbarg. Im November dieses Jahres war offensichtlich, dass Rouge und Mascara verlaufen waren. Ohne einen *Star-Wars*-Film konnte LEGO das explosive Wachstum der Produktlinie nicht aufrechterhalten, und die Verkäufe gingen rapide zurück.

Natürlich wusste LEGO, dass es vor 2005 keinen neuen *Star-Wars*-Film geben würde, und hatte ein Absinken in der Zwischenzeit erwartet. Doch das Topmanagement glaubte, dass die im Unternehmen hoch gehandelten Produktlinien wie Galidor, Jack Stone und Explore den Durchhänger wettmachen würden. Ihr kollektives und teures Versagen gab dem Feuer, das LEGO verzehrte, weitere Nahrung. Um die Dinge noch schlimmer zu machen, ließ die Unfähigkeit des Unternehmens, seine ehrgeizigen Pläne zu bewältigen – die Fernsehserien, die Videospiele, die eigenen Einzelhandelsfilialen und nicht zuletzt das Freizeitparkgeschäft –, die Flammen nur noch höher schlagen.

Als das Jahr sich seinem Ende näherte, gab Plougmann im November in einem Memo an die Mitarbeiter der LEGO Gruppe zu, dass 2003 »viel schlechter« ausfallen würde als ursprünglich prognostiziert. Er appellierte an die Angestellten, sich »besonders zu bemühen«, und beharrte: »Ein letzter Vorstoß zum Jahresende kann unsere Ergebnisse verbessern.« Es ist zweifelhaft, ob viele ihm glaubten. Als LEGO in die alles entscheidende Weihnachtssaison ging, herrschte in der Billunder Niederlassung eine düstere Stimmung. »Es ist schwer zu beschreiben, wie schlecht die Dinge liefen«, erinnerte sich der Designer Niels Milan Pedersen. »Es herrschte das Gefühl vor, dass es LEGO im nächsten Jahr nicht mehr geben würde.«

Hinter den Kulissen bereiteten Kristiansen und ein paar enge Vertraute einen alles entscheidenden Einsatz vor, um das Unternehmen zu retten. Zwei Wochen vor Weihnachten wurde Knudstorp zu einem Meeting mit Kristiansen, CFO Jesper Ovesen und dem Vorsitzenden der LEGO Gruppe Mads Øvlisen bestellt. Der Eigentümer der LEGO Gruppe bat Knudstorp und Ovesen, einen Rettungsplan zu entwerfen und ein Führungsteam zu empfehlen, das die Firma aus der Bredouille holen konnte. Das Ergebnis: Plougmann und Ciccolella waren draußen. (Ihre Entlassung wurde Anfang Januar 2004 ausgesprochen.) Kristiansen war wieder Vorstandsvorsitzender. Doch gemäß einer nicht öffentlich gemachten Vereinbarung stützte der Enkel des Firmengründers sich auf Jørgen Vig Knudstorp, der den Tagesbetrieb des Unternehmens leiten sollte. Es war ein unkonventionelles, vielleicht sogar verzweifeltes Glücksspiel. Die Zukunft der LEGO Gruppe, die soeben in ihr achtes Lebensjahrzehnt eingetreten war, lag in den Händen eines ehemaligen Beraters, der dem Unternehmen gerade einmal zwei Jahre angehörte.

LEGO hatte so viele Herausforderungen zu meistern, dass sich Knudstorp über ein Jahr lang jeder Turnaround-Strategie entzog. Gleichwohl wusste er von Anfang an, dass er schnell die Beherrschung von mindestens zwei der sieben Wahrheiten lernen musste – »eine Innovationskultur schaffen« und »kundenorientiert handeln« –, weil LEGO ansonsten keine Chance hatte, wieder in die schwarzen Zahlen zurückzugelangen.

Das Anything-goes-Arbeitsethos des Unternehmens, bei dem die Entwickler ermutigt wurden, weit über den Baustein hinauszublicken, und Manager Marktchancen ergreifen sollten, die nur entfernt etwas mit der Marke zu tun hatten, hätte LEGO beinahe zu Fall gebracht. Infolgedessen mussten Knudstorp und andere Führungskräfte eine leistungsorientierte Kultur schaffen, in der die Leidenschaft und Kreativität der Mitarbeiter von Disziplin und Zielstrebigkeit flankiert wurden. Nur dann konnten sich die Ideen der Mitarbeiter zu einem höheren Prozentsatz in die Entwicklung profitabler Produkte lenken lassen.

Unter Plougmann hatte LEGO intensiv versucht, die große Anzahl von Kindern zu erreichen, die dem Baustein gleichgültig gegenüberstanden, sich jedoch für elektronisches und actionorientiertes Spielzeug begeisterten. Die Ergebnisse waren katastrophal. Um zu überleben, würde LEGO seinen Fokus wieder auf diejenigen Kinder lenken müssen, die gerne mit den Bausteinen spielten. Doch das war nicht genug. LEGO musste neue Wege finden, um sich in das Leben der LEGO-Kinder einzufühlen und die Welt mit ihren Augen zu sehen. Wenn LEGO sich nicht neu auf seine Kernkunden ausrichtete, wäre es viel schwerer, die Kernprodukte wiederzubeleben.

LEGO war mit seinem ersten Versuch, die Wahrheiten der Innovation zu meistern, übel gescheitert. Jetzt jedoch, da seine Zukunft am seidenen Faden hing, würde LEGO alles richtig machen müssen. Eine zweite Chance würde es nicht geben.

Teil 2

Das Meistern
der sieben Wahrheiten
der Innovation
und die Transformation
von LEGO

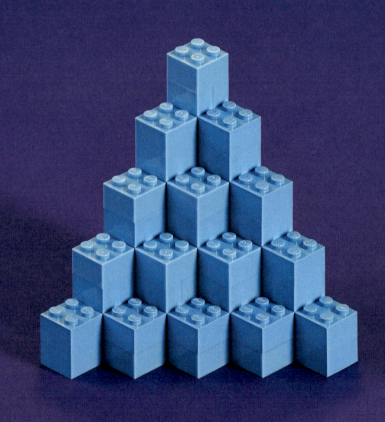

Eine Innovations- kultur schaffen

Die Rückkehr zu den Kernwerten

Wir wollten der Kultur das Genick brechen.

Jørgen Vig Knudstorp, CEO der LEGO Gruppe

Obwohl Knudstorp bei seinen Präsentationen vor dem Vorstand der LEGO Gruppe den nahen Zusammenbruch des Unternehmens prognostizierte, mühte er sich während der ersten Monate des Jahres 2004 herauszufinden, warum die Firma so schnell so tief gefallen war. Er wusste, dass er LEGO nicht zu einem profitablen Wachstum zurückbringen konnte, ehe er nicht die grundlegenden Ursachen dafür gefunden hatte, warum ein solches Kraftwerk der Kreativität so sehr vom Weg abgekommen war.

Das Rätsel nagte in ihm, als er den Nachtflug von New York nach Amsterdam nahm. Im Flugzeug saß er zufällig neben Chris Zook, einem Partner der Strategieberatungsfirma Bain & Company und Autor von *Erfolgsfaktor Kerngeschäft*. In seinem Buch erklärt Zook, dass nachhaltiges, profitables Wachstum dann entstehe, wenn Firmen sich auf Kernprodukte für ein klar umrissenes Kundensegment fokussieren. Er mahnt zu sorgfältiger Planung und großer Vorsicht, wenn Firmen in verwandte oder »angrenzende« Bereiche expandieren, zum Beispiel deutlich neue Vertriebswege, Wertschöpfungsketten, Technologien oder Produktlinien. Wenn sie in einem zu geringen Zeitraum zu breit streuen, werden die Ergebnisse voraussichtlich nicht gut sein.

Während Zook seine Theorie erklärte, dachte Knudstorp an das Kaleidoskop von neuen Geschäftsbereichen, die LEGO in den vergangenen zehn Jahren erschlossen hatte: Software (Computerspiele und LEGO MovieMaker), Lernkonzepte (LEGO Education), Lifestyle-Produkte (LEGO Kinderkleidung), Mädchenspielzeug (LEGO Dolls), Medien (Bücher, Zeitschriften, Fernsehen), drei weitere Freizeitparks und die angestrebten 300 weiteren Einzelhandelsfilialen. Trotz all dieser Bemühungen, Expansionen und Experimente hatte der überwiegende Anteil dieser Unterfangen in die roten Zahlen geführt. Genau genommen entsprach die Geschwindigkeit, mit der die LEGO Gruppe in neue Märkte eintauchte, ungefähr der Geschwindigkeit, mit der sie Verluste einfuhr.

Als Knudstorp an die vielen gescheiterten Vorhaben der Firma zurückdachte, kam ihm der Gedanke, dass die Ursache der Probleme der LEGO Gruppe in der einfachen Tatsache lag, dass ihr Vorgehen bei der Schaffung von unverwechselbaren, begehrenswerten Angeboten viel zu aggressiv war. »Chris sagte, seine Forschung habe ergeben, dass ein Unternehmen mit einem starken Kerngeschäft alle fünf Jahre in einen verwandten Bereich vordringen kann«, erinnerte sich Knudstorp. »Als er das sagte, dachte ich, wir haben diese Theorie auf den Kopf gestellt. Wir dringen in fünf benachbarte Märkte pro Jahr ein. Plötzlich mussten wir eine Menge Geschäftsbereiche verwalten, von denen wir keine Ahnung hatten. Uns fehlte die Kapazitäten, und wir konnten nicht Schritt halten.«

»Es ist ja schön, wenn man experimentiert und diversifiziert«, fuhr er fort. »Aber hinter den Kulissen gibt es ein Managementsystem, das seine Integrität wahren muss. Und es gab keine übergeordnete Lenkung des Innovationsprozesses.«

Knudstorp wusste, wenn LEGO sich vor dem Abgrund retten wollte, musste die Unternehmenskultur – LEGOs Ziele, Überzeugungen, Gewohnheiten und Vorgehensweisen – Disziplin und Fokussierung ebenso wertschätzen wie Kreativität. Nur dann konnte das Unternehmen immer wieder etwas Neues erfinden und dabei trotzdem LEGO bleiben. Ziel war es, eine Kultur zu fördern, in der die

Entwickler und die Marketingleute alle Befugnisse hatten, zu erdenken, was für LEGO möglich war, aber ebenso die gesamte Verantwortung für die Ergebnisse trugen: eine Kultur, in der sie sowohl die Flexibilität hatten, das Richtige für Kinder zu tun, als auch den Impuls, das Richtige für den Profit zu tun.

Zumindest in der nächsten Zeit wäre es eine extrem schwierige Aufgabe, eine Unternehmenskultur wiederaufzubauen, die profitable, nachhaltige Innovationen hervorbrachte. Für den Anfang sollte ein schwerfälliges Triumvirat, bestehend aus Kristiansen, Knudstorp und Jesper Ovesen, LEGO in einem Vabanque-Verfahren wieder in die schwarzen Zahlen bringen. Im Januar 2004 kündigte die LEGO Gruppe unter der knappen Schlagzeile »Plougmann und Ciccolella verlassen das Unternehmen« einen einschneidenden Wechsel der Unternehmensführung an. In seiner Pressemitteilung erklärte das Unternehmen: »Als Konsequenz des erwarteten Defizits der Firma LEGO in Höhe von 1,4 Milliarden DKK« (188 Millionen Euro) werde Kjeld Kirk Kristiansen die Verantwortung für die Leitung der Organisation übernehmen, »unterstützt« von Knudstorp und Ovesen. Wenn LEGO während der Plougmann-Ära führungslos gewesen war und die Innovationsbemühungen in jede Richtung gewuchert waren, konnte man sich nur schwer vorstellen, wie das Unternehmen seine Kultur wieder aufbauen wollte, während drei verschiedene Hände auf dem Steuer lagen.

Obwohl LEGO kurz vor dem Bankrott stand, begrüßten viele Angestellte den Führungswechsel überraschenderweise mit uneingeschränkter Freude.

Poul Plougmann war zum Zeitpunkt seines Abschieds alles andere als beliebt. Ob fair oder nicht, sein nordisches Erscheinungsbild und sein weißer Haarschopf sowie die von ihm initiierte Entlassung von 1 000 Angestellten im Jahr 1998 hatten einige LEGO-Mitarbeiter dazu veranlasst, ihm den Spitznamen »Mr. Death«, Mr. Tod, zu geben. Der Enkel des Gründers der LEGO Gruppe dagegen wurde als Unternehmensretter gefeiert. Ein erfreuter Designer fertigte, als er die Nachricht vom Wechsel hörte, mit Photoshop ein Bild an, bei dem Kristiansens Gesicht in ein Filmposter für *Herr der Ringe: Die Rückkehr des Königs* montiert war. Nur wenige Stunden nach der

Ankündigung hingen die bearbeiteten Poster in sämtlichen Gängen des Hauptquartiers der LEGO Gruppe. Bei einer Unternehmensversammlung am gleichen Tag bejubelten die Mitarbeiter Kristiansens Rückkehr. Doch auch wenn der König wieder Anspruch auf seinen Thron anmeldete, war sein Hofstaat doch voller Furcht vor der finsteren Zukunft des Unternehmens. Die Befürchtungen der Leute spiegelten sich in drei Fragen wider, die im Mittelpunkt beinahe jedes Machtwechsels stehen: Wird das Unternehmen es schaffen? Wer trägt wirklich die Verantwortung? Und wie lautet die Strategie?

Die Antworten des neuen Managementteams auf diese Fragen waren offen und direkt.

Wird das Unternehmen es schaffen? Als 2003 sich dem Ende näherte und die Verluste immer größer wurden, beschrieb Plougmann die Zwickmühle des Unternehmens in einem Interview mit der dänischen Zeitung *Boersen* als »unerwartet schlecht, nahezu katastrophal«.[17] Wenn überhaupt, war die Notlage der LEGO Gruppe sogar noch größer, als Plougmann einräumte. Das Unternehmen befand sich mitten im Zusammenbruch.

Ende 2003 waren die Umsätze gegenüber dem Vorjahr um 30 Prozent eingebrochen, und das Unternehmen hatte in all seinen Kernmärkten die Führungsposition eingebüßt. LEGO verzeichnete einen negativen Cashflow von einer Milliarde DKK (134 Millionen Euro) und hatte Schulden in Höhe von fünf Milliarden DKK (670 Millionen Euro) angehäuft. Obwohl 2003 das größte Defizit in der Geschichte der LEGO Gruppe mit sich brachte, war die Prognose für 2004 sogar noch schlechter, denn es wurde erwartet, dass der Nettoverlust des Unternehmens sich auf 1,9 Milliarden DKK (rund 255 Millionen Euro) verdoppelte.

Zumindest kurzfristig gab es keine Möglichkeit für LEGO, aus diesem Debakel herauszufinden. Anfang 2004 ergab eine interne Untersuchung des gesamten Produktportfolios, dass 94 Prozent aller LEGO-Sets unprofitabel waren. Nur *Star Wars* und die Bionicle-Sets brachten Geld ein. LEGO hatte nicht nur die prozentual höchsten Verluste aller Spielzeughersteller gemacht, sondern war auch die bei weitem am wenigsten gewinnträchtige Marke der Branche.

Als sich die Neuigkeiten von der finanziellen Lage des Bausteinproduzenten über Billund hinaus verbreiteten, sagten Analysten voraus, LEGO würde unter dem Druck von Branchenriesen und Private-Equity-Unternehmen wahrscheinlich zerschlagen und in Einzelteilen verkauft werden. Die *Financial Times* berichtete, die »finanzielle Unabhängigkeit« von LEGO stehe auf dem Spiel. Die britische Zeitung *The Independent* erwähnte »zunehmende Spekulationen, dass LEGO allein nicht überleben könne«. In einer Schlagzeile erklärte der Londoner *Telegraph* lakonisch: »Familie wird wohl Kontrolle über LEGO verlieren.«

Kristiansen war entschlossen, LEGO im Familienbesitz zu bewahren, aber die Schlagzeilen enthielten nicht nur leere Spekulationen. Die finanzielle Lage des Unternehmens war so desolat, dass Ovesen mindestens ein Übernahmegespräch mit Mattel führte, nur für den Fall, dass der Turnaround missglückte. Seine unverblümte Einschätzung des Unternehmensdilemmas lautete: »Wir wussten nicht, ob wir das Jahr überleben würden.«

Wer trägt wirklich die Verantwortung? Obwohl die Botschaft sowohl für die LEGO-Organisation als auch nach außen hin lautete, dass Kristiansen wieder hinter dem Steuer saß, war es nicht an ihm, den Tagesbetrieb zu leiten. Kristiansen hatte LEGO fast ein Vierteljahrhundert lang geführt und fand, dass die Herausforderung einer Neustrukturierung nach einem neuen Chef verlangte. Doch wer sollte das sein?

Ovesen hatte den Geschäftssinn und das Format, die finanzielle Neuordnung zu übernehmen, aber er war ein erklärter CFO, der keinerlei Bedürfnis hatte, CEO zu werden. Knudstorp hatte die richtige langfristige Vision für LEGO und besaß auch bemerkenswerte Menschenkenntnis, aber der Vorstand fürchtete, dass er zu unerfahren war, um die Organisation in einem solchen entscheidenden Augenblick zu leiten. Der Vorstand wollte einen Turnaround-Fachmann aus einem anderen Unternehmen anwerben, aber Kristiansen fand, nach Plougmanns zurückliegender Amtszeit wäre ein weiterer Externer ein zu großer Schock für das System der LEGO Gruppe.

Am Ende entschied der Vorstand, der beste Weg sei es, sich auf das bereits erwähnte Triumvirat festzulegen, mit Kristiansen als Gesicht der Organisation, Ovesen als Finanzexperten und Knudstorp als Chefstrategen und angehendem CEO. Obwohl diesem Arrangement eine gewisse Logik nach der Devise »unsere Schwäche zu unserer Stärke machen« innewohnte, war es kaum dazu angetan, Vertrauen zu erwecken. Da Knudstorp nicht der offiziell ernannte Chef war, fehlte ihm ein eindeutiges Mandat zur Durchführung großer Veränderungen.

»Es war keine perfekte Konstruktion, weil das Unternehmen in einer wirklich kritischen Situation war«, räumte er ein. »Ich hatte einfach nicht genügend formale Autorität. Wir mussten Entscheidungen in ziemlich hoher Geschwindigkeit treffen. Wann man mitten in einem Wandel steckt, möchte man keine Verwirrung.«

Wie lautet die Strategie? Nachdem Knudstorp die knifflige Aufgabe zugewiesen worden war, eine Turnaround-Strategie zu entwickeln, musste er feststellen, dass die Situation sich als trügerisch erwies. Jegliche Intuition, die er bei der Auswahl des besten Weges gehabt haben mochte, wurde durch einen Strudel verwirrender Entscheidungen aufgezehrt.

Die Pressemitteilung der LEGO Gruppe zu Plougmanns Entlassung hatte erklärt, dass die zukünftige Strategie des Unternehmens einen neuen Schwerpunkt auf seine »Kernprodukte« setzen werde. Kristiansen sagte dem *Telegraph*, neue Produktlinien hätten »nicht die erwarteten Ergebnisse geliefert. Wir werden uns jetzt auf die Profitabilität konzentrieren, insbesondere auf das attraktive Potenzial unserer Kernprodukte.«[18] In einem Interview mit der *Financial Times* äußerte er, der Abstieg der LEGO Gruppe sei das Ergebnis zu vieler kurzfristiger Trends und der Vernachlässigung der Konstruktionsspielzeuge, die sie einstmals groß gemacht hätten. »Wir haben uns einfach nicht genug auf unsere Kernprodukte konzentriert«, gab er zu. »Zu viel von unserem Wachstum wurde durch Lizenzprodukte erzielt.«[19] Immer wieder tauchte das Wort *Kern* an prominenter Stelle in fast jeder Beschreibung der Strategie für eine Wachstumsbelebung auf.

Auf den ersten Blick schien der Weg zum Wachstum bemerkenswert geradlinig zu verlaufen: zurück zum Produzieren und Verkaufen von Millionen LEGO-Steinen, während man auf die Vorstellungskraft der Kinder setzt. Das Problem war nur, dass diese Strategie Mitte der neunziger Jahre gestorben war, als einfache Plastikbausteine ihren Reiz verloren hatten und immer mehr Kinder zu Videospielen und Elektrospielzeug überwechselten. Plougmann war geholt worden, eben weil LEGO seine selbstzufriedene, nach innen gerichtete Kultur verändern, aus seiner zunehmend kleiner werdenden Nische ausbrechen und neue Wege zum Wachstum finden wollte. Und genau das hatte er getan.

Als LEGO die *Harry-Potter-* und *Star-Wars*-Lizenzen erwarb und mit diesen Deals überragende Umsätze erzielte, klagte kaum jemand darüber, dass der dänische Familienbetrieb sich von seinem Kern entfernt hatte. Hätte das Unternehmen *Star Wars* ausgeschlagen und damit Hasbro den Deal überlassen – zu jener Zeit eine durchaus realistische Möglichkeit –, so wäre LEGO rundheraus dafür kritisiert worden, dass es sich viel zu stark auf seine überalterten, bausteinbasierten Produktlinien verlasse und zugunsten eines innovativeren Konkurrenten auf eine vielversprechende Chance verzichte. Wenn *Star Wars* jetzt, fünf Jahre später, für LEGO kein »Kerngeschäft« war, wie Kristiansen gegenüber der *Financial Times* andeutete, so war es doch zumindest ein Kernpunkt in der Bilanz des Bausteinherstellers.

Und was war mit einigen der anderen Wachstumsinitiativen? Waren Freizeitparks und Einzelhandelsfilialen wirklich so weit entfernt von den Wurzeln des Unternehmens? Disney hatte Freizeitparks zu einem überragenden Erfolg für sein Geschäft gemacht, und Apple war dasselbe mit den Apple Stores gelungen. Warum sollte LEGO das nicht auch schaffen?

Nachdem Plougmann entlassen und seine Umstrukturierungsstrategie zum Missgriff deklariert worden war, erwartete man von Knudstorp, den Kurs erneut zu ändern und LEGO wieder zu seinen Ursprüngen zurückzuführen. Doch welcher Kernstrategie sollte er folgen? Bausteine und Minifiguren alleine konnten LEGO keinen Wettbewerbsvorsprung verschaffen. Was Lizenzprodukte anbelangte, so verließ LEGO sich bereits viel zu stark darauf. Und mit Ausnahme von LEGOLAND Billund machte es Millionenverluste mit den Freizeitparks und den meisten Verkaufsfilialen; zumindest kurzfristig war der Einsatz dieser Mittel zur Nutzung der Markenmacht keine brauchbare Option. Im Bemühen, jenen einen wahren Weg zu finden, der in der Vergangenheit verankert war und LEGO dennoch in eine strahlend helle Zukunft führen würde, sah Knudstorp sich in eine Sackgasse nach der anderen verirren.

Allabendlich traf sich der ehemalige McKinsey-Berater mit dem erfahrenen CFO zum Abendessen im LEGOLAND Hotel, wo er seine Strategien zur Verbesserung des Geschäfts auf ihre Wirkung testete. »Ich hatte ungefähr acht Vorschläge für die Betriebsabläufe, sieben Vorschläge für Innovationen und vielleicht noch mal sieben Vorschläge für Marktaktionen und so weiter«, sagte Knudstorp. »Insgesamt muss ich fünfzig oder sechzig Maßnahmen vorgeschlagen haben. Und Jesper guckte mich bloß an und sagte: ›So, wie du das Unternehmen beschreibst und wie ich die Situation sehe, ist dein Plan zu komplex. So wird das nie was.‹«

Ovesens Rat war ebenso direkt wie knapp: Vergiss die Strategie. Das Unternehmen brauchte einen Aktionsplan für sein Überleben.

Indem er Knudstorps strategische Szenarios durchkreuzte und sich auf einen Überlebensplan ausrichtete, versuchte Ovesen den Mitarbeitern einen Ausblick auf das zu geben, was als Nächstes geschehen musste. Ein Überlebensplan enthält eine Prioritätenliste, die darauf abzielt, die finanzielle Gesundheit und Wettbewerbsfähigkeit der Organisation wiederherzustellen. Indem das Management diese Handlungen kommuniziert und ausführt – indem es sagt, was es tun wird, und dies dann auch tut –, wächst seine Glaubwürdigkeit, und die Menschen fangen an, mit der neuen Führung mitzuziehen. »Jespers Eindeutigkeit war genau das, was ich brauchte«, sagte Knudstorp. »Aber sie war auch genau das, was das Unternehmen brauchte.«

Es war eine gewisse Herausforderung, den Überlebensplan noch vor den Wachstumsplan zu stellen, schließlich verlangten die Mitarbeiter nach *der* Strategie – einer Wegbeschreibung zur Wiederbelebung der Gewinne und für die Rückkehr von LEGO an die

Spitze der Spielzeugbranche. Bei einer Versammlung der 60 Topführungskräfte des Unternehmens stand eine von ihnen auf und sagte, was viele dachten: »Wir müssen uns über die Strategie und die Mission Klarheit verschaffen.« Doch Knudstorp weigerte sich entschieden, eine zu liefern. »Jetzt ist unsere Mission, einfach nur zu überleben«, teilte er der Gruppe mit. »Kosten zu senken, Geschäftsanteile zu verkaufen und unsere Wettbewerbsfähigkeit wiederherzustellen.«

Knudstorps und Ovesens Entscheidung, keine große, umfassende Strategie vorzuschlagen, erfüllte einen doppelten Zweck. Erstens mussten sie die Energie, die Erfahrung und das Talent der Mitarbeiter vollkommen auf die schwierige Aufgabe konzentrieren, die vor ihnen lag. Wenn sie kein Geld verdienten, keine neuen Kreditlinien sicherten und nicht aufhörten, Verlustprodukte zu erschaffen, hätte LEGO keine Möglichkeit, überhaupt eine Strategie umzusetzen, weil man das Jahr 2004 nicht als unabhängige Organisation überleben würde. Zweitens waren sie entschlossen, die Geisteshaltung des Unternehmens zu erneuern, die in ihren Augen viel zu selbstgefällig war. Knudstorp erinnerte sich, wie Ovesen nicht fassen konnte, dass sein vorheriger Arbeitgeber, die Danske Bank, zu den erfolgreichsten Finanzinstituten Skandinaviens zählte, »und doch kam jeder schlecht gelaunt und wütend zur Arbeit. Dann kommt Jesper zu LEGO und sagt mir: ›So viel Scheiße habe ich noch nie im Leben gesehen. Alles ist kaputt. Ihr macht überhaupt keine Gewinne. Ihr könnt nicht mal eure Verkaufszahlen voraussagen, und trotzdem sind die Leute so gut gelaunt – ich kann's nicht glauben.‹«

UM DIE UNTERNEHMENSKULTUR ZU ERNEUERN, MUSS MAN SIE ZUERST ZERSTÖREN

Während der gesamten späten neunziger Jahre, als LEGO Tag für Tag Geschäftswerte zerstörte, wählten dänische Manager es zum meistbewunderten Unternehmen in Dänemark. Und immerhin hatten im Jahr 2000 sowohl *Fortune* als auch die British Association of Toy Retailers den LEGO-Stein zum besten Spielzeug des 20. Jahrhunderts erklärt. Ein paar Angestellte waren besorgt über den steilen Abstieg der LEGO Gruppe, doch es blieb ein strahlender Rest an Optimismus, der sich durch die gesamte Organisation zog – die Zuversicht zu vieler Manager und Partner, dass der Sturm vorüberziehen und bald wieder eine bessere Zeit anbrechen würde. Für Knudstorp und Ovesen stand fest: Ehe LEGO auch nur anfangen konnte, wieder ein Gespür dafür zu entwickeln, was für LEGO möglich war, mussten sie zunächst den Mitarbeitern eines klarmachen: Jahrzehntelanges uneingeschränktes Wachstum bot keine Garantie dafür, dass das Unternehmen jemals zu seinem alten Glanz zurückfinden würde. Anstatt dem Beispiel der meisten Führungskräfte in Turnaround-Situationen zu folgen, also einen mitreißenden Plan zu entwerfen, der die Menschen zu einer besseren und leuchtenderen Zukunft führt, beschlossen Knudstorp und Ovesen, zunächst einmal die letzten Überreste an übermäßigem Vertrauen zu beseitigen und eine Dosis gnadenlosen Realismus zu verabreichen.

»Wir wollten der Kultur das Genick brechen«, sagte Knudstorp. »Wir mussten einen einjährigen, schmerzhaften Prozess der Selbstgeißelung durchlaufen und sagen: ›Wisst ihr was? Es gibt keinen Grund, so enthusiastisch zu sein. Wir sind keine solche Weltklassemarke, wie wir uns dauernd vorreden. Wir sagen, wir tun viel für die Entwicklung von Kindern, aber wir verkaufen nicht viel, also wie soll das stimmen?‹«

»Dieses Unternehmen war immer total begeistert von großartigen Strategien und von der Versorgung von Kindern aller Altersgruppen«, fuhr er fort. »Unsere Botschaft aber lautete: ›Vergesst [einstweilen] mal diesen ganzen visionären Kram mit der Entwicklung von Kindern. Konzentrieren wir uns mehr auf den Betrieb und die Durchführung. Wir müssen die Dinge anpacken.‹«

Die Erneuerung der LEGO-Kultur – das Verändern der Verhaltensweisen und Überzeugungen der Mitarbeiter, sodass sie sich weniger auf grandiose Ideen und Strategien, sondern mehr auf das »Anpacken« konzentrierten – war tatsächlich ein Wiederanknüpfen an die fundamentalen Werte, die LEGO seit seiner Gründung geprägt hatten.

Die Werte einer Organisation signalisieren, was ihren Führungskräften wichtig ist und wofür sie einstehen. Werte sind nicht nur dazu da, um Menschen auf eine Reihe gemeinsamer Vorstellungen darüber zu verpflichten, wohin das Geschäft gehen kann und sollte. Sie legen auch fest, was für Gesellschafter, Kunden und Partner möglich ist. Durch die Wiedereinsetzung ihrer Werte hatten die Chefs der LEGO Gruppe eine größere Chance, den Menschen eine gemeinsame Zielvorstellung zu geben, eine, die das Unternehmen erneut von der Metoo-Einstellung abheben würde, welche die Spielzeugbranche dominiert.

Knudstorp war so damit beschäftigt, den Wirbel von Ereignissen zu bewältigen, der im Jahre 2004 über LEGO hinwegzog, dass er nur wenig Zeit hatte, um darüber nachzudenken, wie er eine Rückkehr zu den Werten durchsetzen sollte, die LEGO über so viele Jahrzehnte hinweg geleitet hatten. Überwiegend intuitiv entschied er, dass LEGO, um wieder Kernprodukte (was immer die auch sein mochten) für Kernkunden herzustellen, jenen Kern von Gründungsprinzipien wiederbeleben musste, die Ole und Godtfred Kirk vor so vielen Jahren aufgestellt hatten: dass das LEGO-Spielerlebnis nicht auf Produkten, sondern auf Bausteinen und dem Bausystem basiert, dass eine Fokussierung der Designer zu profitableren Innovationen führt, dass LEGO zu authentischem Handeln zurückkehren muss und dass der Weg zur Profitabilität bei den Einzelhändlern beginnt. Zusammengenommen boten diese grundlegenden Werte, die vor einem halben Jahrhundert aufgestellt worden waren, die besten Chancen, um LEGO auf eine zunehmend schwierigere Zukunft vorzubereiten.

Um eine Kultur aufzubauen, in der die nachhaltige Wertschöpfung wieder gedeihen konnte, betrachtete Knudstorp es als seine vorrangige Aufgabe, die Kernwerte der LEGO Gruppe zu aktualisieren. Wie der Autor und Professor der Kopenhagener Business School Majken Schultz Knudstorp später sagte, nutzte er »die Geschichte von LEGO, um eine neue kulturelle Identität zu schaffen«. Knudstorp stimmte zu, obwohl er es deutlich einfacher formulierte: »Es war nichts, das wir bewusst festgelegt hätten«, sinnierte er. »Aber im Prinzip bedienten wir uns bei unserer Vergangenheit, um unsere Zukunft zu interpretieren.«

Und das geschah folgendermaßen.

ERST DIE LÄDEN, DANN DIE KINDER

Obwohl die Mission der LEGO Gruppe lautet, »die Konstrukteure von morgen zu begeistern und zu fördern«, dachten ihre Vorstände lange Zeit, die Förderung von Kindern erfordere enge, profitable Partnerschaften mit Einzelhändlern. Diese Allianzen verschlechtern sich allerdings während der Ploughmann-Ära massiv, als Ketten wie Walmart und Toys"R"Us unter so hastigen Entscheidungen wie dem Wegfall von DUPLO und dem nicht vorausgesehenen Verkaufsrückgang bei *Star-Wars*-Sets in einem Jahr ohne neuen Film zu leiden hatten. Im Bemühen, den Schaden zu reparieren, reisten Kristiansen und Knudstorp kurz nach Ploughmanns Ablösung um die ganze Welt, um wichtige Partner zu besuchen. Es war eine unerfreuliche Reise, denn die Frustration der letzten Jahre über das Missmanagement der LEGO Gruppe und das Vernachlässigen seiner wichtigsten Kundenbeziehungen kam endlich zur Sprache.

Im Februar 2004 waren Kristiansen und Knudsen bei der New Yorker Spielzeugmesse, der größten Zusammenkunft des Jahres für die wichtigsten Spielzeugverkäufer Nordamerikas. Sie trafen sich mit einer verdrossenen Gruppe von Chefeinkäufern bei Toys"R"Us. Das Toys-"R"-Us-Team fasste die Leistungen der LEGO Gruppe auf wenig schmeichelhafte Art zusammen. »Sie sagten uns: ›Wir lieben und verstehen die Marke LEGO besser als ihr‹«, erinnerte sich Knudstorp. »Das war eine schockierende Äußerung, besonders von einem Einzelhändler.« Howard Ruffman, der Leiter der Lizenzabteilung von Lucasfilm und Ansprechpartner für LEGO *Star Wars,* äußerte eine beunruhigend ähnliche Einschätzung, als er Kristiansen sagte: »Ihr habt die Kontrolle über das Geschäft verloren. Ihr seid nicht gerade in Bestform.«

Aus der Perspektive der Partner waren die Sünden der LEGO Gruppe zahlreich. Die Unternehmenschefs hatten die tief verwurzelte DNA aus den Augen verloren, die die Marke groß gemacht hatte, und wussten nicht, wie sie sie in einer sich rasch verändernden Umgebung am Leben erhalten sollten. Das Marketing war reserviert und reagierte langsam auf die Bedürfnisse der Einzelhändler. Doch was am schlimmsten war: LEGO war erschreckend unfähig darin geworden, die Nachfrage einzuschätzen und die Lieferkette zu organisieren.

Man hatte die Lagerbestände der Einzelhändler mit schwer verkäuflichen Sets überschwemmt. Gleichzeitig hatte man in den Vereinigten Staaten einen unverzeihlichen Fehler begangen: LEGO hatte es versäumt, für das Weihnachtsgeschäft eine ausreichende Menge seiner beiden bestverkauften Bionicle-Sets zu liefern. Zu einem Zeitpunkt, da LEGO die schlimmsten Verluste seiner Geschichte erlitt, hatte es eine solide Nachfrage für Bionicle geschaffen und konnte diese dann nicht bedienen.

Diese unverblümten Gespräche machten deutlich, dass die Managementspitze nicht nur die Profitabilität der LEGO Gruppe, sondern auch die der *Einzelhändler* wiederherstellen musste. Nach seiner Rückkehr nach Billund drängte Knudstorp darauf, dass wieder der Einzelhändler Priorität vor dem Kunden bekommen musste, so wie LEGO es während seiner erfolgreichsten Jahre gehandhabt hatte. Doch einige der Führungskräfte schienen diese Vorstellung entsetzlich zu finden.

»Das Mission Statement des Unternehmens war, Kinder aller Altersklassen zu fördern, und ich brachte die nächsten neun Monate damit zu, mit den Leuten im Topmanagement darüber zu diskutieren, ob wir jetzt die Kinder vernachlässigten«, sagte Knudstorp. »Wir sagten den Leuten wortwörtlich, sie sollten die Kinder vorläufig mal vergessen, denn wenn wir die Einzelhändler nicht bedienen, werden wir das Kind nie erreichen.«

»Das zeigt bloß, wie unglaublich schwer es ist, Gewohnheiten und Kulturen zu ändern«, fuhr Knudstorp fort. »Einige dieser Leute hatten einen großen Teil ihrer beruflichen Laufbahn darauf verwendet, sich einer anderen strategischen Richtung zu verschreiben. Am Ende kann man Veränderungen nur erreichen, indem man einige von ihnen loslässt.«

Nach einem Seminar am schweizerischen International Institute for Management Development (IMD) (wo Kristiansen seinen MBA gemacht hatte) legte das Führungsteam eine Reihe von »unbedingt zu gewinnenden Kämpfen« für 2004 fest – unmittelbare, absolut unverzichtbare Maßnahmen, die darauf abzielten, LEGO in einen sicheren Hafen zurückzuführen. An oberster Stelle dieser Kämpfe stand die Erklärung, dass LEGO »durch die Konzentration auf unsere Einzelhandelskunden die Wettbewerbsfähigkeit wiederherstellen« würde. Das bedeutete, den Händlern bessere Margen einzuräumen, die richtigen Sets in der richtigen Menge zum richtigen Zeitpunkt zu liefern und ein »ausgewogenes« (sprich: nicht nur auf einem sehr gut verkauften Spielzeug basierendes) Produktportfolio zu schaffen, das den Bedürfnissen der Kinder gerecht wurde.

Wenn Menschen einem Anführer in die Zukunft folgen, müssen sie genau wissen, wem gegenüber sie sich loyal verhalten. Indem Knudstorp Manager feuerte, die sich einfach nicht ändern wollten, und unmissverständlich klarstellte, dass die Verbesserung des Einzelhandelsabverkaufs von LEGO entscheidend für das Überleben des Unternehmens war, machte er deutlich, dass die Einzelhändler letztlich über die Leistung der LEGO Gruppe urteilen würden. Vielleicht war das nicht genug, um die Meinung derjenigen LEGO-Mitarbeiter zu ändern, die immer noch glaubten, das Unternehmen müsse die Kinder über die Einzelhändler stellen. Sei's drum. Knudstorp legte fest, welche Zielgruppe LEGO bedienen musste, und hatte damit eine größere Chance, mehr Meinungen zu ändern. Diese Eindeutigkeit vermittelte den Angestellten allmählich genügend Zuversicht, um der Zukunft entgegenzusehen.

ENGERER FOKUS AUF PROFITABLE INNOVATIONEN

In den fünfziger Jahren, als der Sohn des LEGO-Gründers beschloss, vollständig auf den Plastikbaustein zu setzen und die Produktion von Holzspielzeug einzustellen, bewies er, dass die Bündelung der Kreativität auf einen bestimmten Bereich eine Reihe profitabler Produkte hervorbringen konnte. Selbst als LEGO in den folgenden Jahrzehnten neue Produktreihen wie DUPLO für Vorschulkinder und Technic für fortgeschrittene Konstrukteure herausbrachte, war jede dieser Plattformen im LEGO-Konstruktionssystem verankert. LEGO machte kontinuierlich mehr von dem, was es schon zuvor gemacht hatte, und verbesserte dadurch seine Chancen auf die Herstellung erfolgreicher Produkte.

Doch das Unternehmen verlor einen Großteil seines Fokus und seiner Disziplin, indem es in jeden nur erdenklichen angrenzenden Bereich – um Zooks Formulierung zu verwenden – vordrang in seinem Bestreben, bis 2005 zur stärksten Marke bei Familien mit Kindern zu werden. Bei seiner Absetzung des Bausteins hatte Francesco Ciccolella verkündet, dass LEGO ein »ideenspezifisches – kein kategoriespezifisches – Geschäft« sei. Die Aussage, dass LEGO kein Spielzeug, sondern eine Idee sei – noch dazu eine unbestimmte – war so verschwommen, dass sie den Designern Tür und Tor öffnete, Produkte zu entwerfen, die weit entfernt von den sehr realen Qualitäten waren, welche LEGO nach Auffassung seiner Kunden definiert hatten. Und seine Erklärung, dass »die LEGO-Idee traditionelle Kategoriegrenzen überschreiten« werde, garantierte, dass LEGO sich auf unerforschtes Terrain wie Lifestyle-Produkte, Flagship-Stores, Freizeitparks und darüber hinaus begeben würde.

Knudstorp verstand die Logik hinter Plougmanns Entscheidung, das Produktportfolio der LEGO Gruppe rasch zu erweitern, unerschlossene Märkte zu entdecken und mehr Vielfalt in die Reihen ihrer Designer und Entwickler zu bringen. Das Problem war nur: Das eifrige Bestreben des Unternehmens, die Innovation anzukurbeln, hatte es in so viele Richtungen getrieben, dass es seine zahlreichen Initiativen nicht mehr bewältigen konnte. Ovesen war zu demselben Schluss gekommen. Er verwies auf Apple und seinen legendären Perfektionismus, seine Diskretion und seine Aufmerksamkeit für Details und sagte: »Die innovativsten Firmen der Welt sind auch die diszipliniertesten. Man muss die volle Kontrolle über alles Grundlegende haben; nur dann kann man anfangen, wirklich innovativ zu sein.«

Während sie an den ersten Abenden des Jahres 2004 beim Essen zusammensaßen, begannen Knudstorp und Ovesen zu planen, wie sie einen weiteren unbedingt zu gewinnenden Kampf um das Überleben des Unternehmens führen würden: »Eine eindeutige Richtung vorgeben und die Art verändern, wie wir Geschäfte machen.« Vor allem bedeutete das, einen besseren Überblick darüber zu gewinnen, wo LEGO Geld verdiente, und die Bemühungen der Mitarbeiter auf jene Produkte zu fokussieren, die am meisten Hoffnung machten. Indem sie sich von den Geschäftsbereichen trennten, die lediglich Kosten verursachten, begannen Knudstorp und Ovesen, die profitablen Pro-

duktlinien zu entdecken, die das wahre Kerngeschäft von LEGO ausmachten.

Sie waren ein ungleiches Paar, aber sie ergänzten einander: der
mathematisch denkende CFO, der »hinter jedem Menschen eine Zahl
sah«, und der junge, humanistische angehende CEO, der »hinter jeder
Zahl einen Menschen sah«. Die Kombination erwies sich als effektiv.

Ovesen befasste sich mit jeder Geschäftseinheit von LEGO und
erstellte Berichte, die sich für die Eliminierung von Produkten aussprachen, die tief in den roten Zahlen steckten, für die Restrukturierung von Artikeln warben, die noch Lebenszeichen von sich gaben,
und für die Expansion der wenigen, die Gewinne einbrachten. Die
Berichte des Duos an Kristiansen und den Vorstand führten zu der
Entscheidung, 30 Prozent des Produktportfolios wegzustreichen, die
Initiative zur Eröffnung von LEGO-Einzelhandelsfilialen herunter-
zufahren und die Freizeitparks sowie das Computerspielgeschäft des
Unternehmens ganz über Bord zu werfen. Diese Schritte waren nicht
unumstritten. Die LEGO-Videospiele versprachen einiges, doch nach
dem Darwin-Debakel herrschte der Eindruck vor, dass es dem Unternehmen an Ressourcen und Management-Know-how fehlte, um sie
erfolgreich zu kommerzialisieren. Die Freizeitparks waren sogar noch
problematischer. Da sein Vater LEGOLAND Billund eröffnet hatte,
scheute Kristiansen davor zurück, den Geschäftsbereich zu verkaufen. Es sollte ein ganzes Jahr dauern, ehe er seine Entscheidung fällte.

Inzwischen war Knudstorps und Ovesens wichtigste Aktivi-
tät, die Produktion von LEGO Explore unmittelbar zu stoppen und
DUPLO wieder ins Leben zu rufen. Die Wiederherstellung der Priorität für DUPLO signalisierte den Designern von Vorschulspielzeug,
dass diese Produktlinie ein Kernbereich der Unternehmenszukunft
sein würde. »Es gab viel Beifall, als wir das rote Kaninchen [des DU-
PLO-Logos] zurückholten«, erinnerte sich Allan Steen Larsen, einer
der Designer, der an Explore gearbeitet hatte. »Wir hatten das Gefühl, wieder auf dem richtigen Weg zu sein.«

Auf die LEGO-Wiedergeburt folgte bald die Rückbesinnung auf
andere bewährte Produktlinien, die LEGO seit den frühesten Zeiten
des Bausteins gestärkt hatten. Die World-City-Serie, die aus futuristischen Gebäuden und fliegenden Autos bestand, wurde kurzfristig

überarbeitet, um ein realistisches Abbild der Welt zu schaffen, von der die Kinder umgeben waren, ebenso wie es die LEGO-Städte der fünfziger Jahre getan hatten. Jack Stone und der fantasievolle Orient Express wurden ersetzt durch aktualisierte Themen aus den siebziger und achtziger Jahren wie etwa Piraten und Burg, nun unter dem Namen Knights' Kingdom, die beide Neuauflagen von früheren erfolgreichen Spielsets waren.

Ovesen formulierte auch ein kurzfristiges, messbares Ziel, das nur aus einer einzigen Zahl bestand: 13,5 Prozent. Er führte das Finanzsystem Consumer Product Profitability (CPP) ein, das den Gewinn individueller Produkte und Märkte erfasste. CPP erlaubte LEGO einen unverstellten Blick darauf, wo Verluste und wo Gewinne erzielt wurden. Um zu überleben, musste jedes bestehende oder geplante Produkt beweisen, dass sein Verkaufsgewinn die Benchmark von 13,5 Prozent erreichte oder übertraf; sie errechnete sich aus einer Analyse der Wettbewerbsumsätze und der Erwartungen dessen, was eine Premium-Spielzeugmarke leisten sollte.

Natürlich verfehlten die meisten Spielzeuge im Portfolio der LEGO Gruppe von 2004 dieses Ziel; manche Produktlinien erhielten eine vorübergehende Gnadenfrist und durften darunter liegen, wobei sechs Prozent als absolute Untergrenze definiert waren. Doch 13,5 Prozent war für die Manager eine gut nachvollziehbare Realitätsprüfung, wenn sie über die Aussichten eines Produktes nachdachten, das noch in der Entwicklung war. Egal wie begeistert die Designer von einem in Entstehung begriffenen Spielzeug waren, wenn sie einen Gewinn von 13,5 Prozent nicht überzeugend voraussagen konnten, gelangte das Produkt nicht auf den Markt. Der neue Standard vermittelte auf diese Weise jedem Mitarbeiter der Organisation, dass man sich auf dem Weg nach oben ausschließlich auf Innovationen konzentrieren solle, die echte Gewinne erzielten.

»Bei Betriebsversammlungen, in E-Mails und an den Produktionsstätten – überall und ständig war die Rede von 13,5 Prozent«, sagte der Vorstand Poul Schou, der den Großteil der Produktentwicklung des Unternehmens leitete. »Es war ein hoher Anspruch in diesen Zeiten, eine solche Zahl zu schaffen, aber es gab uns ein Ziel. Wenn ich mir meine Produktlinien anschaute und all meine

Märkte betrachtete, mussten wir uns immer die Frage stellen: ›Wo schaffen wir die 13,5 Prozent?‹ Es war eine unglaublich eindeutige Methode, um Prioritäten zu setzen.«

KEIN PRODUKT, SONDERN EIN SYSTEM

Während des gesamten Jahres 2004 führte Knudstorp ausführliche Gespräche mit Kristiansen über die Beschaffenheit und die Relevanz des LEGO-Spielsystems. Knudstorp wurde daran erinnert, dass LEGO seinen jahrzehntelang anhaltenden Erfolg der Erkenntnis von Godtfred Kirk Christiansen verdankte, wonach LEGO den Kindern mehr Möglichkeiten zum fortgesetzten Spielen biete, wenn jedes LEGO-Teil mit allen anderen Teilen zusammensteckbar und jedes LEGO-Set integraler Bestandteil eines größeren LEGO-Universums sei. Und fortgesetztes Spielen bedeute (nahezu) grenzenlosen Verkauf.

Für Kinder und ihre Eltern sind die Vorteile eines Spielsystems offensichtlich: Die Kombination von Bausteinen auf fast jede gewünschte Art und Weise beflügelt die Kreativität und Fantasie der Kinder und schafft eine einzigartige Konstruktionserfahrung. Doch Knudstorps Heureka-Moment war erreicht, als ihm klarwurde, dass das LEGO-System nicht nur ein Spielsystem, sondern auch ein *Geschäfts*system ist. Schließlich war es ein Einzelhändler gewesen, der Godtfred auf jener Schiffsreise nach England vorgeschlagen hatte, nicht der Branchennorm zu entsprechen und einmalige Verkaufsschlager zu produzieren, sondern ein zusammenhängendes, erweiterbares Spielzeuguniversum zu schaffen. Ein LEGO-Spielzeugsystem, argumentierte der Händler, würde Vertrautheit und ein Gefühl der Gemeinschaftlichkeit schaffen und dadurch Wiederholungskäufe auslösen.

»Das System entstand aus der Anfrage eines Einzelhändlers«, erinnerte sich Knudstorp. »Und es erwies sich als echter Vorteil für den Einzelhandel.«

Mehr als alles andere beruhte der Wert des LEGO-Systems auf seinen Produktionsvorteilen, denn es schirmte LEGO in weiten Teilen vor den raschen Veränderungen der kindlichen Vorlieben ab. Die Spielzeugbranche war und ist enorm wechselhaft – selbst Phänomene wie die Beanie Babys und der Kitzel-mich-Elmo der neunziger Jahre gerieten schließlich in Vergessenheit und wurden vom nächsten Renner ersetzt. Daher mussten Spielzeughersteller ständig das aktuelle »Must-Have« entwickeln und produzieren, wohl wissend, dass sie ihre Fabrikation im nächsten Jahr höchstwahrscheinlich wieder auf etwas Neues umstellen mussten.

Dank dem LEGO-System jedoch wusste das Unternehmen: Egal wonach die Kinder verlangten – ob LEGO City, *Star Wars* oder etwas vollständig Neues –, es konnte immer noch Bausteine, Minifiguren, Räder, Fenster und Tausende anderer Komponenten produzieren, Tag für Tag und Jahr um Jahr, so wie es das seit Jahrzehnten tat. Die Sets und die Motive mochten sich ändern, doch viele der Bestandteile blieben dieselben. Da die meisten Komponenten innerhalb so vieler unterschiedlicher Sets kompatibel waren, konnte LEGO enorme Kosteneinsparungen erzielen, weil es nicht jedes Jahr dramatische Produktionsveränderungen vornehmen musste. Knudstorp wusste das intuitiv, aber seine Unterhaltungen mit Kristiansen machten ihm noch stärker bewusst, dass das LEGO-System ein allumfassendes Geschäftssystem ist.

»Ende 2004 begann ich zu begreifen, dass wir einen Kundenstamm, einen Händlerstamm und einen Produktionsstamm haben, die das System lieben«, erinnerte er sich. »Mir wurde bewusst, dass unsere Aufgabe darin bestand, das zu nehmen, was das LEGO-System in den siebziger und achtziger Jahren so erfolgreich gemacht hatte, und es an das 21. Jahrhundert anzupassen.«

Einer seiner ersten Schritte, um das System zum Herzstück des unternehmerischen Überlebensplans zu machen, bestand darin, dass Knudstorp ein Unterfangen beschleunigte, welches im Sommer 2002 begonnen hatte: die Autorität des Design Lab wiederherzustellen. Seit der frühesten Zeit des Systems waren keine neue LEGO-Farbe und kein neuer LEGO-Bestandteil hergestellt worden, sei es ein helleres Gelb oder die Windschutzscheibe eines Feuerwehrautos, ohne dass Godtfred persönlich seinen Segen dazu gegeben hätte. In den Jahren nach Godtfreds Rückzug aus dem Geschäft fuhr das Design Lab fort, seine strengen, autoritären Regeln auf das Universum der LEGO-Komponenten anzuwenden.

Das Design Lab setzte sich aus einigen der erfahrensten Designer und Entwickler zusammen und fungierte als unbestechliche letzte Schiedsstelle, deren oberstes Ziel es war, die LEGO-Farbpalette eng zu begrenzen und die Gesamtzahl der LEGO-Elemente gering zu halten, insbesondere jene der Einzelelemente, die nur innerhalb eines bestimmten Sets verwendet werden konnten, wie etwa der Peitsche von Indiana Jones.

Bis in die frühen neunziger Jahre war das Lab eine wichtige Instanz für die Kostensenkung gewesen. Doch dann verlor es an Einfluss. Als LEGO eine Vielzahl völlig unterschiedlicher Produkte auf den Markt brachte in der Hoffnung, dass etwas, *irgendetwas* davon den sprunghaften Geschmack seiner jungen Kunden treffen möge, begannen die Designer, das Lab ganz offen zu übergehen. Sie entwarfen Modelle, die eine ganze Phalanx neuer Komponenten benötigten – die verschiedensten Spielarten von Waffen, Booten, Kegeln, Türen und vieles, vieles mehr, in Farben, die von Aqua bis zu Silberglitzer reichten. Sie verewigten sich sogar selbst in ihren Modellen, indem sie den Minifiguren ihre eigenen Gesichtszüge gaben. Sie waren im wahrsten Sinne des Wortes außer Rand und Band.

Innerhalb von nur sieben Jahren, zwischen 1997 und 2004, war die Anzahl der Elemente im Bestand des Unternehmens regelrecht explodiert und von etwas mehr als 6 000 auf über 14 200 gestiegen. Das galt auch für die Bandbreite der Farben, die von den ursprünglichen sechs (Rot, Gelb, Blau, Grün, Schwarz und Weiß) auf über fünfzig anwuchs. Während die Zahl der Komponenten und Farben stieg, verringerten die rasant steigenden Versorgungs- und Produktionskosten den Nettogewinn des Unternehmens. Das hatte gute Gründe.

Ein Standardbaustein mit zwei Reihen à vier Noppen erzielt für LEGO einen viel höheren Profit als jedes spezialisierte Element, einfach weil der Baustein das ist, was LEGO als »Universal«- oder »Dauerbrenner«-Element bezeichnet, das in den verschiedensten Sets verwendet werden kann. Ein einmaliges, spezialisiertes Element dagegen kommt nur in einem oder einigen wenigen Sets zum Einsatz. Darüber hinaus sind die Kosten für die Produktion eines Standardbausteins erheblich geringer als die für die Herstellung eines spezialisierten Teils.

Die Gesamtzahl verschiedener Elemente,
die LEGO pro Jahr produzierte (gemessen jeweils am Jahresende).
Im Jahr 2004 erreichte die Zahl mit 14.200 Teilen ihren Höhepunkt.

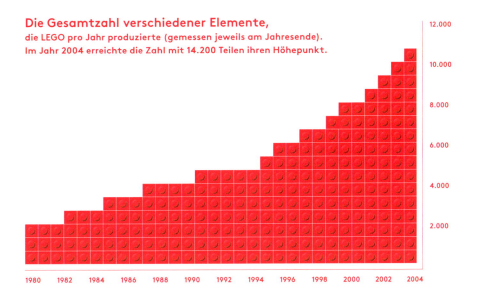

Eine Spritzgussform für einen Standard-LEGO-Stein kostet zwischen 50 000 und 80 000 US-Dollar; während ihrer Lebensdauer hat sie einen Ausstoß von 60 Millionen Bausteinen. Die Kosten für die Herstellung der Form liegen, auf all diese Steine umgerechnet, nahezu bei null. Doch wenn die Designer ein spezialisiertes Bauteil entwerfen und LEGO nur 50 000 Stück davon herstellt, steigen diese Kosten auf bis zu 1 US-Dollar pro Stück. Nur ein paar von diesen spezialisierten Teilen können das Gewinnpotenzial eines LEGO-Sets zunichtemachen, wie es während der Plougmann-Ära unverhältnismäßig oft der Fall war.

Das soll nicht heißen, dass spezialisierte Teile schlecht sind. Ganz und gar nicht. LEGO *Indiana Jones* wäre ohne Indys Peitsche nicht echt gewesen; die LEGO-Brettspiele wären unvorstellbar ohne den einzigartigen Würfel. Aber es ist unbestreitbar, dass spezialisierte Teile teuer in der Herstellung sind, und die Zunahme ihrer Zahl war der hauptsächliche Grund, warum der Gewinn der LEGO Gruppe in den neunziger Jahren so stark absackte, und das trotz stetiger Umsätze.

Das Design Lab nahm eine akribische Untersuchung sämtlicher 14 200 Teile des LEGO-Universums vor und fand heraus, dass

90 Prozent der neuen Elemente nur ein einziges Mal verwendet wurden. Und viele Komponenten waren Duplikate. Unter den Doppelungen gab es acht Polizisten-Minifiguren und sechs Koch-Minifiguren, die praktisch keine erkennbaren Unterschiede aufwiesen. Das Lab ging gegen diese Redundanzen vor, indem die Gesamtzahl der Komponenten um über 50 Prozent reduziert wurde. Als die Population der Koch-Minifiguren im Produktportfolio von sechs auf einen verringert wurde, protestierten die Designer, und die langjährigen Fans stimmten Klagelieder an. Um die Fans zu beruhigen, versuchte es LEGO mit Humor: Das Unternehmen richtete eine nicht ganz ernst gemeinte Online-Gedächtnisandacht für die »toten Köche« aus.

Die überflüssigen Polizisten- und Koch-Minifiguren symbolisierten die außer Kontrolle geratenen, über die Grenzen hinausschießenden Innovationsbestrebungen, die LEGO beinahe aus dem Geschäft katapultiert hätten. 2004 reagierte die neue Unternehmensleitung daher durch die Wiederbelebung einer Methode, die LEGO einst aufgegeben hatte: die Einführung strikter Kostenbegrenzungen für seine Produkte.

Seit Ende der achtziger Jahre wurden jedem LEGO-Entwicklungsteam zu Beginn seiner Arbeit an einem neuen Projekt die gesamten Fertigungskosten (GFK) für die Herstellung des Sets genannt. Die GFK fassten das gesamte Spektrum der Kosten eines Sets zusammen – Einkauf des Rohmaterials, Spritzgussverfahren für die Bausteine und andere Teile, Erstellen der Bauanleitung, Verpackung der Einzelteile und des Gesamtsets, sogar die Abnutzung der Spritzgussmaschine. Kein Entwicklungsteam hatte die Erlaubnis, seine GFK zu überschreiten; anderenfalls hätte es die Gewinnspanne des Unternehmens beschnitten.[21]

In den bewegten Jahren Ende der Neunziger aber ließ die Führung der LEGO Gruppe zu, dass die Entwickler sich von den Beschränkungen der GFK lösten. Die Folgen waren katastrophal. Befreit von den Kostenfesseln erfanden die Designer immer mehr jener spezialisierten Teile. Sie hatten nicht einfach beschlossen, außer Rand und Band zu geraten. Vielmehr waren sie angetrieben von der Forderung des Managements, zunehmend ungewöhnliche Modelle wie Galidor, Jack Stone und LEGO Explore zu entwickeln, die vollkommen verschiedene Komponenten erforderten. Obwohl die Schaffung von individuell spezialisierten Teilen durchaus begründbar war, hatte sie insgesamt den Effekt, dass die betrieblichen Abläufe der LEGO Gruppe zunehmend komplexer wurden. Die Kosten für die Anschaffung neuer Spritzgussformen, um jedes dieser spezialisierten Teile herstellen zu können, stiegen rapide; das Gleiche galt für die Kosten der Fabrikation und der Verpackung dieser speziellen Komponenten. Das ironische Ergebnis war, dass LEGO durch die dramatische Beschleunigung seiner Innovationen seinen eigenen Gewinn verzehrte.

Ab 2004, als die Marketingmanager dazu angehalten wurden, das Profitziel von 13,5 Prozent einzuhalten, wurden auch den Entwicklungsteams anspruchsvolle GFK-Ziele vorgegeben. Ein LEGO-City-Team, das eine neue Polizeiwache entwarf, erhielt einen bestimmten Kostenrahmen; hielten sie dieses Ziel nicht ein, fiel es mit dem Jahresbericht auf sie zurück. »Man musste innerhalb seiner GFK-Grenzen bleiben«, sagte Henrik Weis Aalbaek, der die Wiedereinführung dieser Rahmenbedingungen unterstützte. »Sonst war man ein toter Mann.«

Gleichzeitig hatten die Designer freie Hand, solange sie sich innerhalb der Parameter der GFK bewegten. In sehr realem Sinne waren sie gezwungen, innerhalb der Grenzen zu innovieren. Es wurde erwartet, dass die Designer neue Teile schufen, denn diese Elemente machten ja gerade das Neue und Aufregende beispielsweise an einer LEGO-City-Polizeiwache aus. Doch solche spezialisierten Teile mussten eben wirklich speziell sein – etwas, das dem gesamten Set Wert verlieh. Zugleich sorgte der GFK-Rahmen dafür, dass die Designer nicht mehr so viele Elemente schufen, um einfach cool zu sein, sondern stattdessen kreative Möglichkeiten fanden, mehr aus den Universalteilen zu machen. Infolgedessen bestehen heute mindestens 70 Prozent jedes LEGO-Sets, sei es eine LEGO-City-Box oder ein neues Spiel wie Ninjago, aus standardisierten, universellen Bausteinen. Oder anders formuliert: 70 Prozent der Bausteine in einem City-Set werden auch in völlig anderen Sets wie Ninjago verwendet und umgekehrt. Das ermöglicht LEGO enorme Kosteneinsparungen, weil es keine Spritzgussformen für ungewöhnliche Elemente herstellen muss.

Was die Designer betrifft, so entdeckten diese nach und nach, dass sie mit einer kleineren Auswahl viel kreativer sein konnten. Obwohl die Idee der Vorstellung zuwiderläuft, dass großartiges Design maximale Freiheit erfordert, stellten die LEGO-Designer fest: Die schmalere Bandbreite an Komponenten gab ihnen klarere Vorgaben und genügend Zielrichtung, um erfolgreiche Ideen hervorzubringen. Die Designer von Apple machten ähnliche Erfahrungen, als Steve Jobs darauf bestand, dass das iPhone nur einen einzigen, minimalistischen Steuerknopf benötige. Jobs' Versessenheit auf Schlichtheit zwang seine Designer, die Komplexität zu überwinden und mit weniger zu arbeiten, was zu einem der meistverehrten Designs des vergangenen Jahrzehnts führte.

Knudstorp zog die Schlussfolgerung: »Innovation gedeiht am besten, wenn der dafür verfügbare Raum begrenzt ist. Weniger ist mehr.«

Letztlich vermittelte das GFK-Gerüst mit seinen eindeutigen Kostenbeschränkungen den Designern eine klarere Richtungsvorgabe. »Wenn die Designer eine Farbe oder ein bestimmtes Element auswählten, konnten sie die Kosten ihrer Entscheidung erkennen«, sagte Aalbaek. Dieses Wissen wiederum erhöhte die Chancen, dass sie gewinnträchtige Spielzeuge entwarfen.

AUTHENTIZITÄT

Von den dreißiger bis in die frühen neunziger Jahre war Authentizität einer der Kernstränge der Unternehmens-DNA von LEGO. Mit Sets wie LEGO City konnten die Kinder die Straßenzüge, Feuerwachen und Krankenhäuser ihrer tatsächlichen Erlebniswelten wiedererschaffen. Selbst ein Fantasiethema wie die LEGO-Burg enthielt realistische Details, zum Beispiel die beweglichen Visiere und Brustpanzer der Ritter, mit denen den Kindern das Mittelalter nahegebracht wurde.

Im Laufe der Jahre erweiterte sich das Produktlinien-Universum des Unternehmens, und die ungezählten Fans der Marke erkannten die wesentlichen Eigenschaften, die für LEGO selbst authentisch waren: der Baustein, das System und das Konstruktionserlebnis. Doch wie wir schon gesehen haben, gerieten diese Qualitäten während der Plougmann-Ära ins Hintertreffen. Aus Angst, dass der Baustein überholt sein könne, verwässerte LEGO das Bauerlebnis und verletzte häufig die Integrität des Systems. Infolgedessen machten die neueren Sets nicht mehr den Eindruck, authentisches, klassisches LEGO zu sein.

2004, als Knudstorp und Ovesen dazu übergingen, unprofitable Produktlinien einzustellen, schafften sie auch vieles von dem ab, was als Pseudo-LEGO galt. Durch die Einstellung von Explore, Galidor und Jack Stone sowie durch die Aufwertung so grundlegender LEGO-Spielerlebnisse wie DUPLO und den Städtesets sorgten die beiden dafür, dass LEGO sich für jene treugläubigen Fans, die gerne bauten, ein bisschen weniger unecht anfühlte. Gleichzeitig erkannte Knudstorp, dass es nicht ausreiche, nur das LEGO-Spielerlebnis authentischer zu machen. Er musste dasselbe auch für das LEGO-Arbeitserlebnis erreichen.

Authentizität hat viel mit Integrität zu tun. Sie ist eine Eigenschaft von Führungskräften, die das tun, was sie ankündigen. Wenn die Handlungen von Führungskräften mit dem übereinstimmen, was sie kommunizieren, vermittelt dies den Eindruck, dass es der Wahrheit entspricht, und damit ist Authentizität erreicht. Knudstorp wusste, dass Worte nicht ausreichten, um die Unternehmenskultur wahrhaftig mit neuer Disziplin, Fokussierung und Zuverlässigkeit zu bereichern. Authentische Führung bedarf des Handelns. In Anlehnung an Millard Fuller, den Gründer von Habitat for Humanity, befand Knudstorp, damit LEGO seinen Kompass neu ausrichten und auf authentische Weise zu seinem Kern zurückkehren könne: »(...) denken Sie nicht über eine neue Art des Handelns nach, sondern handeln Sie nach einer neuen Art des Denkens.«

»Als Berater bei McKinsey glaubten wir daran, dass das Denken allem übergeordnet ist – dass Gedanken sich in Taten verwandeln«, erläuterte er. »Aber eigentlich ist es genau umgekehrt. Wenn Sie gemäß einer neuen Gewohnheit handeln, wird diese Gewohnheit zu Ihrer Vorstellung davon, wie man etwas tun sollte, und diese Vorstellung wird zu Ihrer Persönlichkeit, sei es als Individuum oder als Organisation. Also setzten wir einige Handlungen in Gang, die uns zu einer Verhaltensänderung bringen sollten.«

Um eine Kultur der Verantwortlichkeit aufzubauen, machte sich Knudstorp daran, den Fortschritt des Unternehmens nachzuverfolgen. Er schuf eine Einsatzzentrale, um die Lieferkette zu überwachen und die Qualität der Produkte und der Auslieferung zu erfassen. Er fügte Leistungskennzahlen (Key Performance Indicators, KPI) in die Leistungsbeurteilung der Mitarbeiter ein, um sicherzustellen, dass sie die Rückkehr des Unternehmens zu seinem Kern unterstützten. Eine wesentliche Kennzahl für Führungskräfte setzte beispielsweise als Ziel, die Anzahl von LEGO-Elementen zu reduzieren.

Mit jedem Schritt veränderte Knudstorp etliche der Gegebenheiten – Gebäude, Büros, konkrete Prämien und Anerkennung –, die zusammengenommen die am deutlichsten sichtbaren Aspekte der Unternehmenskultur ausmachten. Das bedeutete, greifbare Veränderungen vorzunehmen, die den Mitarbeitern Verantwortung für ihre Ergebnisse und die Unternehmensleistung übertrugen. Nach einer ersten Entlassungsrunde im Jahr 2004 schloss er Büros und versetzte die verbleibenden Mitarbeiter in viel kleinere Räume. Seine Begründung: Halb leere Büroräume vermittelten ein Gefühl des Überflusses. In einer Zeit, da LEGO erhebliche Verluste machte und unter einem Mangel an Ressourcen litt, wollte er den Leuten ein Gefühl der Knappheit vermitteln. Zu diesem Zweck verkaufte er auch die Hauptniederlassung der LEGO Gruppe in Billund mit ihren üppigen Vorstandsbüros und zog mit anderen Führungskräften in ein Gebäude, in dem die Verpackungsabteilung untergebracht war. Und er verzichtete auf jene Luxuskarossen, in denen die meisten europäischen Vorstandsmitglieder herumfuhren, zum Beispiel einem 7er BMW, und pendelte stattdessen nach Billund in einem weitaus bescheideneren Citroën C5 Baujahr 2001, der eher dem VW Passat oder dem Ford Mondeo vergleichbar ist.

Knudstorp veränderte auch einige der Unternehmensrituale. Statt dass Führungskräfte ihren Untergebenen die Verantwortung zuschoben, standen Kollegen untereinander für ihre Ergebnisse ein. Bei den Treffen in der Einsatzzentrale, wo die Chefs die wöchentlichen Verkaufszahlen besprachen, bestand er darauf, dass die Leiter der Produktabteilungen ihre Zahlen auf ein Whiteboard schrieben. »Wir hätten das auch in SAP oder irgendeinem anderen IT-System machen können, aber es ging darum, es persönlich zu tun«, erklärte er. »Da sitzt eine Gruppe von acht Führungskräften. Sie treten vor sie hin. ›Sorry, Jungs, diese Woche habe ich es nicht geschafft. Ich werde die folgenden korrigierenden Maßnahmen ergreifen.‹« Die Idee war, das Verhalten mithilfe von Gruppendruck zu verändern anstatt durch Druck von ganz oben.

Im Rückblick auf die Ereignisse von 2004 erinnerte sich Knudstorp, dass ein Großteil seiner Arbeit in jenem Jahr darin bestand, »das Vertrauen der Organisation zu zerstören, denn wir waren viel zu vertrauensselig gewesen und mussten in die Realität zurückkehren«. Seine fortwährende Mahnung, dass LEGO auf einer »brennenden Plattform« stehe, und sein Beharren darauf, dass das Unternehmen einen Überlebensplan anstelle einer Strategie brauche, brachte das Anspruchsdenken der Mitarbeiter zum Schwinden. Das galt auch für die Flut von Kündigungsschreiben, die über die LEGO Gruppe hereinbrach. Später berichtete die *Financial Times*, dass Knudstorp und Ovesen LEGO während der Restrukturierung »wie ein unerbittliches Private-Equity-Unternehmen« geführt hätten, und das ist gar nicht so verkehrt. Das Duo strich 1200 Stellen, fast ein Drittel der Belegschaft zu dieser Zeit wurde entlassen. Durch das Schließen kostspieliger Fabriken und die Einstellung unprofitabler Produktlinien sowie durch den Verkauf von Immobilien senkten sie die Kosten der LEGO Gruppe innerhalb von zwei Jahren um 600 Millionen US-Dollar. »Als wir die Entlassungen, die Verkäufe, die Kosteneinsparungen und alles weitere ankündigten, war die Stimmung innerhalb der Organisation nicht gerade optimistisch, wie man sich vorstellen kann«, sagte Knudstorp trocken. Trotzdem hatte er die Aufmerksamkeit der Leute geweckt.

Knudstorp hatte auch angefangen, die Mitarbeiter auf den Erfolg einzustimmen. Durch die Wiederbelebung der grundlegenden Unternehmenswerte hatte er den Grundstein für eine Innovationskultur gelegt, die den Einzelhändler an die erste Stelle setzte; die Designer wie Führungskräfte darauf einschwor, nur solche Spielzeuge zu schaffen, die ein Potenzial zur Erzeugung eindeutiger Gewinne hatten; die jene unsterblichen LEGO-Produktlinien wieder ins Leben rief, welche Kinder mit Freude am Bauen ansprachen; die Kreativität im vernünftigen Rahmen unterstützte; die die Mitarbeiter dazu aufrief, aus weniger mehr zu machen und die authentisches Verhalten durch Handeln statt durch Worte forderte. Dennoch dauerte es mindestens ein Jahr, ehe eine dieser Maßnahmen sich tatsächlich auszahlen sollte.

An einem sonnigen Tag im Juni 2004 trat Knudstorp vor eine Versammlung von 60 Topmanagern der LEGO Gruppe im Billunder LEGOLAND-Hotel. Es war zwar noch nichts offiziell, aber dies war sein Einstand als neuer Unternehmenschef.

Knudstorps erste Worte hatten nichts mit der prekären finanziellen Lage der LEGO Gruppe zu tun, nicht einmal mit LEGO an sich. Stattdessen sprach er über seine Liebe zum skandinavischen Sommer. Er gestand seine »Leidenschaft für diesen Ort, an dem wir leben, für diese Kultur« und hoffte, damit einen Sinn für Einträchtigkeit und gemeinsame Zielsetzung zu wecken, den sie brauchten, um die schweren Herausforderungen für LEGO meistern zu können, von denen es immer noch viele gab: begrenzte Liquidität, wachsender Preisdruck, hohe Fixkosten, die Abkehr vom traditionellen Spielen, erschreckend wenige tatsächlich profitable Produkte.

Nachdem Knudstorp seine Ausführungen beendet hatte, gab es donnernden Applaus. Obwohl es offensichtlich war, dass Kristiansen Knudstorp dazu ausersehen hatte, sein Erbe anzutreten, werden sich nicht wenige Führungskräfte gefragt haben, ob er wirklich der richtige Mann für diese Aufgabe war. Das Unternehmen hatte das Jahr überlebt, und die Mitarbeiter fingen an, sich für eine schwierige Zukunft zu rüsten. Doch eine Rückkehr zur Profitabilität schien immer noch ein ferner Traum zu sein, und Knudstorp musste noch eine langfristige Strategie vorstellen, um eine Wende im Unternehmen herbeizuführen. Man kann wohl getrost davon ausgehen, dass einige Anwesende der Meinung waren, man hätte ihnen den CEO-Posten

geben sollen. Nach dem Abendessen kam nur eine einzige Führungskraft, um ihm zu gratulieren.

Vier Monate später, nachdem er für 2004 einen Rekordverlust für
die Firma prognostiziert hatte, kündigte Kristiansen seinen Rücktritt
an. Knudstorp sollte seit der Gründung von LEGO der zweite Unternehmenschef von außerhalb sein. In Billund fragten sich einige, wie
lange Knudstorp durchhalten würde. Wenn Mitarbeiter im Super-
markt oder anderswo zusammentrafen, wurde die Überzeugung
geäußert, dass der neue Chef niemals der wahre Leiter der LEGO
Gruppe sein würde, bis er Kristiansen überzeugt hatte, die LEGO-
LAND-Parks abzustoßen. Und das war bis jetzt nicht geschehen. Die
Frage blieb offen, ob das 72-jährige Unternehmen LEGO seine Unabhängigkeit und ob sein 34-jähriger CEO seinen Job behalten würden.

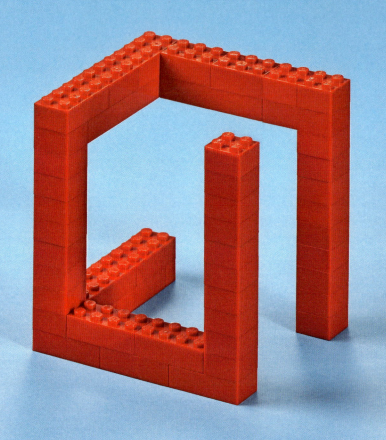

Der Weg zur Kundenorientierung

Die Wiedergeburt von LEGO City

> Kinder und Betrunkene sind die letzten ehrlichen Menschen auf der Erde.
> Und Kinder würden niemals ein Produkt kaufen, das keinen Spaß macht.
>
> Mads Nipper, Vizevorstand der Abteilung Märkte und Produkte, LEGO Gruppe

Anfang 2004, als die LEGO Gruppe immer noch tief in der Finanzkrise steckte, wurde Mads Nipper von Kristiansen zur Teilnahme an einer Videokonferenz aufgefordert. Nipper arbeitete zu dieser Zeit in München, wo er für die alles entscheidenden europäischen Märkte des Unternehmens verantwortlich war, und er scheute sich nicht, Billund zur Einstellung von LEGO Explore und zur Wiedereinführung von DUPLO anzuregen. Er hatte Kristiansen persönlich von der Frustration der größten deutschen Einzelhändler berichtet, die mit Besorgnis beobachteten, wie das Unternehmen vollkommen LEGO-untypische Spielthemen wie Galidor und Jack Stone forcierte.

Kristiansen hätte durchaus versucht sein können, den Überbringer derart gnadenlos negativer Nachrichten vom Hof zu jagen. Stattdessen bot er Nipper eine Beförderung an: Er solle nach Billund zurückkehren und die Marketing- und Produktentwicklungsabteilung des Unternehmens leiten. Kristiansen und Knudstorp hatten festgestellt, dass LEGO zum Teil deswegen in die Irre gegangen war, weil es den Kontakt zu Einzelhändlern und Kunden verloren hatte. Wie Knudstorp es später formulierte, litt LEGO unter einem »Mangel an Realismus. Es gab keinen Dialog mit der Welt außerhalb von LEGO, was eins der gefährlichsten Anzeichen dafür ist, dass die Unternehmenskultur nicht funktioniert.« Ihrer Meinung nach gab es keine Führungskraft bei LEGO, die engere Verbindungen zu den Einzelhändlern hatte oder die Welt besser aus der Sicht des Baustein-Kernkundenstamms betrachten konnte als Mads Nipper.

Nipper war 1990 zu LEGO gekommen und hatte zunächst die Handelsmarketingabteilung für Europa geleitet, wobei er eng mit Einzelhändlern zusammenarbeitete, um ihre Marketing- und Verkaufsaktivitäten innerhalb der Filialen zu verbessern. Dann legte er den Grundstein für die Einrichtung des Direct-to-Consumer-Geschäfts; als Ergebnis dessen rief er LEGO.com ins Leben. Wenig später leitete er als Chef des Unternehmensbereichs Spielzeug für Neun- bis Sechzehnjährige ein entscheidendes Kerngeschäft, LEGO Technic, und war für die Einführung von zwei der größten Unternehmenserfolge verantwortlich, Bionicle und Mindstorms. Von seinem Münchner Außenposten aus war er in den ersten Jahren des neuen Jahrtausends direkter Zeuge des Scheiterns von LEGO-Produktlinien geworden, die auf Fünf- bis Neunjährige abzielten und die er als »grundsoliden Kern unseres Geschäfts seit den siebziger Jahren« bezeichnete.

Nipper war der Meinung, LEGO müsse viel stärker die Kunden einbinden, um zu erfahren, was sie wollten, anstatt sich auf Führungskräfte wie Plougmann und Ciccolella zu verlassen, die entschieden, was die Kunden wünschen sollten. Im Laufe des Jahres veranlassten er und andere Führungskräfte eine Vielzahl von Initiativen – direkter Kontakt mit Kunden bei Fan-Events, Zusammenarbeit mit den Vertretern des weltweiten Netzwerks von LEGO-Nutzergruppen, Konzepttests mit Kindern –, die alle zum Ziel hatten, die Kundenbedürfnisse in Wachstumschancen umzusetzen.

Als er den Anruf von Kristiansen entgegennahm, war ihm klar, dass er eine hohe Verantwortung auf sich nehmen würde. Als Leiter sämtlicher

Produktlinien der LEGO Gruppe wäre er dafür zuständig, die Richtung des Unternehmens neu festzulegen. Nipper war überzeugt, dass LEGO, wenn es wiederentdecken wollte, was zu seinem authentischen »Kern« gehörte, sich wieder stärker mit seinen unzähligen leidenschaftlichen Fans auseinandersetzen musste. Aber es würde Zeit brauchen, einen Prozess für das Brainstorming mit erwachsenen Fans und das Testen von Spielzeugkonzepten mit Kindern zu entwickeln. Bis dahin mussten Nipper und eine Handvoll weiterer empathischer, kundenorientierter Manager als Ersatzfans fungieren und zu erraten versuchen, was die Kinder des 21. Jahrhunderts sich wirklich von LEGO wünschten.

Nippers langjährige Zusammenarbeit mit Einzelhändlern, sein Umgang mit Kunden und seine Erfahrung mit Designern und Marketingmitarbeitern sagten ihm, dass es trotz all der Forschungsergebnisse, wonach Kinder ganz im Banne von Videospielen stünden und viel weniger Zeit für das offene Spielen hatten, für das LEGO stand, doch immer noch eine große Anzahl von Kindern gab, die gerne etwas bauten. Um diese Kinder zu gewinnen, so überlegte er, müsste das klassische Erscheinungsbild und Spielgefühl der Kultmarke LEGO wiederbelebt werden, nicht ohne die Spielzeuge gleichzeitig zeitgemäß und vor allem attraktiv zu machen.

Nipper war überzeugt, dass der Weg zu diesen LEGO-Kernkunden über die Grenzen von Billund hinausführte. Er hatte schließlich in Deutschland gearbeitet und gelebt, dem begeistertsten und loyalsten Markt des Unternehmens, und hatte gesehen, wie die Firma sich selbst ins Abseits gedrängt hatte und wie viel ihre Entwickler und Marketingfachleute lernen konnten, wenn sie mehr Verständnis für und Einsicht in jene Kinder gewannen, denen das Bauen Freude machte.

»Kinder und Betrunkene sind die letzten ehrlichen Menschen auf dieser Erde«, äußerte er. »Und Kinder würden niemals ein Produkt kaufen, das keinen Spaß macht.«

Wegen seiner finanziellen Krisensituation fehlten LEGO die Zeit und die Ressourcen, um ein umfassendes Feldforschungs- und Produkttestprogramm einzuführen. Bis sie ein solches entwickeln und einsetzen konnten, musste Nipper für das typische LEGO-Kind stehen und den Designern eindrücklich demonstrieren, wie sie überzeugende neue Produktlinien aus dem schaffen konnten, was sich in der widersprüchlichen Anweisung zusammenfassen ließ: Macht etwas Neues, aber klassisch soll es bleiben. Es hatte etwas von »Zurück in die Zukunft«. Nipper wollte, dass Eltern, die ein neues LEGO-City-Set sahen, darin eine moderne Version jener Spielzeuge wiedererkannten, an die sie sich aus ihrer eigenen Kindheit erinnerten. Gleichzeitig wusste Nipper, dass seine Entwickler die City-Sets modern genug gestalten mussten, um Sechsjährigen zu vermitteln, dass LEGO die Polizeiwachen, Krankenhäuser, Zementmischmaschinen und Müllautos widerspiegelte, die sie jeden Tag sahen.

Es war eine überaus knifflige designerische Herausforderung. Wie konnte Nipper seine altgedienten Designer dazu bringen, stärker bausteinbasierte Modelle zu entwerfen, ohne lediglich die Erfolge der Vergangenheit zu kopieren? Wie konnte er den neu hinzugekommenen LEGO-Designern vermitteln, worin die Quintessenz von LEGO bestand? Und wie konnte er diese beiden anscheinend widersprüchlichen Richtungen miteinander vereinen?

Eine Antwort schälte sich Ende Februar heraus, während einer Designüberprüfung für LEGO City. Die City-Linie war lange Zeit ein solider Gewinnbringer für LEGO gewesen und hatte mehr als ein Achtel der Verkaufszahlen im Jahr 1999 ausgemacht. Doch während der Plougmann-Ära hatte Jack Stone die City-Sets weitgehend verdrängt. Auf der Suche nach einer Möglichkeit, die City-Reihe wiederzubeleben, entdeckte Nipper den Prototyp eines Feuerwehrautos, gestaltet von einem Designer namens Henrik Andersen. Inspiriert von den City-Feuerwehrautos der achtziger Jahre, die er in seiner Jugend zusammengebaut hatte, hatte Andersen dem zwei Jahrzehnte alten Fahrzeug ein modernes und doch klassisches Aussehen verliehen. Sein inneres Kind verriet Nipper, dass Andersens Auto ein Erfolgsmodell war. »Als ich dieses Feuerwehrfahrzeug sah, wusste ich, dass es zur Ikone des gesamten City-Turnaround werden würde«, begeisterte er sich. Ein paar Tage danach nutzte er Andersens Fahrzeug auf einer Betriebsversammlung als Hauptattraktion, die den Weg zurück zum Baustein aufzeigen sollte.

Im März versammelte Nipper seine 600 Entwickler und Marketingfachleute in zwei separaten Meetings, um den Designerteams die neue Richtung vorzugeben. Er begann seine Ausführungen mit der Darlegung der besorgniserregenden Tatsache, dass LEGO in einer schweren finanziellen Krise steckte; ob es als unabhängiges Unternehmen überleben könne, sei fraglich. Das erste, unmittelbarste Ziel bestand darin, ein stabiles jährliches Wachstum von drei bis fünf Prozent zu erzielen, indem man zu den klassischen Konstruktionsspielen zurückkehrte, die LEGO lange Zeit geprägt hatten. Um zu verdeutlichen, was er als Kernbereich ansah, zeigte er ihnen Fotos von drei LEGO-City-Feuerwehrautos.

Als Erstes zeigte Nipper das Dia eines klobigen, etwas altbackenen Fahrzeugs aus dem LEGO-City-Set von 1997. »Das ist der Punkt, an dem wir vergessen haben zu innovieren«, erklärte er. »Es ist zwar ein Kultprodukt, aber wenn ein klassisches Spielzeug nichts Neues und Frisches an sich hat, ist das eine Todsünde.«

Als Nächstes erschien das Bild eines Feuerwehrautos aus dem Jahr 2001 von Jack Stone, jener futuristischen, themenorientierten Produktlinie, die City ersetzt hatte. Mit seinem blasenförmigen Cockpit, den überdimensionalen Reifen und dem klotzigen Heck sieht die Jack-Stone-Kreation aus »wie ein Raumschiff, nicht wie ein Feuerwehrauto«, befand Nipper.

Schließlich zeigte er ein Bild von Andersens neu überarbeitetem Fahrzeug, das bald unter der wiederbelebten City-Marke auf den Markt kommen würde. Wie die besten LEGO-Spielzeuge war das Auto überraschend realistisch und wies mehr als genug Details auf, um einen cleveren Siebenjährigen in seinen Bann zu ziehen. Doch es war auch klassisches LEGO mit deutlich aus dem Dach herausragenden Noppen. »So sollte ein Feuerwehrauto aussehen«, verkündete Nipper. Und dann fügte er hinzu, indem er auf das Jack-Stone-Spielzeug deutete: »Wir werden nie wieder ein Feuerwehrfahrzeug wie dieses machen.«

Nippers Erklärung stieß bei der Unternehmensbelegschaft auf große Resonanz, insbesondere bei den Entwicklern und Marketingfachleuten für LEGO City, die während der Plougmann-Ära vernachlässigt worden und unbeliebt gewesen waren. Nippers ausdrückliche Botschaft an sie lautete: »Ihr seid wieder drin. Entwicklungsteams, die Produkte erschaffen, die sich mit wenig oder ganz ohne Werbung verkaufen lassen, sind die echten Helden dieses Unternehmens.«

Nipper glaubte, die Rückkehr zu so grundlegenden Elementen wie dem Baustein und dem konstruktionsbezogenen, kreativen Spielerlebnis würde den Designern genügend Fokus und Freiheit geben, um altehrwürdigen Produktlinien wie City neues Leben einzuhauchen und damit die Umsätze des Unternehmens anzukurbeln. Aber ungeachtet Nippers expliziter, richtungweisender Beschwörung seiner Entwickler und Marketingleute gab es nach wie vor anhaltenden Skeptizismus darüber, ob Bauchgefühl und dieser Zurück-in-die-Zukunft-Ansatz ausreichen würden, um LEGO wieder in die schwarzen Zahlen zu bringen. Während der Entlassungswelle von 1998 waren so viele altgediente Designer freigestellt worden, dass LEGO einen Großteil seines institutionellen Gedächtnisses im Hinblick darauf, was zum authentischen Kern gehörte, verloren hatte. Und von den verbliebenen jüngeren Designern konnte man schlecht erwarten, dass sie den klassischen LEGO-Look zurückholten, nur indem sie sich auf Andersens Feuerwehrauto bezogen.

»Es gab so viele, die noch nicht da gewesen waren, als der Kern im Bauen mit LEGO-Steinen bestanden hatte«, erinnerte sich Paal Smith-Meyer, Leiter der neuen Unternehmensgruppe der Firma. »Sie wussten nicht, wie der Kundenstamm beschaffen war, und sie verstanden nicht die Logik des Kerngeschäfts. Es war sehr, sehr schwierig.«

Gleichwohl erwies es sich als aufschlussreich wie auch befreiend, die Stoßrichtung des Unternehmens wieder auf klassische Spielerfahrungen wie mit LEGO City zu lenken. Der großspurigen Ankündigung des vorherigen Führungsteams, dass LEGO die stärkste Marke der Welt bei Familien mit Kindern sein solle, wurde ein bisschen Luft abgelassen. Nun war es an der Zeit, aus der Not eine Tugend zu machen. »Im Wesentlichen betrachteten wir uns als einzigartigen Nischenanbieter in der Spielzeugbranche«, erinnerte sich Knudstorp. Und indem er das Motto des Gründers aufgriff, fügte er hinzu: »Wir würden nie die Größten sein, aber es war gut genug, die Besten zu sein.«

Auch wenn Knudstorp es bisher abgelehnt hatte, eine langfristige Strategie für nachhaltiges Wachstum zu formulieren, und stattdessen die Leute darauf einschwor, das Unternehmen zu retten, war offensichtlich, was es bedeutete, die Besten sein zu wollen. Jede zukünftige Strategie würde auf diesem Streben nach fortgesetzt vorzüglichen Leistungen basieren, die LEGO teils durch eine engere Bindung zu seinen zahlreichen Fans erzielen würde, teils durch die Zusammenarbeit mit Unternehmen, die das Fachwissen und die Technologien besaßen, die LEGO fehlten. Der Alleingang war keine Option mehr.

»Wenn man ein Global Player sein will, der aus einer Nische heraus agiert, muss man vernetzt sein«, sagte Knudstorp. »Man muss Partnerschaften nutzen.« Daher starteten der neu eingesetzte CEO und andere Führungskräfte eine Reihe von Initiativen für eine engere Zusammenarbeit zwischen Entwicklern und Kunden, wodurch sie sogar die Zukunft der Märkte mitprägen sollten.

AUF AUGENHÖHE MIT DEM KUNDEN

Als LEGO begann, seine Kernprodukte wieder mit Leben zu füllen, erkannte Knudstorp, dass Manager und Mitarbeiter sich darüber klar und einig werden mussten, wofür die Marke wirklich stand. Um es mit seinen Worten zu sagen: Sie sollten »wiederentdecken, um was es bei LEGO ging«. LEGO hatte so viele Initiativen ins Leben gerufen, dass es nach Knudstorps Ansicht ein »klares Gefühl für seine Identität« verloren hatte; das Ergebnis war ein »Vertrauensverlust« gegenüber der Unternehmenszielsetzung und seiner Leistungsstärke. Zum Baustein zurückzukehren und wieder die fünf- bis neunjährigen Jungs zu erreichen, war eine Sache. Aber tiefer zu blicken und den unzerstörbaren, unerschütterlichen Kern des Unternehmens zu entdecken, war eine ganz andere.

Der neue CEO ernannte Tormod Askildsen, einen erfahrenen Manager, zum Leiter eines Teams, das jene Eigenschaften definieren sollte, die LEGO einzigartig machten. Das Team stellte eine Reihe grundlegender Fragen – »Warum existiert LEGO? Was würde der Welt fehlen, wenn es LEGO nicht mehr gäbe?« –, die bestimmen sollten, was für LEGO am wichtigsten war. Für eine Organisation, die für ihre Engstirnigkeit bekannt war, war es bemerkenswert, dass Askildsen diese Gespräche auch auf einige der loyalsten erwachsenen Fans der Marke ausdehnte, deren Zahl nun wieder rapide wuchs.

Seit der Erfindung des Bausteins waren die meisten Kinder aus LEGO herausgewachsen, sobald sie das Teenageralter erreichten, und kehrten auch nie zurück. Doch seit den frühen neunziger Jahren wurde eine beachtliche Anzahl Erwachsener (überwiegend Männer) wieder

vom Baustein angelockt. Zwei Entwicklungen waren es, die diese ver-
lorenen LEGO-Fans zurückholten. Eine davon war die Einführung von
LEGO *Star Wars* – das die nostalgischen Gefühle der Erwachsenen für
den Filmklassiker weckte – sowie die von Mindstorms, einem LEGO-
Robotikset, das speziell die Technikfreaks unter den Erwachsenen
faszinierte. Zum anderen ermöglichte das Internet den erwachsenen
LEGO-Fans auf der ganzen Welt, aus dem stillen Kämmerlein heraus-
zutreten und sich auf nie gekannte Weise miteinander zu vernetzen.

Acht Jahre vor der Geburtsstunde von Flickr, im Jahre 1996,
schufen erwachsene Fans die Plattform Brickshelf.com, auf der heute
zwei Millionen LEGO-Abbildungen zu sehen sind – darunter Bauanleitungen für zahllose LEGO-Sets –, alle von Fans hochgeladen. Eine
weitere von Fans erstellte Website, Bricklink.com, bot ein riesiges
Online-Einkaufszentrum für über 2,5 Millionen LEGO-Teile.

Durch den Start der bereits erwähnten Seite MOCpages.com erhielten Scharen von Fans eine Plattform für die Präsentation ihrer
ureigenen LEGO-Modelle. Ebenso erfolgreich wie diese von Nutzern
geschaffenen Websites waren auch Online-Fangruppen. 1999 gab es
elf LEGO-Nutzergruppen; bis 2006 war ihre Zahl auf über 60 gestiegen. Im Februar 2012 gab es über 150 LEGO-Nutzergruppen mit
mehr als 100 000 aktiven erwachsenen Fans weltweit.

Die Abkehr des Unternehmens von den klassischen LEGO-Spielmotiven während der Plougmann-Ära hatte Askildsen geärgert. Er
hatte bereits begonnen, sich mit erwachsenen LEGO-Fans zu vernetzen, und besuchte von Fans gesponserte LEGO-Events. Dabei sprach
er mit vielen erwachsenen LEGO-Anhängern persönlich. Ein hoher
Anteil dieser Fans, so erinnerte er sich, war kreuzunglücklich. Viele
beklagten die »Verjüngung« so vieler LEGO-Sets; ihrer Ansicht nach
verwässerten die leichter zusammensetzbaren Sets das kreative Erleben.
Und Eltern beschwerten sich über die gefürchteten »LEGO-Behälter«.
Das waren Kisten mit auseinandergenommenen LEGO-Modellen, die
sich unweigerlich im Zimmer jedes Neunjährigen fanden und die gefüllt
waren mit einzelnen LEGO-Teilen, die sich nicht mit Teilen aus anderen
LEGO-Sets kombinieren ließen. Die Behälter repräsentierten eine grobe
Verletzung des LEGO-Systems, wonach alle LEGO-Komponenten mit
anderen LEGO-Komponenten kompatibel sein sollten. Da die Teile nur

in einem einzigen Modell verwendet werden konnten, erfüllten sie nicht das LEGO-Kernversprechen des »unbegrenzten Spielens«.

Vor allem herrschte bei den loyalsten Fans das Gefühl vor, dass sie und LEGO immer auf einer Wellenlänge gewesen waren. In den letzten Jahren war diese Verbindung jedoch abgebrochen – und die Entwickler in Billund waren zu borniert, um das zu bemerken.

Einer der wenig schmeichelhaften (und nicht untypischen) Kommentare, die Askildsen zu hören bekam, war der folgende von einem erwachsenen Fan, der sich immer noch über das Galidor-Debakel aufregte: »Was sollen LEGO-Fans mit Galidor? Galidor ist was für Kinder, die keine Konstruktionsspielzeuge mögen. Der Name LEGO auf einem Spielzeug ohne Konstruktionsfunktion ist ein Widerspruch in sich für Gelegenheitskäufer und eine echte Blasphemie für Hardcore-Fans.«

Im August 2005 konnte Askildsen Kristiansen und Knudstorp überzeugen, am BrickFest teilzunehmen, einem von Fans organisierten Event in der George-Mason-Universität bei Washington. Schon dies belegte einen Wandel der Unternehmenskultur. In den vergangenen Jahren hatte man Askildsen abblitzen lassen, wenn er versucht hatte, die Kritik der erwachsenen Fans an die Unternehmensführung weiterzuleiten, denn viele der LEGO-Veteranen glaubten, die erwachsenen Fans seien nur eine kleine Gruppe, der zuzuhören sich nicht lohne. LEGO riet sogar aktiv vom direkten Kontakt mit erwachsenen Fans ab und hielt am Mantra fest: »Wir nehmen keine unerbetenen Ideen an.«

»Wir waren von der Fan-Community abgeschirmt«, erinnerte sich Jake McKee, der ehemalige Unternehmensfachmann für weltweite Community-Beziehungen. »LEGO nahm die Welt da draußen wirklich überhaupt nicht zur Kenntnis.« [22]

Doch nach der Markteinführung von LEGO *Star Wars* und Mindstorms war die Welt da draußen weitaus schwieriger zu ignorieren. Obwohl die wachsende Gemeinschaft von Hardcore-Fans in den ersten Jahren des neuen Jahrtausends nur ungefähr fünf Prozent des gesamten Marktanteils darstellte, übertraf der durchschnittliche erwachsene Fan die durchschnittliche Familie mit Kindern durch eine Gewinnspanne im Verhältnis von ungefähr 20 zu 1. Diese überzeugten Hobby-LEGO-Spieler waren auch eine schlagkräftige Marketing-Maschinerie für LEGO. Es war keineswegs ungewöhnlich, dass vier oder fünf Hardcore-Fans bei einem LEGO-Fan-Event auftauchten und faszinierende Kreationen aufbauten, zum Beispiel eine knapp drei Meter hohe Nachbildung des Sears Tower in Chicago, der 25 000 Kinder und Eltern sowie die lokale Presse anlockte. Nach Askildsens Überzeugung musste LEGO sich mit seinen überzeugtesten Fans verknüpfen, wenn es seinen wahren Kern finden wollte. Der Enkel des Gründers der LEGO Gruppe und der neue CEO stimmten ihm darin zu.

Beim BrickFest standen Kristiansen und Knudstorp rund 500 Hardcore-Fans drei Stunden lang Rede und Antwort. Später bezeichnete Knudstorp dies als »entscheidende Begegnung«, sein erster Kontakt auf Augenhöhe mit der erwachsenen Fangemeinde. In diesem Gespräch erzählte Knudstorp, wie sich sein Verständnis der zukünftigen Richtung des Unternehmens herauskristallisiert hatte. Er führte Untersuchungen an, wonach Kinder mehr Zeit mit Videospielen und Fernsehen verbrachten und schneller erwachsen wurden, erklärte jedoch mit einem Achselzucken: »Wir müssen dem treu bleiben, was wir sind, und nicht wie andere uns haben wollen.« Natürlich hatten viele Unternehmen den Anschluss verpasst, die an ihrem Kern festhielten, weil sie das sich verändernde Konsumentenverhalten ignorierten – Kodak und seine Filmkamera fallen einem ein oder Research in Motion, der Hersteller des nicht mehr allzu beliebten BlackBerry. Doch LEGO hatte Verluste erlitten, weil man jenen Kindern hinterhergelaufen war, die sich für digitales Spielzeug begeisterten und dem Baustein gleichgültig gegenüberstanden. Er versprach, dass LEGO sich »durch diese Trends navigieren« werde, und gestand freimütig ein, der Baustein sei »kein Spielzeug für jeden. Er steht für Spielen nach LEGO-Art, für Kreativität.« Er wollte, dass LEGO in den kommenden Monaten und Jahren Spielzeuge herstellte, die frisch und neu wirken »und doch vollständig ins LEGO-System passen«.

Die Gespräche machten noch einmal deutlich, dass es bei der LEGO-Kreativität im Kern um den Baustein geht. Auf den ersten Blick scheint es merkwürdig, dass das Unternehmen eine Reihe von ausgedehnten Gesprächen mit Kunden führen musste, um wiederzuentdecken, dass das System und der Baustein die wesentlichen Grundlagen des LEGO-Spielerlebnisses sind. Aber bei fast jeder geschäftlichen Krise ist Überblick und Klarheit das erste Opfer. Die vorherigen Chefs der LEGO Gruppe hatten von so vielen Beratern gehört, dass der Baustein passé sei, und waren so entsetzt von der finanziellen Notlage und dem Verlust ihrer Führungsposition in nahezu allen wichtigen Märkten, dass sie eine Tatsache weitgehend aus den Augen verloren hatten: Der Baustein war auf der ganzen Welt beliebt. Wenn es LEGO nicht mehr gäbe, würde die Welt nicht die Marke, die Freizeitparks oder die Flagship-Stores vermissen. Sie würde dem Baustein hinterhertrauern.

Diese Unterhaltungen mit den Fans überzeugten Knudstorp, dass Nippers Instinkt, zum Baustein zurückzukehren, die richtige Maßnahme war. Darüber hinaus gab die Kritik der Fans an den jüngsten LEGO-Angeboten dem frisch gebackenen CEO den Mut und das Rüstzeug, um internen Skeptikern entgegenzutreten, die bezweifelten, dass eine Rückkehr in die Zukunft mit Baustein und System das Unternehmen auf lange Sicht stabilisieren würde.

»Wir diskutierten darüber, die Qualität unserer Produkte zu verringern, um den Preis zu senken«, erinnerte sich Knudstorp. »Wir diskutierten, ob Kreativität für LEGO immer noch ein Schlüsselbegriff war. Wir fragten die [Fans], und die waren sehr eindeutig. ›Kreativität ist das, was euch von allen anderen abhebt. Und wenn ihr die Qualität verringert, wenden wir uns von der Marke ab.‹«

Die Dialoge beim BrickFest und bei anderen Veranstaltungen vermittelten Knudstorp eine Erkenntnis, die immer noch nachklingt: »Eure meistgeschätzten Kunden werden euch sagen, was mit der Marke geschehen soll.«

GESPRÄCHE AM LEBEN HALTEN

Auf dem BrickFest betonte Knudstorp seine Überzeugung, dass die Zusammenarbeit mit den Fans sich für LEGO als vorteilhaft erweisen werde. »Wir glauben, Innovation wird aus dem Dialog mit der Fangemeinde erwachsen«, teilte er den Anwesenden mit. Und er setzte seine Worte in die Tat um, denn LEGO unternahm erste zaghafte Schritte hin zu einem direkten Austausch mit den Kunden. Innerhalb mehrerer Monate startete LEGO drei Maßnahmen, um Ideen für potenzielle Produkte von erwachsenen Nutzern zu erhalten und Feedback von Kindern über Produkte einzuholen, die sich in Entwicklung befanden.[23]

– Um sich direkt mit den Fans austauschen zu können, führte das Unternehmen 2005 eine neue Crowdsourcing-Spielzeug-reihe ein, die unter der bereits erwähnten Marke LEGO Fac-tory vermarktet werden sollte. Søren Lund, der zu diesem Zeitpunkt Marketingdirektor bei LEGO war, rekrutierte zehn Hardcore-Fans, um verlockende Modelle zu entwerfen. Mit ihrer Hilfe sollten Kinder dazu gebracht werden, Factory aus-zuprobieren. LEGO forderte die zehn Fans auf, LEGO-Modelle zu einem Thema mit dem Namen Micro City zu schaffen, »die größte kleine LEGO-Stadt der Welt«. Der Leiter des Erwachs-enen-Fanteams gründete ein geschlossenes Internetforum, in dem die Amateurexperten ihre Entwürfe gegenseitig kri-tisieren und verbessern konnten. Innerhalb weniger Wochen entwarfen die freiwilligen Entwickler zahlreiche umwerfende Mini-Stadtmodelle. »Ich war überwältigt von der Qualität«, sagte Lund. 2005 kamen die besten Entwürfe – ein Flughafen, ein Freizeitpark und eine Gruppe von Bürogebäuden – auf den Markt. Die Professionalität und Kreativität des Projektteams »rief ein regelrechtes Erdbeben in unserer Entwicklungsabtei-lung hervor«, fügte Lund hinzu.[24]

Obwohl das Micro-City-Experiment es letztlich nicht schaffte, zu einem florierenden Geschäft zu werden, lieferte es doch den unwi-derlegbaren Beweis, dass LEGO sich seinen Fans erfolgreich öffnen konnte.

– Nachdem auch andere Führungskräfte wie Lund das Poten-zial der Ideen und des Feedbacks von Kunden zu erkennen be-gannen, versuchte LEGO, engere Bande zu seiner Fangemeinde zu knüpfen, indem ein Botschafterprogramm ins Leben geru-fen wurde. Es setzte sich aus zahlreichen Vertretern von mehr als 30 Nutzergruppen rund um die Welt zusammen und gab der weltweiten Community von LEGO-Fans eine Stimme. Die Bot-schafter leiteten Bitten und Anfragen der Community direkt an die LEGO-Manager weiter. Und die LEGO-Manager ihrerseits wandten sich an die Botschafter, um Ideen einzuholen oder

Feedback von Nutzergruppen zu in Entwicklung befindlichen Projekten zu erhalten. Darüber hinaus diente das Programm den LEGO-Führungskräften als großes Fenster auf die erstaunlichen Kreationen, die immer wieder aus der Fangemeinde heraus entstanden.

– Die Reichweite der LEGO Gruppe war nicht nur auf die erwachsenen Fans beschränkt. Um das Leben und die Interessen von bausteinbegeisterten Kinder besser zu verstehen, erfand LEGO den Kids Inner Circle, ein für Kinder konzipiertes Testprogramm für Spielzeug. Daran waren 2 000 Kinder aus aller Welt beteiligt. Mit Einwilligung ihrer Eltern loggten sie sich in ein Internetforum ein, wo sie Fotografien der Designkonzepte für zukünftige Spielzeuge kommentierten und Sets kritisierten, die auf den Markt kommen sollten. Sie füllten zudem Fragebögen über ihr eigenes Kaufverhalten aus und schrieben Wunschlisten für Spielzeug. Wenn die LEGO-Entwickler ungeschöntes Feedback für einen Prototyp in der Entstehungsphase wollten, schickten sie ihre Entwürfe einfach an das Forum des Inner Circle, wo die Testkinder innerhalb von 24 Stunden ihr Urteil abgaben.

Zusammengenommen signalisierten diese ersten Bestrebungen, die Erfahrungen, Wünsche und Meinungen von jungen und im Herzen jung gebliebenen Fans zu sammeln, dass die Mitbeteiligung bei LEGO eine wachsende Rolle spielte. Das Unternehmen, das es so lange abgelehnt hatte, Ideen von außen anzunehmen, schickte sich nun an, diese zu erbitten.

KUNDENDIALOGE MIT KUNDENDATEN STÜTZEN

Parallel zu seinen Dialogen mit den Fans führte LEGO eine seiner umfassendsten Konsumentenstudien durch. Im März 2005 rief Askildsen ein Projekt namens Core Gravity ins Leben, das die größten Fans des Bausteins identifizieren sollte, insbesondere jene Kinder, die genügend Begeisterung – oder, anders formuliert, Anziehungskraft – ausstrahlten, um die Botschaft von LEGO zu verbreiten und andere Kinder in den Bann der Marke zu ziehen. Bei dieser psychografischen

Untersuchung »aufmerksamkeitswürdiger« Kinder wurden 56 000 Auskünfte durch Online-Befragungen gesammelt, denen dann Markttests und Fokusgruppen folgten.

Die Studie konzentrierte sich auf zwei entscheidende, richtungweisende Bereiche für LEGO. Erstens identifizierte und beschrieb sie die wertvollsten Kunden: Kinder, die nicht nur LEGO liebten, sondern von ihresgleichen auch als Meinungsführer betrachtet wurden und die sich unbeirrt für den Baustein einsetzten. Zweitens sollte das Projekt aufdecken, was aus der Perspektive echter Fans die Grundlage des LEGO-Spielerlebnisses war. Es dauerte ein Jahr, um das Projekt zu vollenden, im August jedoch legte Askildsen einen Zwischenbericht vor, ungefähr zur gleichen Zeit, als Kristiansen und Knudstorp sich beim BrickFest mit den erwachsenen Fans trafen.

Eine der wichtigsten Erkenntnisse der Studie war, dass es »normale« Kinder waren, die den Kern von LEGO schätzten. Sie guckten ein bisschen mehr Fernsehen und lasen ein paar mehr Bücher, aber in anderen wichtigen Dingen waren sie genau wie andere Kinder. Sie machten Sport und interessierten sich für Videospiele; sie hörten Musik und trafen sich mit Freunden. Eine weitere Erkenntnis warf eine bedeutsame Annahme aus der Plougmann-Ära über den Haufen: Für LEGO-Kinder schlossen Videospiele und Bausteine einander *nicht* aus. Nur weil ein Kind sich gerne auf einer Xbox austobte, hieß das noch lange nicht, dass es sich nicht auch für LEGO *Star Wars* begeistern konnte.

Was jedoch am wichtigsten war: Selbst wenn die LEGO-Kinder mit den kleinen Plastikbausteinen spielten, waren sie deshalb keine sozialen Außenseiter. Die Studie ergab, dass LEGO-Kinder klug waren und unter ihresgleichen häufig viel Anerkennung genossen. Das klingt wie die Feststellung des Offensichtlichen, wenn man bedenkt, dass LEGO auf der ganzen Welt beliebt ist. Aber in Billund hatten nicht wenige geglaubt, dass LEGO bestenfalls ein Spielzeug für Einzelgänger sei, nachdem sie jahrelang gehört hatten, der Baustein hätte seinen Reiz verloren. »Die Studie nahm uns die Befürchtung, dass LEGO-Kinder kleine Nerds seien und keine Freunde hätten«, sagte Askildsen. »Das war ein sehr wichtiges Ergebnis, dem wir entnahmen, dass wir uns nicht davor fürchten mussten, sie in den Fokus zu nehmen.«

Core Gravity deckte auch ein zentrales Unterscheidungsmerkmal für LEGO auf. Sie drückten es zwar auf unterschiedliche Weise aus, aber übereinstimmend war, dass die LEGO-Eltern und -Kinder gern konstruierten, und mit LEGO konnten sie alles bauen, was sie wollten. Ihre Botschaft lautete: LEGO ist ein Katalysator für Kreativität und Fantasie, gerade weil es ein Konstruktionsspielerlebnis bietet, eine Erkenntnis, welche die erwachsenen Fans beim BrickFest Kristiansen und Knudstorp mehrfach mitteilten.

Schließlich ergab die Studie auch, dass LEGO zwar in einem Nischenmarkt agieren mochte, doch es handelte sich um eine Nische von beachtlicher Größe mit einer LEGO-Community von über zwei Millionen Haushalten. Und der Markt für kreative Konstruktionsspiele bröckelte keineswegs, wie LEGO Ende der neunziger Jahre befürchtet hatte. Wie Knudstorp beim BrickFest erklärte, war es nicht vermessen zu erwarten, dass der äußere Kreis der LEGO-Fans ohne Weiteres zweimal, fünfmal, sogar zehnmal größer sein könne als die zwei Millionen registrierten Kunden. Darüber hinaus bestätigte die Studie die Auffassung, dass LEGO nur den qualitativ hochwertigen Bereich des Spielzeugmarktes bedienen solle. Durch einen hohen Qualitätsanspruch an alle seine Produkte erhielt LEGO die Chance, Kunden anzuziehen, für die seine Produkte von enormem Wert waren und die bereit waren, entsprechende Preise dafür zu bezahlen.

Die Vorstellung, dass LEGO nur den Premium-Spielzeugmarkt bedienen sollte, indem es hochwertige Konstruktionsspielzeuge anbot, war sowohl einengend als auch befreiend. »Indem er LEGO als Nische definierte, setzte Jørgen einen Schwerpunkt«, sagte Askildsen. »Wir würden uns auf Kinder konzentrieren, die gerne bauten, und wir würden eine Premium-Marke aufbauen. Um alles außerhalb dieser Grenzen brauchten wir uns keine Gedanken zu machen.«

Wenn das erste Opfer der LEGO-Krise die Klarheit gewesen war, so war das zweite Opfer das Vertrauen. Die übermäßige Expansion des Unternehmens und sein fehlender Schwerpunkt, die den Abstieg von 2003 ausgelöst hatten, hatten der Stimmung und dem Schwung schwer geschadet. Die Core-Gravity-Studie definierte die leidenschaftlichsten Kunden des Unternehmens und ließ erkennen, dass es eine große Chance gab, viele weitere Gelegenheitskäufer in Fans zu verwandeln. Dadurch gab sie den Mitarbeitern die Hoffnung zurück, dass LEGO eine Zukunft hatte.

DIE WELT AUF DIE WICHTIGSTEN KUNDEN REDUZIEREN

Gestärkt von den Ergebnissen der Core-Gravity-Studie bereiteten Nipper und sein Team der Auffassung ein Ende, wonach die Mehrheit der Kinder Konstruktionsspielzeug ablehnte, und richteten ihr Augenmerk stattdessen auf die kleinere, jedoch profitable Gruppe von Kindern, die immer noch Freude am Baustein hatten. Die Firmenleitung legte jene Märkte fest, die das Unternehmen um jeden Preis verteidigen musste und in denen LEGO immer noch Marktführer war – Deutschland und Skandinavien (zu diesem Zeitpunkt waren die USA eher eine Wachstumschance) –, und lehnte jede Designinitiative ab, die nicht unmittelbar auf diese Regionen abzielte. Die knappe, aber effektive Kurzbeschreibung des typischen LEGO-Kunden lautete: fünf- bis neunjährige deutsche Jungen, die Konstruktionsspielzeug mögen. Als Ergebnis schränkten sie die Produktlinien, von denen LEGO »mehr machen« würde, auf eine sehr kurze Liste von vier ein: LEGO Technic für ältere, erfahrenere Konstrukteure, die Mindstorms-Robotiksets, DUPLO für Vorschulkinder und eine Neuauflage von City.

»Wir mussten die Welt herunterbrechen, in der wir agierten«, bestätigte Nipper. »Wir mussten alles herunterbrechen auf das, was zu bewältigen und überschaubar war und mit dem sich relativ leicht umgehen ließ. Natürlich wussten wir, dass die Zukunft der LEGO Gruppe nicht nur in Deutschland liegen konnte. Aber solange wir nicht in diesen Märkten erfolgreich waren, würden wir nie eine Zukunft haben.«

Das Ergebnis war eine drastische Veränderung im Vergleich zur vorangegangenen Ära. Die Designer durften nicht länger jede beliebige Richtung einschlagen. Stattdessen mussten sie sich auf die Entwicklung eines spezifischen Spielzeugs konzentrieren, wie etwa des LEGO-City-Feuerwehrautos, für einen klar umrissenen Markt: fünf- bis neunjährige deutsche Jungen, die von LEGO begeistert waren und mehr davon wollten. Für altgediente Designer wie Henrik Andersen, der jahrelang auf dem Abstellgleis gestanden hatte, weil er es bevorzugte, realistische Gebäude und Fahrzeuge abzubilden, war die

Rückkehr zur Kreation von bausteinbasierten Bauspielzeugen »wie ein Schulterklopfen«.

RICHTLINIEN VON OBEN

Mads Nipper wusste, dass es unter Idealbedingungen nicht allein ihm und ein paar anderen Führungskräften obliegen sollte, das Erscheinungsbild der nächsten Runde von LEGO-City-Produkten auszuwählen; das überließ man am besten den Designern und Marketingexperten, deren Entscheidungen sich auf Erkenntnisse aus gründlichen Forschungen und extensiven Zielgruppentests mit Kindern stützten. Es ist zwar ein uralter Spruch, aber trotzdem wahr: Ohne Schweiß kein Preis. In den Krisenjahren 2004 und 2005 war jedoch einfach nicht genügend Zeit, um sich mit dem Leben von Kindern zu beschäftigen und mit ihnen gemeinsam Spielzeuge zu entdecken, die LEGO in eine solide Zukunft führen würden.

Am Ende seines »Feuerwehrauto-Gesprächs« prognostizierte Nipper wenig subtil, dass die Leute auf zweierlei Arten auf seinen Aufruf reagieren würden, zum Kern vorzudringen: Die einen würden »die Arbeit einstellen, bis sämtliche Details geklärt sind, und sich beschweren, dass das oberste Management wahrscheinlich auch diesmal wieder danebenliegt«, und die anderen würden »darauf vertrauen, dass das, was wir jetzt machen, das Richtige für die Firma ist … Es liegt bei Ihnen.«

Nippers Absicht war, dem Unternehmen das Gefühl der Dringlichkeit zu vermitteln und die Mitarbeiter anzuspornen, »härter als je zuvor für das Überleben von LEGO zu kämpfen«. Doch indem er die Leute aufforderte, jenen an der Spitze der Führungspyramide zu »vertrauen«, dass sie sich für die richtige Strategie entschieden hatten, erklärte er implizit, dass LEGO, solange die Krise andauerte, sich eines Innovationsmodells von Befehl und Kontrolle bedienen würde. Von Basisinnovationen oder Erfindungen, die sich aus den Reihen der Designer herausbilden würden, war keine Rede. Statt es den Mitarbeitern freizustellen, ihren Leidenschaften zu folgen und kreative Spielthemen zu entwickeln, die ein »neues« LEGO definieren würden, setzte die Unternehmensführung eindeutige, handlungsorientierte

Ziele. Es war Sache der Entwickler und Designer des Unternehmens, diesen Zielsetzungen zu folgen und, wie Knudstorp es zuvor formuliert hatte, »die Dinge zu erledigen«.

Ein derart hierarchisches Vorgehen beim Innovationsmanagement, bei dem eine Gruppe an der Spitze die Ziele festlegt und sie an produktfokussierte Geschäftseinheiten weitergibt, widerspricht der allgemeinen Auffassung, dass Innovation nur gedeihen kann, wenn sie von einer Demokratie flankiert wird, in der jeder ein Wahlrecht hat. Doch Knudstorp und Nipper hatten entschieden, dass es ihre erste Priorität sein musste, Disziplin und Orientierung wiederherzustellen, wenn LEGO in die Gewinnzone zurückkehren sollte. Und das ließ sich nur durch eine Reihe von Zielen bewerkstelligen, die an einer Befehlskette entlang weitergereicht wurden.

Knudstorp bildete ein Innovationskomitee, das sich aus allen Leitern der Produktentwicklungsgruppen zusammensetzte, aus den Verkaufsleitern der verschiedenen Regionen und einem Vertreter der Produktions- und Vertriebsabteilung. Die Gruppe sollte die Innovationsbestrebungen des gesamten Unternehmens leiten und koordinieren. Das Komitee entschied über die Mischung der Innovationsprojekte, mit denen LEGO sich befasste, beschaffte Ressourcen, teilte klare Verantwortlichkeiten zu und überwachte den Entwicklungsprozess. Rückblickend auf die geistige Einstellung, die LEGO während des Jahres 2004 charakterisierte, stellte Knudstorp fest, dass es »nur eine Wahrheit und Schwarz-Weiß-Denken« gab.

KINDER ALS MITGESTALTER

Einer der Katalysatoren der finanziellen Krise der LEGO Gruppe war die bemerkenswert hohe Sterblichkeitsrate von Spielzeugen, die sich noch in Entwicklung befanden. Während der gesamten Plougmann-Zeit waren die Entwickler ermutigt worden, ihrer Muse zu folgen und revolutionäre Entwürfe zu schaffen, die LEGO weit über den Baustein hinaus bringen würden. Doch die Freiheit hatte ihren Preis. Die Designer arbeiteten unermüdlich, um Konzepte für nagelneue LEGO-Modelle zu entwerfen, nur damit die Unternehmensleitung die meisten davon ablehnte.

»Wenn ein Designer an zehn Ideen arbeitete, schafften es nur eine oder zwei davon bis zur Marktreife, weil wir viel experimentierten und Neues ausprobierten«, erinnerte sich Per Hjuler, der Vorstand für Kundenmarketing und Innovation. »Die meisten Ideen schienen nirgendwohin zu führen.«

Die Vielzahl fortwährender Zurückweisungen forderte ihren Tribut hinsichtlich der Moral der Designer, ebenso wie der Amortisation der Ausgaben für Forschung und Entwicklung. Die Tatsache, dass es im Durchschnitt drei Jahre dauerte, um ein Konzept zu entwickeln und es auf den Markt zu bringen, trug noch zum Eindruck der Sinnlosigkeit bei. Es war nicht ungewöhnlich, dass die Designer Monate oder gar Jahre damit zubrachten, LEGO-Sets zu entwickeln, die nie ihren Weg in die Hände der Kinder fanden.

Um die Trefferquote für Spielzeugkonzepte zu erhöhen, überarbeiteten Hjuler und sein Team im Jahre 2005 den LEGO-Entwicklungsprozess (LEP). Der LEP war 1995 eingerichtet worden und bestand aus schrittweisen Überprüfungen der Prototypen durch das Management, bei denen die Führungskräfte entschieden, welche Ideen LEGO tatsächlich fortführen und auf den Markt bringen würde. Doch in den zehn Jahren seit der Einführung von LEP hatte jede Produktgruppe ihre eigene Prozessversion ausgebildet.

Beispielsweise hatte die Gruppe, die sich auf Fünf- bis Neunjährige ausrichtete, einen LEP eingerichtet, der zunächst gut funktionierte, doch im Laufe der Zeit immer bürokratischer wurde. »Es wurde zu komplex«, erinnerte sich Hjuler. »Für jeden einzelnen Schritt mussten die Leute mehrere Formulare und Checklisten ausfüllen.«

Die Produktgruppe für Neun- bis Sechzehnjährige dagegen verfolgte einen weniger stark regulierten LEP mit weniger Prüfpunkten, doch wesentlich ausgefeilteren Konzeptsimulationen. Die Logik dahinter: Durch extravagante Präsentationen hofften die Entwickler, die Führungskräfte von ihren Entwürfen zu überzeugen. Ungeachtet der Verfahrensweise hatten es unter dem alten System weniger als 20 Prozent der Ideen der Entwickler bis zur Marktreife geschafft. Und was diejenigen Ideen betraf, die am Ende zu fertigen Produkten wurden – wie etwa Galidor, der Spielberg MovieMaker, Jack Stone und Explore –, so erwiesen sich immer mehr davon letztlich als Flops.

Die Lösung des Unternehmens bestand darin, einen universellen Entwicklungsprozess zu schaffen, an den sich jede Produktgruppe halten sollte. Der neue LEP bestand aus vier Stufen: Die Produktteams hielten ein Ideen-Brainstorming ab, wählten Konzepte zur Weiterentwicklung aus, überprüften die Businesspläne für jedes vorgeschlagene Produkt und verteilten schließlich Ressourcen und legten die Design- und Geschäftsstrategien für jene Spielzeuge vor, die LEGO auf den Markt bringen würde. Da jede Stufe nur ein paar Monate dauerte, verkürzte der neue Prozess die durchschnittliche Entwicklungszeit für ein neues Produkt von drei Jahren auf achtzehn Monate.

Kernpunkt des neuen Entwicklungsprozesses war ein konstanter, empathischer Kundenkontakt. In jedem Stadium trafen sich die Teams mit kleinen Gruppen von Kindern und zeigten ihnen ihre Ideen für neue Spiele, beobachteten sie im Umgang mit den Prototypen und suchten nach Spielthemen, die bei den Kindern wirklich gut ankamen. Keine Idee erreichte das nächste Stadium, ohne von den Testerkindern abgesegnet worden zu sein.

Natürlich gibt es überaus erfolgreiche Innovatoren, die Zielgruppentests skeptisch gegenüberstehen. Von Henry Ford stammt das berühmte Zitat: »Wenn ich die Leute fragte, was sie wollen, würden sie sagen, schnellere Pferde.« Ähnlich verächtlich äußerte sich auch Steve Jobs. »Es ist wirklich schwer, Produkte anhand von Zielgruppen zu entwerfen«, sagte er einmal gegenüber der *Business Week*. »Meistens wissen die Leute nicht, was sie wollen, bis man es ihnen zeigt.«[25]

LEGO wählte ein von innen nach außen gerichtetes Testverfahren. Statt die Kinder zu fragen, was sie wollten, zeigten die Entwickler ihnen Zeichnungen oder Prototypen dessen, was sie vielleicht wollen *könnten*, beispielsweise Weltraumthemen oder ein Mars-Mission-Geländefahrzeug für die Kristallernte, und bewerteten dann ihre Reaktionen. Ziel war es, die Fantasie der Kinder anzuregen. Wenn das Erntefahrzeug mit seinen »rotierenden Mähdreschklingen« und der abnehmbaren Raumfähre die Kinder dazu inspirierte, sich Kampfszenen auszumalen, Geschichten zu erzählen und über einen längeren Zeitraum damit zu spielen, wusste das Team, dass es einen Treffer gelandet hatte. Riss dagegen die Geschichte der Kinder schon nach wenigen Augenblicken ab, war es an der Zeit, die nächste Auswahl zu präsentieren. Ein solcher Ansatz bedeutete, dass die Designer immer noch die Verantwortung dafür trugen, sich vorzustellen, was den Kindern gefallen könnte. Doch die Zusammenarbeit mit den Kindern half ihnen, die Ideen zu identifizieren, zu entwickeln und zu verfeinern, welche die besten Erfolgschancen auf dem Markt hatten.

Das Designerteam von LEGO City war eine der ersten Gruppen, die die neue Verfahrensweise übernahmen. Obgleich Henrik Andersens Feuerwehrauto und die restliche City-Produktlinie von 2004 überwiegend intern gestaltet worden waren, begann das Team, sich auch nach außen zu orientieren, um Inspirationen und Ideen für noch realistischere Spielerlebnisse zu sammeln. Das Team machte Feuerwehrlehrgänge, fuhr in Polizeiautos mit und ließ sich in Gefängniszellen einschließen; die Erkenntnisse aus diesen Erfahrungen flossen in die Gestaltung der City-Spielzeuge ein.

Die City-Edition von 2005 mit Konstruktions- und Polizeisets, die mithilfe der Anregungen von Kindern entstanden waren, erhöhte den Umsatz dieser Produktlinie um mehr als das Dreifache auf 350 Millionen DKK (47 Millionen Euro). Während die Produktreihe erweitert wurde, verdoppelten sich die Umsätze immer wieder, bis sie im Jahre 2007 1,5 Milliarden DKK (201 Millionen Euro) erreicht hatten. Das beflügelte auch die Moral des City-Teams. Die ehemals geschmähte Truppe, die in die hintersten Reihen des Unternehmens verbannt worden war, galt nun als der neue Star.

Die erkenntnisreichen Sitzungen mit den Kindern in Kombination mit dem überarbeiteten Entwicklungsprozess führten zu einer deutlich verbesserten Trefferquote bei Spielzeugkonzepten. Die breit angelegte Forschung in den neunziger Jahren hatte zu einer niedrigen Trefferquote geführt, bei der nur 10 bis 20 Prozent der Ideen der Designer zu Spielzeugen weiterentwickelt worden waren, um ihren Weg in die Verkaufsregale zu finden. Jetzt dagegen war es anders, sagte Hjuler: »Wenn ein Designer an zehn Ideen arbeitet, schaffen es neun davon bis zur Marktreife.«

Während einige Designer sich über die neuen Einschränkungen ärgerten und LEGO schließlich verließen, genossen andere ihre neu entdeckte Produktivität. Endlich landeten nicht mehr die meisten ihrer Ideen und Prototypen in der runden Ablage, ohne je das Licht der Welt erblickt zu haben. Wenn sie nachweisen konnten, dass den Testkindern die Idee gefiel, und wenn sie einen überzeugenden Geschäftsplan dafür vorweisen konnten, konnten sie ihre Kreation innerhalb des neuen Systems mit einiger Gewissheit bald auf Spielzeugregalen in aller Welt wiederfinden.

Andere Teams folgten dem Vorbild von City. Das Team, das mit der Wiedereinführung von DUPLO beauftragt war, erkannte die Wirksamkeit der neuen Verfahrensweise, als es das Intelli-Train-Geschenkset neu entwarf, das 2002 als Bestandteil der Explore-Reihe auf den Markt gekommen war. Die ursprüngliche Eisenbahn zu einem Preis von 99,99 US-Dollar war »vollgestopft mit Elektronik« gewesen, wie sich Designer Allan Steen Larsen erinnerte. »Die Leute begriffen gar nicht, was sie da in der Hand hielten.« Das Set, das vorab an Kunden zu testen sich LEGO niemals die Mühe gemacht hatte, war ein spektakulärer Flop gewesen, der LEGO 13 Prozent des Eisenbahngeschäfts in seinen Kernmärkten gekostet hatte.

2005 gehörte Larsen zu dem Team, das die Explore-Eisenbahn überarbeitete. Im Rahmen des neuen LEP nahm das Team diesmal einen Test an Kindern vor. Neben anderen Entdeckungen stellte das Team fest, dass es wenig sinnvoll war, einen Antriebsmechanismus mit einzubauen, damit der Zug rückwärts fahren konnte. Wenn die Vorschulkinder wollten, dass die Eisenbahn die Richtung änderte, nahmen sie sie einfach hoch und drehten sie herum. »Das ist die Logik eines Dreijährigen«, sagte Larsen. Solche erhellenden Beobachtungen ließen die Herstellungskosten für die neue Eisenbahn um die Hälfte zusammenschrumpfen. Das Eisenbahn-Startset, das unter der wieder ins Leben gerufenen Marke DUPLO auf den Markt kam, verkaufte sich so gut, dass es seit über sieben Jahren eine tragende Säule des DUPLO-Sortiments ist.

VIER LEKTIONEN

Welche Erkenntnisse können wir ziehen aus dem Bemühen der LEGO Gruppe, den Kunden wirklich an die erste Stelle zu setzen? Wir sehen vier wesentliche Lektionen.

In Krisenzeiten erst handeln, dann planen. Bevor das Unternehmen den neuen LEGO-Entwicklungsprozess installieren und in Gang bringen konnte, setzte es auf äußerst erfahrene und engagierte Führungskräfte wie Mads Nipper, um den richtigen Weg zu weisen. Bis sie ein Testverfahren mit Kindern entwickelt hatten, testeten die Designer ihre Ideen im Wesentlichen an Nipper und anderen erfahrenen Führungskräften. Ihre Achtung-fertig-los-Testsitzungen waren alles andere als ideal, aber sie erfüllten ihren Zweck.

Eine gesunde Mischung. LEGO versuchte nicht, eine »richtige« Lösung zu finden. Es ergriff eine ganze Reihe von Maßnahmen, um die Verbindung zu den Kunden wiederherzustellen – von kleinen, risikolosen Bemühungen wie dem Botschafterprogramm über experimentelle Ansätze wie die Rekrutierung von erwachsenen Fans für LEGO Factory bis zu großen strukturellen Initiativen wie der Neugestaltung des LEP. Im Laufe der Zeit sortierten die Manager aus, was nicht funktionierte, und suchten gleichzeitig nach neuen Möglichkeiten, die Kunden mit einzubeziehen.

Die Kunden durch die eigene Brille schauen lassen. LEGO wurde immer geschickter darin, kreative Möglichkeiten zu entdecken, um sich mithilfe des Internets mit Kindern und erwachsenen Fans zu verknüpfen. Doch die größten Veränderungen entstanden durch die persönliche Interaktion mit Kunden bei Events wie dem BrickFest und bei den Testsitzungen mit Kindern. LEGO fand heraus, dass es nicht genügt, durch die Brille des Kunden zu schauen. Manchmal muss man sie auch durch die eigene Brille sehen lassen, indem man sie Geschichten, Figuren und Bauerlebnisse schaffen lässt aus den Ideen, die man ihnen präsentiert.

Den Kurs festlegen und dann den Weg freimachen. Als der LEP Gestalt annahm, begann die Unternehmensleitung, einen weniger von oben nach unten organisierten Innovationsansatz zu verfolgen. Die Führung entschied immer noch, welche Kunden sie anvisierte. Und sie bewilligte immer noch Ressourcen, verstärkte Prozesse und setzte Prioritäten. Doch als die Entwicklungsteams sich mit den Kindern auseinanderzusetzen begannen, überließen die Führungskräfte den Teams eine viel weiter reichende Autorität beim Treffen von Entscheidungen. (Wir werden uns damit in Kapitel 10 noch näher beschäftigen.) Die Teams und die Kinder, nicht die Führungskräfte, sagten letztlich voraus, was der Markt wollte.

EINE GEMEINSAME VISION

Im Sommer 2005, ungefähr zur gleichen Zeit, als Knudstorp sich beim BrickFest mit Fans traf und einen ersten Blick auf die Ergebnisse der Core-Gravity-Studie warf, arbeitete er intensiv am Entwurf eines Dokuments, das die Richtung der LEGO Gruppe aufzeigen und festschreiben sollte, wie das Unternehmen seine Ziele erreichen würde. Es war an der Zeit, sich von der Identifizierung unbedingt zu gewinnender Kämpfe jener größeren Reise zuzuwenden, die vor ihnen lag.

LEGO kämpfte immer noch sehr stark um sein Überleben, doch es stand kurz davor, ein erstes Etappenziel zu erreichen. Bis Ende 2005 sollte es seine Verkaufszahlen um 15 Prozent angehoben haben. Natürlich ist diese Steigerung weniger eindrucksvoll, als die Zahl vermuten lässt, wenn man bedenkt, dass LEGO zuvor das schlechteste Jahr seiner Geschichte hinter sich gebracht hatte. Zudem hatte das Unternehmen viele der »strukturellen Optionen« zur Kostensenkung und Gewinnerzeugung aufgebraucht – den Verkauf von Wirtschaftsgütern, die Entlassung von Mitarbeitern, die Einstellung unprofitabler Produktlinien und die Neueinführung von Kernprodukten wie LEGO City – und würde bald einige Leitprinzipien für die schwierigere Aufgabe der Wachstumsneubelebung brauchen. Knudstorp stand daher unter dem Druck insbesondere des Vorstands, eine langfristige Innovationsstrategie vorzulegen, im Gegensatz zu den taktischen Initiativen des Vorjahres.

»Kjeld sagte, der Vorstand sei nicht gerade glücklich mit mir – sie fanden, ich wäre nicht optimistisch genug im Hinblick auf die Zukunft. Zu dieser Zeit war ich das vermutlich wirklich nicht«, gab er zu. »Sie hatten den Eindruck, ich wäre zu kurzfristig orientiert und hätte keine Vision.«

Tatsächlich hatte Knudstorp eine Strategie für die Umwandlung von LEGO, und er hatte sie in einem Dokument festgehalten, das

»Gemeinsame Vision« genannt werden sollte. Seine Absicht war es, eine gemeinsame Identität der Eigentümer, Chefs und Mitarbeiter der LEGO Gruppe zu definieren und auf dieser Grundlage eine Plattform zu schaffen, um das Unternehmen wieder auf den Wachstumspfad zurückzubringen.

Die »Gemeinsame Vision« war entstanden aus mehreren Workshops, die Knudtorp mit seinem Netzwerk von altgedienten LEGO-Kollegen durchgeführt hatte, darunter ebenso Führungskräfte aus dem Top- wie aus dem mittleren Management. Genau wie Askildsen es mit den Hardcore-Fans und bei Zusammenkünften mit LEGO-Angestellten getan hatte, stellte auch Knudtorp der Gruppe eine große philosophische Frage: Worin besteht die gemeinsame Identität des Unternehmens? Er erhielt eine Vielzahl von Antworten, jede eine Variation dessen, was wirklich entscheidend für LEGO war. Eine Antwort lautete, dass es der Gewinn aus dem Kerngeschäft war, eine andere vertrat die Auffassung, dass LEGO einen Premium-Status brauche. Für einen Vorgesetzten war es Nippers Dia mit den Feuerwehrautos. Zuerst waren die Leute bestürzt, dass sie alle unterschiedliche Definitionen abgegeben hatten. Doch für Knudtorp sagten sie alle auf leicht unterschiedliche Weise dasselbe, und das war ermutigend.

»Man will ja sicherstellen, dass die Unternehmensrichtung von jedem formuliert werden kann«, erklärte er. »Es geht nicht darum, genau dieselben Worte zu verwenden. Denn wenn die Leute sich wirklich über diese [Richtung] einig werden, müssen sie in der Lage sein, es auf ihre eigene Weise auszudrücken.«

Der unmittelbare Zweck der »Gemeinsamen Vision« war Einigkeit darüber, wo nach Wachstumsmöglichkeiten gesucht werden sollte. Doch es war auch eine Ideologie, eine philosophische Aussage, die im Prinzip darauf abzielte, LEGO ein solides Bewusstsein für seine Identität zu vermitteln, das über viele Jahre hinweg als Leitfaden dienen konnte. Und das bedeutete, wieder einen der anregendsten Werte der LEGO Gruppe aufzunehmen, Ole Kirks Diktum »Nur das Beste ist gut genug«. In den letzten Jahren hatten die LEGO-Mitarbeiter begonnen, an diesem Motto zu zweifeln, weil sie glaubten, dass es den Entwicklungsprozess massiv verlangsamt habe, indem es die Designer zu lange über Produkte nachgrübeln ließ und diese zu stark verkomplizierte. Perfektionismus hatte dem Handeln im Wege gestanden. Aber Knudstorp erneuerte das Motto und verpasste ihm einen direkteren Ausdruck: »Selbst das Beste ist nicht gut genug.«

Knudstorps Neuinterpretation funktionierte auf mehreren Ebenen. Sie signalisierte, dass im Mittelpunkt des Kerns der LEGO Gruppe eine gemeinsame Vision der Exzellenz stand: Egal, was das Unternehmen in Zukunft erreichte, es würde unermüdlich nach Verbesserung streben. Zudem erinnerte die Überarbeitung auch daran, dass LEGO seine Richtung neu bestimmt hatte und jetzt darauf abzielte, das beste, nicht das größte Unternehmen zu sein. Doch die Neufassung bezog sich auch auf das Erbe des Unternehmens und schuf damit eine kompromisslose kulturelle Identität. Nachdem Knudstorp in der Überlebensphase dem Unternehmen »das kulturelle Rückgrat gebrochen« hatte, lenkte er nun die Aufmerksamkeit der Mitarbeiter auf die Tatsache, dass die Unternehmenswerte sie bei der Verfolgung des langfristigen Ziels leiten würden: ein nachhaltiges Geschäft aufzubauen.

Um LEGO in eine Organisation zu verwandeln, die so widerstandsfähig war wie der Baustein selbst, glaubte Knudstorp, dass er und sein Team sich jener »Aktivposten und Ressourcen« bedienen mussten, die das Unternehmen so viele Jahre lang gestützt hatten. Seine Vorstellung dessen, was den wahren Kern von LEGO ausmachte, war nicht beschränkt auf Produkte, Kunden und Märkte. Wie er in der Strategie der »Gemeinsamen Vision« darlegte, lag der Unternehmenskern auch in seinen wichtigsten Aktivposten, die Knudstorp und sein Team als den LEGO-Stein und das Konstruktionssystem, die Marke und die einzigartige Beziehung des Unternehmens zu seinen Stakeholdern (also: Eigentümern, Einzelhändlern, Geschäftspartnern und Kunden) definierten. Die Ressourcen des Unternehmenskerns bestanden in seiner Fähigkeit, das LEGO-System zu nutzen, um Produkte zu innovieren, in seiner Kompetenz bei Formgebung und Produktion sowie im direkten Dialog mit den Kunden, der von Gesprächen mit Fans bei Events wie dem BrickFest über die Zusammenarbeit mit Kindern bis zur Verpflichtung kompetenter Hobby-LEGO-Konstrukteure zur Verbesserung von Angeboten wie bei LEGO Factory reichte.

Indem Knudstorp die Manager und die Mitarbeiter auf die vorrangigen Aktivposten und Ressourcen des Unternehmens einschwor, signalisierte er, dass es bei der Rückkehr zum Kern tatsächlich darum ging, »mehr von dem zu werden, was wir bereits sind«. Gemäß der »Gemeinsamen Vision« würde dieser Prozess in drei Stufen über einen Zeitraum von sieben Jahren erfolgen.

In der ersten Stufe, »Kampf ums Überleben«, hatten Knudstorp und Ovesen das Unternehmen auf die unbedingt zu gewinnenden Schlachten eingestimmt: klare Richtungsvorgaben, die Erhaltung der Wettbewerbsfähigkeit durch die Wiederfokussierung auf die Einzelhändler sowie die Konzentration auf ausschließlich jene Produktlinien, die gute Aussichten auf Profitabilität hatten. Der Schlüssel zum Sieg in diesen Schlachten lag in der Beherrschung von zwei der sieben Wahrheiten. LEGO musste eine wahrhaft innovative Kultur einführen – in der sich die Entwickler auf Kosten und Profitabilität ebenso konzentrierten wie auf Kreativität, in der die Mitarbeiter für herausragende betriebliche Abläufe sorgten und »die Dinge erledigten«. Und LEGO musste über den Tellerrand hinausschauen, Kontakt mit seinen Fans herstellen und zu einer authentischen Kundenorientierung finden. Durch die Auseinandersetzung mit fünf- bis neunjährigen Jungen, die gerne bauten, und den erwachsenen Fans, die zum Baustein zurückkehrten, hatte LEGO deutlich bessere Chancen, seine Zukunft unter Kontrolle zu bekommen.

Knudstorp erwartete, dass LEGO bis 2006 die zweite in der »Gemeinsamen Vision« aufgeführte Stufe erreichen würde, nämlich den Aufbau eines »vertretbaren Kerns« von profitablen Produkten. Um das Beste aus seinem Kerngeschäft zu machen, musste LEGO zwei weitere Wahrheiten beherrschen. Erstens musste es die volle Bandbreite der Innovationen ausschöpfen. LEGO konnte seine Gewinnspanne nicht allein durch Produktinnovationen maßgeblich verbessern. Es musste auch eine Vielzahl ergänzender Innovationen entwickeln, neue Vertriebswege erforschen, neue Geschäftsmodelle entdecken und die Zusammenarbeit sowohl intern als auch mit externen Partnern neu gestalten. Zweitens musste LEGO seinen Innovationsprozess der Schwarmintelligenz öffnen. Da das Unternehmen immer noch knapp an Ressourcen, dafür aber reich gesegnet war mit Tausenden von überaus talentierten Hardcore-Fans, hatte LEGO sowohl den Bedarf als auch die Mittel, neue Wege zu finden, um mit seinen kreativsten Kunden bei der Erschaffung neuer Spielerlebnisse zusammenzuarbeiten.

Wenn es LEGO gelang, eine ausgewogene Bilanz und ein profitables Kerngeschäft zu erreichen, konnte es 2008 die letzte Stufe der »Gemeinsamen Vision« angehen, bei der es um die Entdeckung ganz neuer Wachstumskräfte ging. Um organisches Wachstum zu erzielen – das heißt Wachstum (nicht nur Gewinne) aus seinem Kerngeschäft anstelle von Akquisitionen –, würde LEGO die letzte Gruppe von Wahrheiten zur Anwendung bringen müssen: die Suche nach Märkten des blauen Ozeans und die Umsetzung bahnbrechender Innovationen. Wenn das Unternehmen erst einmal Gewinne erzielte und wieder wuchs, würde es zudem lernen müssen, sich die Qualifikationen seiner unterschiedlichen und kreativen Mitarbeiter nutzbar zu machen.

Knudstorp fasste die Strategie der »Gemeinsamen Vision« in einem einzigen Bild zusammen. Als er sie 2005 verkündete, gab er den Mitarbeitern eine Richtung vor und vermittelte eine plausible Vorstellung dessen, wie sich die Zukunft entwickeln würde (vorausgesetzt, dass alles nach Plan lief). Genau wie Plougmann hatte auch Knudstorp die Absicht, LEGO zu einer großen globalen Marke zu machen. Doch durch die Gespräche mit Menschen wie dem Strategieexperten und Autor Chris Zook und dem LEGO-CFO Jesper Ovesen schlussfolgerte der neue CEO, dass für die kontinuierliche Innovation eine gewisse Ablaufplanung und Kadenz notwendig war. Ehe sie die Marke erneuern konnten, mussten sie erst einmal das Geschäft retten. Wenn LEGO seine Bilanz nicht ins Reine brachte und seinen Betriebsablauf nicht neu strukturierte, erklärte Knudstorp, würde die Marke nie zu ihrem Glanz zurückfinden.

Im Sommer 2005 hatten die Mitarbeiter angefangen, an Knudstorp zu glauben. Bezeichnenderweise gelang es ihm endlich, Kristiansen vom Verkauf der vier LEGOLAND-Freizeitparks an einen britischen Vergnügungsparkbetreiber zu überzeugen, die Merlin Entertainments Group, ein Schritt, der einige der Skeptiker innerhalb von LEGO und die Gerüchte in Billund zum Schweigen brachte. (LEGO behielt einen

»Gemeinsame Vision«

ist ein dreistufiger Sieben-Jahres-Plan, dessen aktueller Fokus auf der Schaffung einer zukünftigen geschäftlichen Plattform durch geschäftliche Veränderung liegt

30-prozentigen Anteil an dem neuen Projekt.) Die Bildunterschrift eines Fotos des Eigentümers und des neuen CEO beim BrickFest bezeichnete das Paar als »Meister und Lehrling«. Kristiansen würde seine Herrschaft über LEGO immer behalten. Aber mit Knudstorps Aufstieg gab es nun einen neuen Verantwortlichen.

Dennoch gab es weiterhin viele Herausforderungen. Die Führung der LEGO Gruppe musste nach wie vor das Unternehmen in die Gewinnzone zurückbringen und das Umsatzwachstum ankurbeln. Sie musste LEGO immer noch in ein schnelleres, flexibleres und kostenbewussteres Innovationsunternehmen verwandeln. All dies musste in einer Zeit geschehen, da der Spielzeugmarkt schrumpfte, große Einzelhändler ihre Verhandlungsmacht ausweiteten, die Kinder »schneller älter wurden« und die Umsatzrendite des Unternehmens mit dem Jahresabschluss 2005 immer noch bei mageren sieben Prozent lag, weit entfernt von dem 13,5-Prozent-Ziel, das im Vorjahr gesetzt worden war. LEGO stand kurz davor, seine erste große Schlacht zu gewinnen. Aber der Krieg war noch lange nicht vorbei.

Die ganze Bandbreite der Innovationen ausschöpfen

Die Bionicle-Chronik

Bionicle ist das Spielzeug,
das LEGO gerettet hat.

Jørgen Vig Knudstorp, CEO der LEGO Gruppe

Als LEGO sich im Jahre 2005 wieder mit seinen Kernkunden und -märkten verknüpft hatte, entschieden Knudstorp, Nipper und andere Führungskräfte, dass sie das Unternehmen nicht zu langfristigem Wachstum führen konnten, indem sie lediglich die LEGO-City-Polizeiautos und -Feuerwachen aufpeppten. Wenn sie genügend Gewinn erzielen wollten, um LEGO in eine gesunde Zukunft zu bringen, mussten sie auch eine Vielzahl von Innovationen anstoßen, die neue Märkte erschlossen. Um einen Weg nach vorne zu finden, warf das Managementteam einen Blick zurück in die jüngste Vergangenheit des Unternehmens.

Als die führenden Manager die drei erfolgreichsten LEGO-Produkte der vergangenen Jahrzehnte in den Blick nahmen – LEGO *Star Wars*, LEGO *Harry Potter* und Bionicle –, stellten sie fest, dass die drei Produktlinien eines gemeinsam hatten: Jede nutzte eine große Bandbreite von Innovationen, um die zentralen LEGO-Sets zu ergänzen. Die umfangreiche Hintergrundgeschichte, die glaubwürdigen Charaktere und der lizenzierte Handel mit einer Marke wie *Star Wars* sorgten für neue Einnahmequellen und kurbelten den Verkauf weit über die optimistischsten Voraussagen Billunds hinaus an. Der einzige Nachteil an *Star Wars* war aus Sicht der LEGO Gruppe der hohe prozentuale Anteil am Gewinn, der an Lucasfilm floss, wie es im Lizenzvertrag vereinbart war.

Genau wie *Star Wars* bot auch die überaus erfolgreiche Bionicle-Serie eine große Zahl ergänzender Innovationen. Bionicle kam 2001 auf den Markt und baute auf einem neuen Geschäftsmodell auf. Die Serie erschloss neue Vertriebskanäle und Märkte und beruhte auf einer faszinierenden Hintergrundstory, die sich über mehrere Jahre erstreckte – und dadurch viele Jahre solider Umsätze sicherte. Doch was das Beste war: Da Bionicle in Billund erfunden worden war, floss der Großteil der Gewinne zurück an LEGO. Als Knudstorp und sein Team also die zweite der in der »Gemeinsamen Vision« beschriebenen Stufen erreichten – Gewinnerzielung und Vorbereitung auf das Wachstum –, bot das Team, das Bionicle kreiert hatte, einen Wegweiser für LEGOs Reise in die Zukunft.

Die Geschichte von Bionicle reicht zurück bis zum Sommer 1999, als ein Entwicklungsteam von LEGO mit dem Konzept für eine entschieden andere LEGO-Produktlinie die Büroräume von Advance besuchte, einer Werbeagentur in Kopenhagen. Die Serie exotischer Actionfiguren hieß ursprünglich Voodoo Heads und zielte auf das ab, was Brancheninsider als »Hype-Kategorie« bezeichnen: Strohfeuer-Spielzeuge, die eine Saison lang der letzte Schrei sind und dann in Vergessenheit geraten. Der Plan war, Voodoo Heads in Plastikbehälter zu verpacken und für weniger als 10 US-Dollar zu verkaufen. LEGO bat das Team von Advance, zu dem auch ein Art Director namens Christian Faber gehörte, die Hintergrundgestaltung für die Voodoo-Head-Anzeigen zu übernehmen.

Als Faber, der früher an der LEGO-*Star-Wars*-Reihe mitgearbeitet hatte, sich mit seiner neuen Aufgabe auseinandersetzte, dachte er daran zurück, wie die spannende Geschichte und die fesselnden Figuren des Films der LEGO Gruppe Rekordumsätze beschert hatten. Voodoo Heads zeigte Ansätze des gleichen Zaubers wie *Star Wars*. Die Voodoo-Heads-Figuren – merkwürdige, skelettartige Gestalten –

waren inspiriert von den Talismanen der Voodoo-Priester und unterschieden sich von allem, was je aus Billund gekommen war. Faber war fasziniert von den Möglichkeiten, die sie boten. Anstatt einen statischen Hintergrund für die Anzeigen zu zeichnen, entschloss er sich, über die Voodoo-Heads-Figuren hinauszugehen und stattdessen eine epische, mehrteilige Abenteuergeschichte wie *Star Wars* zu illustrieren, die den Umsatz seines Kunden über Jahre hinweg ankurbeln würde.

Die Inspiration zu seiner neuen illustrierten Geschichte bezog Faber aus seinem vor kurzem diagnostizierten Gehirntumor. Der Tumor war gutartig, doch er würde sich weiter ausbreiten, wenn ihm nicht täglich ein Medikament gespritzt wurde.[26] Wenn er über die Krankheit nachdachte, hatte Faber »den Gedanken, dass ich mit diesen Injektionen eine kleine Truppe von Soldaten in meinen Körper schickte, die zu meinem Wohle kämpften, um mein System wiederaufzubauen. Dann kam das alles einfach zusammen.«

Faber stellte sich vor, dass die Spielzeugbehälter Ampullen mit Medizin wären, die in den Kopf eines riesigen, komatösen Roboters floss, der mit einem Virus infiziert war. Der aktive Inhaltsstoff der Medizin war eine Armee winziger Kreaturen, die in pillenförmigen Kapseln steckten, in den Körper des Titanen gelangten und dort kämpften, um ihn von dem Virus zu befreien. Die Geschichte spielte in einer mikroskopischen Welt, doch für ihre »teils organischen, teils maschinenhaften« Bewohner war die Größenordnung unermesslich. Faber entwarf die visuelle Darstellung einer Insel und ihrer Bewohner und schlug seinen Kollegen bei LEGO auch einen Namen für das neue Spielzeug vor: Bionicle, eine Kombination der Wörter *biological* und *chronicle*. (*Eine kurze Geschichte von LEGO* zeigt zwei von Fabers ersten Entwürfen für das Spielzeug. Ein weiteres Foto zeigt den pillenförmigen Behälter, der bei der Markteinführung von Bionicle 2001 als Verpackung diente.)

Die Bionicle-Einführungsgeschichte wurde von einem LEGO-Story-Team geschrieben und beginnt mit sechs ungeschlachten Helden, den Toa Manta, die auf einer tropischen Insel namens Mata Nui eintreffen. Sie wagen sich in eine seltsame Welt mit riesigen Felsbrocken, Sümpfen und Unterwasserhöhlen, wo sie Rahi, Bohrok und Piraka begegnen – wilden Geschöpfen, die von einem Oberbösewicht kontrolliert werden, Makuta Teridax. Die Bionicle-Kreaturen, die mechanischen Gladiatoren glichen, waren ebenso exotisch wie die Handlung – und wie sich herausstellen sollte, übten sie auf Kinder eine unwiderstehliche Anziehungskraft aus.

Mit seinem finsteren Erscheinungsbild und einer wilden Story, in der Dutzende von Charakteren gegeneinander kämpften, war LEGO Bionicle eine Sensation für Poul Plougmann und sein Team – der einzige uneingeschränkte Erfolg außer LEGO *Star Wars* und LEGO *Harry Potter*, der Anfang des Jahrtausends aus Billund hervorging. Bionicle verknüpfte das LEGO-Konstruktionserlebnis kunstvoll mit der Rahmengeschichte und den Abenteuern einer Actionfiguren-Saga. Und es bediente sich eines kompletten Arsenals von Innovationen, darunter eine ständig fortgeführte Geschichte, die über das Internet verbreitet wurde, eine Buchreihe, Direct-to-Video-Filme, lizenzierte Kleidung und Comicbücher. Bionicle war ein weltweiter Hit, der LEGO fast im Alleingang vor dem Absturz in die finanzielle Krise bewahrte.

2001, im Jahr seiner Einführung, lagen die Verkaufszahlen von Bionicle bei über 160 Millionen US-Dollar, und die Toy Industry Association erklärte es zum »Innovativsten Spielzeug« des Jahres 2003. Als auch der Rest des Unternehmens zusammenbrach, machten die steigenden Verkaufszahlen von Bionicle rund 25 Prozent des Gesamtumsatzes und mehr als 100 Prozent der Gewinne aus (denn die restlichen Unternehmensbereiche steuerten Nettoverluste bei), womit Bionicle für LEGO zu einem finanziellen Anker in turbulenten Zeiten wurde. Mitte 2004 waren Knudstorp und Ovesen damit beschäftigt, unprofitable Produktlinien einzustellen und Wirtschaftsgüter zu veräußern, während die LEGO-Bionicle-Website im Durchschnitt eine Million Aufrufe monatlich verzeichnete und eine Reihe von Fanseiten für das Spielzeug gestartet wurde. In jenem Jahr wurde alle 1,4 Sekunden ein Bionicle-Set verkauft. Am Ende der neunjährigen Laufzeit des Spielzeugs sollte LEGO rund 190 Millionen Bionicle-Figuren verkauft haben, mehr als die Bevölkerung von Frankreich, Großbritannien und Italien zusammen; 85 Prozent aller amerikanischen Jungen zwischen sechs und zwölf kannten die Marke Bionicle, und 45 Prozent besaßen mindestens ein Bionicle-Spielzeug. Die Bionicle-Buchreihe, die 46 Bände umfasste, führte regelmäßig die Verkaufsliste der erzählenden Literatur für junge Erwachsene an. Zu einem Zeitpunkt im Jahr 2003 waren die Bionicle-

Comics, von denen monatlich eineinhalb bis zwei Millionen Exemplare aufgelegt wurden, die meistgelesenen Comics der Welt.

Mit seiner dynamischen Geschichte und dem umfassenden Universum an Figuren war Bionicle auch das erste erfolgreiche, intern entwickelte geistige Eigentum (GE) des Unternehmens[27]. Auf sehr reale Weise war Bionicle das eigene, selbst gemachte *Star Wars* der LEGO Gruppe, und es versetzte LEGO in die Rolle des Lizenzgebers, der das Markenzeichen auf eine Vielzahl von Produkten drucken konnte. Von Bionicle begeisterte Jungen konnten ein einfaches Bionicle-Spielzeug mit einem Happy Meal (von McDonald's) ergattern, in Bionicle-Sneakers (Nike) herumlaufen, ein Bionicle-Videospiel aus einer Schachtel Honey Nut Cheerios (Generals Mills) fischen, ihre Lieblingsmarke auf Bionicle-Brotboxen (DNC) zur Schau stellen, ihren Coolness-Faktor mit Bionicle-T-Shirts, -Turnschuhen und -Rucksäcken (Qubic Tripod) erhöhen und ihre Bionicle-Träume in Bionicle-Bettwäsche (Dryen) träumen. Da LEGO das Bionicle-GE besaß, flossen alle Lizenzeinnahmen aus den Verkäufen der gesamten Merchandising-Palette zurück in die Unternehmenskasse.

Als Knudstorp auf die Geburtsstunde von Bionicle zurückschaute, sah er mehr als nur die Entstehung einer extrem erfolgreichen Geldquelle für LEGO. Die Produktlinie bewies das wertschöpfende Potenzial, das in der großen Bandbreite miteinander verknüpfter Innovationen lag. Während der Rest von LEGO zu entgleisen drohte, erfand das Bionicle-Team nicht nur eine neue Spielzeugkategorie, die bewegliche Actionfigur, sondern schuf auch neue Geschäftsmodelle, schmiedete die verschiedensten Partnerschaften, erschloss Märkte, ersann einen schlanken Produktentwicklungsprozess und bot den Kunden ein umfassendes Spielerlebnis. Insofern war Bionicle ein grober Prototyp für die Entwicklung und Markteinführung eines großen Spektrums komplementärer Innovationen. Ende 2005, als Knudstorp nach einer Möglichkeit suchte, die unterschiedlichen Innovationsbestrebungen des Unternehmens zu koordinieren, fand er ein Vorbild in dem Prozess, der Bionicle hervorbrachte.

Insgesamt führte das Bionicle-Team acht komplementäre Innovationen ein, die eine neue Ära profitabler Kreativität bei LEGO anbrechen ließen.

EINE NEUE KONSTRUKTIONSPLATTFORM

Full-Spectrum-Innovationen beginnen mit einer Produktplattform, die stabil genug ist, um eine große Bandbreite komplementärer Innovationen zu unterstützen. 2005 lernte Knudstorp von zwei sehr unterschiedlichen Modellen: Bionicle und Galidor. Beide Motive versuchten, komplexe Geschichten, umfassende Spielerlebnisse und eine Vielzahl von Umsatzquellen zu liefern. Während Galidor mit seinen eingeschränkten Konstruktionsmöglichkeiten und der enttäuschenden Story als teurer Misserfolg bezeichnet werden konnte, war die Bionicle-Plattform etwas ganz anderes.

Etliche altgediente LEGO-Führungskräfte glaubten, dass Bionicle *zu* anders war. Nach Meinung der Traditionalisten verstieß Bionicle gegen das heilige LEGO-Prinzip des unendlichen Spiels. Schließlich war es die Bionicle-Geschichte, nicht der Baustein, die dem Spielzeug die Bedeutung gab. Ein Junge konnte zwar ein Toa-Mata-Modell zusammenbauen, aber wenn er damit fertig war, würde er nicht verstehen, was er geschaffen hatte – es sei denn, er kannte die Geschichte. Außerdem war da noch die unangenehme Tatsache, dass ein paar der Bionicle-Motive außerordentlich gruselig waren. Zum Beispiel die Bohrok, eine insektenartige Rasse, die von gehirnverzehrenden Parasiten namens Krana kontrolliert werden (siehe *Eine kurze Geschichte von LEGO*). Mit Figuren wie den Krana und den Bohrok ähnelte Bionicle eher dem Science-Fiction-Horrorfilm *Alien* als den familienfreundlichen LEGO-Sets, die Godtfred Kirk Christiansen sich vor langer Zeit einmal vorgestellt hatte.

Knudstorp stimmte mit den Kritikern des Spielzeugs jedoch nicht überein. In Bionicle sah er eine eigenständige Innovation, die trotzdem die DNA des Unternehmens in sich trug.

Obwohl Bionicle sich deutlich von allen vorhergehenden LEGO-Spielzeugen unterschied, wurzelte es in den grundlegenden Maßstäben des Unternehmens. Die Figuren mussten immer noch zusammengebaut werden, genau wie bei LEGO. Bionicle enthielt die Steckverbindungen und Antriebe von LEGO Technic, das heißt, die Komponenten eines Bionicle-Modells konnten mit anderen Bionicle-Modellen ausgetauscht werden genau wie die Bestandteile der anderen LEGO-Sets untereinander. Und Bionicle hielt an dem grundlegenden LEGO-Spielerlebnis fest, »Freude am Bauen«, selbst wenn es eine neue LEGO-Konstruktionsplattform einführte.

Das Kernstück der Bionicle-Konstruktionsplattform und ein wesentliches Merkmal des Spielzeugs war die neu geschaffene Kugelgelenkverbindung. Bei diesem Mechanismus besaß das Bein einer Figur oben ein kugelförmiges Gelenk, das in den Hohlraum der Hüfte hineingesteckt werden konnte. Das Bein war auf diese Weise leicht drehbar. Erstmals konnten die Jungen LEGO-Figuren bauen, die voll ausgebildete Köpfe und Gliedmaßen hatten, was ein Maß an Realismus schuf, das unbeweglichere Plastikmännchen wie die Minifiguren nicht aufwiesen. Dieser Multimilliarden-Dollar-Durchbruch brachte die »Action« in die zusammenbaubaren Actionfiguren und löste eine Welle von Nachahmungen durch Mega Bloks, Hasbro und Konsorten aus. Insofern führte die Bionicle-Konstruktionsplattform das Spielsystem in eine neue Richtung, während es ihm gleichzeitig treu blieb.

Bionicle war alles andere als ein Erfolg über Nacht. Es dauerte fast fünf Jahre und erforderte viele gescheiterte Experimente, um die Produktreihe ins Leben zu rufen. Das Spielzeug schaffte hauptsächlich deshalb den Weg von der Idee zum tatsächlichen Produkt, weil das Entwicklungsteam hartnäckig genug war, um immer wieder ein schwieriges Problem anzugehen: jene Kinder, die aus den LEGO-Sets (wie City) herausgewachsen waren, weiterhin für die Marke LEGO zu interessieren, bis sie alt und geschickt genug waren, um mit den komplizierteren LEGO-Technic-Produkten zurechtzukommen. Aber die Hartnäckigkeit ging nicht auf Kosten der Klugheit. Das LEGO-Management setzte erst dann auf Bionicle, als das Entwicklungsteam nach der Markteinführung zweier früherer Produkte, Slizer und RoboRiders, gelernt hatte, was funktionierte und was nicht. Obwohl Slizer sich einigermaßen gut verkaufte und RoboRiders ein totaler Misserfolg war, gab die Kreation dieser Spielzeuge dem Team die Möglichkeit, den Markt zu testen und aus seinen Fehlern zu lernen.

Die ersten Entwürfe für das Spielzeug, aus dem Bionicle werden sollte, reichen zurück bis Mitte der neunziger Jahre, als LEGO dem Entwicklungsteam die strategische Aufgabe stellte, Einführungssets für LEGO-Technic-Modelle zu schaffen. Ziel war es, Mehrfachkäufe auszulösen, indem so spannende – oder, um den Branchenterminus zu verwenden: gehypte – Modelle entwickelt wurden, dass die Jungen eine Vielzahl von Sets sammeln würden.

Von Anfang an trugen verschiedene Funktionsgruppen innerhalb des Entwicklungsteams, das aus der Technic-Designergruppe hervorgegangen war, bahnbrechende Ideen bei.

– Das Designteam entwickelte das Konzept, dass die LEGO-Modelle inspiriert sein sollten von Mangas, rasanten japanischen Comics über Roboter, Raumfahrt und heldenhafte Action-Abenteuer.
– Das Ingenieurteam erfand die Kugelgelenkverbindung, mit der die Jungen die verschiedenen Charaktere zusammenbauen konnten, die eine unvergleichliche Beweglichkeit aufwiesen.
– Währenddessen schlug jemand aus der Marketingabteilung vor, das Spielzeug könne über (für LEGO) ungewöhnliche Einzelhandelskanäle verkauft werden, zum Beispiel an Tankstellen und in Gemischtwarenläden.

Auf der Grundlage dieser Erkenntnisse und Innovationen bestimmte das Team die Eckpunkte der Konsumentenerfahrung: Das Spielzeug sollte die Sammelleidenschaft wecken, einprägsame Charaktere aufweisen, auf ein Taschengeldbudget abgestimmt sein, damit die Kinder (und nicht nur die Eltern) es kaufen konnten, und es würde in Geschäften verkauft werden, die Kinder jede Woche oder jeden Monat aufsuchten. Kein bisheriges LEGO-Produkt hatte jemals diese vier Merkmale in sich vereint.

Das Entwicklungsteam überwand nicht nur die Schranken zwischen Unternehmensabteilungen und externen Mitarbeitern – Ingenieure, Marketingfachleute und Designer arbeiteten erstmals Schulter an Schulter –, sondern erweiterte auch die Vorstellung dessen, was das LEGO-Spielerlebnis ausmachte. »Wir wollten wirklich die Welt rocken«, sagte Søren Holm, der frühere Chef des Designerteams. »Wir hatten ein Mantra: Konzepte mit Anspruch. Es gab damals viel interne Konkurrenz [zwischen verschiedenen LEGO-Entwicklungsteams]. Wer war am besten? Wer riskierte am meisten? Das waren wir. Wir haben total viel riskiert.«

Das anfängliche Ergebnis ihrer Risikobereitschaft war Slizer (siehe *Eine kurze Geschichte von LEGO*), eine der ersten Produktlinien in der Geschichte des Unternehmens, die auf einem von LEGO selbst entwickelten Charakter basierte.[28] Die Reihe bestand aus acht Robotern von verschiedenen Planeten, die Territorialkämpfe gegeneinander führten. (In Nordamerika wurde das Spielzeug Throwbots genannt wegen der Fähigkeit der Roboter, kleine Scheiben zu schleudern, die von den Tazo Discs in Frito-Lay-Chipspackungen inspiriert waren und sich zum Sammeln eigneten.) Die Figuren sahen aus wie mechanische Menschen, die aus Winden und Helikopterteilen bestanden, und waren so anders als alles, was LEGO je hergestellt hatte, dass das Management sich nicht einigen konnte, welchen Markennamen die Reihe erhalten sollte.

»Slizer von LEGO? LEGO Technic Slizer oder LEGO Slizer von Technic? Sie hatten so große Angst, das zu zerstören, woher wir kamen, und diese neue Welt zu betreten«, erinnerte sich Holm. »Das war wirklich eine mühsame Markteinführung. Sie glaubten nicht daran, dass es funktionieren würde.«

Trotz der Skepsis des Managements bot Slizer eine einzigartige Marktgelegenheit. Es stellte ein Originalkonzept vor: die erste zusammenbaubare Actionfigur auf dem Spielzeugmarkt. Und im Gegensatz zur großen Mehrheit der LEGO-Sets, die hauptsächlich während der alles entscheidenden Weihnachtssaison verkauft wurden, war Slizer in Preisgestaltung und Werbung so ausgerichtet, dass es sich während des ganzen Jahres verkaufte. Daher erzielte es ununterbrochene, ganzjährige Umsätze. Slizer kam Anfang 1999 auf den Markt und hatte Verkaufszahlen von über 600 Millionen DKK (rund 80 Millionen Euro). Zur Überraschung des Managements hatte LEGO einen Treffer gelandet.

EIN NEUER VERTRIEBSKANAL

Nach Slizer schaffte es LEGO, den Sieg in eine Niederlage zu verwandeln. Der ursprüngliche Plan des Unternehmens war, Slizer nach einem Jahr auslaufen zu lassen und durch eine andere kurzfristige, sammelbare Produktreihe zu ersetzen. Als im Dezember 1999 die RoboRiders (siehe *Eine kurze Geschichte von LEGO*) auf den Markt stürmten, eine Serie von sechs fahrzeugähnlichen Geschöpfen mit speziellen Kräften, war es für das Management zu spät, den Kurs zu ändern und den Lauf von Slizer zu verlängern. Die Unternehmensführung konnte nur hoffen, dass der Erfolg von Slizer sich auf die RoboRiders übertragen würde.

Genau wie bei Slizer gab es zu den RoboRiders eine Rahmengeschichte: Die sechs motorradartigen Fahrzeuge bekämpften ein Virus, das ihre Welt bedrohte. Und genau wie Slizer sollten RoboRiders ein preiswertes Sammlerobjekt sein, das die Kinder in Supermärkten und anderen nicht traditionellen Geschäften kaufen konnten. RoboRiders führten auch eine der unkonventionellsten Verpackungsinnovationen des Unternehmens ein. Das Designteam entwarf einen durchsichtigen, getränkedosenartigen Behälter als Hülle für das Spielzeug, inspiriert von der Vorstellung, dass die RoboRiders-Figuren an Automaten verkauft werden könnten.

Auch wenn die Full-Spectrum-Innovation mit der Schaffung eines marktbestimmenden Produkts beginnt, umfasst sie ebenfalls den entscheidenden Moment, wenn das Produkt dem Kunden begegnet. Der Verkauf von RoboRiders an Automaten bedeutete für LEGO einen neuen Vertriebsweg. Während alle anderen Produktlinien durch Großhändler in den Vereinigten Staaten und die in Europa so zahlreichen kleineren Spielzeuggeschäfte verkauft worden waren, eröffneten die RoboRiders eine neue Perspektive: Tankstellen und andere Anbieter von preiswerten Spontankaufprodukten. Das Team hatte seine Lektion von Slizer gelernt und plante eine mehrjährige Laufzeit des Spielzeugs, falls es sich als erfolgreich erwies.

Doch die RoboRiders kamen nie in Schwung, hauptsächlich weil ihnen die lebendigen Persönlichkeiten und überzeugenden Eigenschaften fehlten, die sie für Kinder attraktiv gemacht hätten. Die Verkaufszahlen waren enttäuschend, und das Unternehmen nahm sie nach etwas über einem Jahr vom Markt.

Trotz des RoboRiders-Rückschlags glaubte das Entwicklungsteam weiterhin daran, die Erfolgsformel gefunden zu haben. Das Marktfeedback – in Form von Verkaufsergebnissen, Feldberichten von LEGO-Vertretern und einer nüchternen Analyse dessen, was funktioniert und was versagt hatte – half dem Team, seine Strategie für jenes Spielzeug neu aufzustellen, das Bionicle werden sollte.

EINE MONUMENTALE GESCHICHTE

Slizer bewies, dass eine auf Figuren basierende Produktlinie mit einem erzählenden Hintergrund Wiederholungskäufe und ganzjährigen Umsatz erbringen konnte. RoboRiders zeigte, dass ein zu niedrigen Preisen in nicht traditionellen Geschäften verkauftes Spielzeug Potenzial hatte, wenn die Charaktere nicht zu abstrakt waren. Um das Interesse der Kinder wachzuhalten, sollten künftige Figurenspielzeuge auf einer episodischen Rahmenhandlung basieren, die zahlreiche Hinweise auf neue, folgende Abenteuer enthielt. Zusammengenommen erteilten Slizer und RoboRiders auch eine schmerzhafte Lehre: Das Entwicklungsteam konnte die gnadenlose Geschwindigkeit nicht aufrechterhalten, die notwendig war, um jedes Jahr eine vollkommen neue Produktreihe hervorzubringen. Besser war es, eine Geschichte zu finden, die über viele Kapitel hinweg erzählt werden konnte, ähnlich wie eine Filmreihe. Eine solche Innovation würde Umsätze hervorbringen, die über mehrere Jahre fließen konnten. Auf Grundlage dieser Erkenntnis überarbeitete das Team sein Konzept für die nächste zusammenbaubare Actionfigur: Voodoo Heads, die im Sommer 1999 zu Bionicle werden sollten, als Christian Faber und seine Kollegen von Advance in das Projekt eingebunden wurden. (*Eine kurze Geschichte von LEGO* zeigt zwei frühe Konzeptentwürfe für Voodoo Heads.)

Mit Voodoo Heads – das Konzept durchlief viele Stadien und wurde auch Voodoo Bots und Bone Heads genannt – orientierte sich das Team an den grundlegenden Ecksteinen der Slizer-Konsumentenerfahrung; die Reihe war immer noch ein Sammlerobjekt, auf Charaktere gestützt, gut erschwinglich und wurde an alltäglichen Verkaufspunkten angeboten. Das Team verwendete auch die vielversprechendsten Innovationen von RoboRiders, etwa die Dosenverpackung, sowie die Idee, dass die Produktlinie mit einer Internet-Werbeaktion eingeführt werden sollte, was Ende der neunziger Jahre für die Spielzeugbranche noch ein recht neuartiges Konzept war. Was das neue Konzept jedoch am meisten brauchte, war eine epische, filmartige Geschichte, die das Interesse und die Umsätze für viele Jahre aufrechterhalten würde.

Unter den bemerkenswerten Durchbrüchen, die dazu beitrugen, dass Voodoo Heads sich zur Bionicle-Story entwickelte, ragen drei heraus. Zunächst war da Fabers umfassende Beschreibung des Bionicle-Universums mit seiner tropischen Insel, die von einem großen Vulkan überragt wurde. »Für mich beginnt jede Fantasy-Geschichte nicht mit den Charakteren, sondern mit der Umgebung«, erinnerte er sich. »Man muss den Kindern einen überzeugenden Ort für ihr Spiel geben.«

Der nächste Durchbruch war, dass Bob Thompson, der Leiter des Bionicle-Geschichtenteams, Fabers Bilddarstellungen nutzte, um die Charaktere neu zu entwerfen. Inspiriert von der Kultur der Maori änderte Thompson die Namen der sechs Hauptprotagonisten von den eher prosaisch klingenden Axe, Blade, Flame, Kick, Hook und Claw zu den atmosphärischeren Lewa, Kopaka, Tahu, Phoatu, Gali und Onua. Die Wörter ergaben keinen Sinn, aber für die Kinder klangen sie nach einem exotischen Land.

Das letzte fehlende Element kam hinzu, als das Entwicklungsteam in Zusammenarbeit mit den Bionicle-Autoren die Kanohi-Masken erfand, die denjenigen Charakteren, die sie besaßen, große Macht verliehen. Die Suche der Protagonisten nach den Kanohi-Masken strukturierte die Geschichte und gab ihr eine erzählerische Stoßrichtung. Bionicle war nicht nur eine Schlacht zwischen guten und bösen Mächten, sondern auch die Jagd nach einem »verborgenen Objekt der Macht«. Darüber hinaus wurden die Masken zu den begehrtesten Sammelobjekten der Reihe. Genau wie die Bionicle-Charaktere erlangten auch die Kinder Macht unter ihresgleichen, wenn sie eine Kanohi-Maske erwarben.

»Erik Kramer, der Produktmanager von Bionicle, hat tatsächlich eine Sitzung unterbrochen, um mir die [Original-]Maske zu zeigen«, erinnerte sich Nipper. »Er sagte: ›Jetzt haben wir's. Die Maske macht den Unterschied.‹ Und er hatte Recht. Bis dahin war Bionicle nur schleppend gelaufen. Wir wussten nicht genau, wie gut eine Idee war. Aber nachdem die Maske geboren war, lief alles – Kommunikation, Story, Verpackung – wie geschmiert.«

EINE NEUE VERBINDUNG ZUM KUNDEN

Eine Full-Spectrum-Innovation schafft Werte, und zwar nicht nur über neue Produkte und Dienstleistungen für Kunden, sondern auch durch Veränderungen des Geschäftsmodells, der internen Prozesse und sogar der Kultur eines Unternehmens. Und für LEGO war die Erfindung von Bionicle durchaus ein Ereignis, das die Kultur veränderte. Die Herausforderung, eine neue Spielerfahrung zu schaffen, brachte das Bionicle-Entwicklungsteam dazu, Feedback von der Außenwelt einzuholen, was in den neunziger Jahren eine dramatische Abweichung von den gewöhnlichen LEGO-Praktiken darstellte. Von der Geburtsstunde des Bausteins bis zu den letzten Jahren des vergangenen Jahrtausends fühlten sich die Designer so sicher in ihrem Wissen darüber, was Kinder wollten, dass sie nur selten über Billund hinausschauten, um Einblicke in das Leben von Kindern zu erhalten und die Erkenntnisse daraus in ihren nächsten Kreationen umzusetzen. Wenn LEGO-Designer überhaupt ein offenes Ohr für Kinder und erwachsene Fans hatten, dann nahmen diese Rücksprachen meist die Form einer Art widerwilligen Sorgfaltspflicht an. Mit Ausnahme der seltenen Gelegenheiten, bei denen eine Zielgruppe einmütig ein Spielzeug ablehnte, wurden Konsumenten nur ins Spiel gebracht, um Produkten den letzten Schliff und ihren Segen zu geben, die ohnehin schon fest für die Markteinführung eingeplant waren.

Da Bionicle, genau wie die vorausgegangenen Slizer und Robo-Riders, Jungen in eine geschichtenbasierte Fantasywelt einführen wollte, musste sich die Einstellung »Die Designer wissen es am besten« ändern. Beginnend mit dem Auftrag, der zur Erschaffung von Slizer führte, versuchte das Team, ein wesentlich umfassenderes Verständnis für seine potenziellen Kunden zu entwickeln und dieses Wissen zu nutzen, um seine Spielzeugkonzepte besser zu positionieren und ihre Erschaffung zu lenken.

Dies begann, als das Slizer-Team, ausgehend von einer veröffentlichten Studie über das Verhalten und insbesondere das Spielverhalten von Jungen, ausführliche Profile von vier verschiedenen Konsumententypen ausarbeitete, die alle Namen mit Alliterationen erhielten. Da gab es Agent Anthony, der Actionfilme und Abenteuergeschichten mochte. Systematic Siegfried war fasziniert von Technik. Artistic Arthur würde später wahrscheinlich Handwerker werden. Und dann gab es noch Bully Bob, leicht ablenkbar und das lauteste Kind in der Klasse – kaum der typische LEGO-Kunde und jemand, um den sich

das Unternehmen nie ernsthaft bemüht hatte.[29] Jeder der Jungenty-
pen prägte Slizer und half bei der Entwicklung von Bionicle, keiner
jedoch so sehr wie Bully Bob.

»Für den Bully-Bob-Typ mussten die Funktionen und das Äußere
des Modells ganz anders sein«, erklärte Holm. »Wir begannen Konzepte zu entwickeln, bei denen es mehr um den Wettbewerb ging. Es
gab auch einen sozialen Aspekt, der uns darüber nachdenken ließ, ob
Jungen lieber in Gruppen spielten oder alleine. Als wir diese Konzepte
schufen, öffnete sich die ganze Welt. Es fühlte sich an, als wären wir
da auf etwas gestoßen.«

Die Einbeziehung von Kindern brachte dem Team eine entscheidende Erkenntnis zu einem frühen Entwicklungszeitpunkt des Spielzeugs. Beim Test von Voodoo Heads machte das Team sich Sorgen
über den Konflikt, der mit dem Konzept einherging. Ein Teil des
Spiels beinhaltete, dass einer der Charaktere einen anderen schlug, so
dass diesem der Kopf abfiel. Das Team nahm an, dass Kinder aus den
Vereinigten Staaten, die an unheilvolle Filme und blutige Fernsehsendungen gewöhnt waren, sich nicht viel um geköpfte Charaktere sche-
ren würden. Zu ihrer Überraschung stellten sie das genaue Gegenteil
fest. Gewalt war abschreckend, weil die amerikanischen Kinder die
Erfahrung personalisierten. Es gab auch eine praktische Erwägung:
Die Jungen sagten den Testern, sie hätten Angst, die Köpfe zu verlieren, wenn sie sich zu leicht abschlagen ließen. Die Entwickler vernah-
men das Urteil der Kunden und kehrten zu ihren Bausteinen zurück.

Als die Konzepte sich von Slizer über RoboRiders und Voodoo
Heads zu Bionicle fortentwickelten, verwandelte sich Bully Bob in
Bionicle Boy, einen dynamischen Trendsetter mit kurzer Aufmerk-
samkeitsspanne, ein Kind, das Multitasking mag und sofortige Belohnung wünscht. Für die Designer waren Bully Bob und später Bionicle Boy lebendige Wegweiser auf der Reise zur Entwicklung der
Bionicle-Serie. Wenn sie sich zu verirren begannen, kehrten sie zurück zu dem Archetyp, der sie daran erinnerte, wie Holm es formulierte, »immer ein bisschen risikofreudiger« zu sein. Daher führten
sie die Merkmale ein, die das Spielzeug einzigartig machen sollten:
eine lebendige Geschichte und ausführlich gezeichnete Charaktere,
die den Taschengeldrahmen eines Kindes nicht sprengten, eine or-

dentliche Street Credibility boten, den Sammlerinstinkt der Jungen anregten und vor allem cool waren.

Zwei Jahre, nachdem Bionicle im Sommer 2001 auf den Markt gekommen war, begann das Entwicklungsteam, mit Kindern und erwachsenen Fans zusammenzuarbeiten, um eine Richtung für die Storyline auszuarbeiten. Dies ging auf einen Zufall zurück. Im Jahre 2003, ungefähr um die Zeit, als die Medien über die finanziellen Schwierigkeiten der LEGO Gruppe zu berichten begannen, ging unter den LEGO-Usergruppen das Gerücht um, das Unternehmen würde die Produktreihe einstellen. Greg Farshtey, der zum Chefautor der Bionicle-Bücher und -Comics ernannt worden war, wandte sich an eine der Fan-Websites, BZPower, um das Gerücht zu dementieren. Fast sofort fing er an, täglich 50 bis 100 E-Mails mit Jugendlichen auszutauschen. Er stellte rasch fest, dass die Fans eine unschätzbare Unterstützung beim Ausprobieren von Ideen und für die Einschätzung der Überzeugungskraft der Geschichte waren.

»Vieles von dem, was ich für die [Bionicle-]Bücher und die Website schrieb, war eine Antwort auf das, was die Jugendlichen sich wünschten«, sagte Farshtey. »Wenn sie sagten, dass sie einen bestimmten Teil eines Buches nicht verstanden, wusste ich, dass wir ein Problem hatten, das im nächsten Buch gelöst werden musste. Ich machte auch Umfragen mit Themen wie: ›Welche Figuren der vergangenen acht Jahre würdest du gerne in einem Team haben?‹ Und dann nutzte ich ihre Auswahl, um das Team zusammenzustellen. Die Interaktion mit den Jugendlichen gab uns eine direkte Resonanz auf alles, was wir taten.«

In den Jahren nach der Einführung von Bionicle unternahmen andere LEGO-Entwicklungsteams deutlich größere Anstrengungen, sich Feedback von außerhalb der Designabteilungen des Unternehmens zu holen. Aber mehr als jede andere Produktlinie half Bionicle LEGO, seine ersten vorsichtigen Schritte beim Aufbau von Beziehungen zu Kindern und erwachsenen Fans zu tun.

EIN NEUER ENTWICKLUNGSPROZESS

Bionicle veränderte nicht nur die Designkultur der LEGO Gruppe. Indem es den Wert des Kundenfeedbacks demonstrierte, hinterließ es auch seine Spuren beim Entwicklungsprozess des Unternehmens. Da Bionicle auf einer episodisch aufgebauten Geschichte basierte und halbjährlich neue Veröffentlichungen erschienen, fand das Team in den außersaisonalen Monaten August und Januar zu einem neuen Zeitmanagement. Ende der neunziger Jahre nahmen andere LEGO-Kreativteams sich so viel Zeit, wie sie brauchten, um ein neues Spielzeugkonzept zu erarbeiten, und es wurde dem Management vorgestellt, wenn es fertig für die Überprüfung war. Das Bionicle-Team verfügte jedoch nicht über diesen Luxus. Es setzte aggressive sechsmonatige Zeitfenster bis zur Auslieferung und veränderte die Bandbreite und Komplexität des Modells, um sich diesem Schema anzupassen. Dieser »Zeitkampf« bei der Entwicklung des Spielzeugs, eine in der Branche häufig geübte Praxis, bei der Manager strikte Fristen vorgeben und den Projektumfang anpassen, um diese Vorgaben einzuhalten, war für LEGO etwas Neues und wurde später zu einem wesentlichen Merkmal des neu überarbeiteten LEGO-Entwicklungsprozesses, bei dem Projekte mit Neuprodukten in dreimonatige Schritte eingeteilt wurden.

Was ebenso wichtig war: Die Fähigkeit des Bionicle-Teams, alle sechs Monate eine neue Geschichte mit neuen Charakteren herauszubringen, bewies Knudstorp, dass LEGO die Zeit reduzieren konnte, die es für die Entwicklung neuer Produkte benötigte und die 2004 immer noch im Durchschnitt bei sehr gemütlichen drei Jahren lag. Bald nach seinem Aufstieg in die Chefetage rief Knudstorp das High Speed Project ins Leben, das LEGO in ein schnelles Unternehmen verwandeln sollte, welches rasch auf neu auftauchende Marktchancen reagieren konnte. Als Skeptiker Zweifel daran äußerten, dass LEGO seine Produktentwicklungszeiten halbieren könne, brauchte Knudstorp nur auf Bionicle zu verweisen, um zu beweisen, dass es möglich war.

Nach der Markteinführung ging das Bionicle-Team ganz anders mit der Entwicklungsarbeit um als der Rest von LEGO. Der LEGO-Produktentwicklungsprozess der späten neunziger Jahre war eine bürokratische Katastrophe mit starr festgelegten Prozessschritten, zahlreichen Prüfpunkten und Bergen von Papierkram, der an jeder Ecke gegengezeichnet werden musste. Das Bionicle-

Team räumte mit dieser Vorgehensweise auf und konzentrierte sich stattdessen auf die wichtigen Informationen, die das Management brauchte, um abschätzen zu können, ob das Team die Zielvorgaben erfüllte. Einige dieser Daten kamen direkt von den Kunden. Zu einer Zeit, da andere LEGO-Teams häufig Produkte mit nur geringem Input der Kunden in den Einzelhandel drängten, gaben die umfassenden Untersuchungen des Bionicle-Teams darüber, was die Jungen von einer zusammenbaubaren Actionfigur erwarteten, dem Management ein viel besseres Gespür dafür, was sich verkaufen würde. Der spektakuläre Erfolg der Produktreihe ermutigte das neue Managementteam, das im Jahr 2004 die Arbeit aufnahm, die Konsumentenforschung und die Produkttests mit Kindern zu Schlüsselmerkmalen des neu überarbeiteten LEGO-Entwicklungsprozesses zu machen.

Das Bionicle-Team gewährleistete den Überblick über seine Arbeit durch regelmäßige Besprechungen mit dem oberen Management, bei denen die Führungskräfte ebenso Modell-Prototypen kritisierten wie das Geschäftsszenario für den nächsten Durchlauf der Bionicle-Charaktere. Da LEGO nie zuvor ein geschichtenorientiertes Produkt entwickelt hatte, unternahm das Designteam umfangreiche Bemühungen, die Führungskräfte in die Science-Fantasy-Welt des Konzepts einzuführen. Für die Präsentation des Voodoo-Heads-Konzepts (später in Bone Heads umbenannt) im Jahre 2000 verwendete das Entwicklungsteam große Hartschaumblöcke, um eine wundersame Insel mit Klippen und Höhlen zu gestalten, die zweieinhalb Meter hoch und von skelettartigen Kreaturen bewohnt war. Der Arbeitstitel des Teams für die vorgeschlagene Produktreihe hörte sich an wie der Name eines B-Movies aus den fünfziger Jahren: Bone Heads of Voodoo Island. Wie Holm sich erinnerte, waren Kristiansen und Plougmann etwas bestürzt vom Umfang und der übertriebenen Kulisse der Präsentation. Doch die Ausdrucksstärke der Bone-Head-Charaktere, die etwas von dem gespenstischen Humor der mexikanischen Figuren zum Tag der Toten hatten, brachte schließlich das grüne Licht für die Weiterentwicklung des Konzepts.

Kein anderes LEGO-Entwicklungsteam hatte jemals so viele

Hindernisse zu überwinden wie das Team, das Bionicle entworfen hatte. Nicht nur, dass die Bionicle-Designermannschaft vor der Herausforderung stand, ein komplett neuartiges Spielzeug zu erschaffen; die Autoren mussten auch die Bionicle-Geschichte erfinden, das Webteam musste neuen digitalen Content zusammenstellen, das Marketingteam musste eine filmartige Kampagne starten, das Verpackungsteam musste die getränkedosenartigen Bionicle-Packungen entwerfen, und die Lizenzabteilung musste sich mit einer Vielzahl von Unternehmen abstimmen, die an der Bionicle-Marke teilhaben wollten. Und dann mussten sie alle sechs Monate eine komplett neue Storyline, neue Figuren und neue Schauplätze schaffen, um die Geschichte lebendig und die Nachfrage hoch zu halten.

Mehr als einmal hätte das Entwicklungsteam in die Irre gehen können. Doch während der neun Lebensjahre von Bionicle blieb das Team auf seinem Weg, hauptsächlich weil es einen anderen Ansatz gefunden hatte, sich selbst zu organisieren.

Vor dem Aufstieg von Bionicle waren die Produktteams der LEGO Gruppe voneinander isoliert gewesen, und die Spielzeuge wurden größtenteils sequenziell entwickelt: Die Designer erdachten die Modelle und warfen sie dann über eine metaphorische Mauer zu den Ingenieuren hinüber, welche die Prototypen für die Fabrikation herstellten und sie dann zu den Marketingleuten hinüberwarfen und so weiter. Nur selten wagte sich ein Team auf das Terrain eines anderen Teams, um einen Vorschlag zu machen oder Feedback zu erbitten. Wenn alles gut ging, würde das Produkt des Teams in zwei oder drei Jahren auf den Markt kommen.

Die Sechs-Monate-Deadline des Bionicle-Teams erzwang eine andere Arbeitsweise, eine, die weniger sequenziell als vielmehr parallel und hochgradig kollaborativ war. Sobald das nächste Kapitel der Bionicle-Saga in groben Zügen feststand, arbeiteten die verschiedenen Gruppen Seite an Seite in Echtzeit miteinander, tauschten Ideen aus, kritisierten Modelle und strengten sich immer an, sowohl die Deadline einzuhalten als auch ein besseres Bionicle hervorzubringen.

»Wir hatten ein riesiges Projektteam«, erinnerte sich Farshtey. »Es bestand nicht nur aus Kreativen; da waren auch die Leute von Advance und vom Marketing, vom Verkauf, Eventplanung, PR – alles verschiedene Teile des Unternehmens, alle am Erfolg der Produktreihe beteiligt.«

Weil die Marketinggruppe direkt mit den Designern zusammenarbeitete, wirkte die Bionicle-Anzeigenkampagne mit dem Produkt verbunden. Die Werbeplakate für den ersten Durchlauf von Bionicle sahen aus wie Filmposter, gerade weil das Spielzeug die starken Bilder und den Handlungsbogen eines Spielfilms aufwies. »Wir wollten mehr Kommunikation in dem Produkt und mehr Produkt in der Kommunikation«, sagte Faber. »Das bedeutete, dass die Marketinggruppe vom Beginn der Produktentwicklung an beteiligt sein musste, sodass sich die Story durch das gesamte Produkt zog. Wir wollten, dass das Produkt die Geschichte beinahe selbst erzählt. Wir hatten eine Art Dreieck, in dem sich Marketing, Geschichte und Produkt gemeinsam voranbewegen mussten«, fuhr er fort. »Keiner von den dreien sollte die Speerspitze bilden. Jeder musste die anderen unterstützen und inspirieren.«

Das Problem für die Produktentwicklung bei einem eher linearen Ansatz ist dieses: Wird die Marketinggruppe nicht zu einem frühen Prozesszeitpunkt mit eingebunden, wird sie einen Kommunikationsfehler womöglich erst entdecken, wenn das Problem sich verankert hat und nur noch unter hohen Kosten zu beheben ist. Beim Bionicle-Team dagegen bedeutete die enge Verbindung zwischen Design, Marketing, Ingenieuren und anderen Gruppen, dass kleine Probleme sich nicht in große verwandelten, weil das Team korrigierend eingreifen konnte. Da jede Gruppe in das gesamte Projekt eingebunden war, anstatt ihr Terrain sichern zu müssen, hatte darüber hinaus jeder ein Interesse daran, die Dinge voranzutreiben. Dies schuf ein widerstandsfähiges Team und trug zu der neunjährigen Laufzeit von Bionicle bei.

EINE NEUE METHODE DER ZUSAMMENARBEIT MIT PARTNERN

Die Ausschöpfung der ganzen Innovationsbandbreite durch das Bionicle-Team führte zu einer neuen Spielzeugkategorie, einem neuen Vertriebskanal, einem überarbeiteten Entwicklungsprozess und einem ersten Ansatz, die Ideen von Kunden zu nutzen. Sie bewies auch, dass sich der Nettoprofit des Unternehmens steigern ließ, wenn man Billunds isolierte Kultur durchbrach und mit Partnern zusammenarbeitete. So wie kein anderes LEGO-Entwicklungsteam jemals genötigt gewesen war, so schnell zu arbeiten wie die Bionicle-Gruppe, hatte sich auch kein anderes Marketingteam jemals mit so vielen externen Partnern abstimmen müssen wie das von Bionicle. Die breite Palette an Bionicle-Rucksäcken, -T-Shirts, -Schlafanzügen und -Spielzeugen steigerte die Profitabilität der Produktreihe durch satte Lizenzgebühren, geringe Betriebskosten und ein praktisch fehlendes Risiko. Zudem waren die lizenzierten Medien wie die Bionicle-Buchreihe (herausgegeben von Scholastic Books), die Comics (DC Comics), die Videospiele (TT Games) und die Direct-to-Video-Filme (Miramax) die Hauptplattformen zur Erweiterung der Reichweite des Lizenzprodukts. Mit jeder Aktion Schritt zu halten bedeutete für das Bionicle-Team sicherzustellen, dass alle sechs Monate, wenn die nächste Fortentwicklung der Produktlinie auf den Markt kam, sämtliche Bionicle-Bücher, -Rucksäcke, -Bettbezüge und so weiter die neue Optik, die Story und die LEGO-Werte des Spielzeugs widerspiegelten.

Um die Zusammenarbeit all dieser unterschiedlichen Firmen mit LEGO zu erleichtern, gründete das Unternehmen eine unabhängige Lizenzgruppe. Sie berichtete an einen anderen Vorstand als das Bionicle-Team und war verantwortlich dafür, dass jedes Partnerprodukt die Marke Bionicle erweiterte und die LEGO-DNA widerspiegelte. Bei Konferenzen zur Produktprüfung nahmen erfahrene LEGO-Manager die Businesspläne, Produktkonzepte und Produktionsmuster jedes einzelnen Lizenznehmers unter die Lupe. Und die Lizenzgruppe verfolgte genau den Fortschritt jedes externen Partners bei der Marktvorbereitung seines Bionicle-Lizenzprodukts. Die Fortschrittsberichte der Gruppe sollten LEGO alarmieren, wenn beispielsweise das nächste Bionicle-Video von der Storyline des Spielzeugs abwich oder ein T-Shirt das falsche Farbmuster aufwies. Zusammengenommen sorgten die Kritiken und Berichte dafür, dass das Bionicle-Team bei seinen 18 Produktneueinführungen mit den über ein Dutzend unterschiedlichen Partnern in dieselbe Richtung marschierte.

Da jede neue Bionicle-Version nur eine kurze Lebensdauer hatte, konnte das Team es sich nicht leisten, bis nach der Markteinführung zu warten, ehe der Fehler eines Partners korrigiert wurde. Das

Team lernte seine Lektionen auf die harte Tour. Während des ersten Jahres von Bionicle brauchte LEGO zu lange, um das abschließende Design vieler Lizenzprodukte abzusegnen, was bedeutete, dass die Produkte erst auf den Markt kamen, als der sechsmonatige Lebenszyklus der neuen Bionicle-Reihe sich bereits seinem Ende näherte – eine schmerzliche Verzögerung, die den Verkauf behinderte. Das Team erkannte, wie wichtig Schnelligkeit war, und entwickelte den Bionicle Style Guide, der die Produktentwicklung jedes externen Akteurs zu beschleunigen und zu koordinieren half.

Der Style Guide umfasste beinahe 50 Seiten und umriss die dynamische Strategie von Bionicle, die Storyline und das Design. Er wurde Monate vor der Markteinführung eines Spielzeugs an die Lizenzpartner verteilt. Die Ausgabe von 2006 beispielsweise bot eine umfassende Übersicht der dreijährigen Story-Strategie von Bionicle, einschließlich bildlicher und schriftlicher Profile geplanter Charaktere wie Zaktan alias »die Schlange« (»100 Prozent List, 0 Prozent kuschlig«) und Toa Jaller (ein »furchtloser Lava-Surfer«). Das Handbuch befasste sich auch mit Bionicle-Details und gab strikte Anweisungen für solche Einzelheiten wie der Typografie (»in Überschriften werden die Trademarks immer in Versalien gesetzt«) und des Umgangs mit dem Bionicle-Logo (»immer ganz oben platzieren«).

Insgesamt bot das Handbuch von 2006 den Bionicle-Partnern eine ausführliche Beschreibung der Farbpalette, der Hintergründe, der Verpackung, der Designelemente und von vielem mehr. Auf diese Weise ermöglichte es der sehr detaillierte Leitfaden den Partnern, sich an den strategischen Vorgaben der Marke zu orientieren. 2008, als die LEGO-Führung die Lizenzstrategie des Unternehmens überprüfte, wurde Bionicle die beste Koordination mit Partnern zugesprochen, womit es sogar so namhafte Lizenzgeber wie LEGO City und die Minifiguren übertraf.

EINE NEUE MARSCHROUTE FÜR INNOVATIONEN

Während des Jahres 2005, als Knudstorp und sein Team mit der Herausforderung kämpften, aus der vollen Bandbreite an Innovationen Profite zu generieren, bestand ihr oberstes Ziel darin, Vorgaben zu schaffen,

Aktionen festzulegen und Ablaufpläne zu etablieren. Auch hier setzte Knudstorp wieder auf das Bionicle-Team, um die Richtung zu weisen.

Nachdem eine Arbeitsgruppe sich monatelang mit der Aufgabe beschäftigt hatte, ein tragfähiges Modell für Full-Spectrum-Innovationen zu schaffen, stellte sie eine praktische, wenn auch reizlose Vision für das gesamte Unternehmen vor: Innovation ist »die konzentrierte Einführung einer neuen Idee […] [,] die das Produkt, das Erlebnis, die Kommunikation, das Geschäft und den Prozess verbessert«. Indem die Definition von Innovation über die »spannenden« Teile des Unternehmens hinausreichte, die sich mit dem Schaffen neuer Spielzeugsets befassten, forderte sie ausdrücklich jeden Bereich von LEGO heraus – den Vertrieb, die Buchhaltung, die Produktion und alle anderen –, spielverändernde Methoden zu finden, um die Unternehmensleistung zu steigern.

Die LEGO-Manager bestimmten vier entscheidende Kategorien der Innovation mit jeweils drei Innovationsarten.

– *Produktinnovationen* waren neue Spielzeuge und Plattformen. Vier Jahre zuvor hatte das Spielzeugentwicklungsteam mit der Einführung von Bionicle bereits in diesen beiden Kategorien innoviert. Es hatte zunächst einen Industriezweig erfunden, nämlich die zusammenbaubare Actionfigur. Durch die Schaffung nachfolgender Generationen von Bionicle-Figuren zeigte das Team sich geschickt darin, die Produktreihe auf bescheidene, aber hochprofitable Weise zu verbessern. Und durch das Kugelgelenk repräsentierte Bionicle auch eine neue Konstruktionsplattform für LEGO.

– Zu den *Kommunikationsinnovationen* gehörten neue Methoden des Marketings und auch des Umgangs mit Kunden. Greg Farshteys Kontaktaufnahme zu Kunden über die Bionicle-Fanseiten, die er und seine Kollegen nutzten, um die Bionicle-Storyline zu verbessern, war ein aussagekräftiges Modell für die Nutzung von Fan-Feedback. (LEGO erweiterte in der Folge Farshteys beispielhafte Vorgehensweise und nutzt sie heute intensiv.)

– *Geschäftsinnovationen* bestanden aus neuen Geschäftsmodellen (zum Beispiel neue Preisgestaltung oder Abonnements) und neuen Vertriebswegen. Seit seinem Debüt im Jahre 2001 hatte Bionicle bereits kleinere, aber bemerkenswerte Innovationen in beiden Bereichen geschaffen. Durch die außersaisonalen Produkteinführungen im Januar und im August sowie durch eine Preisgestaltung, die dem Taschengeld von nur wenigen Wochen entsprach, füllte Bionicle sowohl eine saisonale als auch eine demografische Lücke auf dem Markt für LEGO. Auch wenn der Versuch, das Spielzeug an Automaten zu verkaufen, sich nie bezahlt machte, gab Bionicle den Marketingleuten die Freiheit, nach unkonventionellen Vertriebswegen jenseits der üblichen Zwischenhändler wie Walmart und Toys"R"Us zu suchen. Was vielleicht am wichtigsten war: Die Menge der Lizenzprodukte, die junge Bionicle-Fans kauften, ließ eine stattliche Summe an Lizenzgebühren in Billunds Kassen strömen. In der Folge ahmten andere Produktteams das Bionicle-Modell der Partnerschaften rund um von LEGO entwickeltes geistiges Eigentum nach, um Umsatz und Gewinn anzukurbeln. – *Prozessinnovationen* waren Kernprozesse (bei denen Geld floss) oder Entwicklungsprozesse (wie die Entwicklung neuer Produkte). Auch hier bot Bionicle LEGO neue Wege der Innovation. Die komprimierten Entwicklungszyklen des Bionicle-Teams und die Konsumentenbefragung wurden zu Grundlagen des erneuerten LEGO-Entwicklungsprozesses. Bionicle bewies, dass es tatsächlich möglich war, die Entwicklungszeit zu halbieren, was maßgebliche Kosteneinsparungen für LEGO zur Folge hatte. Und es zeigte, dass die Kundenbefragung die Chance erhöhte, Spielzeuge auf den Markt zu bringen, welche die Kinder sich sehnlichst wünschten. Das wiederum steigerte natürlich die Umsätze des Unternehmens.

Nachdem die Arbeitsgruppe die verschiedenen Bereiche der Innovation definiert hatte, die LEGO verfolgen sollte, stellte sie auch fest, dass »Innovation« nicht notwendigerweise »radikal« bedeuten muss – sondern dass verschiedene Möglichkeiten tatsächlich einen unterschiedlichen Grad an Innovativität verlangten. Im Zentrum des neuen Modells standen drei verschiedene Ansätze zur Herbeiführung

der Veränderungen, die LEGO bei der Erreichung seiner Ziele helfen
würden. Die erste, einfachste Form der Innovation war es, bestehende
Spielzeuge *anzupassen* – mit anderen Worten, eine erfolgreiche Produktreihe zu aktualisieren, sodass sie neue Käufergruppen anlockt,
ohne bemerkenswert höhere Entwicklungs- und Herstellungskosten
zu verursachen. Nach der ersten Einführung von Bionicle war jede
nachfolgende Veröffentlichung eine Übung in Sachen schrittweiser
Verbesserung. Das Hinzufügen neuer Merkmale, neuer Geschichten
und (später) von Fahrzeugen für die Bionicle-Figuren waren kleine,
aber sehr profitable Innovationen. Der Vorstand Per Hjuler brachte
die Einstellung vieler LEGO-Manager auf den Punkt: »Ich bin immer
wieder überwältigt von der Macht der kleinen Idee.«

Die nächste, anspruchsvollere Innovation war die *Neugestaltung* – die Veränderung bestehender Konstruktionssysteme oder
-plattformen, um ein neues Kundenerlebnis zu bieten. LEGO hatte
einen Bestseller mit seinen *Star-Wars*-Spielzeugen und einen kleineren, aber vielversprechenden Erfolg mit Slizer. Die Kombination
der beiden Konzepte, um ein Set zusammenbaubarer Actionfiguren
mit einer umfangreichen, episodenartigen Geschichte zu schaffen,
bedeutete, dass LEGO sich einen neuen Weg zum Gewinn bahnen
musste, jedoch von einem vertrauten Standort aus startete. Das Ergebnis war eine Reihe von Spielzeughits, die fast ein Jahrzehnt lang
für maßgeblichen Umsatz sorgten. Neugestaltungsinnovationen verändern die Wettbewerbsbedingungen auf einem bestehenden Markt.

Die schwierigste und am wenigsten berechenbare Innovation ist
jene, die eine Kategorie neu definiert. Zum Beispiel: die Mindstorms-
RCX-Sets von 1998, der erste Vorstoß des Unternehmens in das Gebiet der Robotik. (Die zweite Version von Mindstorms kam 2006
auf den Markt und war für LEGO eine Neugestaltungsinnovation.)
Ein weiteres Beispiel war LEGO Universe, ein Online-Spiel, bei dem
sich Kinder auf aller Welt miteinander verbinden und miteinander
spielen konnten. In den folgenden beiden Kapiteln werden wir alle
diese radikalen Ansätze zur Neudefinition von LEGO betrachten.

Die Führung der LEGO Gruppe gruppierte all diese Definitionen in einer Innovationsmatrix, die sie verwendete, um die
Arten von Innovationen darzustellen, die man verfolgen wollte. Im

ersten Jahr nach der Krise konzentrierten sich die meisten Bemühungen des Unternehmens auf die Anpassungsinnovationen – jener
Bereich der Matrix, der das geringste Risiko und den sichersten Er-
trag aufweist. Später, als LEGO an Schwung gewonnen und begon-
nen hatte, Gewinne zu erzielen, widmete es sich den anspruchsvolleren Innovationen, der Neugestaltung und der Neudefinition. Aber
LEGO sorgte immer dafür, dass weiterhin auch nach alltäglichen
Innovationen gesucht wurde, die lediglich eine bereits profitable
Produktreihe verbesserten. Solange man rund um die Kunden, die
Vertriebskanäle, die Geschäftsprozesse und dergleichen innovierte,
brauchte LEGO nicht alljährlich einen Blockbuster von Bionicle-
Ausmaßen herauszubringen. Manchmal würde die einfache Über-
arbeitung einer bereits erfolgreichen Produktreihe genügen.

Wie sich herausstellen sollte, erreichte Bionicle seinen Spitzenum-
satz im Jahr 2002 und setzte dann zu einer langen, aber sehr profitablen Rückkehr auf die Erde an. Bis die Produktreihe im Jahr 2009
auslief, ähnelte das Bionicle-Geschäft stark dem schlafenden Riesen
Mata Nui – immer noch mächtig, aber doch deutlich eingeschränkt.
Auch wenn viele Faktoren, die kaum etwas mit Bionicle zu tun hatten, den Innovationsansatz der LEGO Gruppe geprägt haben, hat
doch das Team, das Bionicle schuf, eine unauslöschliche Spur in der
Funktionsweise von LEGO hinterlassen. Dank Bionicle ist das, was
einst als Vermächtnis von LEGO galt, heute eine Art Lehrmeinung.

Bionicle hat bewiesen, dass es möglich war, alle sechs Monate ein
neues Produkt auf den Markt zu bringen, anstatt drei Jahre dafür zu
brauchen. Durch die Erstellung detaillierter Profile von verschiedenen
Verbrauchersegmenten unternahm das Bionicle-Team erste Schritte
zu einem tieferen Verständnis der Welt, wie Kinder sie sehen, und
zur Nutzung dieser Erkenntnisse für die Kreation begehrenswerterer
Spielzeuge. Ende der neunziger Jahre war so etwas für LEGO ein
Gräuel. Heute spielt ein eigenes Konsumentenforschungsteam eine
entscheidende Rolle bei jeder Produkteinführung von LEGO.

Ein weiterer Beweis für den Einfluss von Bionicle ist, dass funktions-

Die LEGO-Innovationmatrix

mit einigen der wichtigsten Innovationen aus der
Entwicklung von Slizer, RoboRiders und Bionicle

	Anpassung	Neukonfiguration	Neudefinition
Kernprozesse — Finanzplanung — Absatz- und Vertriebsplanung — Leistungsmanagement	Herstellung neuer Produktelemente		
Einführungsprozesse — Marketing — Prognose — Kunden-Unternehmensplanung		Neue Teamstruktur und Prozesse	
Produktangebot — Produkte — Verpackung — Software — Bedienungsanleitungen	2002 – 2009 Bionicle-Einführungen	Erste Einführung von Bionicle (2001)	Einführung von Slizer – erste zusammenbaubare Actionfigur
Plattform — Konstruktionssysteme — Spielzeugtechnologie — Digitale Plattformen — Verpackungsplattformen	Neue Verpackungsplattform		Kugelgelenk
Kommunikation — Kampagnen — Websites — Verkaufsdisplays — Kundendienst			
Kundeninteraktion — Communitys (online oder offline) — Events — Kundenservice		Virale Marketing-kampagne	Direkter Austausch mit Fans
Vertriebskanäle — Einzelhändler — Direkt an Verbraucher — Partner	Verkauf über nicht traditionelle Kanäle		
Geschäftsmodell — Erlösmodell — Preissystem — Struktur der Wertschöpfungskette		Lizenzgebühren	
	Kontinuierliche Anpassung von Parametern in bekannten Kategorien, um bestehende Lösungen zu optimieren	Bekannte Parameter von Kategorien kombinieren, um einzigartige und bessere Lösungen zu schaffen	»Noch nie dagewesenes« Angebot

übergreifende Produktentwicklungsteams bei LEGO heute der Normalfall sind. »Jedes Team hat eine Dreiecksfunktion«, sagte Søren Holm. »Design, Konstruktion, Marketing – sie arbeiten alle Hand in Hand.« Der Schachzug der Bionicle-Autoren, sich Rat und Feedback von den Konsumenten zu holen, schuf darüber hinaus die Grundlage für eine wesentlich intensivere Zusammenarbeit mit den Fans. Und die erfolgreiche Lizenzvermarktung von Bionicle erschloss neue Wege für Partnerschaften mit den Herstellern ergänzender Produktgruppen.

Die Ideen und Praktiken des Bionicle-Teams zur Ausschöpfung der vollen Bandbreite an Innovationen werden inzwischen überall bei LEGO angewandt, und das ist das dauerhafteste Vermächtnis von Bionicle. Es genügt nicht mehr, dass die Entwicklungsteams einfach nur ein neues Produkt vorschlagen. Das LEGO-Management erwartet von den Teamchefs, dass sie es in die Innovationsmatrix einzeichnen und demonstrieren, was andere, komplementäre Innovationen zum Umsatz des Konzepts beitragen. Die Teams haben gelernt, dass komplementäre Innovationen zu wichtig sind, um sie dem Zufall zu überlassen, deshalb nutzen sie die Matrix, um sie zu erschaffen und in Gang zu setzen.

Bionicle war nicht nur das Spielzeug, das LEGO 2003 vor dem Bankrott rettete. Es lehrte LEGO auch eine wesentlich umfassendere Definition von Innovation, die nicht bloß auf Produkte beschränkt sein muss. Es bewies, dass nicht alle Innovationen auf die gleiche Weise erzeugt werden und dass sogar schrittweise Innovationen überaus effektiv sein können, besonders wenn sie mit ergänzenden Folgeschritten kombiniert werden. LEGO schrieb diese Erkenntnisse fest, indem es die Innovationsmatrix schuf und von jedem Entwicklungsteam verlangte, dass es seine Ideen darin einzeichnete. Auf diese Weise stellte die Matrix sicher, dass die gesamte Bandbreite von Innovationen nicht durch Zufälle zustande kam, sondern ein zwingend folgendes Ergebnis war. Und wie wir in Kapitel 10 sehen werden, organisierte sich das Unternehmen später auf Grundlage der Matrix neu, sodass deutlich wurde, welche Geschäftseinheit für welche Innovationsart verantwortlich war. Das Bionicle-Team hatte LEGO also ein nachhaltiges Best-Case-Beispiel für die Durchführung eines umfassenden Innovationsansatzes geliefert. Im Rückblick auf Bionicle konnte Knudstorp die Zukunft in einem helleren Licht sehen.

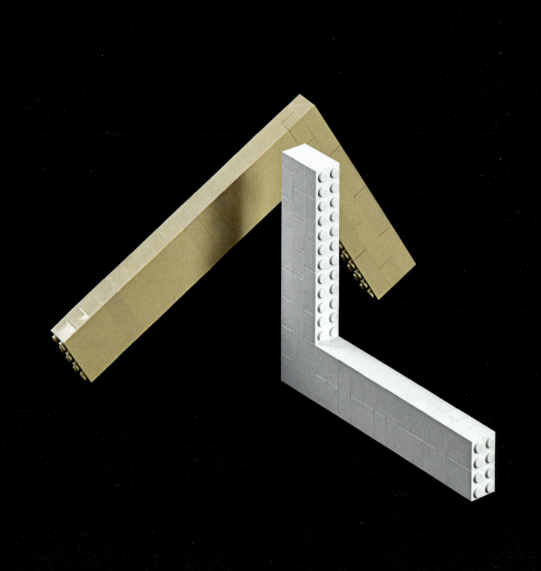

Open Innovation fördern

Mindstorms, Architecture und die Weisheit der Gruppe

Du kannst sie nicht rauswerfen, weil du sie nicht eingestellt hast.

Søren Lund, Direktor von Mindstorms NXT

Es war Ende April 2010, und der Georgia Dome bebte. Tausende LEGO-Mindstorms-Fans füllten die riesige Arena in Atlanta, um das weltweite Finale der FIRST-LEGO-Robotics-Wettkämpfe zu sehen, eine Art Junior-Olympiade für Mathematik- und Wissenschaftsgenies aus allen Teilen der Welt. Das dreitägige Turnier von FIRST (For Inspiration and Recognition of Science and Technology) war vom Segway-Erfinder Dean Kamen und seiner Non-Profit-Organisation vorbereitet worden. Es bot eine atemberaubende Abfolge von Wettkämpfen zwischen 81 Teams aus insgesamt 800 Mindstorms-Cracks zwischen neun und sechzehn Jahren, und Hunderte erwachsene Freiwillige waren dabei, um sie zu unterstützen. Diese 81 Teams waren die Besten der Besten – die regionalen und nationalen Sieger eines weltweiten Wettbewerbs, an dem über 16 000 Teams teilgenommen hatten.[30]

Die Aufgabe eines jeden Teams: einen Mindstorms-Roboter zu entwerfen und zu programmieren, der aus LEGO-Bestandteilen, Motoren, Sensoren und einem »intelligenten« Baustein bestand und eine Hindernisstrecke absolvieren sowie eine Reihe komplizierter Aufträge erfüllen musste, und das alles im Zeitkampf gegen die Roboter der anderen Teams. Die FIRST World Championship verband das ohrenbetäubende Getöse einer Wrestling-Weltmeisterschaft mit der Spannung und dem Triumph der Mechanik eines NASCAR-Rennens. Es war eine Siegesfeier des Hirns über die Muskeln, denn Tausende Kinder bewiesen, was alles möglich ist, wenn ihre Vorstellungskraft und ihre technischen Fähigkeiten mit LEGO und der digitalen Technologie zusammengeführt wurden.

Wenn die Kinder nicht gerade im Wettkampf waren, umringten sie den LEGO-Mindstorms-Stand, wo LEGO-Mitarbeiter Tipps für die Konstruktion besserer Roboter gaben und erfahrene erwachsene Hobbykonstrukteure ihre beeindruckenden Kreationen vorführten, beispielsweise Mindstorms-Moon-Rovers und eine erstaunlich originalgetreue LEGO-Nachschöpfung von Wall-E, dem berühmten Roboter aus dem gleichnamigen Film.

Eine Gruppe von LEGO-Softwareentwicklern und anderen Mitarbeitern entfernte sich für ein paar Stunden vom Stand und kam in einem leeren Korridor zusammen, wo sie sich mit Tesca Fitzgerald trafen, einer dreizehnjährigen College-Studentin und FIRST-LEGO-League-Teilnehmerin aus Baverton, Oregon. Diesmal gab die LEGO-Crew keine eigene Vorführung, sondern schaute sich eine an, denn Tesca präsentierte das umfangreiche Künstliche-Intelligenz-Programm, das sie für den Mindstorms-Roboter ihres Teams geschrieben hatte.

Sie trug die Uniform ihres Robotik-Teams, der Fire-Breathing Rubber Duckies: eine rote Perücke und ein neonorangefarbenes T-Shirt. Tesca erzählte den LEGO-Entwicklern, dass sie 440 Stunden damit zugebracht hatte, einen komplexen Algorithmus für ihre KI-Software zu erschaffen, zu testen und zu modifizieren. Das Programm ermöglichte es ihrem Roboter, sich selbstständig durch eine typische Krankenhausumgebung zu bewegen. Über sechs Meter Ablaufdiagramme waren auf dem Boden des Korridors ausgebreitet. Tesca führte die LEGO-Entwickler durch ihr Programm und beantwortete Fragen zu ihrem Code sowie zu ihren Verbesserungswünschen an der Mindstorms-Software. Als sie fertig war, lud die beeindruckte LEGO-Crew die frühreife Programmiererin (und ihre Eltern) dazu ein, ihre KI-Arbeit nächstes Jahr bei der LEGO-Entwicklerkonferenz in Billund vorzustellen.

Tesca Fitzgeralds Vorstoß in die Entwicklung von KI-Software via LEGO war, wie es Mindstorms-Marketingmanager Steven Canvin später ausdrückte, »echt Wahnsinn. Es ist sehr wahrscheinlich, dass dieses junge Mädchen das umfangreichste jemals in unserer Software geschriebene Programm geschaffen hat.« Zugleich war Tescas Errungenschaft ein weiterer Meilenstein auf der bemerkenswerten Reise, die LEGO von einer abgehobenen, hochgradig isolierten Organisation, in der nur der PR-Manager zur Öffentlichkeit sprach, in eine Firma verwandelt hatte, die sich geschickt ihren erfindungsreichsten Kunden öffnete, von ihnen lernte und sich somit ihre Kreativität zunutze machte.

DIE GEBURT DES ERSTEN LEGO-ROBOTERS

Wie weltfremd LEGO in der Vergangenheit gewesen war, zeigen die Ereignisse von 1998, als LEGO das erste Mindstorms-Set herausbrachte. Das Originalset hatte einen Verkaufspreis von 199 US-Dollar und bestand aus einer Softwareanwendung, mit der die Kunden einen Microcontrollerbaustein programmieren konnten, den sogenannten RCX (Robotic Command Explorer), drei Motoren, drei Sensoren und einer Auswahl von rund 700 LEGO-Steinen, Trägern, Zahnrädern, Achsen und Rädern zum Bau einer großen Palette von Robotern.

In den ersten, entscheidenden Monaten nach der Markteinführung von Mindstorms war der Führungsstab von LEGO äußerst erstaunt, als Umfragen ergaben, dass 70 Prozent der Mindstorms-Bastler Erwachsene waren und keine Kinder. Mindstorms war für Kinder gedacht, doch es faszinierte Zehntausende erwachsene Technikfreaks.

Kurz nach dem Erscheinen von Mindstorms knackte ein Student der Stanford University den RCX-Baustein und enthüllte der ganzen Welt, was sich darin befand. Er rekonstruierte den RCX-Microcode sowie die Firmware und stellte seine Ergebnisse ins Internet.

Der Mindstorms-Code verbreitete sich im LUGNET (dem weltweiten Netzwerk von LEGO-Nutzergruppen) sowie in Robotik- und

Computerdiskussionsforen. Ein Softwareingenieur, der als Programmierer für Motorola Inc. arbeitete, schrieb den nunmehr öffentlich gemachten RCX-Code fort und schuf ein Programmier-Tool namens Not Quite C (NQC), eine textbasierte Programmiersprache, mit der kenntnisreiche Bastler der Mindstorms-Hardware weitere Eigenschaften hinzufügen konnten.[31] Fast gleichzeitig entwickelte ein Informatikstudent der Universität Karlsruhe ein Open-Source-Betriebssystem, legOS, das Entwicklern unter anderem ermöglichte, eine Version des RCX-Bausteins zu programmieren, die viermal schneller war als das Original.

Es überrascht nicht, dass einige LEGO-Manager fürchteten, die Hacking-Attacke, die innerhalb weniger Wochen im Internet bekannt wurde, würde dazu führen, dass die Leute den Code kopierten und Robotiksets schufen, die dem Mindstorms-Markt, der noch in seinen Anfängen steckte, das Wasser abgruben. Die Unternehmensanwälte waren in noch größerer Alarmbereitschaft. Sie drängten darauf, den Hackern Abmahnungen mit Unterlassungsaufforderungen zu schicken, in denen sie aufgerufen wurden, nicht länger das geistige Eigentum des Unternehmens zu missbrauchen. »Die Rechtsabteilung drehte durch«, erinnerte sich Søren Lund, der 2006 das Mindstorms-Team leitete. »Sie hatten die schlimmsten Befürchtungen: ›Sie machen den Code für die ganze Welt öffentlich! Er wird kopiert!‹«

Aber anstatt zu prozessieren, beschloss LEGO, die Hacker gewähren zu lassen. Im Gegensatz zu den LEGO-Anwälten nahm das Mindstorms-Entwicklungsteam die Hacking-Aktion als Anzeichen dafür, dass ihnen ein großer Wurf gelungen war. Erwachsene Tüftler würden sich nicht die Mühe machen, den RCX-Baustein zu knacken und einen alternativen Code dafür zu schreiben, wenn sie die Mindstorms-Plattform nicht einer Weiterentwicklung für würdig hielten. Nachdem überall im Internet Mindstorms-Diskussionsforen entstanden und immer mehr Softwaretüftler anfingen, ihre eigenen Anwendungen zu schreiben, versuchte LEGO, die Kreativität der wachsenden Community in Bahnen zu lenken, indem sie der Mindstorms-Softwarelizenz ein »Hacking-Recht« hinzufügten und eine Mindstorms-Website mit einem eigenen Diskussionsforum einrichteten, ein mutiger Schritt für ein Unternehmen, das immer bestrebt gewesen war, Kontrolle über sein Image auszuüben. Zu diesem Zeitpunkt dachte LEGO noch nicht daran, die Kreativität der Massen zu nutzen. Man wollte lediglich einen Erfolg einbinden.

Gleichwohl bestätigten sich die schlimmsten Erwartungen einiger LEGO-Führungskräfte, als das Unternehmen in aller Eile ein Mindstorms-Zubehörset auf den Markt brachte, das nicht besonders gut angenommen wurde. »[Die Kunden] posteten auf unserem Message Board, dass das [Zubehörset] überteuert und mehr oder weniger Mist wäre«, erinnerte sich Tormod Askildsen, der das LEGO-Community-Entwicklungsteam leitet. »Und die Reaktion zumindest einiger Leute in den höheren Firmenetagen war, dass wir so was nicht auf einer LEGO-Website stehen lassen können – wir müssten die negativen Kommentare löschen. Wir sagten, wir könnten die Foren schließen, aber wir konnten sie nicht bearbeiten. Und wenn wir die Foren schlossen, würde die Diskussion einfach auf eine andere Website umziehen. Also warum sind wir nicht einfach offen, geben zu, dass es ein Problem gibt, und tun etwas dagegen?«

Klugerweise ließ LEGO die Foren unangetastet und nutzte sogar die Mindstorms-Website, um ein kostenloses, herunterladbares Softwareentwicklungsset herauszubringen, mit dem begabte Tüftler ihre eigenen Applikationen für Mindstorms besser umsetzen konnten. Damit erwog LEGO nicht länger, gerichtlich gegen Hacker vorzugehen, sondern verlegte sich darauf, sie aktiv zu ermutigen, Mindstorms neu zu erfinden, und zwar auf eine Weise, die LEGO sich selbst niemals vorgestellt hatte.

Die Ergebnisse waren überwältigend. Die Kunden überschwemmten die LEGO-Mindstorms-Website – ebenso wie LUGNET und Dutzende von Mindstorms-Fanseiten – mit Postings über eine atemberaubende Vielzahl von LEGO-Robotern. Fans aus aller Welt schickten Fotos und Videos ihrer Mindstorms-MOCs (My Own Creations) und füllten Hunderte von Seiten mit detaillierten Anleitungen zum Nachbau ihrer Erfindungen. Ihre Begeisterung für alles, was mit Mindstorms zu tun hatte, brachte eine ganze Batterie von Bedienungsanleitungen zum Bau und zur Programmierung der LEGO-Roboter hervor, ebenso wie eine Vielzahl von Start-up-Firmen, die von Dritten hergestellte Mindstorms-Sensoren und -Hardware vertrieben.

Scheinbar über Nacht hatte sich ein ganzes Ökosystem von kundengenerierten Internetforen, Büchern, Kleinstunternehmen und Wettbewerben wie der FIRST LEGO League rund um Mindstorms entwickelt. Askildsen erinnerte sich: »Die Leute verbesserten das Produkt und machten es für Nischenbereiche zugänglich, die LEGO nicht bedienen konnte.« Gestärkt durch die Kreativität seiner Fans, die neue Kunden in den Mindstorms-Orbit zog, verkaufte LEGO in den ersten fünf Monaten nach Einführung des RCX-Roboters 80 000 Bausätze. Das Set war so beliebt, dass es die Erwartungen der Firma übertraf und die Mindstorms-Lager in der Weihnachtszeit leer waren. Trotz dieser nahezu unverzeihlichen Sünde sollte Mindstorms sich zum bestverkauften Einzelprodukt in der Geschichte des Unternehmens entwickeln. Und es veränderte auf dramatische Weise den Umgang der Firma mit dem Innovationsmanagement.

Durch Mindstorms begann LEGO die Vorteile darin zu erkennen, seine Kunden-Community nicht nur in die Lage zu versetzen, sondern sie zu *ermutigen,* ergänzende Innovationen zu seinen Spielzeugen hervorzubringen. Wenn Kunden neue Anwendungen für Mindstorms schrieben, förderten sie das Marktwachstum, indem sie es anderen Kunden ermöglichten, begeisternde Mindstorms-Kreationen zu entwickeln, zum Beispiel eine Fabrik, die ein LEGO-Auto nach Kundenwünschen zusammenbaut, oder einen Automaten, der nach Geldeinwurf Bonbons oder Getränke und das korrekte Wechselgeld ausgibt. Mit jeder neuen Applikation erweiterten innovative Kunden die Möglichkeiten, die Mindstorms bot. Ende der neunziger Jahre war die Vorstellung, ein sprichwörtliches Netzwerk von freiwilligen Innovatoren zu nutzen, »ein völlig anderes geschäftliches Paradigma«, wie Mads Nipper es später bezeichnete. »Obwohl unsere User nicht dafür bezahlt werden, erweitern sie die Möglichkeiten, die das Mindstorms-Grundset bietet – das ist eine tolle Methode, um das Produkt spannender zu machen.«

Gleichzeitig bewies Mindstorms den LEGO-Managern und -Entwicklern eindrucksvoll, dass sie von begabten erwachsenen Bastlern und von Wunderkindern wie Tesca Fitzgerald erheblich profitieren konnten. Diese Auffassung wurde im Herbst 1999 deutlich bestärkt, als LEGO und das MIT Media Lab eine Zusammenkunft namens MindFest organisierten, bei der sich rund 300 Mindstorms-Fans trafen, darunter Robotik-Cracks, Lehrer und Meisterkonstrukteure aller Altersklassen. (Seit Mitte der achtziger Jahre forschte LEGO gemeinsam mit Seymour Papert vom Media Lab – einem der Pioniere der Künstlichen Intelligenz und Autor des Buches *Mindstorms*, (auf deutsch unter dem Titel *Gedankenblitze* erschienen, das dem LEGO-Spielzeug seinen Namen gegeben hatte – darüber, wie Kinder durch Experimentieren und Spielen lernen.) Das Schwerpunktthema von MindFest war die Zukunft des Lernens; für das LEGO-Mindstorms-Entwicklungsteam bot die Konferenz reichlich Gelegenheit, selbst einiges zu lernen.

Der eindrucksvollste Lernmoment erfolgte während der Podiumsdiskussion eines »Dreamteams« von Hackern, zu denen auch Kekoa Proudfoot gehörte, jener Student der Stanford University, der den RCX-Microcode geknackt hatte, und Markus Noga, der Schöpfer des legOS-Betriebssystems. Atemlos hörte das LEGO-Team zu, als die Hacker das Potenzial des RCX-Bausteins beschrieben, mit dem Kinder und erwachsene Bastler technische Neuheiten bauen konnten, die sich die LEGO-Entwickler nicht hätten träumen lassen. Dann wurde Ralph Hempel das Wort erteilt. Hempel, Ingenieur für Eingebettete Systeme aus Owen Sound, Ontario, hatte für Mindstorms ein speichererhaltendes Programmiersystem namens pbForth geschrieben. Die Beschwerden einiger Robotik-Spezialisten darüber, dass der RCX nicht genügend Speicherkapazität habe, erinnerten Hempel an eine der größten technologischen Errungenschaften, die erste Mondlandung der NASA. Mit dem RCX, sagte Hempel, hielten die Entwickler dieselbe Rechenkapazität in Händen, die einen Menschen auf den Mond gebracht habe. Seine Botschaft lautete: Wir als Community sollten uns schämen, wenn wir nicht in der Lage sind, einen großartigen Code für den Baustein zu erstellen.

»Es war das erste Mal, dass wir den Hackern persönlich begegneten, und wir alle dachten: ›Das ist zu schön, um wahr zu sein‹«, erinnerte sich der Mindstorms-Teamchef Søren Lund. »Hinterher sind wir mit ihnen noch ein Bier trinken gegangen, und es war sofort so, als wären wir gleichgestellte Teams, die zusammen ein Brainstorming machen.«

DIE WEISHEIT DER GRUPPE

Sechs Jahre später, als LEGO gerade versuchte, sich vor dem finanziellen Absturz zu retten, begann das Unternehmen, sich auf die Rückkehr zur vernetzten Welt mit Mindstorms NXT vorzubereiten, der nächsten Generation von Robotiksets. In Erinnerung an das zündende Debüt der ursprünglichen Mindstorms beschloss LEGO, die Fähigkeiten der weltweit kreativsten Mindstorms-Kunden zu nutzen und eine Handvoll von ihnen einzuladen, an der Entwicklung des neuen Sets mitzuarbeiten. Ein solcher Schritt war beispiellos für LEGO. Man hatte zwar schon fachkundige erwachsene Fans aufgefordert, Ideen und Prototypen für die Factory-Sets beizusteuern, aber nie zuvor war es Außenstehenden erlaubt gewesen, in den Kernentwicklungsprozess eines geheimen Projekts vorzudringen. Gleichwohl war die geschäftliche Logik, Kunden zur Mitgestaltung der Zukunft von Mindstorms aufzufordern, unausweichlich. »Es war ganz offensichtlich bedeutsam, sie einzubinden«, sagte Nipper. »Sie wussten Dinge, die wir nicht wussten.«

So begann das disziplinierte Vorhaben der LEGO Gruppe, eine der meistbesprochenen Business-Innovationen des vergangenen Jahrzehnts zu erweitern – die Nutzung der »Weisheit der Vielen«, um Durchbruchprodukte zu schaffen. Interessant ist, dass LEGO sein Experiment mit Crowdsourcing 2004 vornahm, also ein Jahr bevor James Surowieckis bahnbrechendes Buch *The Wisdom of Crowds* (deutscher Titel: *Die Weisheit der Vielen*) erschien, in dem er erklärte, dass Gruppen von Personen »häufig klüger sind als die klügsten Einzelpersonen unter ihnen« und die »kollektive Intelligenz« der Masse daher bessere Resultate hervorbringe als eine kleine Expertengruppe. Seit der Veröffentlichung dieses und anderer Bücher über die Mitgestaltung von Kunden haben Initiativen von LINUX über Wikipedia bis hin zu 240 000 Open-Source-Softwareentwicklungsprojekten (laut SourceForge.net) hinreichend bewiesen, dass Crowdsourcing eine Organisation für den Zustrom von Ideen und Erkenntnissen öffnet, die es allein niemals hervorbringen könnte.

Für konventionellere Unternehmen blieb Crowdsourcing allerdings ein Rätsel, und noch dazu ein furchteinflößendes. Wie kann sich ein Unternehmen öffnen und dennoch seine wichtigsten Geheim-

nisse schützen? Wie können die Entwickler die wenigen genialen Erkenntnisse der Masse von den zahlreichen Hirngespinsten unterschei-
den? Und wie können die Manager die Kreativität der Kunden nutzen
und gleichzeitig sicherstellen, dass ihre Leidenschaft nicht Budgets
und Deadlines sprengt und damit das Projekt letztlich zum Scheitern
bringt? Ungeachtet dieser Herausforderungen gelang es LEGO, die
Talente von Außenstehenden zu nutzen und dadurch eine neue Generation von Mindstorms auf den Markt zu bringen, welche die beeindruckende Performance des Vorgängers noch übertraf. Tatsächlich
konnte der disziplinierte Ansatz der LEGO Gruppe zur Nutzung der
Talente von externen Entwicklern viele der Schwierigkeiten überwinden, die dem Crowdsourcing zu eigen sind.

Herausforderung
**In etablierten Unternehmen sind viele Manager skeptisch,
ob das Risiko der Öffnung gegenüber der Außenwelt durch
den Nutzen aufgewogen wird.**

2004, als Knudstorp und sein neues Führungsteam darum kämpften,
LEGO aus der Krise zu holen, indem sie Wirtschaftsgüter verkauften
und verlustträchtige Produktlinien vom Markt nahmen, versuchten
sie auch, für 2006 ein profitables Produktportfolio aufzubauen. (Zu
dieser Zeit brauchte LEGO im Durchschnitt zwei Jahre, um eine neue
Reihe zu entwickeln und einzuführen.) Trotz des bemerkenswerten
Erfolgs von Mindstorms während der ersten beiden Jahre schien eine
neue Generation von Mindstorms nicht unmittelbar vielversprechend.

Während der ersten Jahre des neuen Jahrtausends schien die Verschmelzung von Baustein und Roboter zwar eine nützliche Strategie
zu sein, um LEGO im digitalen Zeitalter seine Bedeutung zu bewahren. Dennoch ließ das Unternehmen Mindstorms weitgehend links
liegen, weil es in budgetstarke Produktlinien wie Explore und Galidor investierte. Nachdem 2001 ein bescheidenes Mindstorms-Update
herausgekommen war, löste LEGO das Entwicklungsteam der Reihe
auf und stellte die Marketingbemühungen ein. Obgleich LEGO weiterhin eine kleine Anzahl von Sets herstellte, dauerte es nicht lange,
bis Blogger einen Nachruf für Mindstorms schrieben und darüber

spekulierten, warum Mindstorms für jeden außer für die LEGO-Führungsspitze ein Hit gewesen war. »Wir haben jahrelang versucht, das Produkt plattzumachen«, erinnerte sich Lund reuevoll, »denn wir haben absolut nichts zu seiner Unterstützung getan.«

Doch als Knudstorp und Nipper die Robotik-Reihe 2004 einer näheren Betrachtung unterzogen, erkannten sie, dass einiges für ein Mindstorms-Revival sprach. LEGO mochte seine Begeisterung für die Mindstorms-Reihe verloren haben, die Kunden jedoch nicht.

Seit ihrem Start im Jahre 1998 hatten sich die FIRST-LEGO-League-Mindstorms-Wettbewerbe von 1 600 teilnehmenden Jugendlichen im Ursprungsjahr auf 50 000 Teilnehmer im Jahr 2004 vergrößert.

Die Begeisterung erwachsener Tüftler für Mindstorms hatte ebenfalls kaum nachgelassen, wie die zahllosen Fan-Websites und die über 20 Bücher mit Mindstorms-Bezug von nicht mit LEGO verbundenen Autoren bewiesen. Nach wie vor wurden jährlich rund 40 000 Einheiten der Produktlinie verkauft, und das ohne jede Werbung. Außerdem passte das Konzept des endlosen Spielens durch zusammenbaubare, bausteinbasierte Roboter zu Knudstorps Zurück-zum-Baustein-Strategie zur Rettung des Unternehmens, mit dem zusätzlichen Vorteil, dass der Mindstorms-Microcomputerbaustein LEGO dazu verhelfen würde, sich in einer digitalen Welt von MP3-Playern und Videospielen zu behaupten. Aufgrund dieser positiven Leitfaktoren bat Nipper Søren Lund und Paal Smith-Meyer, zu jener Zeit einer der Kreativchefs von LEGO, die Entwicklung eines neuen Mindstorms-Sets zu leiten.

Praktisch von Anfang an waren die beiden sich einig, dass die Zusammenarbeit mit den sachkundigsten Mindstorms-Bastlern, von denen sie einige persönlich kannten, der nächste logische Schritt sei. Dennoch zögerten einige LEGO-Manager, einen so ungewöhnlichen Pfad zu beschreiten, weil sie fürchteten, ihre Mitbewerber könnten von ihren neuen Plänen erfahren. »In der Forschung und Entwicklung erzählt man Fremden nicht, woran man arbeitet«, sagte Lund. »Rückblickend klingt das ganz einfach, aber zu jener Zeit war es ein riesiges kulturelles Hindernis, diese Grenze zu überschreiten.« Eine Geheimhaltungsklausel bot nur wenig echten Schutz, denn undichte

Stellen sind häufig schwer zu erkennen. Und die Gegenmaßnahme – in diesem Fall die gerichtliche Verfolgung der einflussreichsten und angesehensten Kunden – ist undenkbar.

Ehe Lund und Smith-Meyer den unwiderruflichen Schritt unternahmen, externe Innovatoren ins innere Heiligtum des Mindstorms-Entwicklungsteams einzuladen, machten die beiden sich Gedanken über die zentrale Geschäftslogik für die Mindstorms-Zusammenarbeit. Erstens setzten sie darauf, dass die Einbeziehung der Kenntnisse und Ideen externer Experten die Chancen auf einen Verkaufsrenner drastisch erhöhen würde. Zweitens: Durch die Beschäftigung sachkundiger Konsumenten – Cracks, die in der Mindstorms-Welt eine gewisse Berühmtheit besaßen – konnten diese zu überzeugenden Botschaftern für die nächste Mindstorms-Generation werden. Vielleicht würden sie sogar eine vertrauensvollere Beziehung aufbauen zwischen der LEGO Gruppe, der allgemein nachgesagt wurde, dass sie Mindstorms gegenüber gleichgültig geworden sei, und einer skeptischen Fangemeinde.

Drittens wollten Lund und Smith-Meyer das mit den Mindstorms-Fan-Entwicklern tun, was Apple später mit den iPhone-App-Entwicklern tun würde: ihnen die Werkzeuge und die Unterstützung geben, die sie brauchten, um ergänzende Innovationen zu entwickeln, von Sensoren über Programmiersprachen bis zu Bedienungsanleitungen, die die Mindstorms-Plattform verbessern und erweitern würden.

Außerdem würde das neue Mindstorms nur minimale Marketingunterstützung bekommen, da LEGO immer noch in der Finanzkrise steckte. Deshalb griffen Lund und Smith-Meyer zu einer ressourcenschonenden, PR-basierten Werbestrategie. Wenn die Kunden ihnen beim Entwurf eines Durchbruchprodukts halfen, hätten sie eine sensationelle Story für die Business- und die Hightech-Presse, ohne dass LEGO daraus Kosten entstanden. Lund schlussfolgerte: »Unser Budget war so beschränkt, dass wir einfach mit den Fans arbeiten *mussten*.«

Zusammengenommen bildeten diese vier Faktoren – ein besseres Produkt herstellen, die Fans einbinden, einen Zubehörmarkt einführen und eine faszinierende Geschichte für die Medien liefern – eine Due-Diligence-Checkliste für die Einbeziehung externer Mitarbeiter.

Falls Widerstand innerhalb der Firma aufkam, würde die Checkliste als deutliche Erinnerung dienen, warum der Nutzen das Risiko überwog.

Herausforderung
Ehrenamtliche Entwickler sind klug, aber sie haben nicht immer Recht. Sie könnten in einem Projekt Überhand gewinnen und es in die falsche Richtung führen.

Die Chefdesigner von Mindstorms zogen eine klare Trennlinie, wie der Schwarm helfen konnte und wie nicht. Obwohl sie fest entschlossen waren, externe Entwickler für eine Kompletterneuerung ihrer Robotiksets zu engagieren, trafen Lund und Smith-Meyer eine Reihe grundlegender Designentscheidungen, ehe sie Anregungen von außen entgegennahmen. Trotz der bemerkenswerten Kenntnisse und Kreativität der auserlesensten Mindstorms-Kunden hatte keiner von ihnen Fachwissen im Entwurf von überzeugenden Konstruktionserlebnissen für Kinder. Das blieb die Verantwortung des Unternehmens.

Lund hatte erkannt, dass die erste Generation von Mindstorms-Sets für Zehn- bis Zwölfjährige eine ziemliche Herausforderung darstellte, wenn sie sie ohne Hilfe von Erwachsenen oder erfahreneren Jugendlichen zusammenbauen wollten. Die Modelle der nächsten Generation sollten den Kindern daher eine wesentlich intuitivere erste Konstruktionserfahrung bieten. Daher setzten die Entwickler sich ein Ziel: ein Set schaffen, mit dem Kinder innerhalb von zwanzig Minuten nach Öffnen der Schachtel einen Roboter zusammenbauen konnten. Zu diesem Zweck beschloss das Team, nur die ungenoppten LEGO-Technics-Komponenten in das Set aufzunehmen. Die Technic-Bestandteile, denen die Noppen der klassischen LEGO-Teile fehlen, gaben den Kindern mehr Flexibilität beim Bauen und sorgten letztlich für einen schlankeren, weniger klobigen Roboter.

Es gab noch weitere frühzeitige Designentscheidungen, die ohne den Input von Kunden gefällt wurden. Dazu gehörte, keine reine Schönheitskorrektur des Produkts vorzunehmen, sondern stattdessen eine voll ausgereifte nächste Generation zu schaffen. Ein entschiedener Bruch mit der Vergangenheit bedeutete, dass die neuen

Mindstorms-Sets nicht mit denen der ersten Generation rückwärtskompatibel sein würden. Andererseits konnten der programmierbare Baustein und die Software, welche die ursprünglichen Mindstorms steuerte, durch einen aktualisierten intelligenten Baustein namens NXT ersetzt werden. Lund und Smith-Meyer erkannten, dass LEGO die Ressourcen fehlten, um die Mindstorms-Software intern zu entwickeln. Deshalb gründeten sie eine Partnerschaft mit National Instruments im texanischen Austin, um eine kinderfreundliche Softwareplattform aufzubauen.

Indem Lund und Smith-Meyer so entscheidende Referenzpunkte wie die noppenlosen Komponenten und die Überholung des Robotergehirns festlegten, bevor die Fans eine Chance zum Eingreifen hatten, verringerten sie das Risiko, dass die ehrenamtlichen Entwickler das Projekt vom Kurs abbrachten. Mit diesen übergeordneten Entscheidungen im Hintergrund waren sie gut vorbereitet, führende User in die Mitentwicklung von Mindstorms NXT einzubeziehen.

Herausforderung
Die Masse unter Kontrolle zu halten ist zeitaufwändig und bindet entscheidende Ressourcen.

Eine der größten Herausforderungen bei jedem kollektiven Schaffensprozess ist, einen Weg der Zusammenarbeit mit großen Gruppen zu finden, ohne dass diese zu regelbrechenden Truppen mutieren. Die Lösung des Mindstorms-Teams bestand darin, die Masse in Samtfesseln zu legen und nur eine sehr kleine, sehr elitäre Gruppe in das Designteam hineinzulassen. Indem sie die Zahl der Mitentwickler auf die klügsten Mindstorms-Bastler beschränkten, hofften Lund und Smith-Meyer, einen höheren Prozentsatz an nützlichen Ideen generieren zu können. Die Frage war, wem von den zahlreichen sachkundigen Mindstorms-Usern das Team den Zugang gewähren sollte. »Wenn wir die falschen Leute ausgewählt hätten«, sagte Lund, »wären wir in die falsche Richtung gegangen.«

Die Mindstorms-Manager fanden die richtigen Leute, indem sie sich Rat aus der Kunden-Community holten. Sie beobachteten die Mindstorms-Internetforen und -Diskussionsgruppen unter dem

Gesichtspunkt, jene Personen zu identifizieren, die am häufigsten als Experten auf ihrem Gebiet erwähnt wurden. Nachdem sie eine Liste mit zwanzig Namen erstellt hatten, grenzten sie die Kandidaten weiter ein, bis noch vier übrig blieben, die alle Fachwissen in einem Bereich hatten, der für Mindstorms als entscheidend galt. Steve Hassenplug, ein Softwareingenieur aus Indiana, war bekannt für seine bemerkenswerten Konstruktionskenntnisse; John Barnes, Leiter eines Unternehmens namens Hi-Technic im Staat New York, das Ultraschallsensoren für die ursprünglichen Mindstorms herstellte, wurde eindeutig zum »Hardwaremann« erkoren; Ralph Hempel, der Hacker, der beim MindFest beeindruckt hatte, wurde wegen seiner Fähigkeiten bei der Firmware-Entwicklung ausgewählt; und David Schulling, ein Hauslehrer aus Minneapolis, war dafür bekannt, dass er Mindstorms im Mathematik- und Physikunterricht verwendete. (*Eine kurze Geschichte von LEGO* zeigt die vier ursprünglichen Mitglieder des Mindstorms User Panel mit Søren Lund und Paal Smith-Meyer von LEGO.)

Ende 2004 schickte ein LEGO-Mitarbeiter jedem der vier eine E-Mail, ebenso an eine fünfte Person, die aber nie darauf antwortete: »Wir hätten Sie gerne in einer Gruppe von Hardcore-Fans mit dabei, um ein absolut geheimes Projekt in Gang zu setzen. Welches Projekt? Das verrate ich nicht! Jedenfalls nicht, bis Sie die Geheimhaltungsvereinbarung im Anhang dieser Mail unterzeichnet und zurückgeschickt haben.«

Die E-Mail lud die herausragenden Mindstorms-User in ein geschlossenes Internetforum ein, wo sie das Mindstorms User Panel oder MUP bildeten, um LEGO beim Entwickeln der Sets der nächsten Generation zu helfen. (Als Bezeichnung für die Mitglieder des Panel setzte sich MUPs durch.) LEGO bot den vier Männern keine Bezahlung an, sondern nur die Gelegenheit, das kommende Jahr in Zusammenarbeit mit dem Mindstorms-F&E-Team zu verbringen. Als Gegenleistung für das freiwillige Beisteuern zahlreicher Ideen und Kritiken zu Mindstorms NXT sollten die MUPs mehrere kostenlose Sets erhalten sowie die Anerkennung, dass sie de facto LEGO-Mitarbeiter waren und bei der Entwicklung von Sets für die ganze Welt mithalfen. Innerhalb weniger Stunden nach Erhalt der Nachricht hatten alle vier freiwilligen Entwickler unterschrieben. Die nächste Nachricht von LEGO im Dezember lautete: »Frohe Weihnachten. Für Sie ist ein Paket unterwegs.« Die MUPs öffneten es und fanden darin einen Prototyp im frühen Stadium für die nächste Generation ihres geliebten Mindstorms-Sets.

Zuerst glaubten die MUPs, LEGO wolle, dass sie Prototypen testeten, für die grundlegende Merkmale bereits feststanden. Als sie erfuhren, dass LEGO tatsächlich noch nicht einmal die Einzelheiten des Designs entschieden hatte, waren sie begeistert. »Als sie mir sagten, ich würde mithelfen, die nächste Generation von Mindstorms zu entwickeln, während sie noch in der Reißbrettphase war«, erinnerte sich Hassenplug, »war das mehr, als ich mir jemals erträumt hätte.«

Den MUPs stand es frei zu tun, was immer sie wollten – Fragen beantworten, sich für bestimmte Merkmale einsetzen, Entwürfe kritisieren. »Wir haben nicht versucht, ihre Zeit in irgendeiner Weise zu organisieren«, sagte Lund, der eng mit den MUPs zusammenarbeitete. »Aber sie sollten auch nicht als Fremdkörper behandelt werden. Sie waren Teil des Teams.« Dennoch verlief die Zusammenarbeit durchaus nicht reibungslos. Das Mindstorms-Team mühte sich fortwährend, die ungezügelte Kapazität zur Hervorbringung von Ideen der MUPs in geregelte Bahnen zu lenken. Die MUPs ihrerseits hörten nie auf, gegen die Unternehmensfristen, das Budget und jene zentrale Vorschrift anzurennen, wonach die neuen Sets Kindern und nicht nur Erwachsenen gefallen sollten.

Die richtige Balance zwischen dem Eifer der MUPs und den Beschränkungen des Unternehmens lag im Verständnis des Unterschieds zwischen »du musst« und »ich kann«. Wie Lund erläuterte, arbeiten die LEGO-Angestellten wie die meisten anderen auch in einer »Muss«-Kultur, bei der in den meisten Fällen Aufgaben zugewiesen werden und Verpflichtungen bindend sind. Die MUPs dagegen kamen aus einer »Kann«-Kultur, die ihnen die Freiheit ließ teilzunehmen – oder es bleiben zu lassen. »Sie können helfen, und sie können auch beschließen, nicht zu helfen. Und wisst ihr was: Ihr könnt sie nicht rauswerfen, weil ihr sie nicht eingestellt habt.«

Durch das Agieren im Spannungsfeld zwischen »müssen« und »können« erschlossen Lund und Smith-Meyer die Kraft der freiwilligen Beteiligung. Sie verstanden, dass Menschen sehr viel bereiter sind, alles zu geben, wenn sie sich einem Projekt verpflichtet fühlen anstatt zu ihm berufen werden. Weil die MUPs nur an dem arbeiteten, was sie wollten, und dafür mit der Anerkennung von Gleichgesinnten belohnt wurden, erzielte LEGO einen maßgeblichen Gewinn: den ständig wachsenden Eifer der MUPs und ihr Engagement für den Erfolg von Mindstorms. »Ihre Begeisterung in Kombination mit ihren Erkenntnissen und ihren technischen Fähigkeiten war eine total siegreiche Mischung«, sagte Lund. »Das war der beste Grund dafür, [sie anzuheuern].«

Herausforderung
Es gibt fast immer einen wichtigen Manager oder jemanden im Team, der glaubt, dass Externe stören und das Projekt beeinträchtigen.

Obwohl Lund und Smith-Meyer uneingeschränkte Verfechter der Zusammenarbeit mit den MUPs waren, verhielt sich das übrige Projektteam deutlich weniger kooperativ. Insbesondere ein Ingenieur protestierte, das »Quatschen auf einer Website« mit erwachsenen Fans sei Verschwendung seiner Zeit. Lund schlug einen Kompromiss vor: Zwei Wochen lang sollte der Ingenieur täglich 30 Minuten mit den MUPs kommunizieren. Wenn er am Ende dieser zwei Wochen immer noch fand, dass die MUPs nichts zu bieten hatten, müsse er nicht mit ihnen zusammenarbeiten. »Am Ende verbrachte gerade dieser Ingenieur mehr Zeit im Forum als alle anderen«, erinnerte sich Lund. »Er erkannte, dass sie sehr klug waren und dass es wirklich von großem Nutzen war, sich mit ihnen zu unterhalten.«

Der größte Beitrag der MUPs war ihre schonungslose Kritik an den Mindstorms-Prototypen, wodurch das Designteam den tatsächlichen Fortschritt seiner Entwicklungsbemühungen einschätzen konnte. Während der ersten Monate des Projekts befassten sich die MUPs mit sämtlichen vorgeschlagenen Verbesserungen für Mindstorms NXT. Sie steuerten Dutzende von Ideen zur Aufrüstung der Sensoren sowie zur Überholung der Software und der Firmware bei. Sie überredeten das Team, auf einen 32-Bit-Prozessor umzustellen, der für eine ernstzunehmende Robotik unerlässlich war. Sie verlangten stärkere Motoren. Und sie setzten sich erfolgreich für ein drahtloses Modul ein, über das der NXT-Baustein mit Bluetooth-Geräten kommunizieren konnte.

Natürlich setzte LEGO nicht alle Vorschläge der MUPs um. So drängten die MUPs beispielsweise auf ein Gleichstromnetzteil (anstelle des viel weniger verbreiteten Wechselstromakkus, den Mindstorms verwendet) sowie auf mehr Speicherkapazität für den programmierbaren Baustein, aber LEGO war der Meinung, dass beide Vorschläge den Budgetrahmen sprengen würden. Und darin liegt eine entscheidende Lektion für jede Organisation, die sich die Weisheit der Gruppe zunutze machen will: Mitentwickler sind nicht notwendigerweise Gleichrangige. Auch wenn Lund die uneingeschränkte Kreativität der MUPs schätzte, war letzten Endes doch LEGO die höchste Instanz.

»Viele Leute nennen das konsumentengelenkte Innovation«, sagte Lund. »Aber das war nicht konsumentengelenkt, das war eine Innovation, die von LEGO gelenkt wurde. Natürlich war es eine gemeinsame Kreation. Aber es gab keinen Zweifel darüber, wer die letztgültigen Entscheidungen traf.« Dennoch dauerte das unermüdliche Plädoyer der MUPs für bestimmte Innovationen manchmal an, selbst nachdem LEGO sich schon dagegen entschieden hatte.

Ein Beispiel dafür waren die Ereignisse im April 2005, als Hassenplug und Schilling nach Billund reisten, um an einem Mindstorms-Wettbewerb im Unternehmenssitz teilzunehmen. Die Reise bedeutete ihre erste persönliche Begegnung mit dem Mindstorms-F&E-Team. Am Tag nach dem Wettkampf wurden die beiden in das Gebäude für weltweite Innovation und Marketing geführt, zu dem der Zugang ausschließlich LEGO-Mitarbeitern erlaubt ist. Beim Betreten des Heiligtums der Mindstorms-Forschung war Hassenplug ziemlich perplex. »Ich entdeckte mein Bild an der Wand – sie hatten unsere Namen und Gesichter [die der MUPs] da hängen. Das war irgendwie gruselig. Die kannten uns wirklich.«

Lund ermöglichte den beiden MUPs ihren ersten direkten Blick auf die Prototypen der NXT-Leiterplatten sowie auf die Auswahl an noppenlosen Technic-Teilen. Hassenplug war enttäuscht, als er sah, dass es in dem geplanten Set kein 90-Grad-Gelenk gab. Auf ein Blatt

Papier zeichnete er ein kleines L-förmiges Verbindungsstück, mit dem Technic-Träger nahtlos im rechten Winkel angefügt werden konnten. Ohne dieses, argumentierte er, müsse man für den gleichen Effekt sieben Technic-Träger mühsam zusammenstecken. Lund gefiel die Idee, aber er sagte ihnen, sie könne nicht realisiert werden. Die internen Finanzvorgaben des Unternehmens würden das nicht zulassen, erklärte er den MUPs. Die Kosten für eine neue Spritzgussform, um das von Hassenplug vorgeschlagene Bauteil herzustellen, würden das Budget von Mindstorms überschreiten. »Aber sie kamen immer wieder damit an«, erinnerte sich Lund. »Sie drängten immer weiter.«

Vier Monate später präsentierte das Mindstorms-F&E-Team den MUPs bei einer Zusammenkunft während des BrickFest-Fantreffens in Washington den ersten funktionierenden Prototyp von Mindstorms NXT. Hassenplug freute sich, dass das Set das von ihm vorgeschlagene Teil enthielt. Bei der Analyse anderer Optionen hatten die Mindstorms-Designer entdeckt, dass vor langer Zeit eine Gussform für ein L-förmiges Technics-Teil entwickelt worden war, das genau ihren Anforderungen entsprach. Mit Leichtigkeit hatte Lund die Genehmigung erhalten, dem Sortiment dieses Teil hinzuzufügen. Die Community bezeichnete es als »Hassenpin«.

»Es erwies sich als zentrales Bauteil für die dreidimensionale Konstruktion«, sagte Lund. »Ohne [die MUPs] wäre das Element nicht im Set gewesen.«

In der ersten Jahreshälfte 2005 wurde die anfänglich vierköpfige Gruppe von MUPs auf elf erweitert. Hassenplug beispielsweise, der häufig mit seinem Freund John Brost zusammenarbeitete, um geniale Mindstorms-Modelle zu schaffen, hatte das LEGO-Team überredet, Brost in die Gruppe aufzunehmen. Die ursprünglichen vier bezeichneten die neuen Teammitglieder als MUPpets.

Herausforderung
Die richtige Gruppe für die frühe Phase eines Projekts ist möglicherweise nicht die richtige Gruppe für spätere Phasen.

Im Januar 2006 überraschte LEGO die Technik- und Spielzeugwelt mit der Vorführung eines Mindstorms-NXT-Prototyps bei der Consumer Electronics Show in Las Vegas. Selbst nach einjähriger Mitarbeit an dem Projekt hatte keiner der freiwilligen Entwickler das Geheimnis an die Presse oder an Kollegen durchsickern lassen. Ihr Schweigen war ein entscheidender Teil des Projekterfolgs. »Wenn irgendjemand etwas verraten hätte«, erklärte Smith-Meyer, »wäre das Projekt gestorben.« Eine undichte Stelle hätte außerdem jede weitere Crowdsourcing-Initiative bei LEGO zum Scheitern bringen können.

In diesem Januar kündigte LEGO auch an, dass 100 weitere führende User für die Beta-Testphase benötigt würden, die letzte Fehlerbehebung vor der Einführung der neuen Produktlinie im August. Im Gegensatz zu der ursprünglichen Gruppe würden die neuen Freiwilligen nicht an der Seite der Entwickler des Unternehmens arbeiten müssen, und sie mussten für ihre Sets bezahlen. Aber sie erhielten eine Preisermäßigung und die Anerkennung Gleichgesinnter dafür, dass sie LEGO bei der Perfektionierung eines Roboters halfen, der womöglich zum weltweiten Hit wurde. Laut Smith-Meyer rechnete das Team damit, dass sich ungefähr 1 000 User melden würden. Stattdessen kamen über 9 600 Bewerbungen herein und setzten damit ein deutliches Zeichen, dass die neue Mindstorms-Linie den Geschmack erwachsener Bastler treffen würde. Um einen der begehrten Plätze im Testteam zu erhalten, mussten die Bewerber nachweisen, wie ihre Beiträge die Mindstorms-NXT-Plattform erweitern konnten.

»Man musste großartige Roboter gebaut und sie auf die Website gestellt haben«, sagte Lund. »Oder man musste ein Mindstorms-NXT-Buch schreiben. Wenn man uns nicht überzeugen konnte, dass man mit seiner Arbeit zur Wertschöpfung beitrug, konnte man auch nicht mitmachen.«

Da die ursprüngliche Gruppe von ehrenamtlichen Entwicklern sich zu einer wahren Masse von über 100 Testern vergrößert hatte, die als Mindstorms Community Partners oder MCPs bezeichnet wurden, brachte LEGO Steven Canvin ins Spiel, Designmanager des ursprünglichen Mindstorms-Teams, um die wachsende Gruppe zu koordinieren und die Fragen der Freiwilligen zu beantworten. Am ersten Testtag war er regelrecht überwältigt von der E-Mail-Flut aufgeregter MCPs, die es gar nicht erwarten konnten, endlich loszulegen. Canvin war erfahren genug, um zu erkennen, dass weder er noch irgendein anderer LEGO-Mitarbeiter in einer überdimensionierten Gruppe von versierten, eigensinnigen Geeks die Zügel in der Hand behalten konnte. Aber er konnte die Begeisterung der Fans nutzen, um die MCPs in Foren zu organisieren, von denen jedes die entscheidenden Merkmale des Roboters wie Firmware, Sensoren und Bestandteile testen würde. Um die Foren zu moderieren, griff Canvin auf die angesehensten Mitglieder der Community zurück, die MUPs. LEGO erkannte, dass es Führungspersönlichkeiten innerhalb der Masse gab, und stützte sich auf diese, um wenigstens ein Minimum an Kontrolle auszuüben.

»Wir bezeichneten es als Open-Source-Community«, sagte Smith-Meyer. »Aber in Wirklichkeit war es mehr eine Gesellschaft mit einer eigenen Hierarchie, mit Rangordnung und Rollenverteilung.« Die vier Vorreiter-MUPs saßen an der Spitze der Hierarchiepyramide, gefolgt von der kleinen Armee freiwilliger Tester, die auch als Botschafter für Mindstorms NXT fungierten. Und dann kamen die 9 600 Fans, die sich auf der LEGO-Mindstorms-Website registriert hatten.

Die Mindstorms-Hierarchie – oder, um genauer zu sein, die Mindstorms-Meritokratie – war ständig im Wandel. Menschen kletterten in der Pyramide nach oben aufgrund ihrer Mindstorms-Innovationen und ihrer Beiträge zur Gruppe, sei es das Hacken eines neuen Codes oder das Aufspüren einer Rekordzahl von Programmierfehlern. Wenn sich die Nachricht von ihren atemberaubenden Errungenschaften – zum Beispiel dem CubeStormer, einem Roboter, der den Rubik-Zauberwürfel lösen konnte und dabei schneller als jeder Mensch war – innerhalb des viel größeren Netzwerks von LEGO-Fans und sogar von Technik-Cracks verbreitete, die zuvor gar kein Interesse an LEGO gehabt hatten, dann entwickelte der Hype eine Eigendynamik und zog Tausende weitere Menschen zu Mindstorms. Durch die Öffnung des Mindstorms-NXT-Entwicklungsprozesses schuf LEGO nicht nur ein besseres Produkt, sondern baute auch die Mindstorms-Marke aus, indem man die Bereitschaft freiwilliger Tüftler nutzte, die mehr als willens waren, für ein Spielzeug zu missionieren, an dessen Erschaffung sie mitgewirkt hatten.

Tatsächlich löste die nächste Generation von Mindstorms einen größeren Hype aus, als Lund und Smith-Meyer für möglich gehalten hatten. LEGO schätzt, dass die Open-Source-Entwicklungsstory, die von *Wired, Forbes,* CNN und zahllosen weiteren Medien aufgegriffen wurde, zu einer kostenlosen Publicity im Gegenwert von Millionen von US-Dollar geführt hat – ein maßgeblicher Anschub für ein Produkt, das sich in erster Linie auf Mundpropaganda stützt. Mindstorms NXT war ein unmittelbarer Treffer: LEGO verkaufte allein im ersten Jahr Sets für über 30 Millionen US-Dollar. Zusammen mit dem ursprünglichen Mindstorms-Set erzeugte Mindstorms NXT Abverkäufe von über zwei Millionen Stück. Und doch war die dauerhafteste Auswirkung von Mindstorms NXT wohl diejenige auf LEGO selbst.

Nach der Markteinführung von Mindstorms NXT fuhr LEGO fort, sich die kollektive Intelligenz auf neue und überraschende Weise zunutze zu machen. Als LEGO beispielsweise entschied, die 9-Volt-Eisenbahn-Produktreihe einzustellen und sie durch batteriebetriebene Eisenbahnen zu ersetzen – eine Entscheidung, welche die Anhänger der älteren Produktlinie aufbrachte –, verwandelte das Unternehmen seine flammendsten Kritiker in Kollaborateure, indem es eine Gruppe von fünfzehn der sachkundigsten Fans einlud, nach Billund zu kommen und an den Verbesserungen der nächsten Generation mitzuarbeiten.

Die Zusammenarbeit mit Kunden erfordert offenbar eine andere Einstellung des Managements. Rekapitulieren wir also noch einmal den cleveren Ansatz des Mindstorms-Teams zur Nutzung der Weisheit der Gruppe.

– Lund und Smith-Meyer schufen zunächst überzeugende Argumente dafür, über den internen Produktentwicklungsprozess des Unternehmens hinauszugehen. Hätten sie sich nicht selbst bewiesen, dass die MUPs zur Kreation eines besseren Roboters beitragen und die LEGO-Hilfstruppen davon begeistern würden, wäre Mindstorms NXT intern entwickelt worden.
– Das Mindstorms-Team sah das, was die freiwilligen Entwickler leisten konnten und was nicht, ganz realistisch. Ehe die MUPs verpflichtet wurden, legte das Team zunächst die

Designmerkmale fest, die für die Externen nicht zur Diskussion standen.

– Das LEGO-Team wählte die Gruppe, aus der es seine Freiwilligen rekrutieren wollte, sorgfältig aus. Und das Team wurde nicht erweitert, ehe alle wichtigen Designentscheidungen unter Dach und Fach waren.

– Die Mindstorms-Mitschöpfer waren nicht gleichgestellt. Obwohl die Beiträge der freiwilligen Entwickler hoch geschätzt wurden, war allen klar, dass LEGO die letztgültigen Entscheidungen traf.

– LEGO erkannte, dass Crowdsourcing der Kontrolle bedurfte. Als das Projekt wuchs und die Gruppe mehr Mitglieder bekam, stützte sich Lund auf die ursprünglichen MUPs, um das Test- und Optimierungsvorhaben von NXT zu leiten.

In Anbetracht des Erfolgs mit Mindstorms NXT hätte LEGO seine externe Innovationsarbeit ausdehnen und mit größeren Gruppen zusammenarbeiten können. Stattdessen bewies das Unternehmen seine Fähigkeit, in die entgegengesetzte Richtung zu gehen, vom Erschließen der Talente vier fachkundiger Bastler hin zur Nutzung der Geschäftstüchtigkeit eines einzelnen engagierten Unternehmers. Der Entschluss des Unternehmens, die Weisheit eines Einzelnen für sich zu nutzen, entstand aus dem Wunsch, neue, authentische LEGO-Innovationen rund um den Baustein zu schaffen und dabei gleichzeitig Disziplin und Fokus aufrechtzuerhalten. Indem LEGO lernte, wie man einen erstklassigen Unternehmer ausfindig macht und mit ihm zusammenarbeitet, entwickelte das Unternehmen eine erfolgreiche, hochgradig originäre Produktlinie und eröffnete sich einen komplett neuen Vertriebsweg.

DIE EINKÖPFIGE MASSE

2006 begannen die Führungskräfte der LEGO Gruppe sich zu sorgen, dass ihr laserartiger Fokus auf die Erneuerung der Kernproduktlinien und die Bewältigung des Alltagsgeschäfts sie kurzsichtig machte. Auch wenn Mindstorms NXT ein unvergleichlicher Erfolg war, der LEGO einen neuen Markt erschlossen hatte, blieb es doch letztlich nur ein einziges Set. Nach wie vor widmete LEGO den weitaus größten Teil seiner Ressourcen und Überlegungen dem »Mehr vom selben« und nicht dem »Neuen und anderen«. Ein so eng gefasster Ansatz zur Geschäftsbelebung bedeutete, dass LEGO möglicherweise andere Wachstumschancen verpasste.

Das Dilemma der LEGO Gruppe war eines, das jedem vorwärtsgewandten Unternehmen unweigerlich begegnet: Wie kann man sicherstellen, dass bei allen Bemühungen, vom Kerngeschäft zu profitieren, die Zukunft nicht zu kurz kommt?

Google beispielsweise reagierte auf diese Herausforderung, indem es eine explizite Innovationsformel entwickelte, die es als »70–20–10« bezeichnete. Google steckt 70 Prozent seiner technischen Ressourcen in die Verbesserung seines Basisgeschäfts, während 20 Prozent auf die Entwicklung von Dienstleistungen konzentriert sind, die das Kerngeschäft erweitern. Die verbleibenden 10 Prozent dienen der Unterstützung von Ideen, die sich auf lange Sicht als maßgeblich erweisen könnten. Diese Vorgehensweise stellt sicher, dass Google bei seinem kontinuierlichen Bemühen, sein zentrales Such- und Anzeigengeschäft weiterzuentwickeln, immer noch genügend Ressourcen in den Ausbau neuer Dienstleistungen und in die Einführung experimenteller Produkte investiert.

Hätte LEGO diese Rechenaufgabe für seinen eigenen Innovationseinsatz gelöst, so hätte die Formel eher 90–10–0 lauten müssen, wobei 90 Prozent auf die Ressourcen zur Verbesserung der Kernprodukte entfallen wären und 10 Prozent auf die Erweiterung der Basis durch vollständig neue Spiele. Was spekulative Bestrebungen angeht, die eines Tages einen Durchbruch erzielen könnten, so fanden sie bei LEGO einfach nicht statt. »In puncto F&E machten wir bloß E«, brachte es Smith-Meyer auf den Punkt, der den Entwicklungseinsatz von Mindstorms NXT mit leitete. »Vor der [finanziellen] Krise haben wir eine Menge große Forschungsprojekte durchgeführt, die einfach nirgendwohin führten. Nach der Krise war es fast so, als müssten alle Bestrebungen in die Markteinführung münden.«

2006 versuchte LEGO, eine bessere Balance zu finden zwischen Innovationen, die das Kerngeschäft verbesserten, und solchen, die völlig neue Märkte erschlossen. Knudstorp und Lisbeth Valther Pallesen, die Leiterin der Abteilung Community, Education, and Direct (CED), baten Smith-Meyer, eine »Front-End-Innovationseinheit« zu leiten, die sich ausschließlich auf die Entwicklung von Initiativen konzentrierte, um LEGO an unerforschte Märkte heranzuführen. Das Briefing aus der Chefetage war zweifellos ambitioniert: Innerhalb eines Jahres sollten zwei neue Chancen gefunden werden, die ein potenzielles Wachstum auf 10 Prozent der Unternehmensumsätze entwickeln konnten.

Obwohl Smith-Meyer darauf brannte, die Herausforderung anzunehmen, kamen ihm bald Zweifel, ob er oder irgendjemand sonst eine große Chance erkennen würde, wenn er eine sah. Auf der Suche nach Inspiration beschäftigte er sich eines Tages mit der Gründungsgeschichte verschiedener widerstandsfähiger Unternehmen. Er stellte fest, dass die Geschichten sich im Detail stark unterschieden, aber einen gemeinsamen roten Faden aufwiesen. Sei es der Nike-Mitgründer Phil Knight, der Laufschuhe aus dem Kofferraum seines Autos verkaufte, der junge Michael Dell, der in seinem Wohnheimzimmer an der University of Texas PCs aus Ersatzteilen zusammenbaute und verkaufte, oder sogar Ole Kirk, der mit seiner Spritzgussformmaschine experimentierte – all diese Unternehmer verließen sich ebenso sehr auf ihre Leidenschaft wie auf ihren Geschäftssinn, um branchenverändernde Geschäfte aufzubauen.

Smith-Meyer entschied, dass seine Initiative weitaus bessere Zukunftschancen hatte, wenn er über Billund hinausging und Unternehmer ins Boot holte, deren Begeisterung für LEGO den Baustein in ganz neue Richtungen tragen konnte. »Die Idee war«, erinnerte er sich, »dass sie uns beim Aufbau von Geschäftsbereichen helfen würden, die sich unmöglich innerhalb von LEGO aufbauen ließen.«

Smith-Meyer hatte ja bereits aus nächster Nähe miterlebt, wie eine externe Gruppe von cleveren, versierten Bausteincracks Mindstorms NXT aufpoliert und die erwachsene Fan-Community neu belebt hatte. Doch diesmal entschied er sich für einen Kurs, der um etliche Grade von dem der Zusammenarbeit bei NXT abwich. Anstatt die Intelligenz der Masse oder auch nur einer Gruppe zu nutzen, bestand die Strategie nun eher darin, die Intelligenz eines Einzelnen auszuschöpfen – eines leidenschaftlichen Unternehmers, der die Chance für eine neue Produktlinie erkannt hatte. »Wenn wir ein bisschen Venture Capital mit dieser ›Garagen-Start-up-Mentalität‹ zusammenrührten, konnten wir möglicherweise ein erfolgreiches Geschäft ins Leben rufen.«

Smith-Meyer wandte sich an Knudstorp und Pallesen und sicherte sich ihre Unterstützung, um seinen Auftrag abzuändern. Statt ein Jahr lang zwei potenziell große Wachstumschancen zu suchen und dann maßgebliche Ressourcen zu investieren, um sie zu entwickeln, würde sich das Front-End-Team mit Unternehmern abstimmen, die bereits in der Anfangsphase vielversprechender Projekte waren. Innerhalb von Monaten oder gar Wochen würde das Team auf das Know-how der LEGO Gruppe zurückgreifen, um diese Unternehmer beim Testen des Marktes, den notwendigen Überarbeitungen und dem erneuten Testen zu unterstützen. Die Absicht war, den Fehler übertrieben hoher Einsätze zu vermeiden und durch die Einführung einer Reihe von preisgünstigen, risikoarmen Experimenten die Chancen zu erhöhen, in einen rasanten Erfolg hineinzuwachsen.

Dann kam die nächste Herausforderung. Nachdem Smith-Meyer LEGO überzeugt hatte, seinen Ein-Mann-Co-Kreationsansatz zu unterstützen, musste er den richtigen Unternehmer finden.

DIE SUCHE NACH DEM MEISTERKONSTRUKTEUR

Etwa ein Jahr, bevor Smith-Meyer sein Front-End-Innovationsteam zusammenstellte, fühlte ein Chicagoer Architekt namens Adam Reed Tucker sich zunehmend zum Baustein hingezogen. Tucker betrieb ein solides Business mit dem Bau hochwertiger Einfamilienhäuser, aber er sehnte sich danach, seinem Leben mehr Sinn zu verleihen. In den Nachwehen der Zerstörung des World Trade Centers bei dem Terroranschlag vom 11. September 2001 hatte er festgestellt, dass kultverdächtige Gebäude wie das Empire State Building oder der Sears Tower einen dramatischen Mieter- und Touristenrückgang erlebten. Er begann zu ergründen, wie er seine Berufserfahrung als Architekt einsetzen konnte, um Laien deutlich zu machen, dass die bewun-

dernswerte menschliche Errungenschaft des Wolkenkratzers eher gepriesen als gefürchtet werden sollte.

Als er eines Tages in einem Buch mit dem Titel *The World of
LEGO Toys* blätterte, las er von einem skandinavischen Architekten
der siebziger Jahre, der seine Entwürfe präsentiert hatte, indem er
Modelle aus LEGO-Steinen gebaut hatte. Tucker erinnerte sich an die
ungezählten Stunden, die er als Kind mit LEGO gespielt hatte, und
fragte sich, ob der Baustein nicht ein geeignetes Medium sein könnte,
um die Komplexität der Wolkenkratzertechnik darzustellen und sie
gleichzeitig besser zugänglich zu machen.

Sofort beschloss Tucker, seine Bekanntschaft mit dem Baustein
zu erneuern. Er fuhr zu einer nahegelegenen Filiale von Toys"R"Us
und kaufte praktisch jedes LEGO-Set, das er finden konnte, insgesamt dreizehn Einkaufswagen voll mit LEGO *Star Wars*, LEGO
Harry Potter und vielem, vielem mehr. Zu Hause wühlte er sich
durch die Schachteln, warf die Bauanleitungen weg und begann im
großen Stil zu bauen. Nachts und an den Wochenenden erbaute er zunächst ein 1,80 Meter großes Modell des Chicagoer Sears Towers aus
5 000 Steinen. Er war augenblicklich fasziniert vom Zusammenspiel
der »Sicherheit und Ernsthaftigkeit« des Gebäudes und der Verspielt-
heit und Naivität des Bausteins.

»Aus drei Metern Entfernung sah es aus wie ein cooles, recht be-
eindruckendes Modell eines Gebäudes«, erinnerte sich Tucker. »Aber
wenn man näher heranging, dachte man: Moment mal, das sind ja
LEGO-Steine!«

Im Verlaufe der folgenden Monate steckte Tucker Zehntausende
Bausteine zusammen, um weitere Wolkenkratzermodelle zu bauen,
die 2,50 bis 3,60 Meter groß waren. (*Eine kurze Geschichte von
LEGO* zeigt einige von Tuckers Kreationen.) Als Bilder von seinen
großformatigen Schöpfungen sich in der Blogosphäre erwachsener
Fans verbreiteten, schlugen einige Leute vor, er solle seine Arbeit beim
BrickFest präsentieren, der jährlichen Zusammenkunft von LEGO-
Fangruppen. Umgeben von seinen fantastischen Interpretationen des
John Hancock Centers und des Empire State Buildings traf Tucker
dort erstmals mit Smith-Meyer zusammen, der zu diesem Event an-
gereist war, um potenzielle Partner für die Zusammenarbeit ausfin-

dig zu machen. Tucker hatte die Absicht, seine LEGO-Skulpturen an Kunstgalerien und Unternehmen zu verkaufen, aber Smith-Meyer brachte ihn auf eine andere Idee: die Modelle auf eine handlichere Größe zu verkleinern und sie im Einzelhandel zu verkaufen.

Beflügelt von seinem viertelstündigen Gespräch mit Smith-Meyer brachte Tucker das nächste Jahr damit zu, sich in alles zu vertiefen, was mit LEGO zu tun hatte. Er fuhr fort, seine aufragenden Interpretationen berühmter Stadtbauwerke zu bauen, darunter das World Trade Center und den St. Louis Gateway Arch. Einige waren bis zu fünfeinhalb Metern groß und aus über 450 000 Steinen zusammengesetzt. Inspiriert vom BrickFest gründete er die erste Fan-Convention im Raum Chicago, Brickworld, die erstmals im folgenden Juni stattfinden sollte. Und er verbrachte zahlreiche lange Abende damit, Entwürfe für Miniaturmodelle von kultverdächtigen großen Bauwerken zu erstellen, die gänzlich aus Bausteinen bestanden. Als der Sommer kam, schrieb er Smith-Meyer eine kryptische E-Mail: »Treffen wir uns bei der Brickworld. Ich habe eine Überraschung für Sie.«

Als Smith-Meyer bei der Zusammenkunft eintraf, reichte Tucker ihm ein Eventset, das mit einem Hologrammaufkleber und dem Brickworld-Logo versehen war. Smith-Meyer war bestürzt über die amateurhafte äußere Aufmachung der Schachtel, aber entzückt von dem, was er darin vorfand: ein Päckchen LEGO-Steine mit einer Schritt-für-Schritt-Anleitung zum Bau eines Miniaturmodells des Sears Towers. Das Heftchen enthielt Archivfotos des Gebäudes sowie ein kurzes Porträt seines Architekten, eine knappe Erläuterung der Ursprünge seines Entwurfs und seiner architektonischen Merkmale. Zusammengenommen drückten die Bausteine und das Heft Tuckers Ehrgeiz aus: »Ich wollte eine Geschichte erzählen und nicht nur einfach eine Packung Bausteine verkaufen.«

An dieser Stelle entschied Smith-Meyer, dass Tucker der richtige Mann war. Unübersehbar besaß Tucker das »verrückte Unternehmer-Gen«, nach dem Smith-Meyer suchte. Und was genauso wichtig war: Er hatte eine originelle Idee, die aus dem LEGO-Vermächtnis erwuchs, dem Baustein jedoch potenziell neue Vertriebskanäle eröffnete. Darüber hinaus bewiesen die Tausende von Fans, die sich zur Brickworld versammelt hatten, und die 250 Mini-Sears-

Tower-Bausätze, die Tucker produziert hatte, dass er etwas bewegen konnte.

Während der nächsten zwei Tage erarbeiteten der Jungunternehmer und der LEGO-Manager ein Konzept, um Billund von der Machbarkeit zu überzeugen. LEGO würde die Bausteine und die Macht seiner Marke zur Verfügung stellen, während Tucker 1 000 Sets seines LEGO Sears Tower herstellen und verkaufen sollte. Die neue Produktlinie sollte LEGO Architecture heißen.

DER TESTLAUF

Nach seiner Rückkehr nach Billund präsentierte Smith-Meyer die LEGO-Architecture-Idee seinem Vorstand für neue Geschäftsfelder, der sich aus Knudstorp, Pallesen, dem Vorstand Per Hjuler und einigen anderen Führungskräften zusammensetzte. Zunächst skizzierte er eine Methode, um die neue Produktreihe zu testen, einzuführen und zu erweitern. Es war ein einfacher stufenweiser Entwicklungsprozess, der sich auf eine Reihe von maßgeblichen Investitionspunkten, MIPs abgekürzt, stützte – nur dass es sich im Falle von Architecture eigentlich eher um *geringfügige* Investitionspunkte handelte, denn LEGO sollte lediglich die Frachtkosten sowie die Produktionskosten der Bausteine für den Testlauf übernehmen. Wenn Architecture die erste Stufe meisterte, MIP I, sollte MIP II folgen: eine winzige, aber reale Pilot-Markteinführung von 4 000 Architecture-Sets.

Der Clou war, wie Smith-Meyer dem Vorstand die Businesslogik der neuen Produktlinie präsentierte. Er prognostizierte, dass Architecture dem Unternehmen gänzlich neue Vertriebskanäle wie Souvenirgeschäfte, Museumsshops, große Buchhandelsketten und sogar High-End-Bekleidungsgeschäfte erschließen würde. Darüber hinaus sollte die Reihe zu einem Premium-Preis verkauft werden. Während eine einfache Schachtel mit 70 LEGO-Steinen für 7,99 US-Dollar zu haben war, sollte eine Architecture-Schachtel mit derselben Anzahl an Bausteinen für 19,99 US-Dollar über die Ladentheke gehen. Hierauf reagierte der Vorstand sofort und einmütig. »Alle sagten: ›Dafür kann man niemals 20 US-Dollar verlangen‹«, erzählte Smith-Meyer. »›Das ist doch Wahnsinn.‹«

Trotz der Skepsis, die der Vorstand für neue Geschäftsfelder gegenüber dem hohen Preis von Architecture an den Tag legte, wies die Idee so wenig Nachteile auf, dass LEGO dem Versuch grünes Licht erteilte. Damit wurde Architecture zu einem echten Start-up-Unterfangen, das LEGO zurück in die Garage brachte, sowohl wortwörtlich als auch metaphorisch. Dazu trugen folgende Faktoren bei:

> – Tuckers erster »Vertrag«, wie er es bezeichnete, war im Grunde eine Bierdeckelvereinbarung mit Smith-Meyer, »nichts weiter als ein gegenseitiger Vertrauensvorschuss mit dem Hintergrund, dass wir das zusammen machen wollten«.
> – Im Bemühen, die Entwicklungskosten zu senken, umging Smith-Meyer die firmeneigenen Künstler und entwarf das anfängliche Verpackungsdesign von Architecture selbst. Auch Tucker übernahm mehrere Funktionen: Er entwarf nicht nur den Sears Tower, sondern organisierte auch einen Offset-Drucker, um die Umverpackungen zu produzieren, und nutzte die Marke LEGO, um einen Lizenzvertrag mit den Eigentümern des Sears Towers auszuhandeln.
> – Als es darum ging, die LEGO-Steine und die Verpackungen für den Testlauf zu liefern, erschien ein Sattelschlepper vor Tuckers Haus in der Vorstadt und lieferte vier Paletten mit Packmaterial in seine Garage – sehr zum Befremden der Nachbarn. Somit wurde Tuckers Garage zum ersten Auslieferungslager von LEGO Architecture.

Tucker und seine Frau brauchten zwei Wochen, um die Zehntausende verschiedenen Teile zu sortieren und sie zu 1 000 LEGO-Sears-Tower-Sets zusammenzustellen. Anschließend brachte er die Ware zu Accent Chicago, einer Geschenkartikelkette, und besiegelte mit seinem Handschlag die Vereinbarung, dass das Unternehmen Tucker keinen Cent schuldig wäre, falls die Sets sich nicht verkauften. Zehn Tage später bekam er einen Anruf vom Einkäufer der Kette.

»Er hatte schon die Hälfte der Produktreihe verkauft«, berichtete Tucker. »Er sagte: ›Das läuft ja wie geschmiert. Polieren Sie es auf, und lassen Sie mich wissen, wann Sie weitere Sets rausbringen.‹«

Nachdem erwiesen war, dass die Verbraucher nicht vor dem verwegenen Architecture-Preisaufschlag auf ein schlichtes LEGO-Set zurückschreckten, erklomm Smith-Meyer mit der Produktreihe die nächste Stufe, MIP II: eine Pilot-Einführung von jeweils 2 000 Sets mit dem Sears Tower und dem John Hancock Center. Diesmal ließ er die Entwicklungsarbeit allerdings intern vornehmen.

DIE MARKTEINFÜHRUNG

Smith-Meyer stellte ein Ad-hoc-Team aus einem Dutzend LEGO-Designern, Ingenieuren und Betriebsveteranen zusammen. Die Mitarbeiter mussten weiterhin die Verantwortlichkeiten ihres Tagesgeschäfts erfüllen und konnten nur in ihrer Freizeit daran arbeiten, Tuckers Bausteinauswahl und die Bauanleitungen für jedes Set zu perfektionieren, ein Logo für Architecture und ein schlankes, Weiß auf Schwarz gehaltenes Verpackungsdesign zu entwerfen, sich für die Verwendung von Bildern und Texten die Erlaubnis der Eigentümer des Sears Towers und des John Hancock Centers einzuholen und alles für den Produktionslauf bereit zu machen, der so klein war, dass die Schachteln von Hand gepackt wurden. Ziel war es, mit dem geringstmöglichen Zeit- und Geldaufwand zu testen, ob sich das Produkt eigenständig verkaufen würde. Das Team begann lediglich mit Tuckers Entwurf und brauchte nicht mehr als acht Wochen, um die Produktlinie zu perfektionieren und die Verpackung fertigzustellen. Gesamtkosten für LEGO: 10 000 US-Dollar.

»Wann immer ein Problem auftauchte, trafen wir gleich an Ort und Stelle eine Entscheidung«, sagte Smith-Meyer. »Zum Diskutieren fehlte die Zeit.«

Im November 2007 lieferte LEGO die beiden Architecture-Produkte an neun Geschenkläden in Chicago aus. Dies war der Machbarkeitsnachweis für Architecture. Die wachsende amerikanische Souvenirgeschäftbranche umfasst ungefähr 30 000 Läden und erzielt einen Gesamtumsatz von fast 200 Milliarden US-Dollar jährlich. Wenn das Produkt sich in diesen neun Chicagoer Geschäften gut verkaufte, würde LEGO mit Architecture über den Pilottest hinausgehen und eine kleine, aber reale Markteinführung von 10 000 Sets vornehmen. Smith-Meyers Zweijahresplan sah vor, das Architecture-Geschäft auf großen Märkten in den gesamten Vereinigten Staaten wachsen zu lassen und später dann mit dem europäischen Markt zu experimentieren.

Innerhalb von Wochen war die Angelegenheit klar. Die John-Hanson-Sets verkauften sich rasch, der Sears Tower war komplett ausverkauft. Zumindest innerhalb seines Testmarktes war Architecture ein Hit.

Als wir Tucker kennen lernten, war er mit seiner Frau in ein neues Haus in Arlington Heights gezogen, einem Vorort von Chicago. Es gab bemerkenswert wenige Möbel im Haus, wohingegen die Garage und etliche Zimmer vollgestopft waren mit LEGO-Stein-Behältern – insgesamt waren es etwa *zehn Millionen* Bausteine. Und dann war da noch sein Studio, das überquoll von seinen LEGO-basierten Erforschungen der Ästhetik der Ingenieurskunst: ein halbfertiges Modell einer kurvenreichen Achterbahn, vollständig aus Bausteinen zusammengesetzt, verzwickte Studien von Chicagoer Brücken und natürlich Testmodelle der nächsten Generation von Architecture. Nachdem sie die LEGO-Architecture-Serie um Nachbildungen des Weißen Hauses und der Space Needle in Seattle sowie um eine wunderbar detaillierte, 800 Teile umfassende Wiedergabe von Frank Lloyd Wrights Meisterstück Fallingwater erweitert hatten, richteten Tucker und Smith-Meyer ihren Fokus auf kultverdächtige architektonische Schöpfungen in Asien und darüber hinaus.

»Es gibt so viele bedeutende Gebäude, sowohl alte als auch moderne, überall in unserer bebauten Umgebung«, erklärte Tucker. »Architektur überschreitet Rassen, Religion, Alter – sie kennt wirklich keinerlei Beschränkungen. Deshalb sind auch die Möglichkeiten für LEGO Architecture nahezu unbegrenzt.«

Auch wenn LEGO die Umsatzzahlen pro Produktlinie nicht veröffentlicht, kann man getrost annehmen, dass LEGO Architecture die Umsatzmarke von einer Milliarde DKK erreicht hat, die das Unternehmen in seinem ersten Briefing an Smith-Meyer angestrebt hatte. Seit ihrer Einführung 2008 hat sich der Verkauf der Produktreihe um 900 Prozent im Jahr 2009 erhöht, um 350 Prozent im Jahr 2010 und um 200 Prozent im Jahr 2011. Beliebte, anspruchsvolle Sets wie Fallingwater (siehe *Eine kurze Geschichte von LEGO*) werden für 99,99 US-Dollar verkauft, was LEGO Architecture laut Smith-Meyer »sehr, sehr profitabel« macht. Die Serie hat dem Unternehmen nicht nur den Weg in gehobene Vertriebskanäle wie Hammacher Schlemmer und Museumsshops geebnet sowie in für LEGO neue Handelsketten wie Barnes & Noble, sondern ist auch bei Erwachsenen überaus beliebt und zieht neue Fans an. Umfragen haben ergeben, dass über 60 Prozent der Käufer von LEGO-Architecture-Sets älter sind als 18 Jahre (und die Sets sich selbst schenken wollten); über 15 Prozent haben noch nie zuvor irgendeinen LEGO-Bausatz gekauft.

Genau wie bei Mindstorms NXT erweiterte LEGO ganz behutsam den Kreis der Mitentwickler von Architecture und verpflichtete Architekten, die parallel zu Adam Reed Tucker an der Erstellung von Bausteinversionen berühmter europäischer Gebäude arbeiteten. So gestaltete beispielsweise der slowenische Architekt Roc Z. Kobe das kultverdächtige Big-Ben-Set, während der deutsche Architekt Michael Hepp das Set mit der französischen Villa Savoye entwarf. Architecture wurde mit einem Samtband umgeben, nur wenige weitere Architekten erhielten Zutritt zu diesem exklusiven Club begabter Mitwirkender. Dadurch schöpfte LEGO ihre Kreativität aus, übte jedoch gleichzeitig immer noch genügend Kontrolle aus, um profitable Bausätze zu entwerfen.

CROWDSOURCING-LEKTIONEN FÜR LEGO

Zusammengenommen erteilten Mindstorms NXT und LEGO Architecture dem Unternehmen einige wertvolle Lektionen über Open Innovation.

Die Richtung muss feststehen, die Umsetzung muss flexibel bleiben. Auch wenn ihr ursprüngliches Briefing für Smith-Meyers Front-End-Innovationsteam eindeutig war, begriffen die Chefs der LEGO Gruppe, dass die Suche nach im Entstehen begriffenen Geschäftsgelegenheiten sehr wahrscheinlich einige Korrekturen auf halbem Wege erforderlich machen würde. Als Smith-Meyer seine Strategie der gemeinsamen Kreation durch »Nutzung der Weisheit eines

Einzelnen« ins Spiel brachte, waren Knudstorp und Pallesen flexibel genug, sich daran anzupassen. Zweifellos lag dies zum großen Teil an Smith-Meyers Position innerhalb des Unternehmens: Er war ein kampferprobter Innovator, der sich das Vertrauen der Führungsriege verdient hatte. Und das war der entscheidende Punkt. Der CEO vertraute den Open-Source-Ansatz nicht einem talentierten, aber unerfahrenen MBA an. Mit Smith-Meyer stützte er sich auf jemanden, der das Format besaß, erste Urteile zu revidieren.

Bei Mindstorms NXT hatte Søren Lund niemals das übergeordnete Ziel aus den Augen verloren, das darin bestand, ein LEGO-Robotikset für *Kinder* zu schaffen. Daher war er kompromisslos in seiner Forderung, dass ein Zwölfjähriger innerhalb von 20 Minuten nach dem Öffnen zu einem befriedigenden Spielerlebnis kommen sollte. Doch genau wie Knudstorp und Pallesen erkannte er, dass es mehr als einen Weg zum Gipfel gibt. Selbst als Steve Hassenplugs Drängen nach einem L-förmigen Verbindungsstück das Projektbudget zu sprengen drohte, lehnte Lund die Idee nicht sofort ab. Er dachte das Problem durch, bis er eine Möglichkeit fand, den Hassenpin ohne die Herstellung einer neuen Gussform produzieren zu können, was LEGO mindestens 50 000 US-Dollar sparte und letztlich zu einem besseren Konstruktionserlebnis für die Kinder führte. Lund blieb offen für die Vorschläge der MUPs, solange sie innerhalb der Designparameter des Projektes blieben und berücksichtigten, dass die primären Verbraucher Kinder und keine Erwachsenen waren.

Trotz unterschiedlicher Erwartungen haben Externe und Interne dieselbe Verantwortung für das Endergebnis. Sowohl das Mindstorms-Team als auch die externen Mitentwickler mussten ihre Erwartungen dem anpassen, was der jeweils andere einhalten konnte. Anfangs störten sich die MUPs und Tucker an den eisernen Qualitäts- und Sicherheitsstandards des Unternehmens. Sie mussten im Rahmen des LEGO-Ethos »nur das Beste« erarbeiten und immer daran denken, dass sie für Kinder, nicht für Erwachsene entwarfen. Außerdem mussten sie sich mit so fremden Gebieten wie der Beschränkung von Kosten und Komplexität ihrer Entwürfe vertraut machen. LEGO seinerseits musste lernen, wie die kreative Energie der erwachsenen User in vernünftige Bahnen gelenkt werden konnte, ohne sie abzuwürgen. Lund und Smith-Meyer fanden rasch heraus, dass sie gleichzeitig Unterstützer und Anwälte sein mussten. Sie mussten die externen Mitwirkenden dazu bringen, die Unternehmensregeln anzuerkennen, auch wenn sie innerhalb von LEGO dafür plädierten, dass die Externen die Grenzen der Firma infrage stellen durften.

Open Innovation erfordert neue Rollen. Bei einem etablierten Unternehmen müssen die Manager im Rahmen von Open-Innovation-Projekten mit unbekannten Herausforderungen rechnen. Smith-Meyer musste Tuckers Erwartungen Grenzen setzen: Er konnte keine Vereinbarung zur Produktion der Architecture-Linie unterschreiben, ohne das Konzept zunächst einigen strengen Tests unterzogen zu haben. Gleichzeitig musste er Tuckers Interessen innerhalb des Unternehmens vertreten und interne Skeptiker zu überzeugen.

Bei Mindstorms NXT war es genauso. Als das NXT-Projekt sich von den vier MUPs auf 100 Testpersonen vergrößerte, musste Steve Canvin die Rolle des Community-Organisators übernehmen. Das bedeutete, die Gruppe der Tester über die Designziele und -beschränkungen des Unternehmens zu unterrichten, Deadlines zu setzen, sie nach innen zu repräsentieren und vor allem zu beweisen, dass LEGO zuhörte. Die Rollen konnten als effektive Kontrollmittel für die Lenkung der offenen Innovation fungieren.

Vor nicht einmal 20 Jahren war LEGO eine festungsartige Firma gewesen, deren Dekret lautete: »Wir nehmen keine unverlangten Ideen an.« Bis zum Jahre 2006 hatte das Unternehmen sowohl seine Politik als auch seine innere Einstellung komplett auf den Kopf gestellt. LEGO hatte sachkundige erwachsene Fans rekrutiert, um bei der Neugestaltung von Mindstorms mitzuhelfen, seinem erfolgreichsten Einzelprodukt. Paal Smith-Meyer hatte begonnen, mit Adam Reed Tucker zusammenzuarbeiten, um LEGO Architecture zu schaffen, das die Marke mit Einzelhändlern in Kontakt brachte, die LEGO vorher nicht bedient hatten. Das Unternehmen hatte sogar angefangen, eine »Spielzeug-für-Erwachsene«-Produktreihe zu entwickeln, die höchst anspruchsvolle Serie LEGO Modular Buildings, die ursprünglich im Rahmen einer vom Unternehmen organisierten Umfrage von Hardcore-Fans vorgeschlagen worden war.

Natürlich entwickelte LEGO weiterhin die Mehrzahl seiner Produkte unter absoluter Geheimhaltung. Das Unternehmen öffnete seinen Innovationsprozess nur dann, wenn es davon ausging, dass externe Mitarbeiter in einem bestimmten Bereich Fachkenntnisse besaßen, die den eigenen Angestellten fehlten. Oder das Unternehmen verpflichtete Unternehmer, deren Geschäftstüchtigkeit dazu beitrug, eine chancenträchtige Geschäftsgelegenheit zu identifizieren. Nachdem diese Ansätze Erfolge hervorgebracht hatten, schuf LEGO weitere Plattformen für das Crowdsourcing, wie wir im letzten Kapitel sehen werden.

LEGO kam zu der Erkenntnis, dass Open-Source-Innovationen zwar gehandhabt, aber nicht kontrolliert werden können. Der Prozess lässt sich am besten als fortdauerndes Gespräch zwischen dem Unternehmen und seiner riesigen Masse von Fans begreifen. Wie jeder gute Dialog beruht das Sourcing nach LEGO-Manier auf den Prinzipien des gegenseitigen Respekts, der Bereitschaft zum Zuhören, einer eindeutigen Vorstellung dessen, was möglich und was unmöglich ist, und einem ausgeprägten Wunsch nach Ergebnissen, die für beide Seiten gewinnbringend sind. Für die externen Mitwirkenden konnte die Belohnung ebenso ideell sein – zum Beispiel Wertschätzung durch Gleichgesinnte und Zugang zu LEGO – wie auch finanziell. Was LEGO anging, so stärkten die Gespräche mit Sicherheit die Verbindungen zur Fangemeinde. Und in einigen Fällen brachten sie Produkte hervor, die LEGO selbst sich niemals hätte vorstellen können.

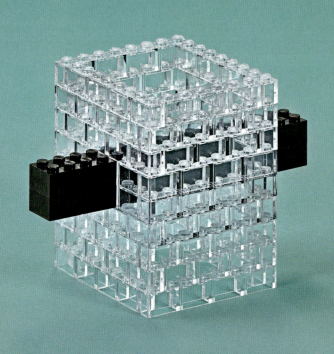

Versuch einer Durchbruch- innovation

Der Griff nach den Sternen mit LEGO Universe

Dies ist das größte und vielschichtigste Projekt, das LEGO
jemals in Angriff genommen hat.
Es berührt jeden Bereich
des Unternehmens.

Mark Hansen, Projektleitung LEGO Universe

Die E-Mail aus Dänemark war aufreizend knapp. »Sie hatte nur eine Zeile: ›Wären Sie interessiert daran, an einem weltweiten Online-Projekt für LEGO mitzuarbeiten?‹«, erinnerte sich Scott Brown, der Mitgründer von NetDevil, einem Entwickler von Massively-Multiplayer-Online-Videospielen (MMO), bei denen sich Tausende Mitspieler miteinander verbinden, kooperieren und in einer virtuellen Welt gegeneinander wetteifern. Das NetDevil-Studio lag in Louisville, einer Kleinstadt nördlich von Denver, Colorado, und hatte soeben angefangen, sich nach einer großen Marke mit genügend Muskelkraft umzusehen, um ihm bei der Schöpfung und Vermarktung eines neuen MMO-Spiels zu helfen. Sie hätten niemals damit gerechnet, dass die Chance aus 8 000 Kilometern Entfernung kommen würde, von den dänischen Produzenten unschuldiger kleiner Plastikquader.

»Als wir die Mail von LEGO lasen«, sagte Brown, »schrien wir alle: Das ist es!«

Das war im Oktober 2005, als LEGO wieder in den schwarzen Zahlen war. Bis zum Jahresende konnte das Unternehmen Abverkäufe von sieben Milliarden DKK (940 Millionen Euro) und eine Umsatzrendite vor Steuern von 6,5 Prozent verzeichnen; 2006 würde der Umsatz nur leicht ansteigen auf 7,8 Milliarden DKK (eine Milliarde Euro), aber die Profitabilität sollte sich mehr als verdreifachen, auf 20,2 Prozent der Verkaufszahlen. Die Wiederbelebung von Kernmarken wie LEGO City und DUPLO hatte der LEGO Gruppe geholfen, ihren Gewinn zu steigern; die Wiedereinführung von Mindstorms hatte die kühnsten Erwartungen des Unternehmens übertroffen.

Durch die Neuausrichtung von 90 Prozent der Unternehmensressourcen auf die Verbesserung der Kernprodukte hatten Knudstorp und sein Führungsteam LEGO eindeutig auf einen profitablen Weg gebracht. Doch die Reise hatte soeben erst begonnen. Um seinen Schwung aufrechtzuerhalten, durfte LEGO nicht einfach nur sein Produktportfolio verfeinern und nachjustieren. Die dritte und letzte Phase der »Gemeinsamen Vision«, Knudstorps Landkarte zum Unternehmenswandel, setzte deutlich erhöhte Gewinne und Marktanteile zum Ziel, alles im Bestreben, LEGO zum »führenden Spielzeughersteller der Welt« zu machen. Das bedeutete die Schöpfung visionärer Spielzeuge, die das Spielverhalten der Kinder verändern würden. Um neue Wachstumsmotoren zu schaffen, würde LEGO erneut Ausschau halten nach unerforschten Märkten des blauen Ozeans. (Wir werden dieses Vorhaben im nächsten Kapitel näher betrachten.) Und es würde versuchen, eine Durchbruchinnovation zu erzielen: ein Einstiegsprodukt von zunächst geringerer Qualität, das aber im Laufe der Zeit verbessert wird und schließlich die Branche auf den Kopf stellt.

In einem Artikel des *New Yorker* führt Clayton Christensen das kleine Transistorradio als prototypisches Beispiel für eine große Durchbruchinnovation an. Ende der fünfziger Jahre brachte Sony die blechernen, winzigen Radios auf den Markt und verwendete die damals neue Transistortechnik. Sie hatten nicht annähernd die gleiche Klangqualität wie die großen Röhrengeräte von RCA und Zenith, die sich in vielen Haushalten der Mittelklasse fanden. Doch weil die Radios leicht zu transportieren und preiswert waren, wurden sie bei Teenagern zu einem großen Erfolg. Bis die Klangqualität der Radios ausreichend verbessert worden war, um auch Erwachsene zu überzeugen, hinkten die Unternehmen RCA und Zenith zu weit hinterher, um noch den Anschluss zu bekommen.[32]

2005 glaubte der Beraterstab der LEGO Gruppe, dass der digitale Baustein ein weiterer Durchbruch sein könne, genau wie das kleine Radio von Sony. Ein Online-LEGO-Spiel, bei dem sich Kinder aus aller Welt miteinander verbinden und ihre eigenen virtuellen LEGO-Welten schaffen konnten, wäre eine kostengünstige Alternative zu den Plastikbausteinen. Und wie die Technologie würde sich auch das Spielerlebnis verbessern und potenziell die Massen von Kindern anlocken, die Videospiele liebten, aber gleichgültig gegenüber bunten Plastikbausteinen waren. Auf Grundlage dieser Erkenntnis beschloss LEGO, sein eigenes Geschäftsmodell zu durchkreuzen, bevor ein anderes Unternehmen es tat, und damit eine neue Plattform für Wachstum zu schaffen.

So kam es zu der E-Mail an NetDevil, die eins der ambitioniertesten Vorhaben des Unternehmens in Gang setzte, um ein bahnbrechendes Spielerlebnis zu schaffen. Die Entwicklung des Spiels namens LEGO Universe sollte zahllose Mannstunden und 30 Millionen US-Dollar Einstiegskosten verschlingen. Bei dieser Gelegenheit entdeckte LEGO, dass die schwierigste von allen sieben Wahrheiten war, eine Durchbruchinnovation hervorzubringen. Leider beherzigte LEGO nicht die rot leuchtenden Warnsignale, die deutlich machten, dass es einen fehlerhaften Ansatz für die neue Dimension seines Bausteingeschäfts wählte.

ERSTE WARNUNG: TAUCHE NICHT IN EIN NEUES BUSINESS EIN, EHE DU ES VERSTANDEN HAST

Der Vorstoß der LEGO Gruppe in das weltweite Videogaming, eine Branche, in der sie sich kaum auskannte, war sowohl riskant als auch potenziell überaus gewinnträchtig. So, wie das Entwicklungsteam von Universe es sich vorstellte, war das Konzept erklärtermaßen unbescheiden: Millionen Kinder aus aller Welt sollten eine Online-Welt betreten, anhand von avatarartigen Minifiguren mit anderen Kindern interagieren, gegen eine dunkle Macht namens Maelstrom und ihren bösen Erschaffer Baron Typhonus kämpfen und durch jede erfolgreich erfüllte Mission Bausteine sammeln. Da es sich um eine virtuelle Welt handelte, konnten die Kinder fast alles tun, was sie sich vorstellten:

ihre Minifiguren über die Berge fliegen, über riesige Canyons springen oder mit dem Auto frontal gegen ein anderes Auto fahren lassen. Und was das Beste war: Sie konnten ihren Vorrat an virtuellen Bausteinen nutzen, um Schlösser, Drachen, Raumschiffe und Forts zu bauen, deren Größe und Komplexität weit über alles hinausging, was sie mit Plastikbausteinen machen konnten. Zumindest war das die Idee.

Um die schwierigen technischen Herausforderungen zu bewältigen, die mit der Erschaffung einer solchen gewaltigen virtuellen Welt einhergingen, musste LEGO einen ungewohnten Partner suchen und erfolgreich mit ihm zusammenarbeiten, zum Beispiel einen wie NetDevil, der zwar vielfältige Erfahrung in der Entwicklung von MMO-Spielen hatte, aber nichts über das Konstruieren mit Bausteinen wusste. Die Schöpfung und Einführung des Spiels bezog direkt oder indirekt über 350 Mitarbeiter aus allen Unternehmensbereichen von LEGO mit ein: Angestellte aus der IT-Abteilung, aus der Marketing- und Verkaufsabteilung sowie von LEGO.com, Produktdesigner, Mitarbeiter aus den Bereichen Betrieb, Finanzen und Kundendienst sowie einen Großteil des obersten Managements und 30 externe Zulieferer. Das war ein frühes Anzeichen, dass es Ärger geben könnte, denn es ist schwierig für ein aufgeblähtes Projektteam, ein geringwertiges Durchbruchprojekt zu erschaffen. Am Anfang schätzte LEGO, dass es drei Jahre dauern würde, um das Spiel zu entwickeln. Tatsächlich brauchte es fünf Jahre, und dabei wurden drei Deadlines überschritten.

»Ein MMO zu entwickeln ist so, als würde man ein Space Shuttle auf den Weg bringen«, sagte der LEGO-Universe-Chef Mark Hansen. »Es ist das größte und vielschichtigste Projekt, das LEGO jemals in Angriff genommen hat. Es berührt jeden Bereich des Unternehmens.«

Auf den ersten Blick war Hansen eine überraschende Wahl als Weichensteller für LEGO Universe. Während viele Videospielentwickler über die Bohnenstangenerscheinung von jugendlichen Skateboardern und die dazugehörige Kleidung verfügen, war Hansen ein gestandener Mann von über eins achtzig mit dem Körperbau eines Footballspielers und trug gebatikte Poloshirts. Die Mehrheit der Manager im Unternehmen waren Skandinavier, doch Hansen war Amerikaner, ein ehemaliger Navy SEAL, der zwölf Jahre lang im Militärdienst der Vereinigten Staaten gestanden hatte.

Dennoch war Hansen sozusagen ein alter LEGO-Hase. Er war der ursprüngliche Schöpfer von LEGO Factory, jener Schnittstelle zwischen virtuellem Design und realer Konstruktion, bei der jeder LEGO-Modelle online erschaffen konnte, die dann als Set für die Offline-Konstruktion zu bestellen waren. Zudem brachte er andere allein durch seine eindrucksvolle Präsenz häufig dazu, Arbeiten zu erledigen. Das waren Qualitäten, die ihm in seiner Rolle als treibende Kraft von LEGO Universe zugute kamen.

Bei einigen LEGO-Führungskräften war eine Menge Überzeugungsarbeit vonnöten, dass die Investition von gewaltigen Mengen an Kapital, Talent und Führungsarbeit zu einem Durchbruchgeschäft führen würde. Sie vertraten den Standpunkt, dass der Markt für Videospiele ein riesiger Krater sei, wenn man bedachte, dass rund 70 Prozent aller Markteinführungen nicht mehr als den Breakeven erreichten und nur ein Bruchteil von drei oder vier Prozent aller MMO-Spiele es schaffte, in die exklusiven Regionen nachweislicher Megahits vorzudringen.

Durch die Einführung von Universe trat LEGO gegen Mediengiganten wie Disney an – und später auch gegen Nickelodeon und Cartoon Network –, deren Marketingplattformen es ihnen ermöglichten, alle sechs bis zwölf Monate neue MMO-Titel herauszubringen. LEGO dagegen hatte noch kein einziges erfolgreiches Videospiel für Einzelspieler produziert, geschweige denn ein 3-D-Spiel, auf das gleichzeitig Tausende Kinder weltweit zugreifen konnten.[33] Tatsächlich leckten einige LEGO-Manager noch immer die Wunden, die ihnen während des Darwin-Debakels zugefügt worden waren, ihrem vorherigen großen Vorstoßversuch in die digitale Welt.

Gleichwohl drängten Hansen und eine entschlossene Gruppe gleichgesinnter Manager weiterhin darauf, die Sache durchzuziehen. Ihre Argumentation zur Einführung von LEGO Universe basierte auf drei Gründen.

Erstens würde die Entwicklung von Universe das LEGO-Spielsystem in großem Maßstab fortführen. In der Online-Welt, die LEGO sich ausmalte, würden die Kinder nicht nur bauen und Dinge erschaffen, sondern auch soziale Kontakte pflegen. Bei Universe ging es tatsächlich darum, unzähligen Kindern das LEGO-Spielerlebnis näherzubringen, indem sie sich in einer sicheren Online-Umgebung mit Konstruktion, Wettbewerb und Zusammenarbeit befassen konnten.

Zweitens war die geschäftliche Logik für das Spielen mit Universe überzeugend. Obwohl die meisten MMO-Einführungen sich schnell totlaufen, gibt es einige, die sehr erfolgreich sind. Einer der beliebtesten MMO-Titel, World of Warcraft von Blizzard Entertainment, überwältigte die Videospielbranche mit zwölf Millionen Mitgliedern pro Monat und über 2,2 Milliarden US-Dollar Mitgliedsgebühren zwischen 2005 und 2012. LEGO.com hatte allmonatlich 20 Millionen Einzelaufrufe – mit Abstand am meisten in der Spielzeugbranche – und besaß damit die Anziehungskraft und die Serverkapazitäten, um eine überaus erfolgreiche eigene Online-Welt zu schaffen. Und wenn LEGO erst einmal die schwierige Aufgabe bewältigt hatte, einen Quellcode zu schreiben, der es allen Kunden ermöglichte, zu kreieren, was immer sie sich vorstellten, konnte LEGO die Universe-Plattform nutzen, um regelmäßig neue MMO-Titel herauszubringen, genau wie Disney.

Drittens waren da die Durchbruchmöglichkeiten, die mit der Einführung einer digitalen Konstruktionsplattform einhergingen. Ein Team von Softwareingenieuren hatte bereits den LEGO Digital Designer (LDD) entwickelt, das computergestützte Designprogramm, mit dem die Kunden online und unter Verwendung von virtuellen LEGO-Steinen einzigartige LEGO-Modelle erschaffen konnten. LDD war das Herz von LEGO Factory (später in Design byMe umbenannt) und ein umfangreiches Tool, aber schwer zu bedienen. Jeder Vierjährige kann zwei Plastik-LEGO-Steine zusammenstecken. Doch selbst Zwölfjährige, die den Digital Designer verwendeten, fanden es schwierig, irgendetwas Kompliziertes zu bauen. Wie die Transistorradios vor einem halben Jahrhundert war LDD eine geringwertige Technologie mit hohem Entwicklungspotenzial. Wenn sich die ersten Durchläufe von Universe als interessant für Early Adopters erwiesen, konnte LEGO eine größere Anzahl von Kindern für sich gewinnen, während das virtuelle Spielerlebnis immer besser wurde.

Nach fast vierzig Meetings hatte der Beraterstab der LEGO Gruppe genügend Vertrauen gefasst, um Universe grünes Licht zu erteilen. So kam es, dass LEGO im Frühjahr 2005 seinen ersten großen Vorstoß in den Aufbau einer digitalen Zukunft seit Darwin unternahm.

Was die Gründer von NetDevil nicht wussten: Sie waren nicht das einzige Unternehmen, zu dem LEGO Kontakt aufgenommen hatte. LEGO hatte insgesamt 51 MMO-Spieleentwickler in ganz Europa, Nordamerika und Asien ausgemacht; Hansen und ein Verfahrenstechniker besuchten jeden einzelnen davon. Das war eine im doppelten Wortsinne erschöpfende Reise um die Welt. Das NetDevil-Team traf Hansen in seinem Hauptsitz in Colorado an einem Morgen im November; anschließend flog er zu einem Meeting in Texas, und abends war er in Kalifornien, ein typischer Tag auf Reisen. Doch aus Hansens Blickwinkel gab es keine andere Option. Um den richtigen Partner zu finden, musste er jedes potenzielle Team und dessen Technologie genau unter die Lupe nehmen.

»Wir haben jeden Bereich der Spielebranche kennengelernt«, erinnerte er sich. »Einer von den Typen legte die Füße auf seinen Schreibtisch und sagte: ›Gebt mir zehn Millionen US-Dollar und verpisst euch aus meinem Büro.‹ Es gibt eine Menge interessante Leute in diesem Business, so viel kann man sagen.«

Nachdem er zwei Monate lang MMO-Firmen besucht hatte, strich Hansen die Liste potenzieller Partner von einundfünfzig auf acht zusammen. Dann stellte er ein fünfköpfiges Team von LEGO-Managern zusammen – darunter auch Vorstandsmitglied Lisbeth Valther Pallesen sowie Führungskräfte aus dem Einkauf und der Marketingabteilung – und stattete den acht Halbfinalisten erneut einen Besuch ab. Obwohl der Besuch bei NetDevil in erster Linie dazu dienen sollte, sich die Kultur, die Finanzen und die Technologie des Unternehmens näher anzusehen, löste Scott Brown eine Diskussion über Universe aus, indem er einen Trailer für Gears of War abspielte, das ursprünglich exklusiv für die Microsoft-Xbox 360 herausgekommen war.

Gears war von Epic Games entwickelt worden und ein sogenannter »Third-person shooter«, ein 3-D-Videospiel, bei dem der Avatar des Spielers auf andere Avatare schießt, mit vielen Verstümmelungen und Blutvergießen. Das Spiel konzentrierte sich auf eine Truppe von ungeschlachten, bis an die Zähne bewaffneten, gepanzerten Kriegern, die dafür kämpfen, die letzten menschlichen Überlebenden auf einem fiktiven Planeten vor einem unterirdischen Feind namens Locust Horde zu retten – nicht unbedingt ein Vorbild für ein LEGO-

Spiel, in dem kinderfreundliche Minifiguren auftreten sollten. Doch weil der Trailer es schaffte, in kurzer Zeit eindrucksvolle Charaktere vorzustellen, bekam das LEGO-Team einen Eindruck davon, wie überzeugend heldenhafte Persönlichkeiten sein konnten. Der Trailer dauerte kaum eine Minute, doch er vermittelte einen schrägen Abglanz dessen, was Universe werden konnte.

Nach der Reise schränkte LEGO die Liste potenzieller Partner auf NetDevil sowie einen MMO-Entwickler in Seattle und einen weiteren in Norwegen ein. NetDevil ging als Gewinner hervor, doch ein Ereignis deutete ein kleines Problem an, das sich später vergrößern sollte. LEGO schickte den drei Finalisten einen Bewerbungsbogen. Das hochgradig detaillierte Dokument, das 100 Seiten umfasste, konzentrierte sich hauptsächlich auf Strategie und Vorgehensweise. Es gab nur wenige Fragen über das eigentliche Spiel, was die NetDevil-Gründer überraschte. Sie konnten daraus nur folgern, dass LEGO noch keine klare Vorstellung davon hatte, welche Art von Erfahrung sie benötigten. LEGO, so schien es, wollte den Durchbruch in einer Branche erzielen, die das Unternehmen noch nicht ergründet hatte.

ZWEITE WARNUNG: ERWARTE NICHT, DASS EINE JUNGE TECHNOLOGIE NAHEZU PERFEKT FUNKTIONIERT

Hansen war überzeugt, dass NetDevil kein großartiges LEGO-MMO schaffen konnte, ohne sich intensiv mit LEGO selbst zu befassen. Anfang 2006 holte er daher ein Dutzend NetDevil-Mitarbeiter für eine Woche nach Billund. Sie trafen sich mit Entwicklern und Marketingleuten, besuchten die Designstudios und die LEGO-Fabriken und vertieften sich in alles, was mit LEGO zu tun hatte.

»Es war die inspirierendste Woche, die ich jemals bei einem Projekt hatte«, sagte Ryan Seabury. »Die Leute gingen davon aus, dass LEGO mit seinen knallbunten Bausteinen an total kindlichem Design interessiert wäre. Aber wenn man sieht, welcher Grad an Raffinesse mit LEGO-Steinen erreicht werden kann, beflügelt das wirklich die Fantasie.«

Es erwies sich allerdings als respekteinflößendes Unterfangen, eine exakte virtuelle Version des LEGO-Steins zu schaffen. LEGO bestand darauf, dass Universe die akkuratesten, detailliertesten Bausteine aller am Markt erhältlichen Videospiele bieten sollte. Ein Team von acht Ingenieuren, die sechs Monate lang pausenlos daran arbeiteten, war erforderlich, um einen Baustein zu schaffen, der die Designanforderungen von LEGO erfüllte. Das Ergebnis zeigte, dass ein einzelner Universe-Baustein mit seinen sorgfältig wiedergegebenen Hohlräumen und Noppen – jede davon mit dem LEGO-Logo bedruckt – technisch komplexer war als eine herausgeputzte World-of-Warcraft-Figur.

Obwohl sie eine authentische virtuelle Version des Bausteins erschaffen hatten, entdeckten die Entwickler von NetDevil, dass einige wenige Steine genügten, um die Darstellungsfähigkeit eines Computers an ihre Grenzen zu bringen. In einem typischen Universe-Szenario, wenn zum Beispiel eine Minifigur auf ein Auto zugeht, würde der Computer eines Spielers alle verfügbare Rechenkapazität darauf verwenden, das Fahrzeug abzubilden und neu abzubilden, während sich die Minifigur ihm immer weiter nähert.

Erst nachdem sie in zahlreichen Sackgassen gelandet waren, fanden die Entwickler eine Möglichkeit, das Problem zu umgehen. Sie schufen ein System, mit dem das Auto auf die Entfernung verschwommen und blockartig aussah; da die Bausteine aus der Distanz betrachtet weniger detailreich waren, konnte der Computer bei ihrer Darstellung Speicherkapazität einsparen. Die Bausteine wurden erst dann schärfer, wenn mehr von dem Auto zu sehen war. Das war eine clevere Lösung, doch die Anforderung größerer Detailtreue begrenzte letztlich die Zahl der Bilder – Autos, Minifiguren, Raumschiffe und anderes –, die das Spiel zeitgleich darstellen konnte. Das Bemühen der LEGO Gruppe, einen schöneren virtuellen Baustein zu bieten, hatte den unerwünschten Effekt, das Spiel visuell weniger interessant zu machen.

»Das war einer der Punkte, über die wir uns einfach nicht einigen konnten«, sagte Brown. »Aber was hätten wir tun sollen? Es war ihre IP, und LEGO wollte bei der Qualität der Bausteindarstellung einfach nicht nachgeben.«

Das Streben nach Perfektion verletzte die Logik einer Durchbruchinnovation. Für den Anfang reicht es, wenn das Produkt von geringerer Qualität ist, solange es einfach zu verwenden ist und gut genug funktioniert, um weniger anspruchsvolle Kunden anzuziehen, denen es beispielsweise gleichgültig ist, ob das LEGO-Logo in alle

Noppen auf jedem Baustein eingestanzt ist. Es ist besser, das Produkt in einem niedrigeren Preissegment anzusiedeln, es auf den Markt zu bringen, obwohl es noch nicht ganz perfekt ist, und dann Verbesserungen vorzunehmen (und den Preis zu erhöhen), wenn es Erfolg erzielt. LEGO dagegen brachte Jahre damit zu, Universe auszufeilen, was das Unternehmen den Durchbruchsvorteil kostete.

Das Beharren der LEGO Gruppe darauf, dass Universe ein absolut gehobenes Spielerlebnis bieten sollte, zeigte sich sogar in dem Bewerbungsbogen, den wir weiter oben erwähnten. Ein LEGO-Anwalt fügte eine Klausel ein, wonach Universe bei seiner Herausgabe gänzlich frei von Bugs, also Programmierfehlern, sein musste. Das war eine absurde Forderung, insbesondere bei einem Spiel, für das eine halbe bis eine Million Zeilen Programmiercode erforderlich waren. Das Ansinnen signalisierte, dass der innerste Wert der LEGO Gruppe, »nur das Beste«, mit dem Ethos des Durchbruchs, »gut genug«, kollidieren würde, was sich vielleicht am besten durch die Maxime ausdrücken lässt, die dem Facebook-Gründer Mark Zuckerberg zugeschrieben wird: »Lieber fertiggestellt als perfekt.« In den folgenden Monaten und Jahren sollten LEGO und NetDevil unaufhörlich an der Beseitigung von Bugs arbeiten und ein annäherndes Gleichgewicht zwischen weniger als perfekt und besser als nur fertiggestellt finden.

Die Uneinigkeit zwischen NetDevil und LEGO über die Qualität von Universe wuchs, während die Entwicklung voranschritt. Zu jedem Zeitpunkt arbeiteten 30 oder mehr Programmierer an Universe, die alle Codeänderungen in unterschiedlichen Teilen des Spiels vornahmen. Stephen Calender, ein ehemaliger Universe-Entwickler, sagte in einem Interview mit dem Blog MMO Fallout, ein fehlerloses Spiel mit fast einer Million Codezeilen herzustellen sei »wie ein perfektes Ergebnis bei einem Mathetest mit ebenso vielen Fragen«.[34]

Fünf Jahre später, als Universe endlich herausgekommen war, hatte das Entwicklungsteam die störendsten Bugs des Spiels auf eine Zahl weit unterhalb des Branchenstandards reduziert. Trotzdem war Ronny Scherer, LEGO-Veteran und Projektmanager von Universe, sieben Monate nach der Einführung des Spiels immer noch nicht zufrieden. »Mein Haus hier in Colorado hat lauter nette Einrichtungsgegenstände, aber wegen ihrer fragwürdigen Qualität wird es in zehn

Jahren eine Generalüberholung brauchen«, sagte er uns. »NetDevil stellte auf dieselbe Weise Software her. Und LEGO denkt grundsätzlich nicht so. Wenn wir etwas machen, dann wollen wir, dass es hält.«

DRITTE WARNUNG: SCHÜTZE DAS PROJEKT VOR DEN ANFORDERUNGEN ANDERER GESCHÄFTSEINHEITEN

Wäre Universe ein physisches LEGO-Produkt gewesen, wäre das Spiel »gesperrt« worden, sobald das Entwicklungsteam das Kernkonzept und das gewünschte Spielerlebnis festgelegt hätte. Das heißt, es wären keine wesentlichen Designänderungen mehr zulässig gewesen, denn das Team hätte bereits mit dem Vorbereitungsprozess des Produktes für die Herstellung begonnen. Da LEGO jedoch eine bemerkenswert ungenaue Vorstellung davon hatte, was das Spiel sein sollte, blieb Universe monatelang ungesperrt, schließlich wurden sogar Jahre daraus. Infolgedessen unterlag es dem Einfluss zahlreicher Produktlinien von LEGO, die sich alle auf das MMO auswirkten.

Wie ursprünglich vorgesehen sollten einige der »Welten« in Universe anhand von klassischen LEGO-Spielmotiven entworfen werden. Eine Welt sollte zum Beispiel aus Rittern und Burgen bestehen, eine andere aus Ninjas, während in einer dritten traditionelle LEGO-City-Gebäude auftauchten. Diese Spielerlebnisse im MMO zum Einsatz zu bringen bedeutete, dass das Universe-Entwicklungsteam sich mit den Leitern dieser Produktgruppen in Billund abstimmen und letztlich ihr Einverständnis einholen musste.

Jede Produktgruppe in Billund mühte sich, dafür zu sorgen, dass Universe ihr nicht die Verkaufszahlen abgrub. Das Ergebnis: Die Manager anderer Geschäftseinheiten zerrten das Universe-Entwicklungsteam in verschiedene Richtungen. Um dieses Risiko zu verringern, hätte LEGO Universe vom Hauptgeschäft abkoppeln und den Universe-Entwicklungsprozess im Wesentlichen parallel zum LEGO-Entwicklungsprozess ablaufen lassen müssen. Wenn große Unternehmen versuchen, eine Durchbruchinnovation einzuführen, tun sie gut daran, eine Art Spin-off-Einheit weit weg vom Unternehmenshauptsitz einzurichten, in der die Mitarbeiter das tun können, was für das Produkt am besten ist, selbst wenn das bedeutet, dass ein paar Unternehmensregeln verletzt werden müssen. Dies war jedoch bei Universe nie der Fall. Auch wenn NetDevil in Colorado einen Ozean plus einen halben Kontinent von Billund entfernt war, erhielt es nie die Erlaubnis, unabhängig vom Mutterschiff zu agieren.

»Wir mussten mit jedem arbeiten, und jeder wollte ein Wörtchen mitreden«, sagte Brown. »Das Spiel veränderte sich laufend. Und weil es ein bisschen ungewiss war, wohin es sich entwickeln sollte, bekamen wir sogar noch mehr Anfragen.« Als die Anliegen und Veränderungen sich häuften, stellte das Universe-Team fest, dass es von einem Kurs abkam, den es überhaupt nie festgelegt hatte.

Rückschläge erfordern immer eine genauere Untersuchung; von dieser Faustregel bildete auch LEGO keine Ausnahme. Bald unternahm Hansen immer wieder Reisen nach Billund, um über Verzögerungen bei Universe zu berichten und das Projekt gegenüber einem zunehmend skeptischen Management in Schutz zu nehmen. Er schätzt, dass er während der Lebensdauer von Universe über 1000 Präsentationen vor dem oberen Management und anderen Ausschüssen bei LEGO durchführte. »Dieses Projekt«, sagte er später, »war eine Art Selbstmord durch PowerPoint.«

Auf ähnliche Weise durchkreuzte die Einstellung des Unternehmens Hansens Versuch, den Universe-Innovationsprozess zu öffnen, wie LEGO es bei Mindstorms NXT getan hatte. 2007 stellte Hansen eine kleine Gruppe von erklärten Hardcore-Fans zusammen, die an Universe mitwirken sollten. Er wandelte den Nickname der Mindstorms-MUPs ab, um eine Bezeichnung für die freiwilligen Universe-Entwickler zu finden, die schließlich LEGO Universe Partners oder LUPs genannt wurden. In den folgenden Monaten schloss Hansen, dass der Umfang von Universe viel mehr Freiwillige erforderte, und so wuchs das LUP-Team auf fast 100 Mitglieder an – eine Masse, keine übersichtliche Gruppe, die sich als teuflisch schwer zu leiten erwies.

Als die Entwicklung von Universe den Deadlines um Monate hinterherhinkte, waren viele LUPs zunehmend entmutigt, und fast die Hälfte von ihnen stieg aus dem Programm aus. Im Oktober 2010 kam Universe endlich auf den Markt und enthielt mindestens drei Welten, die vollständig von LUP-Teams erschaffen worden waren. Trotzdem war der Beitrag der LUPs deutlich geringer als ursprünglich vorgesehen.

»Wenn ein Projekt fünf Jahre bis zur Fertigstellung braucht, ist es sehr schwer, die Leute motiviert zu halten«, erkannte Hansen. »Wir haben wohl nicht ganz so viel herausgeholt, wie wir uns gewünscht hätten.«

VIERTE WARNUNG: MACH DAS PRODUKT FÜR DIE KUNDEN, NICHT FÜR DIE MANAGER

Trotz Hansens häufiger Besuche in der Hauptniederlassung der LEGO Gruppe fanden er und das NetDevil-Team es schwierig, die 8 000 Kilometer und acht Zeitzonen zu überbrücken, die Colorado von Billund trennten. Ein Problem, das normalerweise in einem zweiminütigen Telefongespräch zu klären gewesen wäre, zog sich oftmals über zwei oder drei Tage hin, nur weil ein NetDevil-Entwickler beispielsweise keinen schnellen Kontakt zu dem richtigen IT-Mitarbeiter in Billund herstellen konnte. Da die Anzahl fehlgeschlagener Verbindungen sich multiplizierte, wurden kleine Rückschläge zu großen Verzögerungen.

Ebenso problematisch war, dass jeder Partner Vorstellungen vom jeweils anderen hatte, die letztlich nicht aufrechtzuerhalten waren. »Wir dachten, Mark hätte so ein Team von [LEGO-]Experten, die alles über Online-Spiele wussten«, sagte Brown. »Aber wie sich herausstellte, wussten sie so gut wie gar nichts.« Mehrere Monate wurden damit verschwendet, dass jede Seite sich mühte, einen besseren Einblick in die Schwächen der anderen zu erhalten und diesen entgegenzuarbeiten. Zunehmend mehr Leistungen wurden zu spät oder gar nicht erbracht. Im Frühjahr 2008 hatte LEGO große Zweifel, dass die Aspekte »Bauen« und »Kontakte knüpfen«, die wesentliche Eckpfeiler des Spiels darstellen sollten, beim Universe-Vorhaben ausgeprägt genug waren, um das Spiel wie geplant 2009 einführen zu können.

Im Versuch, die Kommunikationslücken zwischen dem NetDevil-Studio und Billund zu überbrücken, flogen Lisbeth Valther Pallesen und eine Hand voll weiterer LEGO-Manager alle sechs Wochen nach Colorado, um die Fortschritte des Projekts zu überprüfen. Zu diesen Kontrollen gab es sehr unterschiedliche Meinungen.

Hansen fand, dass die Meetings nicht geeignet waren, um zeitnahe Entscheidungen zu treffen und sicherzustellen, dass das Projekt in Schwung blieb. Andere waren anderer Meinung. Chris Sherland von NetDevil, der als Chefproduzent dafür sorgte, dass das Projekt in geordneten Bahnen verlief und die Fristen eingehalten wurden, fand, dass es Zeiten gab, in denen LEGO und NetDevil nicht genügend Vertrauen zueinander hatten, um die Probleme des Projekts aufrichtig einzugestehen und schwierige Entscheidungen zu treffen.

»Immer hieß es: ›LEGO kommt, lasst uns den Dreck unter den Teppich kehren und alles bestmöglich aufhübschen‹«, erinnerte sich Sherland. »Ein Teil der Probleme lag in der Kultur selbstständiger Spieleentwickler, die den Auftraggeber beeindrucken müssen, um den Vertrag halten zu können. Ganz so war es nicht, aber das schwang trotzdem im Hintergrund mit. Die Gründer von NetDevil mussten ihr gesamtes Leben verpfänden, um dieses Unternehmen betreiben zu können. Die Prüftermine waren sehr wichtig für sie. Und deshalb zogen wir diese Show ab.«

Letztendlich führten die Prüftermine mit Pallesen und den anderen Führungskräften dazu, dass das Spielerlebnis für Gamer weniger attraktiv wurde, obwohl das Universe-Entwicklungsteam ausführliche Zielgruppentests mit Kindern vornahm. In einer frühen Phase der Entwicklung von Universe zeigte das NetDevil-Team einer Gruppe von LEGO-Managern ein Demo, um die Game-Engine und die Multiplayer-Umgebung zu präsentieren. Zu sehen war eine Hand voll Kindern, die sich von verschiedenen Computern aus in ein Netzwerk einloggten und ein Spiel spielten, bei dem sie einen LEGO-Affen mit einem Hammer schlagen konnten. Bei jedem Schlag rannte der Affe weg und kehrte dann für einen weiteren Schlag zurück. Die Kinder fanden es großartig. Die LEGO-Führungskräfte waren entsetzt. Einer stand auf und fragte mehr oder weniger, ob das NetDevil-Team verrückt geworden wäre: »Glauben Sie allen Ernstes, wir würden an die Öffentlichkeit gehen und Kinder Affen erschlagen lassen?«

Billunds Forderung, dass Universe frei von jeglicher Gewalt sein müsse, war ein Dämpfer für NetDevil, die als Schöpfer von unverhohlen brutalen Titeln wie *Auto Assault* und *Warmonger* sehr wohl wussten, dass Gewalt ein Lockmittel ist. Doch als NetDevil begonnen hatte, einige Universe-Demoversionen an der Zielgruppe zu testen, war das Urteil der Kinder einhellig: Das Spiel war zu kindisch. Der Konfliktlevel musste einfach erhöht werden.

Es folgten monatelange Debatten zwischen LEGO und NetDevil über die Frage, wie furchteinflößend oder düster das Spiel sein sollte. Das Problem wurde in gewisser Weise gelöst, als TT Games das Einzelspieler-Game LEGO *Star Wars II: The Original Trilogy* herausbrachte, das bewies, dass klobige Minifiguren von Luke Skywalker und Prinzessin Leia im Kampf gegen Stormtroopers auf eine unkonventionelle Weise witzig sein konnten.

Noch wichtiger war, dass die Eltern mit der einfältigen Art des Konflikts im Video einverstanden waren, solange es keinerlei Blutvergießen gab.

Trotz alledem wurde das Düster-gegen-hell-Problem von Universe nie vollständig gelöst. In einem Interview mit *PC Gamer* erinnerte sich der ehemalige Universe-Concept-Artist Mike Rayhawk, dass er häufig Bilder »abmildern« musste, weil sie als zu furchterregend betrachtet wurden. »Ich drängte immer darauf, das Aussehen des Spiels monumentaler und gruseliger zu machen, weil ich den Kämpfen dieser eckigen, knallbunten Plastikfiguren wirkliches Gewicht verleihen wollte«, sagte er. »Im Allgemeinen hatte ich mehr Erfolg damit, das [Management] von dem Monumentalen zu überzeugen als von dem Gruseligen.«[35]

Als NetDevil bei einer Prüfsitzung ein neues Universe-Feature vorführte, war eine der beharrlichsten Kritiken von der Billunder Seite des Tisches, dass dieses Feature sich »nicht wie LEGO anfühlt«. Ein solches Feedback war wenig hilfreich, vor allem weil niemand recht in der Lage war, das LEGO-Spielerlebnis in einem MMO-Kontext zu definieren. Es herrschte Einigkeit darüber, dass das Spiel auf drei Säulen stand: Bauen, Spielen und Kontakte knüpfen. Aber diese Themen in Bits und Bytes zu übersetzen war eine Angelegenheit von Versuch und Irrtum. »Wir fanden recht schnell heraus, dass LEGO nicht begriff, was LEGO Universe sein sollte«, sagte Sherland. »Sie konnten uns nur sagen, ob wir ins Schwarze getroffen hatten oder nicht.«

Jedes Mal, wenn das Steuerungskomitee ein Feature ablehnte, das »nicht genug LEGO« war, musste NetDevil zumindest einen Teil des zugrunde liegenden Codes verwerfen und wieder von vorne anfangen. Danach brachte das Team Monate damit zu, alles neu zu konzipieren – die Schauplätze, Stationen und Missionen des Spiels –, in der Hoffnung, dass diesmal das neue Feature oder die neue Spielzone die Prüfung bestehen würde. Und mit jeder Überarbeitung wich das Projekt ein bisschen mehr vom Kurs ab. »Wir schlugen eine neue Richtung ein, und dann erkannte jeder, dass das ein Fehler war«, sagte Brown. »Also ruderten wir wieder zurück.«

Es brauchte eher Jahre als Monate, um das Spiel so weit zu bringen, dass die LEGO-Manager Universe als authentisches LEGO anerkannten. Noch problematischer als die Verzögerungen war die Tatsache, dass LEGO die falschen Kunden ansprach. Transistorradios waren ein Durchbruch, weil sie ein neues Kundensegment erschlossen: Teenager, denen das Geld und der Wunsch fehlte, sich große, hochwertige Radios zu kaufen. Universe hätte durchaus eine echte Durchbruchinnovation sein können – das Transistorradio seiner Zeit –, wenn Billund zugelassen hätte, dass das Spiel düster und aggressiv genug wurde, um Kindern zu gefallen, die sich nicht um bunte Plastikquader scherten, sondern denen vielleicht die Aussicht auf das Bauen und Wetteifern in einer aufregenden, etwas bedrohlichen LEGO-Welt gefiel. Stattdessen zielte LEGO auf Kinder ab, die Plastiksteine mochten – und lieferte ihnen keinen überzeugenden Grund, um auf eine digitale Version umzusteigen.

LETZTE WARNUNG: GIB DEM PRODUKT EINEN PREIS, DER MARKTVERTRÄGLICH IST, NICHT EINEN, DER DEINE INVESTITIONEN AUSGLEICHT

LEGO Universe erschien endlich im Oktober 2010 und erhielt sehr unterschiedliche Kritiken. Obwohl viele Kommentatoren begeistert waren, dass der LEGO-Stein in einer MMO-Umgebung lebendig wurde, klagten sie darüber, dass das Spiel irgendwie unfertig wirkte. *Macworld* fasste die allgemeine Meinung ganz gut zusammen: »Es sieht nicht so aus, als wäre Universe schon angekommen.«[36]

Ein Großteil der Anziehungskraft eines Durchbruchprodukts besteht darin, dass es von geringerer Qualität und daher billiger ist als der Branchenstandard. LEGO dagegen gab Universe niemals einen

Durchbruchpreis. Während die meisten MMO-Herausgeber die Konsumenten anlocken, indem sie sie einige Levels kostenlos spielen lassen – mit der Idee dahinter, dass die Kunden, wenn sie einmal von dem Spiel fasziniert sind, auch für die anspruchsvolleren Level zahlen werden –, gab es bei LEGO Universe eine Eintrittssperre. Ehe Kinder das Spiel ausprobieren konnten, mussten ihre Eltern erst eine DVD für 40 US-Dollar bestellen, sie installieren und dann eine Monatsgebühr von zehn US-Dollar bezahlen. Für die meisten Eltern war diese Barriere einfach zu hoch. Das LEGO-Management brauchte fast ein Jahr, um seinen Fehler zu erkennen und das Spiel so umzustrukturieren, dass die Kinder kostenlosen Zugang zu einigen Universe-Welten erhielten.

Als wir das NetDevil-Studio in Colorado besuchten, einige Monate bevor es zumachte, bemühte sich das LEGO-Universe-Team um einen vorsichtigen Optimismus, obwohl die Grundstimmung so düster war wie die nachmittäglichen Gewitterwolken, die über die schneebedeckten Gipfel der Front Range heranrückten. Einerseits hatte Universe eine Mitgliedschaftsverlängerungsquote von 87 Prozent erzielt, was weit über dem Branchendurchschnitt von unter 20 Prozent liegt. Doch es hatte nur 38 000 Subskribenten, nicht annähernd genug, um das Geschäft am Laufen zu halten.

Zum Unglück für seine mehr als hundertköpfige Belegschaft sowie für die Zehntausende von Kindern, denen das Spiel Freude machte, gelang es LEGO Universe niemals, die Verkaufsziele des Unternehmens zu erreichen. Nur fünfzehn Monate nach seiner Markteinführung zog LEGO stillschweigend die Bremse. Am 30. Januar 2012 wurden die Universe-Server abgeschaltet. Damit wurde Universe zu dem größten Produkt-Misserfolg während Knudstorps siebenjähriger Bemühungen, LEGO umzukehren und zu verwandeln.

Der Zusammenbruch von LEGO Universe zeigt, wie schwierig es für jedes große Unternehmen ist, sein Produktentwicklungssystem zu ändern, um eine Durchbruchinnovation zu kreieren. Wie sich herausstellte, funktionierten die Strategien zwar beim Geschäft der LEGO Gruppe mit dem Plastikbaustein, doch sie behinderten die Bemühungen, den Durchbruch mit dem digitalen Baustein zu erzielen, wie Christensen selbst es vielleicht vorhergesagt hätte. Statt NetDevil wie das Start-up-Unternehmen agieren zu lassen, das es ja auch war, und zu ignorieren, was in Billund als vernünftig galt, drängte das Management der dänischen Firma die Codespezialisten aus Colorado dazu, Universe nach LEGO-Art zu entwickeln.

Als weitgehend analoges Unternehmen misslang es LEGO, sich an eine digitale Welt anzupassen, in der Veränderungen unerbittlich und unausweichlich sind. LEGO stürzte sich in das MMO-Business, ehe es dieses völlig verstanden hatte. Da die Führungskräfte viele Monate brauchten, um das Universe-Spielerlebnis zu definieren, änderten sich die Designanforderungen immer wieder, was zu weiteren Verzögerungen und Kostenüberschreitungen führte. Und anstatt das Spiel auf das zuzuschneiden, was die zugrundeliegende Technologie wirklich leisten konnte, verlangten die LEGO-Chefs, dass Universe ein Spiel gemäß dem Grundsatz »nur das Beste« werden solle. Als das externe Studio dies nicht erreichte, wuchs die Anzahl der Fehlkommunikationen und Missverständnisse zwischen Billund und Colorado ins Unermessliche. Und als LEGO Universe endlich auf den Markt brachte, gab es dem Produkt keinen marktgerechten Preis, sondern versuchte, rasch seine Investitionen wieder hereinzuholen. Ohne Zweifel wird LEGO noch länger an der großen, wichtigen Aufgabe arbeiten, faszinierende digitale Spiele zu schaffen. Doch nach einer fünfzehnmonatigen Laufzeit war die Geduld des Unternehmens mit Universe erschöpft.

Ein Video auf der LEGO-Universe-Website kündigte die Einstellung an und erklärte, das Spiel habe »nach den Sternen gegriffen und die Planeten erreicht«. Keine üble Grabinschrift, wenn man bedenkt, dass Universe den Spaß am physischen Baustein in den virtuellen Bereich erweiterte, aber kein nachhaltiges Geschäft erzielte.

EINE INNOVATION, DIE LEGO VERÄNDERN KÖNNTE

Im Mai 2009, etwas mehr als ein Jahr vor der Markteinführung von Universe, brachte ein schwedischer Videospielprogrammierer und -designer namens Markus »Notch« Persson die erste Rohversion eines Spiels heraus, das er entwickelt hatte. Genau wie bei Universe konnte der Spieler frei in einer virtuellen 3-D-Welt umherstreifen und komplexe Kreationen wie Raumschiffe und Vulkane erstellen. Wie LEGO verwendete das Spiel strukturierte Bausteine, die an den LEGO-Stein erinnerten, auch wenn die von Persson nicht annähernd so komplex waren. Es gab auch eine Aufgabe innerhalb des Spiels, die sich als Magnet für Kinder und Erwachsene erwies. Jede Spielrunde begann mit der Dämmerung, achtzehn Minuten später brach die Nacht herein. Die Spieler mussten sich rasch einen Unterschlupf bauen, um sich zu schützen, denn nachts kamen die Monster heraus – Zombies, Skelette und (später) grüne »Creepers«. Persson nannte sein Spiel Minecraft.

Auf der Grundlage von User-Rückmeldungen erweiterte Persson Minecraft fortlaufend, fügte neue Baumaterialien hinzu, neue Monster, eine Multiplayer-Variante und die Möglichkeit für Spieler, »Mods« zu schaffen, ihre eigene DIY-Version des Spiels. Bald nach der Einführung des Spiels begann er, Geld dafür zu nehmen, und erhöhte den Preis kontinuierlich, während die Features erweitert wurden und die Popularität des Spiels wuchs. Minecraft arbeitete sich im Markt nach oben und begann alle Kennzeichen einer Durchbruchinnovation aufzuweisen.

Bei seiner Einführung war Minecraft ein Produkt von geringer Qualität. Seine rohe, klobige Anmutung hatte nichts von der Präzision der LEGO-Steine und strebte nicht nach Perfektion wie Universe. Schon früh bot das »Konstruktionserlebnis«, zu dem auch gehörte, Dinge mit einer Axt zu bearbeiten, keine der unbegrenzten kreativen Spielmöglichkeiten des Bausteins. Und die Figuren – Zombies und Creepers – waren kaum zu erkennen. Aber Minecraft war billig. Eine uneingeschränkte, lebenslange Lizenz für Minecraft kostete nur 13 US-Dollar, war also viel preiswerter als ein typisches themenbezogenes LEGO-Set, das aus Plastiksteinen besteht, und nur ein bisschen teurer als ein Monat Spielen auf LEGO Universe. Und der Spielablauf, dessen primäres Ziel es war, den Angriffen von Monstern zu entkommen, erwies sich als süchtigmachend. Minecraft verbreitete sich wie World of Warcraft in der weltweiten Gamer-Community.

Im Januar 2011 überschritt Minecraft die Verkaufszahl von einer Million. Persson schätzte, dass Minecraft bis April 2011 einen Umsatz von 33 Millionen US-Dollar gebracht hatte. Im August 2012 hatte Minecraft über 36 Millionen Nutzer, von denen fast sieben Millionen das Spiel gekauft hatten. Das bedeutete eine Verkaufsquote von über 100 Millionen US-Dollar jährlich für die PC-Version des

Spiels. Zu dieser Zeit war Minecraft das bestverkaufte Spiel für die Microsoft-Xbox, und es gab eine umfangreiche Palette von Merchandising-Produkten, darunter auch ein Partnerprodukt mit LEGO.

Anlässlich der Explosion von 3-D-Druckern im Jahr 2012 drang Minecraft noch weiter auf LEGO-Territorium vor. Der MakerBot Replicator, nur einer von über einem Dutzend neuen 3-D-Druckern, die 2012 auf den Markt kamen, kann Objekte aus ABS-Plastik herstellen – *demselben Kunststoff, aus dem* LEGO-*Steine gemacht werden* –, und zwar in jeder Form bis hin zur Größe eines kleinen Brotlaibs. Während diese Zeilen geschrieben werden, lässt sich der 3-D-Druck in etwa mit der Digitalfotografie Ende der neunziger Jahre vergleichen. Damals war der Preis für eine Digitalkamera vergleichsweise hoch, und die Bildqualität war geringer als bei der klassischen analogen Fotografie. Doch der Nutzen war offensichtlich: Man konnte praktisch kostenlos so viele Bilder machen, wie man wollte, und nur diejenigen ausdrucken, die einem gefielen. So sind auch 3-D-Drucker teuer (Anfang 2013 kostete der MakerBot Replicator 1 749 US-Dollar), und die Qualität des Produkts ist definitiv nicht besonders hoch. Aber die Kosten, um eine einzige 3-D-Kopie eines LEGO-Modells zu »drucken«, liegen bei fünf bis zehn Prozent dessen, was man für den Kauf des Modells in einem Geschäft bezahlen müsste.

Mit einem Programm namens Mineways, das von dem Minecraft-Fan Eric Haines entwickelt wurde, können Minecraft-User ihre Kreationen in Plastik, Stein, Keramik, Silber oder vergoldetem Stahl »ausdrucken«. Das Programm beginnt mit einer Minecraft-Kreation und produziert automatisch eine Datei, die direkt an eine 3-D-Druckerei wie Shapeways oder einen eigenen 3-D-Drucker wie den MakerBot Replicator gesendet werden kann.

Um zu beweisen, welche Bedrohung Mineways und Minecraft für LEGO darstellt, baute Gordon Robertson (der Sohn des Autors) das LEGO-Fallingwater-Set zusammen (das zu der Architecture-Serie gehört, die wir im vorangehenden Kapitel beschrieben haben). Dieses Modell nutzte er dann, um eine Version des berühmten Hauses von Frank Lloyd Wright in Minecraft zu erstellen, ein Vier-Stunden-Projekt an einem verregneten Sonntagnachmittag. (Die Fotos in *Eine kurze Geschichte von LEGO* zeigen das LEGO-Architecture-

Set und Gordon Robertsons Minecraft-Version.) Mithilfe des Mine-
ways-Tools »druckte« er dann eine physische Reproduktion der virtuellen Minecraft-Version von Fallingwater, sowohl bei Shapeways
als auch mit dem MakerBot Replicator des Autors (siehe *Eine kurze
Geschichte von LEGO*). Die Kosten des MakerBot-Modells betra-
gen ungefähr ein Zehntel dessen, was man für das LEGO-Set zahlen
muss, das für rund 100 US-Dollar verkauft wird.[37]

Kinder können also inzwischen mithilfe von Minecraft, Mineways und einem MakerBot Replicator jedes gewünschte Modell mit
einer beliebigen Anzahl von Bausteinen erschaffen und ein halbes
Dutzend Kopien davon ausdrucken, was immer noch weniger kostet
als ein vergleichbares LEGO-Set. Genau wie bei der Digitalfotografie
fallen die Preise für die Drucker rasch, und die Qualität wird besser.
Obwohl die Geräte für anspruchsvolle Bastler gedacht sind, wird es
nicht lange dauern, bis jeder in der Lage ist, jedes gewünschte aus
Bausteinen erstellte Kunststoffmodell zu bauen, zu drucken und neu
zu bauen, und das zu einem Bruchteil der Kosten eines LEGO-Sets.

Natürlich bietet LEGO Architecture Fallingwater eine wunder-
schöne Nachbildung des berühmten Hauses von Wright. Aber Adam
Reed Tuckers Set enthält nur die Teile und Farben, die er für erforderlich hält. Wenn Sie Wrights Gästehaus hinzufügen wollen (das ober-
halb des Haupthauses liegt) oder eigene Modifikationen für Fallingwater schaffen wollen, ist es schwierig und teuer, die richtigen LEGO-
Steine zu finden. Mit Minecraft, Mineways und dem MakerBot Replicator können Sie viele verschiedene Versionen des Hauses erbauen und
die besten vier oder fünf davon ausdrucken, und das alles für weniger
Geld, als ein einzelnes LEGO-Set kostet. Es ist leichter und geht schneller, ein Zimmer in der Minecraft-Version des Hauses zu verändern, als
in der LEGO-Version. Bei LEGO müssten Sie das Modell auseinander-
nehmen, die benötigten Bausteine finden, das Zimmer neu schaffen
und dann die darüberliegenden Stockwerke wieder zusammenbauen.
Bei Minecraft »gehen« Sie einfach in das virtuelle Haus, nehmen Ihre
Veränderungen vor und drucken die neue Version aus.

Minecraft ist weit davon entfernt, eine ernstliche Bedrohung für
LEGO darzustellen. Ihm fehlt die bunte Vielfalt der LEGO-Spielzeuge. Es hat nicht annähernd die weltweite Anziehungskraft der

Marke LEGO. Und es kann niemals jene grundlegende Qualität kopieren, die Millionen für LEGO begeistert hat: das taktile Vergnügen des Zusammensteckens zweier Bausteine. Doch die LEGO-Führung weiß schon seit langem, dass sie das Plastikbaustein-Business mit einem Digitalbaustein-Business durchbrechen muss, sonst tut es ein Wettbewerber an ihrer Stelle. Minecraft jedenfalls hat die digitale Zukunft zuerst erreicht. 2012, in dem Jahr also, da LEGO Universe vom Markt nahm, verdiente Mojang – die Mutterfirma von Minecraft – 90 Millionen US-Dollar bei einem Umsatz von 235 Millionen US-Dollar. Wenn der 3-D-Druck sich weiter verbessert, wird LEGO vielleicht eines Tages feststellen, dass Minecraft (oder etwas Vergleichbares) die digitale Kluft übersprungen hat, um eine überzeugendere, vielfältigere und einfachere Methode der Konstruktion von Kunststoffgebäuden, -figuren und -fahrzeugen anzubieten. Wie viele gescheiterte Unternehmen erfahren haben, kann das, was gestern noch minderwertig war, morgen schon zum Mainstream gehören.

Eins von Clayton Christensens am wenigsten nachvollziehbaren Argumenten ist, dass Manager manchmal scheitern, weil sie klug, nicht weil sie dumm sind. Sie halten sich an dieselben Managementstrategien, die in der Vergangenheit so erfolgreich waren. Im Ergebnis missglückt der Durchbruchversuch. Genau dies ist der LEGO Gruppe mit Universe geschehen.

Das Unternehmensmanagement ging davon aus, dass digitale bausteinbasierte Spiele eines Tages die physischen bausteinbasierten Spiele ausstechen würden. Also beeilte man sich, die Zukunft mit Universe als Erster zu erreichen. Dabei griffen Lisbeth Valther Pallesen und ihre Manager auf dieselben Methoden zurück, die dabei geholfen hatten, LEGO selbst wieder auf Vordermann zu bringen. Sie beharrten darauf, dass das Universe-Team den Blickwinkel der Kunden einnehmen sollte und immer weitere Testrunden mit Zielgruppen abhielt, um wirklich zu verstehen, was sich echte LEGO-Kinder von dem Spiel erhoffen. Sie bauten eine große Bandbreite von LEGO-Erlebnissen in das Spiel ein – einschließlich einer neuen Preisgestaltung und physischer Modelle von virtuellen Schöpfungen –, was eine Abstimmung mit vielen Geschäftseinheiten in Billund bedeutete. Und sie öffneten den Entwicklungsprozess für sachkundige Hardcore-Fans, genau wie LEGO es bei Mindstorms NXT getan hatte. Zusammengenommen waren diese Innovationsstrategien, die LEGO in seinen traditionellen Märkten einen so guten Erfolg beschert hatten, beim Vorstoß des Unternehmens in unerforschtes Gebiet eher eine Belastung.

Bei einem neuartigen Produkt wie einem MMO-Spiel ist es anfangs ungewiss, was die Technologie leisten kann und was nicht und welche Märkte sie letztlich willkommen heißen. LEGO hätte gut daran getan, sein Universe-Team wie ein unabhängiges Start-up-Unternehmen handeln zu lassen – mit anderen Worten: wie ein Minecraft. Befreit von der übergroßen Aufmerksamkeit der Führungskräfte und den Anforderungen der anderen LEGO-Produktgruppen hätte das Team womöglich eine viel bescheidenere, weniger kostspielige Version von Universe auf den Markt gebracht. Im Vergleich zu anderen LEGO-Produkten wäre Universe von geringerer Qualität gewesen, ein bisschen schäbig und praktisch in jeder Hinsicht unterlegen – lauter Erkennungszeichen eines Durchbruchprodukts. Einige Kinder wären von einem LEGO-MMO fasziniert gewesen, was dem Universe-Team gezeigt hätte, was funktionierte und was nicht, und ihm Verfeinerungen des Spiels ermöglicht hätte, obwohl es bereits auf dem Markt »lebte«. Im Zuge der Verbesserungen hätte Universe wahrscheinlich immer mehr Kunden angelockt und Erfolge erzielt, genau wie es Minecraft getan hat. Womöglich wäre Universe sogar zum Transistorradio seiner Zeit geworden, ein Produkt, das vom Keller des Marktes emporsteigt und am Ende allgegenwärtig wird.

Mit Sicherheit beweisen das Scheitern von Universe und der Erfolg von Minecraft, dass es für die Schaffung eines geringwertigen Durchbruchprodukts wesentlich effektiver ist, die Ressourcen stark zu beschränken, die Entwicklungsgruppe von äußeren Ablenkungen zu befreien, das Produkt auf den Markt zu bringen, ehe es vollständig »fertiggestellt« ist, aus dem Kundenfeedback zu lernen und Verbesserungen in Echtzeit durchzuführen. Es überrascht, dass LEGO, wie wir im nächsten Kapitel sehen werden, sich bereits für genau diesen Innovationsansatz in Position gebracht hatte.

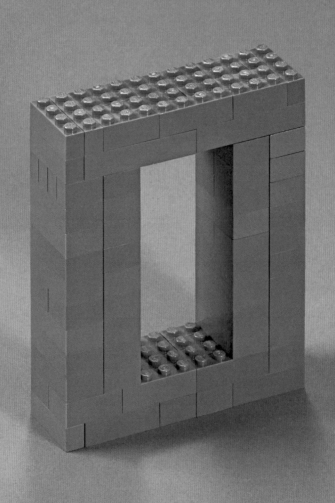

Auf der Suche nach dem blauen Ozean

»Eindeutig LEGO, aber noch nie dagewesen« und die Entstehung von LEGO Games

Die Chance stand eins zu einer Million,
dass wir wirklich einen Treffer landen würden.
Aber wenn wir trafen, hätten wir etwas
Wunderbares erreicht.

Cephas Howard, Chefdesigner LEGO Games

Es war der Dezember des Jahres 2005, und Søren Holm, der führend an der Entwicklung von Bionicle beteiligt gewesen war, war auf der Suche nach einem neuen Senior Concept Designer, eine der schwieriger zu besetzenden Stellen bei LEGO. Es gibt keine konkrete Ausbildung und keinen Karriereweg für eine Tätigkeit, bei der man sich vollständig neuartige Spielzeuge ausdenken muss, die in LEGO verwurzelt sind und Millionenumsätze erzeugen werden. Die Führungskräfte des Unternehmens mussten sich auf ihre Intuition verlassen, um einen unerprobten, aber vielversprechenden Concept Designer zu erkennen, wenn sie ihn sahen.

Holms Suche hatte ihn nach London geführt, wo er und Flemming Østergaard, ein führender LEGO-Mitarbeiter im Bereich Innovation und Marketing, zehn Bewerber versammelt hatten. Das vierte Bewerbungsgespräch dieses Tages fand statt mit einem redseligen, mondgesichtigen Mann namens Cephas Howard, einem erfahrenen Werbegestalter bei den Zeitungen *Guardian* und *Observer*. Mit seiner Stachelfrisur, seinem Stoppelbart und der schwarzgerahmten Brille sah Howard schon mal aus wie ein LEGO-Designer. Und auch wenn das Entwerfen von Anzeigen und Webprodukten für britische Zeitungen ziemlich weit entfernt war von der Entwicklung dynamischer Spielerlebnisse aus kleinen Plastikquadern, sprach Howards Erfolg innerhalb eines großen Konzerns zu seinen Gunsten. Dasselbe galt für sein ausgeprägt unternehmerisches Denken. Er hatte die Nächte und die Wochenenden durchgearbeitet, um zwei neue Brettspiele zu erfinden, und war bestrebt, sie beide auf den Markt zu bringen.

Howard und seine beiden Brüder hatten sich schon als Kinder damit die Zeit vertrieben, Unmengen von Brettspielen zu machen. Sie dachten sich auch eigene Spiele aus und stellten sie ihren Freunden vor. Obwohl Howard als Grafikdesigner in der Zeitungsbranche Karriere machte, hatte er seine Leidenschaft nie abgelegt. Er erdachte weiterhin Spiele und führte detailliert Buch über all seine Ideen. Seine beiden jüngsten Erfindungen schienen ihm vielversprechend genug, um Angebote von Herstellern einzuholen und eine Website für die Vermarktung der Spiele einzurichten. Eins davon hatte Howard zum LEGO-Bewerbungsgespräch mitgebracht, und seine Begeisterung für die Kreation neuer Spielideen loderte unübersehbar.

»Cephas verführte uns total mit diesem Spiel«, erinnerte sich Holm. »Er ließ so eine große Leidenschaftlichkeit erkennen. Flemming und ich brauchten fünf Minuten, dann wurde uns klar: Ja, das ist unser Mann.«

Vier Tage später hatte Howard ein Gespräch mit Holms Vorgesetztem Per Hjuler. Während Howards Begegnung mit Holm und Østergaard von der Freude und dem Gelächter geprägt gewesen war, die aufkommen, wenn kreative Köpfe aufeinandertreffen, war das Gespräch mit Hjuler reines Geschäft. Howard erinnerte sich, wie

Hjuler ihm sagte, dass LEGO ein Team habe, dessen Aufgabe darin bestehe, eine Produktlinie zu schaffen, die zehn Prozent der jährlichen Verkaufszahlen des Unternehmens ausmache. Diese Gruppe, sagte Hjuler, habe es bislang nicht geschafft, ihre Aufgabe zu erfüllen. Dann schoss er eine gezielte Frage auf den Bewerber ab: *Wenn ich Sie einstelle, wird dann das Team – und Sie – die Vorgabe erfüllen?*

Howard schluckte. Und dann nickte er. »Ich musste ja sagen«, rief er sich später ins Gedächtnis. »Wenn es einen solchen Mann gab, dann konnte ich mir nicht vorstellen, dass er in irgendeiner besseren Lage war als ich. Die Chance stand eins zu einer Million, dass wir wirklich einen Treffer landen würden. Aber wenn wir trafen, hätten wir etwas Wunderbares erreicht. Und das ist eine Gelegenheit, die man nicht oft bekommt.«

Im Frühjahr zogen Howard und seine Frau nach Billund, wo er Teil des Concept Lab wurde. Dieses Entwicklerteam hatte die Aufgabe, revolutionäre Spiele zu schaffen, die in der DNA des Bausteins wurzelten, aber ein ganz neues LEGO bildeten. Søren Holm leitete die tägliche Arbeit des Lab und berichtete an Per Hjuler, der auch verantwortlich war für die Produktgruppe, die Spiele für ältere Kinder wie Bionicle und Technic entwickelte.

Howards Ankunft fiel in eine Zeit, in der LEGO die erste Stufe seiner Strategie der »Gemeinsamen Vision« – Stabilisierung des Unternehmens und Beschaffung finanzieller Mittel – hinter sich hatte und zur zweiten Stufe überging: einen »vertretbaren Kern« an Produkten aufbauen und Gewinne anstreben. Die dritte und letzte Stufe sollte 2009 beginnen: die Wiederbelebung der Marke und das Streben nach Wachstum. Das Management hatte einem ehrgeizigen Projekt, nämlich LEGO Universe, bereits grünes Licht gegeben. Aber Knudstorp wollte nicht Haus und Hof auf Universe verwetten. Er verteilte das Risiko, indem er dem Concept Lab die schwierige Aufgabe übertrug, bis 2009 ein weiteres komplett neuartiges Spiel zu entwickeln und auf den Markt zu bringen – eines, das ebenfalls für jahrelanges Unternehmenswachstum sorgen sollte. Nach etlichen Fehlstarts sollte diese Produktlinie schließlich eine Kollektion von Brettspielen namens LEGO Games werden.

Zu einem frühen Zeitpunkt, als Games nicht viel mehr war als eine Idee, hegte der Beraterstab des Unternehmens große Skepsis hinsichtlich der Aussichten des Spiels; einige Führungskräfte billigten nicht einmal die Vorstellung, der Entwicklung der Produktreihe den Startschuss zu erteilen. Hinzu kam die nicht unbedeutende Tatsache einer geradezu unterirdischen Erfolgsbilanz des Concept Lab. Obwohl das Lab im Laufe der Jahre Hunderte von Ideen geliefert hatte, war es ihm nicht geglückt, auch nur eine einzige davon bis zur Marktreife zu bringen. Das Lab war eine todgeweihte Gruppe, als Knudstorp es damit beauftragte, den nächsten Wachstumsmotor des Unternehmens zu entwickeln. In Anbetracht dessen, dass das Designteam des Lab bis zu Per Hjulers Gespräch mit Cephas Howard noch nichts erarbeitet hatte, ist es nicht schwer zu begreifen, warum dem führenden LEGO-Mitarbeiter beinahe die Geduld ausging.

Wie ging LEGO in der Folgezeit vor, um seine Zielsetzung – die Entdeckung und Erschließung eines blauen Ozeans – mit genügend Disziplin zu verfolgen, um ein solches wertschöpfendes Produkt zu erfinden, zu gestalten und zu entwickeln? Es überwand die Hindernisse, die bei jedem Versuch entstehen, einen neuen Markt zu erschließen. Wie schirmt man ein solches Team ab von den Anforderungen und Ablenkungen der übrigen Produktentwicklungsgruppen des Unternehmens, die weiterhin Angriffe von Wettbewerbern auf dem roten Ozean abwehren müssen? Wie findet man in der überwältigenden Vielzahl von möglichen Ansätzen eine aussichtsreiche Chance, die noch kein anderer Mitbewerber entdeckt hat? Und welches ist das beste Navigationssystem, um die Initiative wieder auf den richtigen Kurs zu bringen, wenn man in den unvermeidlichen Gegenwind geraten ist?

Mit der Entwicklung von Games fand das Concept Lab eine Methode, um diese Untiefen zu umschiffen, die so oft jene Bemühungen, ein Nachfrage generierendes Produkt zu erfinden, scheitern lassen. Nach so vielen fruchtlosen Unterfangen entdeckte das Lab einen Markt, der (zumindest für einige Zeit) noch wirklich frei von Wettbewerbern war. Und das gelang ihm auf folgende Weise.

ZUSAMMENSTELLEN DES TEAMS

Als Hjuler 2005 die Leitung des Concept Lab übertragen wurde, war es einer seiner ersten Schritte, das Lab wieder auf seinen eigentlichen Zweck einzuschwören. Da es über einige der fähigsten Designer von LEGO verfügte, wurden diese häufig zeitweise an andere Projektteams ausgeliehen, die neue Spielzeuge entwickelten. Diese Praxis beraubte das Lab seines wertvollsten Kapitals – des Talents – und führte zu einer chronischen Unterbesetzung. Hjulers Reaktion bestand darin, das Lab von der übrigen Organisation abzugrenzen. Er gab ihm ein eigenes Studio in einem Gebäude, das abseits von den übrigen lag, und überzeugte die Leiter der anderen Produktentwicklungsteams davon, sich anderswo nach Ressourcen umzusehen. Fortan sollte das Lab ausschließlich als Front-End-Team arbeiten, das nur vollkommen neue LEGO-Ansätze verfolgte.

Ein weiterer Hemmschuh für die Leistung des Lab war die Tatsache, dass sein Entwicklungsteam bemerkenswert einheitlich war. Die Gruppe bestand ausschließlich aus Designern, überwiegend männliche Dänen, die sehr geschickt darin waren, clevere Konzepte zu entwickeln. Doch ihre Unfähigkeit, diese Ideen in kommerziell erfolgreiche Spiele umzusetzen, ging hauptsächlich auf die Tatsache zurück, dass sie kein echtes Gespür dafür hatten, was den Kindern gefiel. Zudem verstanden sie auch nicht die Wettbewerbsumgebung und die kulturellen Trends, welche die vielen Zielmärkte von LEGO prägten.

Hjuler brachte ein bisschen Abwechslung in das Team, indem er Menschen mit unterschiedlichem kulturellem Hintergrund rekrutierte, darunter Designer aus Indien, Japan und Großbritannien. Zudem bat er Søren Holm, der Bionicle zu seinem großen Erfolg verholfen hatte, das Lab zu leiten. Und er verpflichtete Flemming Østergaard, eine Marketingfunktion innerhalb des Lab wahrzunehmen, die es vorher nicht gegeben hatte, sowie Finn Daugård Madsen, einen erfahrenen Projektmanager. So entwickelte sich das Lab von einem reinen Designerteam zu einem voll ausgeprägten Produktentwicklungsteam, in dem Marketing und Projektmanagement ebenso wie Design vertreten waren.

Hjuler wich der Falle aus, die Vielfalt auf Kosten der Strukturiertheit zu fördern. Bei all ihren unterschiedlichen Hintergründen oder Fähigkeiten hatten die Manager und Mitarbeiter des Lab doch eines gemeinsam: Sie hatten seit ihrer Kindheit mit Bausteinen gespielt und dadurch ein gutes Gespür dafür entwickelt, was notwendig war, um überzeugende LEGO-Kreationen zu erfinden.

»Einige der Designer waren Autodidakten, andere kamen von den besten Designerschulen, und manche kamen aus dem Ausland«, sagte Hjuler. »Aber jeder von ihnen verstand die LEGO-DNA.«

VERSCHIEDENE RICHTUNGEN ERFORSCHEN

Als Søren Holm während der Poul-Plougmann-Ära leitender Direktor des Concept Lab gewesen war, waren die Aufgaben des Lab so umfassend – komplett neue Produktangebote entwickeln, die neue Maßstäbe für das Spielen mit LEGO setzen sollten –, dass die Designer der Gruppe Hunderte zukunftsweisender Ideen hervorbrachten. Doch diese waren so unverbunden miteinander, dass sie praktisch keine Chance hatten, jemals zur Entwicklung und zur Marktreife zu gelangen. In den meisten Fällen waren die Konzepte nicht durch einen überzeugenden Business Case unterfüttert; sie waren mangelhaft umgesetzt; sie waren eine zu radikale Abweichung von der LEGO-DNA oder sie schafften es nicht, Kinder zu begeistern. Bei einer Besprechung mit der Führungsspitze des Unternehmens im Jahr 2003 war Holm so frustriert über die schwammige Zielsetzung des Managements, dass er die verzweifelte Frage ausstieß: »Was sollen wir denn Ihrer Ansicht nach machen?«

Kristiansens Antwort schuf keine Klarheit: »Was würden Sie denn gerne machen?«

»Ich wusste wirklich nicht, was ich antworten sollte«, erinnerte sich Holm. »Aber das konnte ich nicht zugeben. Also sagte ich: ›Na ja, ein bisschen von allem ausprobieren.‹ Dann brauchten wir ein Jahr, um 20 verschiedene Projekte zu entwickeln, die wir 150 Managern vorstellten. Wir verschwendeten einen ganzen Tag von ihrer Zeit, und es kam absolut nichts dabei heraus.«

Die Lab-Designer fanden die immer wiederkehrende Erfahrung des Schaffens von LEGO-Spielkonzepten, die das Management dann schließlich ablehnte, »sehr frustrierend und sehr demotivierend«, wie Hjuler es später formulierte. 2005 machten er und das übrige Topmanagement-Team des Unternehmens sich daran, dem Lab die Struktur und die Richtung zu geben, die es benötigte, um erfolgreich zu sein.

Die größte Herausforderung lag darin, das Team dazu zu bringen, sich neue LEGO-Spiele auszudenken, und gleichzeitig dafür zu sorgen, dass es trotz der unbegrenzten Möglichkeiten nicht die Richtung verlor. In Erinnerung an die Tage, als dem Lab noch die ausreichende Leitung durch das obere Management fehlte, verglich Holm die Erfahrung damit, »in einer wolkenlosen Nacht draußen zu stehen und zur Milchstraße aufzublicken. Da sind so viele Sterne, dass es einen überwältigt. Also beschränkt man sich auf einen bestimmten Bereich – sagen wir mal, auf die Sterne um den Mars herum. Indem man die Trillionen anderer Sterne ausblendet, fängt man an, einen gewissen Fokus zu bekommen.«

Eine solche Fokussierung oder Richtungsvorgabe setzte ein, als Knudstorp das Concept Lab in die »Gemeinsame Vision« integrierte, jene dreistufige Strategie für den Turnaround der LEGO Gruppe. Indem Knudstorp das Concept Lab als zentralen Antrieb für die Phase des organischen Unternehmenswachstums festlegte, signalisierte er, dass das Lab weiter in die Zukunft blicken würde als jede andere Produktentwicklungsgruppe. Mit anderen Worten, es würde sich ausschließlich auf die Entwicklung von LEGO-Spielen jenseits der nächsten Generation konzentrieren. Und indem er dem Lab ein Verkaufsziel von zehn Prozent des Unternehmensumsatzes vorgab, stellte Knudstorp sicher, dass die Lab-Designer und -Marketingfachleute nicht nur ein neues LEGO-Spielerlebnis schufen, sondern auch ein Geschäftsszenario dafür erstellten. Egal welches Konzept sie sich ausdachten, es musste groß genug sein, um im Markt seine Spuren zu hinterlassen.

Außerdem war eine Sprache notwendig, die präzise vermittelte, welche Art von Spielen LEGO in die Zukunft tragen würden. Die Leiter der LEGO Gruppe wünschten sich eine radikal neue Spielerfahrung, aber sie durfte nicht losgelöst vom grundlegenden LEGO-Kern sein. Nach zahlreichen langen Gesprächen erarbeitete die Gruppe ein Briefing in einem Satz, das die positive Spannung zwischen dem klassischen und dem neuen LEGO erfasste. Gemäß diesem Briefing sollte das Concept Lab Spiele erfinden und entwickeln, die »eindeutig LEGO, aber noch nie dagewesen« waren.

Niemand kann sich erinnern, wer der Autor dieser Zeile war, aber das spielt auch keine Rolle. »Eindeutig LEGO« vermittelte die Vorstellung, dass die neue Linie ihre Wurzeln in dem physischen Baustein haben sollte, dass sie nahtlos ins LEGO-System passen und den Kundenkern der fünf- bis neunjährigen Jungen ansprechen musste. Innerhalb dieser Grenzen konnten die Lab-Designer nach Belieben »nie dagewesene« LEGO-Konzepte erfinden und ergründen. Auch wenn die Einzelheiten sich noch herausbilden mussten, gab das Briefing den Lab-Designern doch genügend Freiraum und war gleichzeitig ein ausreichender Wegweiser, um wenigstens den Ansatz für eine Orientierung zu bieten.

»Das Briefing wies uns an, uns auf dieselben Kunden, dieselben Plattformen, dieselben Märkte zu konzentrieren«, sagte Østergaard. »Wenn das alles gleich war, musste das, was wir entwickelten, eine neue Spieldimension bieten. Wir wussten nicht, was das war, aber wir wussten, dass es so etwas gab.«

DIE SUCHE NACH DEM BLAUEN OZEAN

Obwohl »eindeutig LEGO, aber noch nie dagewesen« einen deutlichen Weg in die Zukunft wies, fanden die Lab-Designer den Aufbruch ziemlich mühsam. Besonders Holm war eingeschüchtert von dem riesigen Umfang des Projekts. Das Team spürte, dass es nicht einfach auf dem aufbauen konnte, was LEGO bisher gemacht hatte. Wo sollte man also anfangen?

Mit dieser Frage schlug Holm sich herum, als er einen Vortrag von Mikkel Rasmussen hörte, einem Partner der Kopenhagener Beratungsfirma ReD Associates. Es ging darum, mithilfe anthropologischer Forschungsmethoden das Leben von Konsumenten zu ergründen und diese Erkenntnisse für Innovationen zu nutzen. (2005 war dies noch ein relativ neues Konzept in Dänemark.) Rasmussen stellte eine These auf, die auf die Leiter des Concept Lab großen Eindruck machte: »Wenn du wissen willst, wie ein Löwe jagt, geh nicht in einen Zoo. Geh in den Dschungel.«

Wenig später engagierten Holm und Østergaard ReD Associates, um ein ehrgeiziges Projekt namens »Find the Fun« herauszubringen. Wie der Titel schon sagt, sollte das Projekt die Kindheit im 21. Jahrhundert erforschen und die Bedürfnisse und Wünsche ausfindig machen, die LEGO nicht erfüllte. Gemeinsam mit den Ethnografen von ReD unternahmen die Concept-Lab-Designer lange Hausbesuche bei Familien in Großbritannien, den Vereinigten Staaten und Deutschland, wo sie sich umfangreiche Notizen über die Dynamik des Spielens mit LEGO machten. Ein Designer und ein Ethnograf trafen frühmorgens im Haus ein und beobachteten die Familie bei ihren Vorbereitungen für den Tag. Wenn die Kinder zur Schule gegangen waren, interviewte das Team einen oder beide Elternteile. Abends spielte das Team mit den Kindern oder saß einfach daneben und beobachtete. Das Bionicle-Team hatte zwar Sekundärforschung betrieben und detaillierte Konsumentenprofile erstellt, um eine ganz neue Welt von LEGO-Geschichten und -figuren zu erschaffen, aber nie zuvor waren LEGO-Designer so unmittelbar in das Leben der Konsumenten vorgedrungen.

Die Erfahrung war sowohl erhellend als auch etwas beunruhigend. Für Østergaard war einer der denkwürdigsten Besuche der bei einer Familie, die in einem Vorort außerhalb Londons wohnte. Der neunjährige ältere Bruder war »ein totaler LEGO-Fan«, erinnerte sich Østergaard. Der jüngere, sechsjährige Bruder dagegen überhaupt nicht. Und weil er sich ausgeschlossen fühlte, tat er alles, um das LEGO-Spiel seines älteren Bruders zu durchkreuzen.

»Der Jüngere war eine ziemliche Nervensäge – es gab sehr viele Reibereien«, sagte Østergaard. »So etwas bekommt man bei einem traditionellen Zielgruppensetting nicht zu sehen. Wir kommen ja aus Dänemark, wo LEGO ein entscheidender Bestandteil der Kindheit ist, und hätten uns LEGO in so einem Kontext, wo die Kinder sich am Ende zanken, nie vorstellen können.«

Nachdem sie ihre Notizen durchgearbeitet und über ihre Beobachtungen in den Familien nachgedacht hatten, erkannten die Lab-Designer, dass ihr Ansatz zur Schöpfung neuer Produkte in einem sehr lückenhaften Denkmuster verfangen war. Sie hatten sich LEGO hauptsächlich als solitäres Spiel vorgestellt, verkörpert in jenem Londoner Vorort durch das Bestreben des älteren Bruders, sich in seine Bausteine zu vertiefen. Eine soziale Dimension von LEGO hatten sie kaum einbezogen. Wie konnten sie etwas schaffen, das auch den jüngeren Bruder reizte, sodass *beide* Jungen gleichzeitig mit LEGO spielen konnten?

Das ethnografische Team des Labs entdeckte auch eine allgegenwärtige Hierarchie im Leben der Kinder. Egal bei welchen Aktivitäten – ob Basketball, Mathematik oder dem Spiel mit LEGO-Steinen –, die Kinder waren sich immer sehr genau bewusst, wie sie im Vergleich zu ihresgleichen abschnitten. Die Ethnografen fragten einen Neunjährigen, worin er gut war, und er erklärte ihnen ohne Umschweife, dass er der drittschnellste Läufer in seiner Klasse, aber der Schlechteste im Zeichnen sei. Da Hierarchien auf Wettbewerb basieren, bei dem es neben jedem Gewinner auch einen Verlierer gibt, betrachtete LEGO sie in einem negativen Licht. Aber für die Kinder war die Selbsteinschätzung ein natürlicher Bestandteil ihres Alltags. Und das ließ eine weitere Frage auftauchen: Wie konnte das Concept Lab Hierarchie und Wettbewerb stärker für seine Zwecke nutzen, sei es bei der Entwicklung oder bei der Vermarktung eines Produktes?

Das Team beobachtete auch ein drittes Merkmal, die Bedeutung von Kompetenz, die die sozialen und kompetitiven Aspekte des Lebens der Kinder zu prägen schien. Ob es um Skateboard-Tricks ging oder um die intensive Beschäftigung mit dem Bau und der Geschichte von Kriegsflugzeugen, die Kinder waren alle bestrebt, sich in eine Disziplin zu vertiefen und sie zu beherrschen. Während sie ihre Fähigkeiten steigerten, präsentierten sie den Gleichaltrigen die Ergebnisse, wodurch sie an Status gewinnen und sich in der Gruppenhierarchie nach oben bewegen konnten. Je größer die Kompetenz, desto mehr soziales Kapital häuften sie an.

Gemeinsames Spielen, Hierarchie, Wettbewerb, Kompetenz: Diese Charakteristika des Lebens von Kindern – oder, um es mit den Begriffen von LEGO auszudrücken, diese »unerfüllten Kundenbedürfnisse« – wurden zu den Ecksteinen, auf denen das Lab ganz neue LEGO-Spielkonzepte aufbaute. Die Arroganz des »LEGO weiß es am besten«, die einstmals das Unternehmen geprägt hatte, wurde nun abgelegt, und stattdessen lernte man in Demut von Kindern und ihren Eltern. Die Lab-Designer und -Marketingfachleute entdeckten Wachstumschancen, die sie viel zu lange ignoriert hatten.

AUF KURS SEGELN

Um dafür zu sorgen, dass die Bemühungen der Concept-Lab-Designer mit dem Briefing des Studios übereinstimmten, engagierten Hjuler und Holm mehrere Führungskräfte, die als Gruppe Projekte und Vorschläge des Lab überprüften, beurteilten und förderten oder stoppten. Die beiden erkannten, dass die Konzepte des Lab ohne die nährende Aufmerksamkeit des Topmanagements eine weniger hohe Wahrscheinlichkeit hatten, zu Hits zu werden, und rekrutierten die Leiter jedes Produktentwicklungsbereichs von LEGO für diese Prüfgruppe. Daher profitierte die Gruppe von der Mischung der Qualifikationen und Fachkenntnisse der unterschiedlichen Führungskräfte.

»Wir mussten sie schulen, und sie mussten uns schulen, damit wir eine Sprache fanden, um über Konzepte zu sprechen«, sagte Holm. »Wir mussten Konzepte greifbar machen, und wir mussten einen Weg finden, verschiedene Möglichkeiten und Richtungen zu diskutieren. Da bot es sich an zu sagen: ›Lasst uns einen Prozess entwerfen.‹«

Dieses Vorhaben wurde umgesetzt, als das Lab beschloss, sich nicht auf kalenderorientierte Überprüfungen zu verlassen, ein wesentliches Merkmal des zentralen LEGO-Entwicklungsprozesses. Statt einen vorbestimmten Zeitplan zu verwenden, um ein Produkt vom Konzept zur Wirklichkeit reifen zu lassen, sollte das Konzept selbst das Einführungsdatum bestimmen. Wenn eine hoffnungsvolle Idee länger für die Entwicklung brauchte als die zwölf oder achtzehn Monate, die für jedes andere LEGO-Produkt vorgegeben waren, dann war das eben so. Ohne Zeitdruck konnte ein vielversprechendes Projekt sich weiterentwickeln, bis es in der Wirklichkeit angekommen war – das heißt, bis es ein einzigartiges LEGO-Spielerlebnis bot und zu einem Preis verkauft werden konnte, der hoch genug war, um eine gute Marge zu erzielen. Erst in späteren Phasen der Entwicklung eines Konzepts, nachdem alle wichtigen Voraussetzungen getestet und die wesentlichen Unsicherheiten aus dem Weg geräumt waren, wurde einem Projekt ein Einführungsdatum zugewiesen. An diesem Punkt übernahm der Kalender, und das Produkt wurde für die Auslieferung vorbereitet, genau wie jedes andere LEGO-Set.

Das Concept Lab überarbeitete auch den Ablauf der Prüfsitzungen. In den vergangenen Jahren hatten die Designer, wenn sie dem Topmanagement ihre Ideen vorstellten, Stunden darauf verwendet, komplizierte Prototypen zu perfektionieren. (Denken Sie beispielsweise an den extravaganten Vulkan, den Søren Holm und seine Designer für Voodoo Heads bastelten, das Konzept, aus dem später Bionicle wurde.) Das Problem war, dass solche großen Produktionen exzessives Verschönern und Aufrüschen erforderten, was die Designer Zeit und Ressourcen kostete, ohne besonders wertschöpfend zu sein.

Die Lab-Designer verwarfen den Prototypenansatz und entschieden sich stattdessen für Poster, die eine grobe Skizze des Konzepts zeigten, begleitet von einer Überschrift, die die Spielidee zusammenfasste, und einer kurzen Beschreibung der Marktchancen. Dieser reduzierte Ansatz ermöglichte es den Designern, weit mehr Zeit und Mühe in das Erarbeiten aussichtsreicher Ideen statt in deren Präsentation zu stecken. Und durch die Verwendung von Postern stellten die Designer ihre Ideen auf standardisierte Weise vor, was es der Prüfgruppe erleichterte, während einer achtstündigen Sitzung 25 bis 30 Projekte zu vergleichen und zu beurteilen. (*Eine kurze Geschichte von LEGO* zeigt das Originalposter für die Präsentation von LEGO Games.)

Bei der Bewertung jedes Vorschlags stellte die Managementgruppe dem Designteam jeweils eine grundlegende Frage: Inwiefern ist das Spielerlebnis relevant für einen fünf- bis neunjährigen Jungen? Diese Frage zielte darauf, ob das Konzept ausreichend auf die »Eindeutig-LEGO«-Kernkonsumenten zugeschnitten war. Die Gruppe bewertete auch, ob das Konzept ein oder mehrere der Konsumentenmerkmale aufwies – gemeinsames Spielen, Wettbewerb, Hierarchie oder Kompetenz –, die von der Find-the-Fun-Studie entdeckt worden waren. Wenn das Konzept zum Beispiel an den Wettbewerbsinstinkt der Kinder appellierte, hatte es bessere Chancen, ein neues LEGO-Spielerlebnis zu bieten.

Häufig berief sich das Prüfungsteam auch auf die »100-Minuten-Regel«. Sie schätzten den Grad an Begeisterung, den das vorgeschlagene Spiel in der ersten Spielminute auslöste, wie es Kinder bis zur zehnten Minute gefangen nehmen würde und ob es sie nach 100 Minuten immer noch fesseln konnte. Auch wenn das Konzept ein »nie dagewesenes« LEGO-Spielerlebnis bieten sollte, musste es trotzdem den LEGO-Kernwert des unbegrenzten Spielpotenzials erfüllen.

Wenn eine Idee grünes Licht bekam und über die Posterphase hinausgelangte, konnten die Designer ein Modell des Konzepts erstellen, um es weiterzuentwickeln. Doch selbst dann verwendeten sie darauf nur sehr wenig Zeit. Meistens waren die Modelle grobe Zusammenstellungen aus LEGO-Steinen, Drähten und Pappe: provisorisch und keineswegs elegant. Ziel war nicht, eine enge Annäherung an das fertige Produkt zu erreichen, sondern eher, eine taktile Erfahrung für die Prüfgruppe zu liefern und dadurch ihre Vorstellungskraft anzuregen, um zu erkennen, ob die Designer auf dem richtigen Weg waren.

Im Fortschritt des Überprüfungsprozesses waren Schleifen eingeplant: viele Ideen hervorbringen, Feedback erhalten und so lange verfeinern, bis das Konzept auf Eis gelegt oder zwecks Weiterverfolgung mit einer anderen Idee kombiniert wurde. Das Managementteam lehnte niemals eine Idee rundheraus ab. Wenn ein Vorschlag zu abstrakt war oder die Marke in die falsche Richtung drängte, legte das Lab das Konzept in seinem Ordner der »verpassten Chancen« ab: vielversprechende Konzepte, die sich als problematisch erwiesen hatten und niemals eingeführt wurden, aber eines Tages vielleicht den Anstoß zu einem Durchbruchprojekt geben würden.

»Wir haben eine fantastische Bibliothek mit lauter Aktenordnern, und in jedem Ordner gibt es 101 Chancen, aus denen nie etwas wurde«, sagte Holm. »Selbst wenn die Idee nicht funktioniert, gibt es immer ein paar wertvolle Nuggets darin. Deshalb legen wir sie ab, und eines Tages taucht die Idee vielleicht in irgendeiner seltsamen neuen Form wieder auf.«

DAS GEWÄSSER TESTEN

Unter den Tausenden Vorschlägen, die in die Bibliothek der verpassten Chancen verwiesen worden waren, gab es etliche Konzepte für Brettspiele, die in den zurückliegenden Jahren erarbeitet, aber nie entwickelt worden waren. Die LEGO-Designer hatten bei verschiedenen Gelegenheiten versucht, Brettspiele zu entwerfen, zuletzt im Jahr 2004. Doch sie hatten nie eine Möglichkeit gefunden, die Konzepte in brauchbare Produkte zu verwandeln. Stattdessen kaufte LEGO die Lizenz an einer Spielreihe, die von einem für seine Buntstifte bekannten Kunsthandwerksunternehmen namens Rose Art hergestellt und vertrieben wurde. 2005 wurde Rose Art von einem der stärksten Rivalen der LEGO Gruppe gekauft, nämlich von Mega Bloks. Angesichts der negativen Erfolgsbilanz bei der Entwicklung von Brettspielen und der wenig begeisternden Erfahrungen mit Lizenzen war keiner der Manager des Unternehmens von einer solchen Idee angetan, als Cephas Howard im Frühjahr 2006 zum Lab hinzustieß.

Howard hatte Holm und Østergaard zwar beeindruckt, als sie ihn in London kennen gelernt hatten, aber als er in das Unternehmen eintrat, war es ihm nicht erlaubt, an Brettspielen zu arbeiten. »Während seiner ersten Monate bei LEGO drängte Cephas immer auf Brettspiele, und ich dachte: ›Ach, komm schon‹«, erinnerte sich Holm. »›Das haben wir doch alles schon hinter uns. Lassen wir die Sache einfach mal ruhen und probieren wir was anderes aus‹. Und das taten wir dann ja auch.«

Howard wurde damit beauftragt, Konzepte zu entwickeln, die dem LEGO-Spiel eine soziale Dimension hinzufügten. Während der folgenden Monate brachten er und seine Kollegen Dutzende Ideen hervor. Die meisten davon, zum Beispiel eine Plattform für zusammenbaubare Outdoor-Spielzeuge – man denke an LEGO-Wasserpistolen –, wurden schnell auf Eis gelegt. Andere Ideen erschienen zu vertraut, um sie als »nie dagewesen« einstufen zu können, wurden jedoch für aussichtsreich genug eingeschätzt, um vom Lab in die Produkt- und Marktentwicklung (Product and Market Development, PMD) zu wandern, wo LEGO-Kernthemen mit neuem Leben erfüllt wurden. Eines dieser Konzepte, die im Lab entstanden, war Inner Earth, der Keim einer Idee, den die PMD-Designer zu Power

Miners ausbauten, einem beliebten Thema, das 2009 auf den Markt kam.

Obwohl er immer wieder abgeblockt wurde, blieb Howard hartnäckig. Nachts und an den Wochenenden untersuchte er zahllose verschiedene Spielmechanismen, die aus LEGO-Steinen entwickelt werden konnten. Die erste Herausforderung war, ein wiedererkennbares Element zu erfinden, das besagte: *Dies ist ein Brettspiel*. Er schoss sich bald auf die Entwicklung des LEGO-Würfels ein. Seine Logik: Wenn ein Junge einen Stapel Bausteine auf den Tisch kippt und sich ein Würfel darunter befindet, weiß er sofort, dass es sich um ein Spiel handelt. Damit der Würfel »eindeutig LEGO« war, musste er zusammenbaubar sein. Und so machte er sich daran, den ersten Würfelprototyp aus existierenden LEGO-Komponenten zusammenzusetzen. Dann nahm er LEGO-Steine, um etwas zu bauen, das wie ein Schachbrett aussah, was ebenfalls »eindeutig Brettspiel« signalisierte.

Als Holm Howards Kreation sah, war er kein bisschen begeistert. Howards Modell war, wie alle seine frühen Prototypen, ziemlich schlicht. Wenn er erst einmal angefangen hatte, ein Spiel zu entwerfen, interessierte er sich ausschließlich für die Überprüfung der inneren Logik des Spiels. Erst zu einem späteren Zeitpunkt des Designprozesses baute er reizvolle Details ein und peppte das Spiel mit den Hintergrundgeschichten auf, die Kindern ein Gefühl des narrativen Spielens geben. »Das Modell, das Cephas kreiert hatte, war so naiv, einfach nur eine Platte aus Standardbausteinen«, sagte Holm. »Ich konnte die Idee nicht erkennen, und das bremste mich. Ich war auf der Suche nach etwas mit viel mehr Pep.«

Trotz dieser Zurückweisung ließ Howard sich nicht abschrecken und experimentierte weiter. Später, bei einem Arbeitsaufenthalt des Concept Lab in den bayrischen Alpen, präsentierte er einen weiteren Prototyp. Diesmal drehte es sich um das Thema Burgen, und die Spieler mussten würfeln, um auf ihrem Weg verschiedene Aufgaben zu lösen und eine Mission zu erfüllen. In seiner Quintessenz war es ein LEGO-Spiel: zusammenbaubar, veränderbar und wiederaufbaubar. Die Spieler mussten das Spiel zunächst zusammensetzen, was Konzentration erforderte und sie mit Stolz erfüllte. Das Spiel selbst

bot ein soziales (und häufig auch wettbewerbsorientiertes) Spielerlebnis, bei dem die Kinder mit ihren Freunden und Familien Spaß
haben konnten – eine deutliche Abkehr von dem weitaus typischeren
Einzelspielermodus der LEGO-Spiele. Und die »Anleitung« ermutigte
die Spieler aktiv, das Spielbrett umzugestalten und die Regeln neu zu
erfinden – »um nicht nur das Spiel zu spielen«, wie ein Tester es später ausdrückte, »sondern *mit* dem Spiel zu spielen«. Wie Holm sich
erinnerte, ließen er und die anderen Designer es auf einen Versuch
ankommen und waren »total, absolut begeistert«.

Nicht lange danach präsentierte Howard das Konzept dem Prüf-
team des Lab. Auch die Topmanager des Unternehmens waren von
der Idee angetan. Sie glaubten, dass Howards Brettspiel vielleicht
dafür sorgen konnte, dass LEGO eine kaufkräftige, aber schwer
greifbare demografische Gruppe erschließen könne: Mütter. Väter
und Söhne sind zwar die größten Kunden der klassischen LEGO-Sets,
aber Mütter sind die Hauptkäufer von Brettspielen, weil diese die
Familie zum gemeinsamen Spielen zusammenführen. Sollte es LEGO
gelingen, eine erfolgreiche Linie zusammenbaubarer, gut spielbarer
Brettspiele auf den Markt zu bringen, könnte es möglicherweise viel,
viel mehr Mütter auf seine Seite ziehen.

Vor diesem Hintergrund erhielt Cephas Howard grünes Licht,
seine gesamte Arbeitszeit mit dem Austüfteln von Spielkonzepten
zu füllen. Als sie die Konferenz verließen, nahm Holm ihn beiseite.
»Søren erinnerte mich daran, dass LEGO bereits mehrere Male versucht hatte, Brettspiele zu entwickeln, die aber immer eingestellt worden waren«, sagte Howard. »Was er meinte, war im Grunde: ›Du hast
diese eine Gelegenheit. Wenn du das nicht packst, wirst du wahrscheinlich nie wieder daran arbeiten können.‹«

DIE ERFINDUNG EINES WERTSCHÖPFENDEN PRODUKTS

In den nächsten drei Jahren arbeiteten Howard und fünf andere Designer in einem bunkerartigen Kellerstudio in der LEGO-Hauptniederlassung. Da LEGO dies für eine absolut geheime Aktion erachtete,
mussten er und die anderen Designer ein Geheimhaltungsabkommen
unterzeichnen und versprechen, keiner Seele von dem Projekt zu er-

zählen. Howard konnte sich noch nicht einmal mit seiner Frau über das Projekt austauschen, die ebenfalls eine Stelle bei LEGO angenommen hatte. In einem Interview mit dem Londoner *Telegraph* wurde Howard mit den Worten zitiert: »Ich glaube, sie fragte sich, ob meine LEGO-Story nur vorgetäuscht war und ich in Wirklichkeit für die CIA arbeitete.«[38]

Østergaard war von der Notwendigkeit dieser Sicherheitsmaßnahmen überzeugt. Er und andere Führungskräfte fürchteten, wenn Wettbewerber von den Plänen des Unternehmens erführen, ein zusammenbaubares Brettspiel auf den Markt zu bringen, würden sie rasch ein minderwertiges Nachahmerprodukt herausbringen, das den Kindern die Lust verdarb und den Markt für LEGO vergiftete. »Wir schafften es tatsächlich, die Linie auf den Markt zu bringen, ohne dass die Konkurrenz davon erfuhr«, sagte Østergaard. »Das wurde zu einer neuen Entwicklungsmethode bei LEGO.«

Howard und die anderen Designer brachten Hunderte von Ideen für Brettspiele ein, über 30 davon wurden zu Prototypen weiterentwickelt. Die Vielfalt war beinahe grenzenlos: Spiele für jüngere Kinder, Spiele, die auch für Erwachsene reizvoll waren, Spiele für unterwegs, Partyspiele, themenbezogene Spiele, etwa mit Piraten oder im alten Ägypten angesiedelt, und vieles, vieles mehr. Von Anfang an wurden die Spiele in einem wöchentlich Rhythmus von Kindergruppen aus Dänemark, Deutschland, Großbritannien und den Vereinigten Staaten im Einsatz erprobt. Dann wurden die Konzepte verfeinert und neu getestet, woraufhin einige eingestellt wurden, während jene, die es in die nächste Runde schafften, abermals verfeinert und neu getestet wurden.

Howards frühe Prototypen waren roh und größtenteils unfertig, für gewöhnlich bloß ein Würfel, ein einfaches Brett und eine Tüte mit Standardbausteinen. Das große Ziel in der ersten Phase der Konzeptentwicklung war die Überprüfung der Kernidee. Nur wenn die Zielgruppe das Spielkonzept reizvoll fand, begannen die Designer anschließend, das Thema des Spiels zu entwickeln und die Regeln zu entwerfen. Jede Testgruppe bestand aus einer neuen Runde von Kindern, sodass jedes Kind zum allerersten Mal mit einem LEGO-Brettspiel in Berührung kam.

Eine der größeren Herausforderungen für die LEGO-Designer zwischen 20 und 40 war es, Spiele zu schaffen, die eher Neunjährigen gefielen als ihnen selbst. Das war einer der Gründe für die wöchentlichen Testspielrunden. Die Zielgruppe half den Designern, das Spiel mit den Augen der Kinder zu sehen; das ungeschönte Feedback der Kinder enthüllte oft Mängel, welche die Designer nicht vorhergesehen hatten.

»Es gab viel gemeinsame Entwicklungsarbeit mit den Kindern«, sagte Howard. »Sie konnten uns zwar nicht sagen, wie das Spiel gestaltet oder auch überarbeitet werden sollte. Aber sie konnten uns ganz genau erzählen, was funktioniert und was nicht, nur indem sie es spielten. Und das war sehr nützlich für die Weiterentwicklung unserer Denkweise und die Verbesserung der Spiele.«

Die Testspiele in Deutschland zeigten bald ein häufiges Manko bei vielen der Prototypen: die Spielregeln »nervten«, wie Østergaard es nannte. Was LEGO anging, so erwarteten die Kinder ein besonderes Erlebnis, auch wenn sie mit Prototypen spielten. »Die Regeln erfüllten diese Erwartungen nicht, und die Kinder ließen einfach nicht locker. Sie meinten: ›Jungs, da müsst ihr wirklich noch zulegen.‹«

Die unverblümte Kritik der Kinder brachte LEGO dazu, nach einer ausgewählten externen Gruppe fachkundiger Berater Ausschau zu halten – zu der auch Reiner Knizia gehörte, der als einer der besten Spieleentwickler der Welt galt –, um die Verwandlung von Howards Erfindungen in Verkaufshits zu unterstützen. Zunächst baten Howard und sein Team Knizia um Hilfe bei der Verbesserung der Regeln und der Umsetzung seiner Spielphilosophie: »Das Ziel ist zu gewinnen, aber wichtig ist das Ziel, nicht der Gewinn.« Knizia arbeitete auch bei der Entwicklung der Glanzstücke dieser Produktreihe mit, Ramses Pyramid (seinerzeit das einzige LEGO-Brettspiel, auf dessen Packung der Name eines Designers genannt wurde) und Lunar Command, und er wirkte als Berater an dem gesamten Projekt mit. (Ramses Pyramid ist in *Eine kurze Geschichte von LEGO* zu sehen.)

Bevor LEGO sich vollständig auf die Produktion von Brettspielen einließ, beschloss das Unternehmen, einen weiteren Versuch zu unternehmen, um eine aussichtsreiche Spielchance zu ergreifen. Man verpflichtete Advance, die Kopenhagener Beratungsfirma, die bei der Entwicklung von Bionicle mitgeholfen hatte, sowie drei weitere Designagenturen. Die vier externen Unternehmen erhielten dieselbe Aufgabenstellung – ein Spiel nach der Devise »eindeutig LEGO, aber noch nie dagewesen« zu schaffen –, wie sie auch dem Concept Lab gestellt worden war. Keine der Firmen hatte die geringste Ahnung, woran die anderen arbeiteten. Doch nach drei Monaten kehrten alle vier nach Billund zurück und stellten ihre Vorschläge vor, jeder davon die Variation eines Brettspiels. Die Vorschläge unterschieden sich deutlich von Howards Konzepten. Zusammengenommen bekräftigten sie jedoch unverkennbar die Auffassung, dass Brettspiele durchaus eine stabile, gewinnträchtige Marktchance für LEGO boten. »Das überzeugte uns«, sagte Østergaard, »dass diese Kombination von LEGO plus Brettspiele vielleicht wirklich das Richtige war.«

Als das Projekt an Fahrt aufnahm, beteiligte Howard einen größeren Kreis von LEGO-Designern und -Technikern, um die beiden prominentesten »nie dagewesenen« Innovationen der Reihe zu entwickeln und zu perfektionieren, den Würfel und ein winziges LEGO-Männchen, das »Mikrofigur« genannt wurde. Sie sollte auf eine einzige LEGO-Noppe passen, wenn sie auf das Spielbrett gestellt wurde, und war eine armlose Figur mit denselben knorrigen Füßen, dem Nietenkopf und der Mimik ihres größeren Bruders, der Minifigur. Aufgrund der Bedeutsamkeit dieser Komponente durchlief ihr Design acht entscheidende Schritte, ehe die letztgültige Mikrofigur tatsächlich geboren war.

»Wir machten eine Skizze nach der anderen«, sagte Howard. »Und wenn wir dann dachten, wir hätten es geschafft, stellten wir fest, dass die Figur für die Produktionsmaschine etwas größere Füße haben musste. Wir mussten uns mit den Technikern um Zehntelmillimeter streiten, um schließlich zu erreichen, dass die Füße groß genug waren, damit die Maschine sie halten konnte, aber immer noch klein genug, um mit den Proportionen der Figur übereinzustimmen. Das war Feinabstimmung, Feinabstimmung, Feinabstimmung.«

Die Entwicklung des Würfels erforderte sogar noch mehr Zeit und Mühe. Zuerst versuchte Howard, ihn aus bestehenden LEGO-

Komponenten zu bauen. Doch die klobige Konstruktion hatte nicht genug Gewicht, um gut zu rollen, und landete zu oft auf der Kante. Also versuchte er es erneut. Er und sein Team versammelten sich um einen Computer und verwendeten 3-D-Darstellungstechniken, um das grundlegende Design des neuen LEGO-Elements zu schaffen: einen Würfel mit einem Kunststoffkern und vier LEGO-Noppen, die aus jeder der sechs Seiten hervorragen und an den Ecken mit weichem Gummi überzogen sind. Durch die Noppen kann der Spieler kleine Plättchen auf ihm befestigen, die von Spiel zu Spiel unterschiedlich sind; die Gummiummantelung verbessert das Rollverhalten. Es brauchte nur einen einzigen Tag, um den ersten Prototyp zu erstellen, aber 16 Monate, um ihn zu perfektionieren. Der Würfel (siehe *Eine kurze Geschichte von LEGO*) sollte zur Ikone werden. Er ist das eine physische Element, das allen LEGO-Brettspielen gemeinsam ist, und sein Bild sollte sämtliche Umverpackungen der Produktlinie schmücken.

EINEN KONKURRENZLOSEN MARKT BESETZEN

Während Howard und sein Designteam sich in der »Schöpfungsphase« des Brettspielprojekts befanden, arbeiteten Østergaard und eine Hand voll Marketingfachleute an den beiden anderen Stufen, »Zusammentragen« und »Kommerzialisieren«. Da LEGO mit dem Markt für Brettspiele nicht vertraut war, unternahm Østergaard eine gründliche, nahezu ethnografische Erforschung dieser Kategorie. So wie die Designer des Concept Lab sich in Familien begeben hatten, um Ideen zu finden, unternahmen die Marketingleute ausführliche Streifzüge durch Einzelhandelsgeschäfte und regionale Märkte, um das Wissen und die Einblicke zusammenzutragen, die ihnen dabei helfen würden, Wachstumschancen zu entdecken. Sie konnten den ehemaligen Präsidenten von Toys"R"Us, John Barbour, dafür gewinnen, ihnen bei der Erforschung der Warengruppe Brettspiele zu helfen. Und sie verbrachten viele Stunden in verschiedenen Spielzeuggeschäften in und um Enfield, Connecticut (wo sich die nordamerikanische Hauptniederlassung des Unternehmens befindet), um einen Eindruck von den geschäftlichen Dimensionen der Brettspiele zu erhalten: Logistik, Gewinnmargen, Werbemaßnahmen und die Vielfalt des Brettspielangebots.

Sie erfuhren, dass das Geschäft mit Brettspielen sehr stark auf die Weihnachtszeit konzentriert ist, die bei weitem beste Verkaufszeit für diese Warengruppe. Produkte, die nach der Saison noch in den Regalen verblieben sind, werden intensiv beworben und im Preis reduziert. Sie beobachteten, wie Unternehmen populäre Evergreens durch »Anpassung« ausschöpften, zum Beispiel Hasbro, das Dutzende Versionen von Monopoly herausgibt und das Spiel sogar an lokal begrenzte Märkte anpasst, so etwa das Yankees Collector's Edition Monopoly für das New Yorker Dreiländereck. Sie stellten fest, dass der Markt im Hinblick auf Qualität und Profitabilität massive Unterschiede aufweist. Und sie machten die ermutigendste Entdeckung: Das Brettspiel war reif für die Innovation.

»Es ist eine riesige Warengruppe, aber auch eine ziemlich langweilige«, sagte Østergaard. »Alle machen alles so, wie sie es die letzten 20 Jahre gemacht haben. Jegliche Neuheit besteht nur in der Anpassung dieser Evergreens. Wenn irgendetwas Originelles herauskommt, wie Cranium zum Beispiel, wird es letztendlich von Hasbro aufgekauft.«

Sie entdeckten auch, dass Brettspiele aus anderen Geldbeuteln gekauft wurden als aus denjenigen, die LEGO normalerweise anzapfte. Mütter nehmen die Mehrheit aller Spielzeugkaufentscheidungen vor, und Mütter betrachten den Kauf eines Brettspiels und den eines LEGO-Spielzeugs als zwei verschiedene »Ereignisse«, die aus zwei verschiedenen »Geldbeuteln« bedient werden. Mit anderen Worten, wenn ein Junge und seine Mutter in ein Geschäft gehen und zwei LEGO-Spielzeuge auf der Einkaufsliste des Jungen stehen, ist es weniger wahrscheinlich, dass er beide davon bekommt, als wenn er ein LEGO-Spielzeug und ein Brettspiel auf der Liste stehen hat. Kinder, die ein feines Gespür für solche Nuancen haben, durchschauen das rasch.

Während das Projekt in die Kommerzialisierungsphase überging, in der LEGO sich darauf vorbereitete, Brettspiele auf den Markt zu bringen, führte das Team die Tests und die Verfeinerungen weiter fort. Sie richteten eine kleine Fertigungsstraße ein, weit weg von der

LEGO-Fabrik, um die Verpackung und Verpackungsprototypen zu testen. »Es war immer noch strengstens geheim, deshalb fand alles nach der Arbeit statt«, sagte Østergaard. »Wir machten unheimlich viele Prototypen in alle Richtungen – ein extrem mühsamer Prozess.«

Ein Meilenstein war erreicht, als Howard Knudstorp und Hjuler eine Anzahl von Brettspielprototypen übergab, die sie für ein Spielwochenende mit nach Hause zu ihren Familien nahmen. Hjuler hatte seinen beiden Kindern erst vor kurzem das neueste PlayStation-Spiel für Kinder gekauft. Zu seiner Überraschung verbrachten sie viel mehr Zeit mit den Brettspielen. Auch Knudstorps Kinder waren von den Spielen fasziniert.

»Es ist eine Sache, eine Präsentation vor dem Topmanagement zu halten«, sagte Howard. »Aber es ist etwas ganz anderes, wenn diese Führungskräfte das Spiel tatsächlich mit ihren eigenen Kindern ausprobieren. Plötzlich sind sie wirklich in das Projekt eingebunden. Das hat uns sehr weitergebracht.«

Nachdem das Entwicklungsteam durch seine nahezu endlosen Spieltestrunden beweisen konnte, dass LEGO Games gute Aussichten hatte, ganz oben auf den Spielzeugwunschzetteln der Kinder zu landen, gab das Management grünes Licht für die Markteinführung. Und so kam es, dass LEGO im August 2009 beschloss, nicht nur ein, sondern zehn verschiedene Brettspiele herauszubringen. All das war Bestandteil eines Versuchs, schnell einen vollkommen neuen Markt zu erobern, und es hatte die erwünschte Wirkung. Wenig später kletterten die LEGO Games auf der Liste der begehrtesten Weihnachtsspielzeuge rapide nach oben. Hauptsächlich aufgrund der Bemühungen eines einzelnen engagierten Designers und einer Hand voll Unterstützer hatte das Unternehmen einen Treffer gelandet – »eindeutig LEGO, aber noch nie dagewesen«.

Oberflächlich betrachtet hatten LEGO Games und jene andere ehrgeizige Schöpfung, LEGO Universe, diverse Gemeinsamkeiten. Beide waren verwurzelt in der LEGO-DNA des Bausteins und des Spielsystems. Beide waren dazu angelegt, neue Arten des LEGO-Spielerlebnisses zu bieten. Beide sollten das natürliche Wachstum der Firma ankurbeln und die Marke LEGO weiter voranbringen. Der Unterschied war, dass LEGO mit Universe versuchte, sein bausteinorientiertes Kerngeschäft zu verlassen, indem eine Plattform für das digitale Spielen geschaffen wurde. Mit Games dagegen suchte LEGO nach einem unerschlossenen blauen Ozean, indem es die weltweit ersten zusammen- und umbaubaren Brettspiele schuf – ein Spiel, das gleichwohl an die LEGO-Baustein-Kernplattform geknüpft war.

Doch was wirklich auffällt, sind die Unterschiede zwischen den Innovationsansätzen der beiden Teams. Während das Universe-Projekt rund 350 Manager und Mitarbeiter aus allen Bereichen der LEGO-Organisation einbezog, benötigte Games fünf Concept-Lab-Designer unter der Leitung von Cephas Howard sowie eine Prüfungskommission von rund einem Dutzend LEGO-Führungskräften. Die Erfindung von Universe hatte es erfordert, dass über 2 000 LEGO-Elemente in digitaler Form wiedergegeben wurden, 95 Prozent der Teile in LEGO Games existierten bereits. Und während LEGO die Entwicklung von Universe für eine Masse von beinahe 100 sachkundigen Fans öffnete, wurde über die Entwicklung von Games Geheimhaltung verhängt, und die professionellen LEGO-Designer des Projekts arbeiteten in einem gut gesicherten Büro in einem Gebäude, das abseits von den Räumlichkeiten der übrigen Entwicklungsteams in Billund stand. Obwohl 8 000 Kilometer zwischen dem Universe-Team in Colorado und dem LEGO-Mutterschiff lagen, war das geheime Concept Lab viel weiter entfernt.

Der größte Unterschied zwischen Games und Universe lag jedoch in ihren Ergebnissen. Universe verbrannte 30 Millionen US-Dollar an Entwicklungskosten und wurde 15 Monate nach seiner Einführung eingestellt, was einen riesigen Verlust für das Unternehmen bedeutete. LEGO Games, das 2009 in Großbritannien und Deutschland sowie weltweit 2010 eingeführt wurde, war sofort ein Hit. LEGO hoffte, dass Games durchschnittlich zehn Prozent des Marktanteils an Brettspielen für Kinder weltweit erobern könne. Diese Erwartungen übertraf es bei weitem, indem es in den regionalen Märkten, in denen es gegen die Konkurrenz antrat, 13 bis 45 Prozent erreichte. 2009 erzielte Games laut Knudstorp »deutlich höhere Verkaufszahlen als erwartet« und verhalf LEGO zu einem 56-prozentigen Anstieg des Gewinns vor Steuern und einer 63-prozentigen Gewinnsteigerung im Jahr 2010. Games spielte nicht nur seine Entwicklungskosten wieder ein, sondern glich sogar einen Teil der Verluste durch LEGO Universe aus.

Mit Games hatte LEGO eine wertschöpfende Produktlinie entwickelt und dadurch einen konkurrenzlosen Markt entdeckt. Doch trotz seines Erfolgs auf dem blauen Ozean vergaß LEGO niemals, dass es überwiegend ein Unternehmen der roten Ozeane war. Selbst 2009 wurde ein Großteil seiner Umsätze immer noch durch Dauerbrenner wie die City-Sets und *Star Wars* erzielt. Beginnend mit den Turnaround-Bestrebungen von 2004 wurden die Kernwerte des Bausteins, des Konstruktionssystems und der weltweiten Fangruppen wiederentdeckt und genutzt, und all das machte LEGO zum drittgrößten Player in der Spielzeugbranche. Und durch solche Kernkompetenzen wie die engen Beziehungen zum Einzelhandel, den direkten Dialog mit den Fans und die unterschiedlichen Ansätze zur Neukonzeption profitabler Produktlinien konnte LEGO den Beherrschern der Branche, Mattel und Hasbro, Marktanteile abjagen und seinen eigenen Anteil zwischen 2004 und 2011 mehr als verdreifachen.[39]

LEGO begriff zudem ein grundlegendes Prinzip der Blauer-Ozean-Strategie: Kein neuer Markt bleibt langfristig konkurrenzlos. Je schneller ein herausragendes Produkt wächst, desto eher erfüllt es das Versprechen seines ursprünglichen Geschäftsmodells und verliert seine Neuartigkeit. Infolgedessen wird ein auf dynamische Weise andersartiges Produkt wie LEGO Games schließlich immer weniger innovativ, sondern zunehmend zum Wirtschaftsgut. Tatsächlich pegelten sich die Verkaufszahlen für Games in den Jahren 2011 und 2012 allmählich ein – wie es in der Spielzeugbranche häufig der Fall ist – und gingen dann zurück.

Doch auch Wirtschaftsgüter können immer noch profitabel sein. So kam es, dass das Concept Lab kurz nach der Einführung von LEGO Games Cephas Howard an die Produkt- und Marktentwicklungsgruppe »auslieh«, die sich um die grundlegenden Entwicklungsleistungen des Unternehmens kümmert. Danach schuf er Games-Versionen, die auf erfolgreichen LEGO-Themen wie City, *Harry Potter* und Piraten basierten. Damit signalisierte LEGO, dass das, was ursprünglich ein blauer Ozean für das Unternehmen gewesen war, nun als Bestandteil eines größeren roten Ozeans behandelt werden würde. Doch durch die Verknüpfung von Brettspielen mit dem LEGO-Konstruktionserlebnis hatte die Firma sich einen Platz in einem weiteren profitablen Markt geschaffen.

Unterschiedliche und kreative Menschen einstellen

Der Ninjago-Big-Bang

Menschen aus unterschiedlichen Fachbereichen provozieren einander und fordern sich gegenseitig heraus, was wesentlich fruchtbarer ist als die Zusammenarbeit von Menschen mit der gleichen Denkweise.

Erik Legernes, Senior Creative Director bei LEGO

Man nennt es »Big Bang«. Damit wird ein LEGO-eigenes Thema bezeichnet, das auf einer packenden Geschichte beruht, die hohes Potenzial aufweist, zu einer weltweiten Sensation zu werden und lukrative Umsätze mittels Internet, Fernsehen und aus Spin-off-Produkten zu erzeugen, so wie es Bionicle fast ein Jahrzehnt lang gelungen war. Ein Big Bang bedeutet auch einen hohen Einsatz. LEGO bringt praktisch jedes Jahr eine Big-Bang-Produktlinie heraus, und dann zeigt nahezu jede Unternehmensabteilung, von der Herstellung über die Logistik und das Marketing bis zur IT und darüber hinaus, vollen Einsatz, um die Linie zu unterstützen und einen Treffer zu landen. Falls der Big Bang eine große Pleite ist, so wie LEGO Universe, bedeutet er einen ziemlichen Einschnitt für die Unternehmensgewinne.

Bis zum Jahr 2008 hatte LEGO seine Produktentwicklungsteams

mit genügend Disziplin und Zielstrebigkeit ausgestattet, dass sie regelmäßig profitable Erfolgsspielzeuge auf den Markt brachten. Als der Vorstand Poul Schou ein kleines Konzeptteam zusammenstellte, um den nächsten Big Bang zu kreieren, hatte er genügend Vertrauen, um den Leitern des Teams, Creative Director Erik Legernes und Marketingchef Henrik Nonnemann, viel Freiraum für die Themenwahl und die finanziellen Ziele zu lassen. Schous Briefing war kaum mehr als eine einfache Zielvorgabe: »Doppelter Spaß, doppelte Kundenzahl.« So lautete Schous Kurzform für das ehrgeizige Vorhaben des Teams, die Verkaufszahlen des letzten Big Bangs zu verdoppeln, einer Serie von Unterwasserabenteuersets unter dem Namen Atlantis.

Als Legernes und Nonnemann einige Monate später unzählige Ideen durchgesehen und sie an Kindern getestet hatten, schlugen sie Schou ihr neues Konzept vor. Ihr Team hatte ein Ninjamotiv ersonnen, zu dem Attraktionen wie kämpfende Shoguns, Spinjitzu-Waffen und eine Armee bösartiger Skelette gehörten. Sie nannten das Thema Ninjago und setzten sich ein einschüchterndes Ziel: Das Produkt sollte zehn Prozent der Gesamtumsätze des Unternehmens erzielen. Kein anderes LEGO-Thema hatte diesen Meilenstein jemals erreicht, nicht einmal Bionicle. Es war ein »Traumszenario«, wie Nonnemann es später bezeichnete. Aber sie hatten so viele potenzielle Einnahmekanäle identifiziert, dass sie glaubten, den Traum wahr werden lassen zu können.

Während einer Fokusgruppensitzung Ende April 2009 in New Jersey skizzierte das Team eine Fülle von ergänzenden Produkten zu Ninjago. Zusätzlich zu der tatsächlichen Produktreihe, die im ersten Jahr insgesamt 17 Sets umfassen sollte, würde LEGO ein Ninjago-Brettspiel für LEGO Games entwickeln, eine Ninjago-bezogene Welt für LEGO Universe schaffen, mit Cartoon Network zusammenarbeiten, um eine TV-Zeichentrickserie zu kreieren (die im Januar 2011 erstmals ausgestrahlt wurde), und sich mit TT Games zusammenschließen, um ein Videospiel zu erarbeiten (das im April 2011 auf den Markt kam). Ninjago-iPad- und -iPhone-Apps sowie eine Reihe von Graphic Novels sollten folgen.

Als Ninjago: Masters of Spinjitzu im Januar 2011 auf den Markt kam, brach es für LEGO finanzielle und innovative Rekorde. Die

LEGO Gruppe verzeichnete einen 20-prozentigen Zuwachs der Verkaufszahlen im ersten Quartal 2011, hauptsächlich dank der überwältigenden Popularität der Ninjago-Reihe, die sich zum bestverkauften Produkt eines Jahres von allen LEGO-Themen der Firmengeschichte entwickeln sollte. Damit hatte das ursprüngliche Ninjago-Entwicklungsteam die Vorstellung von Erfolg bei LEGO neu definiert.

Was am erstaunlichsten war: Ninjago signalisierte, dass LEGO seinen Top-down-Ansatz für das Innovationsmanagement umgekehrt hatte. Während der Friss-oder-stirb-Überlebensphase des Unternehmens 2004 hatten Führungskräfte wie Mads Nipper die Richtung des Unternehmens definiert (zurück zum Baustein), den Kernkunden identifiziert (fünf- bis neunjährige Jungen), das Umsatzrentabilitätsziel festgelegt (13,5 Prozent) und sogar das Erscheinungsbild der neuen LEGO-Sets bestimmt. Schließlich war es Nipper gewesen, der bei jener Betriebsversammlung Henrik Andersens Feuerwehrauto verwendet hatte, um die Richtung eines klassischen, aber modernen Aussehens für LEGO City einzuschlagen. Damals war LEGO eine sehr hierarchische Organisation, in der die großen Fische an der Spitze der Pyramide einen Führungsstil von Befehl und Gehorsam durchsetzten und es, wie Knudstorp es beschrieb, »nur eine Wahrheit und Schwarz-Weiß-Denken« gab.

Nur vier Jahre später war LEGO deutlich dezentralisiert. Es waren Nonnemann und Legers, nicht das Führungsteam des Unternehmens, die das Design-Briefing für Ninjago festlegten, das Spielzeug und seine Ergänzungsprodukte entwarfen, das Geschäftsmodell entwickelten und letztlich ihre eigenen ehrgeizigen Verkaufsziele setzten. Natürlich waren Schou, Nipper und andere Manager mit den Vorgaben einverstanden und sorgten dafür, dass das Team sie einhielt. Doch das Team hatte genügend Spielraum, um wichtige Entscheidungen zu treffen und die Richtung vorzugeben.

Was hatte sich in diesen vier kurzen Jahren verändert? Knudstorp und sein Team meisterten souverän die Herausforderungen, die Innovationen oft so schwierig machen. Sie legten die gewünschten Ergebnisse auf lebendige Weise fest und gaben den Leuten dann absolute Freiheit, »innerhalb des Bausteins« zu innovieren. Sie griffen mit nie dagewesenen Aktionen wie Mindstorms NXT und LEGO

Games nach den Sternen, auch wenn sie eine hohe Wertschätzung für die kleineren Innovationen hatten, die kontinuierliche Geldquellen wie LEGO City und *Star Wars* auffrischten. Sie wussten, ehe sie die Marke verwandeln konnten, mussten sie zunächst das Geschäft wieder aufbauen.

Vor allem entschieden sie, dass Strategien zwar wichtig sind, doch dass die Hauptquelle des Wettbewerbsvorteils in unterschiedlichen und kreativen Menschen besteht. Strategien können schließlich nachgeahmt werden; Menschen nicht. Während der Jahre unter Poul Plougmann hatte eine der größten Veränderungen der LEGO Gruppe darin bestanden, eine Kultur aufzubauen, in der die Menschen, die LEGO-Spielzeuge machen und vermarkten, ihre gesamte Leidenschaft und Kreativität einbringen konnten.

T-FÖRMIGE LEGO-MITARBEITER

Wir erinnern uns, dass LEGO Anfang 1999, nach dem ersten Verlust in seiner Geschichte, über 1000 Mitarbeiter entließ. Darunter waren auch viele Altgediente, die einen Großteil des Gedächtnisses für die Schaffung und Vermarktung von bausteinbasierten und mit dem Spielsystem übereinstimmenden Produkten bildeten. Ihr Ersatz: talentierte Designer, die sich fantasievolle Spiele ausdenken konnten, aber nur wenig über die Schaffung von LEGO-Spielzeugen zum Zusammenstecken wussten. Plougmann verteilte die Neueinstellung auf Außenposten in der ganzen Welt, schaffte es jedoch nicht, ihre Kreativität zu nutzen. Das Ergebnis war eine Vielzahl von gewagten Einsätzen, »noch nie dagewesene« Produkteinführungen wie Galidor und Jack Stone, die jedoch nicht »eindeutig LEGO« waren und das Unternehmen beinahe zu Fall brachten.

Man könnte annehmen, angesichts solcher Katastrophen sei LEGO zur Einsicht gelangt und zu dem alten Modell zurückgekehrt, hauptsächlich dänische Designer einzustellen, die in einem Land aufgewachsen waren, wo LEGO mehr zählte als Coca-Cola. Doch heute ist LEGO noch heterogener als jemals zuvor in seiner Geschichte. In der LEGO-Cafeteria in Billund hören Sie nicht nur Dänisch, sondern auch Französisch, Deutsch und sehr viel Englisch. Denken Sie nur an das Team, das Ninjago schuf: Legernes kommt aus Norwegen, Nonnemann aus Dänemark, der Chefdesigner Phil McCormick aus den Vereinigten Staaten, und teilweise wurden sie von japanischen Illustratoren und Prototypenkonstrukteuren unterstützt.

Die Produktentwicklungsteams von LEGO sind mit unterschiedlichen Experten besetzt, nicht nur im Hinblick auf Nationalitäten, sondern auch auf die Qualifikationen und Fachkenntnisse, über die sie verfügen. Vor Jahren bewies das Bionicle-Team, dass nachhaltige Innovationen entstehen, wenn Menschen mit unterschiedlichen Talenten und Einstellungen auf engem Raum zusammenkommen, wo häufige Meetings und zufällige Begegnungen möglich sind. Systematische Innovation entsteht eher selten aus homogenen Gruppen von Designern, die in Abgeschiedenheit arbeiten. Deshalb sind jetzt in jedem LEGO-Entwicklungsteam ein Projektmanager sowie eine Hand voll Designer, Marketingfachleute, Ingenieure, Modellbauer und Kommunikationsprofis. Von allen wird erwartet, zu jeder Phase des Projekts beizutragen, nicht nur zu den Bereichen, für die sie funktionell verantwortlich sind. LEGO glaubt, dass die Kombination von Menschen mit unterschiedlichem Hintergrund für eine kreative Aufgabe zu zwischenmenschlichen Reibkräften führt, die echte Durchbrüche entfachen können.

»Menschen aus unterschiedlichen Fachbereichen neigen dazu, unterschiedlich zu denken«, sagte Erik Legernes vom Ninjago-Team. »Sie provozieren einander und fordern sich gegenseitig heraus, was wesentlich fruchtbarer ist als die Zusammenarbeit von Menschen mit der gleichen Denkweise.«

Im Rahmen dieser Logik ist LEGO dazu übergegangen, solche Personen einzustellen, die mitunter als »T-förmig« bezeichnet werden.[40] Der vertikale Balken des T steht für die Fachkenntnis in einem bestimmten Bereich, während der horizontale Balken ein breites Wissen in den unterschiedlichsten Disziplinen darstellt. Diese potente Mischung aus Tiefe und interdisziplinären Fähigkeiten erhöht die Wahrscheinlichkeit, dass die T-förmigen Mitarbeiter überaus schwierige Probleme lösen, wie sie LEGO-Designern auf Schritt und Tritt begegnen.

Heute hat die große Mehrheit der Entwickler der LEGO Gruppe

dieselbe Kompetenztiefe: Sie sind uneingeschränkt kreativ, wenn es darum geht, Neues mit dem und für den LEGO-Baustein zu erfinden. Gleichzeitig ist die Bandbreite der Erfahrungen, die sie in ihre Arbeit einfließen lassen, groß. Einige Beispiele dafür:

– Der Chefdesigner von LEGO Games, Cephas Howard, hat den Baustein im Blut und ist genial im Ausdenken kluger Brett-spiele. Er ist zudem ein qualifizierter Anzeigendesigner und, wie seine Zeit bei den Londoner Zeitungen *Guardian* und *Ob-server* beweist, ein Mann mit Geschäftssinn und genügend Führungsqualitäten, um ein großes Team zu leiten.
– Wie schon erwähnt ist Mark Hansen, der eigentliche Archi-tekt von LEGO Factory und Projektleiter der Entwicklung von LEGO Universe, ein ehemaliger US-amerikanischer Navy SEAL, der drei Jahre mit der Erforschung von individualisierter Mas-senfertigung zugebracht hat und einen Masterabschluss in In-genieurwesen besitzt.
– Mark Stafford, ein englischer Hardcore-Fan, war früher Seefrachtprüfer auf Werften in Amsterdam und Antwerpen. Seine Freundin Megan Rothrock, ebenfalls ein LEGO-Fan, er-mutigte ihn, sich als Modelldesigner für das Unternehmen zu bewerben. Das Paar zog 2006 nach Billund, und Stafford entwarf Sets für verkaufsstarke Produktlinien wie Exo-Force, Power Miners und Space.
– Jamie Berard ist ein Stardesigner, der außergewöhnliche LEGO-Modelle für Fortgeschrittene geschaffen hat, zum Bei-spiel die 4000-teilige Nachbildung der Londoner Tower Bridge. Berard ist so vernarrt in den Baustein, dass er schätzt, 70 Pro-zent seiner irdischen Besitztümer bestünden aus LEGO-Sets. Er studierte Bauingenieurwissenschaften, hat einen BA in engli-scher Literatur und früher für kurze Zeit als Monorail-Fahrer bei Disney World gearbeitet.[41]

T-förmige Mitarbeiter sind vielleicht anders aufgestellt als andere, aber sie sind auch keine Superhelden. Sie sind denselben Kräften ausgesetzt, die die LEGO-Designer Ende der neunziger Jahre haben scheitern lassen: Nach wie vor werden Kinder schneller erwachsen, und dennoch sind Neunjährige noch immer genauso unbeständig wie eh und je. Die LEGO-Designer von heute sind genauso kreativ wie ihre Vorgänger und genauso anfällig dafür, kurzlebigen Trends nachzulaufen und in die Irre zu gehen. Auf welche Weise sorgt LEGO dafür, dass der Funke der Vielfältigkeit keinen unkontrollierbaren Großbrand auslöst wie während der Plougmann-Zeit?

Die Antwort liegt zum Teil in der Tatsache, dass das Unternehmen zwar massiv unterschiedliche und kreative Personen rekrutiert, aber auch solche Leute eingestellt hat, deren primäre Verantwortung darin besteht, Fokus und Disziplin in all die kreative Energie zu bringen. Da ist zum Beispiel der Community-Organisator Steven Canvin, der mit den sachkundigen Fans zusammengearbeitet hat, um Mindstorms NXT zu einem so großen Erfolg zu machen. Paal Smith-Meyer, der neue Geschäftsentwickler, griff Adam Reed Tuckers Vision auf, LEGO Architecture zu schaffen. Die Leiterin der Bionicle-Lizenzabteilung Sine Møller war die interne Kraft, die mit den Lizenznehmern gemeinsam Bionicle-Kleidung, -Bücher und -Spiele erarbeitete. Und dann sind da die Systemkontrolleure des Design Lab, die grauen Eminenzen, die das letzte Wort darüber haben, ob die von einem Designer neu entwickelte Farbe oder Form genügend LEGO-DNA in sich trägt, um für das LEGO-Spielsystem zugelassen zu werden. Überall in der Billunder Hauptniederlassung der LEGO Gruppe gibt es Manager, deren hauptsächliche Funktion es ist, Konzentration und Disziplin in den kreativen Prozess zu bringen.

Doch was am wichtigsten ist: LEGO hat seine kreativen Leute mit Führungsmechanismen umgeben, die ihre Arbeit zu profitablen Innovationen kanalisieren. Solche Mechanismen lassen den Mitarbeitern genügend Raum für Kreativität und geben dennoch eine Richtung vor. Wäre man dem Team gefolgt, das Ninjago schuf, so hätte man sehen können, was im Folgenden beschrieben wird.

Eine Umstrukturierung des Unternehmens gibt den Mitarbeitern deutlicher die Richtung vor Als Nonnemann, Legernes und ihre Kollegen sich daranmachten, den nächsten großen Hit des Unternehmens zu schaffen, wussten sie, dass sie keinen unberührten Markt à la LEGO Games zu suchen brauchten. Ebenso wenig erwartete man von ihnen, denselben Pfad zu betreten, den LEGO Universe gegangen war, und einen weiteren Versuch zu einer Durchbruchinnovation zu starten. Ihre Aufgabe war es, ein neues Spielthema zu erfinden, aber eines, das in der DNA des Unternehmens verankert war und den LEGO-Kernkonsumenten gefallen würde, die gerne bauten. Das Gespür des Ninjago-Teams dafür, was von Bedeutung war und was über die Reichweite des Projekts hinausging, erwuchs aus der unternehmensweiten Umstrukturierung, die drei Jahre zuvor stattgefunden hatte.

Nachdem Knudstorp und sein Team 2005 das Unternehmen wieder zum Baustein zurückgeführt und die Innovationsarten definiert hatten, die sie anstrebten, versuchten sie, den individuellen Unternehmensbereichen der LEGO Gruppe eine deutlichere Richtung aufzuzeigen. Während der Plougmann-Ära hatten die neuen Unternehmensführer unmittelbar erlebt, dass die Gewinne trotz florierender Kreativität zurückgehen können, wenn Disziplin und Fokus fehlen. Auf der Suche nach einer Möglichkeit, die Talente der unterschiedlichen und kreativen Mitarbeiter der LEGO Gruppe zu nutzen, ohne sie zu gängeln, setzte das Managementteam die Innovationsmatrix ein (die wir in Kapitel 6 beschrieben haben), um aufzuzeigen, welche die zentralen Initiativen des Unternehmens sind und welche Einheit jeweils die Verantwortung dafür trug.

Knudstorp richtete den Hauptteil des Geschäfts, die Produkt- und Marktentwicklung (Product and Market Development, PMD), so ein, dass sie schwerpunktmäßig aus den wesentlichen Wirtschaftsgütern und Ressourcen des Unternehmens Gewinne erzielte. Ihre Wirtschaftsgüter: der LEGO-Stein, das Konstruktionssystem und die beliebte Marke LEGO. Was die Ressourcen anging, so umfassten sie die Kompetenz im Entwerfen und Herstellen von bausteinorientierten Spielen und die Kapazitäten, um diese Spiele auf dem weltweiten Markt zu verkaufen. Dies war das Umfeld des Ninjago-Teams. Das Team hatte die Freiheit, alles zu kreieren, was es sich nur vorstellen konnte, solange es innerhalb der definierten Grenzen lag.

Zurückliegende Erfahrungen hatten das LEGO-Management gelehrt, dass die Kriterien und die Prozesse, mit denen klassische PMD-Linien wie City und DUPLO schrittweise innoviert wurden, nicht geeignet waren, um »noch nie dagewesene« Spiele zu kreieren. So schufen sie eine Zone im oberen Bereich der Matrix für das Concept Lab – jene Abteilung, die LEGO Games entwickelte –, das sich ausschließlich auf die Entwicklung von bausteinorientierten Spielen konzentrierte, die LEGO sich bisher nicht hatte vorstellen können.

Allerdings wies die Innovationsmatrix eine klaffende Lücke auf: Keine der Gruppen war direkt verantwortlich für die weltumspannende Community leidenschaftlicher Fans der Marke. LEGO behandelte diese Community engagierter Nutzer, die absolut einzigartig in der Spielzeugbranche war, als »Nebenkriegsschauplatz«, wie Knudstorp sagte. Er sah auch Lücken bei den experimentelleren Geschäftsbereichen, die nach der Schaffung neuer Geschäftsmodelle, neuer Vertriebskanäle und neuer Kundenkontaktmöglichkeiten verlangten. Die Stärkung der Verbindung zur Community der LEGO-Anwender, der Aufbau des Geschäfts mit LEGO-Lernmaterialien, der Direktverkauf an Konsumenten über Plattformen wie Factory.com und die Erforschung neuer Geschäftsmodelle (wie Paal Smith-Meyer es mit LEGO Architecture getan hatte) – keine einzige Gruppe war für solche Initiativen zuständig. Also schufen Knudstorp und sein Team eine neue Abteilung: Community, Education and Direct (CED). PMD und das Concept Lab konnten sich ausschließlich auf den Kernbereich und die revolutionären Teile des Bausteingeschäfts konzentrieren; CED würde sich um alles andere kümmern.

»Die Arbeit, die wir in der PMD machen, findet genauso in allen erfolgreichen Spielzeugunternehmen statt«, sagte Knudstorp. »Aber was wir bei CED machen, das gibt es sonst nirgends. Niemand sonst wendet sich direkt an den Kunden, niemand sonst hat eine Abteilung für Lernmaterial, und niemand sonst bezieht die Community in so hohem Maße mit ein. Die Schaffung von CED war für uns eine Möglichkeit, um aufzuräumen und das Geschäftsmodell zu optimieren.«

Obwohl das Ninjago-Team innerhalb der Grenzen der PMD arbeitete, wussten Nonnemann und Legernes: Wenn sie einen Hit in den Ausmaßen von Bionicle erzielen wollten, mussten sie auch die Experten von CED zu Rate ziehen, um die Schaffung einer Reihe komplementärer Innovationen zu unterstützen, die weitere Einnahmequellen erschließen würden. Während das Produktteam sich also daranmachte, eine Produktlinie zu schaffen, welche die Regale von Walmart und Target mit Konstruktionsspielzeug verschönern würde, halfen ihre Partner bei CED, ergänzende Produkte festzulegen – Brettspiele, Filme, iPhone-Apps und Videospiele –, die die Kunden über die Ninjago-Website und in den LEGO Stores kaufen konnten.

Auf diese Weise diente die Umstrukturierung des Unternehmens dazu, die Aufgaben des Ninjago-Teams aufzuteilen. Da das Team innerhalb der PMD-Organisation angesiedelt war, konnte es sich auf die Entwicklung von bausteinorientierten Spielen für die (potenzielle) Kernkundengruppe von LEGO ausrichten. Es konnte sich auf diese einzige Aufgabe konzentrieren und alles andere außen vor lassen. Doch solange es innerhalb dieser Grenzen arbeitete und zur Erreichung des Ziels beitrug, stand es dem Team frei, zu innovieren, was immer es sich nur vorstellen konnte. Wie wir sehen werden, unterstreichen die Ergebnisse des Teams Knudstorps Aussage, dass »Innovation floriert, wenn der Platz dafür begrenzt ist«.

Eine Kiste mit richtungweisenden Werkzeugen Als LEGO die dritte Stufe seiner »Gemeinsamen Vision« erreichte – Wachstum –, hatte die oberste Führungsspitze genügend richtungweisende Maßnahmen ergriffen, um den Designern und Entwicklern eine klare Vorstellung davon zu vermitteln, wohin das Unternehmen gehen sollte und welche Art von Spielthemen es dort hinbringen würden. Sie hatten ihre Mitarbeiter darauf eingeschworen, die Kernkunden zurückzugewinnen, also fünf- bis neunjährige Jungen, die gerne bauten. Sie hatten die Zahl der Elemente im LEGO-Produktportfolio drastisch reduziert, eine Strategie des »Weniger-ist-Mehr«, die die Kreativität der Designer kanalisierte. Sie hatten den Entwicklern und Marketingfachleuten das CPP-Finanztool an die Hand gegeben, das berechnete, welche finanziellen Auswirkungen die Entscheidungen der Designer hatten, und ihnen half, die Rückkehr der LEGO Gruppe in die Gewinnzone zu beschleunigen. Und sie hatten ein Credo entwickelt, »Eindeutig LEGO, aber noch nie dagewesen«, das die Überlegenheit des Bausteins bekräftigte und dabei zugleich die Mitarbeiter aufforderte, LEGO-Sets zu erfinden, die auch auf Kinder des 21. Jahrhunderts eine starke Anziehungskraft ausübten.

Nachdem sie eine klare Richtung vorgegeben hatten, konnten die Topmanager nun den Projektteams das Steuer überlassen, wie etwa dem Konzeptteam von Legernes und Nonnemann mit Ninjago. »Design DNA« war eins der richtungweisenden Navigations-Tools. Jedes LEGO-Produkt hat eine spezifische DNA, welche die Zielgruppe beschreibt, das gewünschte Spielerlebnis, den »Ausdruck« des Spiels (realistisch oder fiktional, fröhlich oder düster, zeitlos oder trendgerecht) und andere Details. Die verschiedenen DNA-Stränge eines Spiels genau zu identifizieren hilft bei der Erneuerung oder Verbesserung der Produktlinie.

Um ein neues Thema zu kreieren, definieren die LEGO-Entwickler zunächst seine DNA. Zu Beginn des Ninjago-Projekts zeichnete Nonnemann eine einfache Zwei-mal-zwei-Matrix, die in vier Quadranten vier verschiedene Spielcharakteristika darstellte: Themen, die auf Realismus basieren oder auf Fantasie und die eine niedrige oder eine hohe Konfliktstufe haben. (Auf dieser Matrix würde LEGO *SpongeBob* zum Beispiel als Fantasiethema mit geringer Konfliktstufe eingeordnet.) Die Matrix löste Diskussionen aus, die dem Team halfen, sich auf die Zone auszurichten, in der sie konkurrieren wollten: Fantasie mit hoher Konfliktstufe. Nonnemann argumentierte, da das Team ja hohe Umsätze erzielen solle, »war es die sicherere Variante, mit Fantasie und hohem Konfliktlevel anzutreten«.

Die Wahl war kaum ein Erfolgsgarant, denn ein LEGO-Thema kann in allen vier Quadranten siegreich sein oder scheitern. Fallbeispiel: LEGO City wurde zu einem Verkaufsschlager, weil es im Quadranten Realismus/geringer Konflikt Erfolg hatte. Und Galidor, ein Fantasiethema mit hohem Konfliktpotenzial – genau wie Ninjago –, war ein totaler Misserfolg. Doch die Matrix half dem Team, zunächst einmal das Thema einzukreisen, für das es sich entscheiden wollte, und alle anderen Optionen auszuklammern.

Die Matrix sollte das Anfangsteam auch daran erinnern, welchen Grad von Innovation das neue Thema erfordern würde. Ein Evergreen wie LEGO City ist typischerweise zu 90 Prozent Wiederholung (das bieten, was die Fans erwarten) und zu zehn Prozent Erfindung (genügend neue Details hinzufügen, damit das nächste Set wie etwas Neues wirkt). Ein Fantasiethema mit hoher Konfliktstufe, insbesondere wenn es ein hauseigenes GE ist, kehrt diese Formel in ihr Gegenteil um. Zehn Prozent der Neuschöpfung mochten Designmerkmale eines älteren, nicht mehr erhältlichen LEGO-Sets aufweisen. Doch 90 Prozent des Themas würden eine neuartige Anmutung haben müssen.

Damit hatte das Konzeptteam ein grobes Schema der Design-DNA für die Produktlinie – ein Maximum an Fantasie, Konflikt und Innovation –, das als Ausgangspunkt für die Schöpfung des nächsten Big Bang dienen konnte.

Zeit für »Inspiration und Exploration« Eine der größten Herausforderungen für die Nachhaltigkeit jedes Innovationsansatzes ist es, genügend Zeit und Raum zu schaffen, um am Erfolg von morgen zu arbeiten, wenn die Organisation bereits auf Hochtouren dabei ist, die Ergebnisse von heute zu liefern. Geduld und Beharrlichkeit sind zwar entscheidend für die Wertschöpfung, doch sie reagieren sehr empfindlich auf den Zeitdruck, der der Einhaltung von finanziellen Zielen und Deadlines dient.

2008, als das Team jenes Spielzeug entwickelte, das später zu Ninjago werden sollte, hatten Knudstorp und seine Manager LEGO eine hohe Dosis an Dringlichkeit injiziert; wie wir bereits gesehen haben, reagierten die Design- und Technikerteams darauf, indem sie die Zeit halbierten, die für die Entwicklung und Markteinführung eines neuen Spielzeugs notwendig war. Doch die Führungsspitze des Unternehmens wusste auch, dass vor der Produktivität immer zunächst die Kreativität kommt. Und Kreativität braucht ihre Zeit. LEGO schützte sich vor übereiltem Zweckdenken, indem es dem Produktentwicklungsprozess gelegentlich mehr Vorlaufzeit in Form einer Ideenfindungsphase einräumte.

Wenn das Topmanagement sich mit den Projektteams zusammensetzt, um eine bestehende Produktlinie zu überarbeiten, beginnt es üblicherweise mit der Überprüfungsphase P 0 des LEGO-Produktentwicklungsprozesses. Dabei werden Marktchancen identifiziert und Geschäftsziele festgelegt. Doch Konzeptteams, die mit der Entwicklung neuer Themen beauftragt sind, wie etwa das Ninjago-Team, erhalten eine zusätzliche »Forschungs- und Inspirationsphase«, die noch vor P 0 liegt.

Während dieses Vorspiels zum tatsächlichen Entwicklungsprozess greift das Team auf der Suche nach einem vielversprechenden Thema auf Inspirationen aus einer Vielzahl von Quellen zurück: die Angebote des Wettbewerbs, Kinderfernsehsendungen, erfolgreiche LEGO-Sets der Vergangenheit. Das Ninjago-Team beispielsweise begab sich auf eine wochenlange Erkundungsmission nach Japan, wo die LEGO-Designer und Marketingfachleute das drei Stunden nördlich von Tokio gelegene Iga Ninja Museum besuchten. Während sie durch eine Ninja-Wohnstätte des 15. Jahrhunderts mit ihren drehbaren Wänden und verborgenen Gemächern gingen, nahmen die LEGO-Designer die aufschlussreichen Details in sich auf, die ein an Ninjas orientiertes Motiv lebendig machen konnten. Sie verschafften sich auch eine erste Orientierung, wie sich die mittelalterliche Welt der Ninjas in das Leben von Kindern des 21. Jahrhunderts transportieren ließe.

»Co-Kreation« mit Kindern Jede LEGO-Produktentwicklungsgruppe führt heute Zielgruppentests mit Kindern durch, um potenzielle Konzepte zu evaluieren. Bei den meisten dieser Tests stellen mehrere Designer den Kindern einen Prototyp vor, um zu sehen, wie sie darauf reagieren, und zu beurteilen, wie stark das Interesse an dem Konzept ist. Die Front-End-Teams dagegen verfolgen beim Testen von Spielen einen robusteren Ansatz.

Das Ninjago-Front-End-Team kam regelmäßig in einem Büro in Fort Lee, New Jersey zusammen, wo es sich tagelang hinter einem Spiegelfenster verbarg und kleine Gruppen von acht- bis zehnjährigen Jungen beobachtete, wie diese in einem Konferenzraum auf Storyboards reagierten, die potenzielle Big-Bang-Konzepte veranschaulichten. Megan Nerz, eine Marktforscherin, die fast 20 Jahre lang mit LEGO zusammengearbeitet hatte, moderierte die Diskussion. Mit Disziplin und Souveränität brachte sie die Kinder dazu, ihre Eindrücke offenzulegen. Die Kinder konnten witzig, pfiffig, mürrisch und freundlich sein, und das häufig innerhalb von wenigen Minuten. Ihre Äußerungen konnten außerordentlich aufschlussreich sein, wenn man sie zu interpretieren verstand.

Obwohl das Ninjago-Front-End-Team diese Sitzungen manchmal als »Co-Kreation mit Kindern« bezeichnete, steuerten die Jungen nur selten eine kreative Idee bei, die unmittelbar auf ein Konzeptdesign angewandt werden konnte. Vielmehr interpretierten Nerz und die LEGO-Designer die Eindrücke der Kinder unter Verwendung einer Reihe von scharfsichtigen Richtlinien.

Während Nerz mit den Kindern die reichhaltig illustrierten Storyboards durchsah, in denen es um Themen wie Städte der Zukunft, Unterwasserabenteuer und Ninjas ging, bewertete das Front-End-Team die Reaktionen der Kinder anhand einiger bestimmter Kategorien: ihre spontane Reaktion, ihr Verständnis der Handlung, ob das Konzept ein anhaltendes Spielen auslösen konnte und bis zu welchem Grad es sein Spielversprechen einhielt. Die Eindrücke der Kinder waren also hochgradig subjektiv, wohingegen die Interpretation des Teams objektiven Maßstäben folgte.

»Am besten kann man ein Thema einschätzen, wenn man sieht, ob die Kinder längere Zeit darüber sprechen«, sagte Nonnemann. »Wenn ihnen immer weitere Geschichten einfallen, die sie in der Welt, die man ihnen zeigt, spielen würden, weiß man, dass man auf dem richtigen Weg ist.«

Auch bei der Auswahl des Bösewichts unterstützten die Kinder das Ninjago-Team. Wenn Ninjas die Helden waren, gegen wen kämpften sie dann? Das Team entwickelte sechs verschiedene Optionen für Bösewichter, darunter Affen, Roboter, Skelette und Echsen. Die Reaktion bei den Kindertests war eindeutig: Skelette. Die Kinder begriffen, dass die Ninjas echte historische Figuren waren und die Skelette »echte« Fantasiebösewichter. Abstruse Kreaturen wie dämonische Echsen ergaben für sie keinen Sinn. In der nächsten Runde konzentrierte das Team sich auf die Skelettidee und präsentierte vier verschiedene Skelettoptionen.

Das Ninja-Motiv löste bei den Kindern eine Vielzahl von Geschichten aus, doch nicht genug, um das Team davon zu überzeugen, dass das Konzept selbst der Produktlinie zu ihrem Ziel von zehn Prozent des Unternehmensumsatzes verhelfen würde. Um diese Hürde zu nehmen, musste das Team sich ein Element ausdenken, das Ninjago »schulhoftauglich« machte, wie Schou es nannte. »Wir brauchten etwas, das kompetitiv und cool war. Etwas, worüber die Kinder in der Schule reden würden.« Genau genommen hatte sich das Konzeptteam von Ninjago – ohne das obere Management davon in Kenntnis zu setzen – zum Ziel gesetzt, ein so populäres Spiel zu schaffen, dass es in den Schulen *verboten* würde.

Um eine Lösung zu finden, organisierte das Team eine Reihe von Brainstormingsitzungen und lud dazu in der Hoffnung auf neue Erkenntnisse LEGO-Designer, Marketingfachleute und Prototypenkonstrukteure aus anderen Abteilungen ein. Um Inspirationen zu sammeln, untersuchten sie Kultspielzeuge wie Murmeln, Jo-Jos und Kreisel, die bei Generationen von Kindern Erfolg gehabt hatten.

Die Designgruppe schlug vor, Ninja-Minifiguren auf einer LEGO-Version von Drehkreiseln zu befestigen. Die Idee dahinter war, zwei Kreisel so zu drehen, dass die Ninja-Minifiguren herumwirbeln und kollidieren oder genau wie echte Ninjas »kämpfen« würden. Das Team entwickelte über 60 verschiedene Prototypen für Ninja-Kreisel, bis es einen perfektionierte, der einen Auslöseknopf enthielt: Wenn zwei Kreisel gegeneinanderstießen, wurde eine der Ninja-Minifiguren heruntergeschleudert. »Plötzlich gibt es einen Verlierer – den, der runterfällt – und einen Gewinner«, sagte Legernes. »Der Gewinner bekommt das Schwert des Verlierers, und das macht das Ganze zu einem Spiel, bei dem die Kinder um Waffen gegeneinander antreten.«

»Als wir die Kreisel von Kindern testen ließen, haben wirklich die Wände gewackelt«, fuhr er fort. »Sie waren so aufgeregt, dass sie zu schreien anfingen. Die Moderatorin sagte uns, da hätten wir einen Treffer gelandet. Sie hätte noch nie eine so heftige Reaktion auf einen Test erlebt.«

Durch kontinuierliche Tests mit den Kindern tüftelte das Front-End-Team die verschiedenen Spielbestandteile aus – die Geschichte (tapfere Helden und Bösewichter), den Wettbewerbsfaktor (mittels der Spinjitzu-Kreisel) und den Sammelfaktor (die Waffen) –, die Ninjago zu einem so großen Erfolg machen sollten.

Der Prüfprozess wird von den Teams durchgeführt, nicht vom Management Bis das Front-End-Team das Ninjago zugrunde liegende Motiv vollständig entwickelt hatte, hatten Hunderte von Kindern – sowohl solche, die nur wenig mit Bausteinen anfangen konnten, als auch jene, die sich dafür begeisterten – ihre Meinung zu dem Konzept beigesteuert. Die fortgesetzten Test-, Verbesserungs- und erneuten Testrunden für Ninjago verringerten das Risiko, dass dieses für LEGO neue Fantasiemotiv am Markt lediglich ein Seufzen anstelle eines Knalls auslöste. Darüber hinaus bestärkten die unvoreingenommenen Testergebnisse das LEGO-Management darin, dass das Team auf dem richtigen Weg war, eine Produktlinie zu produzieren, die tatsächlich ihr gewagtes Verkaufsziel erreichen könnte.

»Um die benötigten Ressourcen zu bekommen, mussten wir die Leute in unserer Organisation davon überzeugen, dass dies das Richtige war«, sagte Legernes. »Die Testreihen waren nicht nur ein Kreativitäts-, sondern auch ein Überzeugungswerkzeug.«

Obwohl Poul Schou, der über 70 Prozent der Produkte des Unternehmens überwachte, in vielen der frühen Testrunden für die Ninja-Idee und andere Themen saß, nahm er hauptsächlich deshalb teil, um ein unmittelbares Gespür dafür zu bekommen, welche Konzepte bei den Kindern ankamen, schließlich hatte das Big-Bang-Projekt oberste Priorität. Ansonsten führte das Ninjago-Front-End-Team die Testreihen und den Entwicklungsprozess durch. Und wie bereits erwähnt war es das Team selbst – nicht das obere Management –, das für das Design-Briefing und das Verkaufsziel verantwortlich zeichnete. Schou und andere Topmanager nutzten die Überprüfungen der einzelnen Stufen des LEGO-Entwicklungsprozesses, um sich einen umfassenden Überblick über *alle* in Entwicklung befindlichen Projekte zu verschaffen, nicht nur Ninjago. Ihr Feedback sorgte dafür, dass die Entfaltung spezifischer Themen Vielfalt in das Produktsortiment des Unternehmens brachte.

Im Wesentlichen waren die Überprüfungen eine Form der Addition durch Subtraktion. Die Manager lenkten die Entwicklung stärkerer Konzepte, indem sie gnadenlos diejenigen aussortierten, die sich mit anderen Bestrebungen überkreuzten oder die kein vielversprechendes Spielerlebnis boten. Von den zahlreichen LEGO-Ideen, die auf Stufe P 0 vorgestellt wurden, schafften es nur 20 bis zur Stufe P 3, in der die letzte Entscheidung darüber fällt, ein Spiel auf den Markt zu bringen. »Es ist in großen Teilen ein Selektionsprozess«, sagte Schou. »Das Überleben des Stärksten.«

Vor dem Turnaround des Unternehmens war der LEGO-Entwicklungsprozess ein Unterfangen aufs Geratewohl gewesen. LEGO investierte schon zu einem frühen Zeitpunkt des Prozesses in Themen und brachte sie auf den Markt, sobald sie fertig waren. Heute ist er eher mit einer Schweizer Eisenbahn vergleichbar: Zuverlässig und pünktlich wird Jahr für Jahr eine neue Produktgruppe (die »Bahn«) herausgebracht. Die LEGO-Führung weist die Teams an, viele verschiedene potenzielle Themen zu erforschen; nur die besten dürfen in der Bahn mitfahren. Tatsächlich verspätete sich Ninjago um ein Jahr, nachdem das Management entschieden hatte, dass es zwar ein gutes Konzept war, aber ein weiteres Jahr der Entwicklung es zu einem großartigen Konzept machen würde.

Während diese Zeilen geschrieben werden, haben die unterschiedlichen und kreativen Mitarbeiter der LEGO Gruppe einen heterogenen Mix von 34 Produktkategorien erstellt, der nicht nur große Hits wie Ninjago umfasst, sondern auch Brettspiele, Videospiele, Sets für Mädchen, Sets für erfahrene Konstrukteure, Sets für Vorschulkinder, zwei verschiedene Robotikplattformen, Sets, in denen Bausteine mit digitalen Geräten kombiniert sind, Lizenzreihen wie LEGO *SpongeBob* und *Toy Story* und vieles, vieles mehr. Wie ihre Schöpfer sind alle diese Produktreihen im Baustein und im praxisorientierten, aber geistig anspruchsvollen LEGO-Spielerlebnis verwurzelt.

Die Entwickler und Marketingfachleute in den vordersten Reihen der LEGO Gruppe haben jetzt einen Anreiz, um die richtigen Entscheidungen für den Profit zu treffen. Dabei hilft, dass sie genau wie das Team, das Ninjago erfand, die Freiheit besitzen, ihre eigenen Finanz- und Innovationsziele zu setzen. Die Mitarbeiter sind dafür verantwortlich, die weitgehend von ihnen selbst gesetzten Projektziele auch einzuhalten. Diese enge Verknüpfung von Autonomie und Verantwortlichkeit macht Eingriffe durch das obere Management, die die Motivation untergraben könnten, weniger notwendig. Die unterschiedlichen und kreativen Mitarbeiter der LEGO Gruppe müssen sich nicht mehr an Vorgesetzte wie Mads Nipper wenden, um Inspiration und Lenkung zu erhalten. Sie müssen nur auf sich selbst setzen.

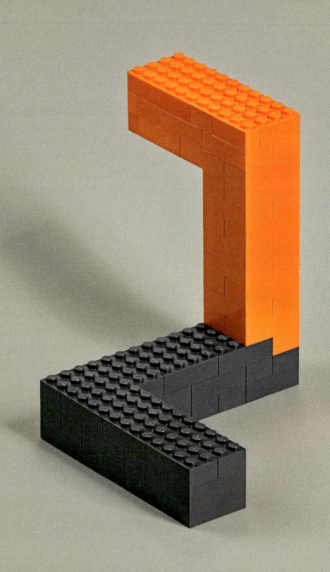

Die Verwandlung von LEGO

Die Wiedergeburt einer Marke

Um die Marke LEGO wieder ins Leben zurückzubringen, muss zunächst das gesamte Geschäftssystem umgewandelt werden.

Jørgen Vig Knudstorp, CEO der LEGO Gruppe

In den späten neunziger Jahren und den ersten Jahren des neuen Jahrtausends konnte man sich im Hinblick auf LEGO fragen, ob das Unternehmen derselben genetischen Mutation unterlag wie der Gewinner des Darwin Awards von 1995, eines Preises, der alljährlich an jene erinnert, die sich auf spektakulär dumme Weise selbst umgebracht und damit unbeabsichtigt Charles Darwins Theorie der natürlichen Auslese bewiesen haben. Das heißt, sie bereichern den menschlichen Genpool, indem sie sich selbst daraus entfernen. Obwohl sie sich später als moderne Legende herausstellte, ist die Geschichte unwiderstehlich: Ein Amateurerfinder befestigte eine Festbrennstoffrakete an einem Chevy Impala, fuhr in die Wüste von Arizona hinaus und trat das Gaspedal durch. Das Fahrzeug beschleunigte auf über 400 Stundenkilometer und hob vom Boden ab. Es raste fast anderthalb Kilometer durch die Luft, ehe es in einen Felsen krachte. Alles, was von diesem Missgeschick übrig blieb, war ein schwelender Krater in einem Felsen in 40 Metern Höhe.

So wie dieser Fahrer zum Piloten wurde, schnallte sich auch LEGO Ende der neunziger Jahre überdimensionale Innovationsmotoren um und griff nach den Sternen, wobei man kühn erklärte, in fünf Jahren sei man die größte Marke der Welt bei Familien mit Kindern. Die Katastrophe folgte auf dem Fuße. Obgleich das Unternehmen mit LEGO *Star Wars* und *Harry Potter* die Schallmauer durchbrach, verlor es die Kontrolle über seine verwirrende Vielzahl von Innovationsbestrebungen und raste innerhalb kürzester Zeit auf die Felswand zu.

Als Jørgen Vig Knudstorp und sein Team das Firmencockpit betraten und versuchten, LEGO vor dem Absturz zu retten, reagierten sie keineswegs über. Sie erkannten, dass sie zwar weiterhin die Innovationen bei LEGO fördern, aber ebenso die ungesteuerte Rakete ihres Unternehmens in ein hoch fliegendes, zielorientiertes Flugobjekt umwandeln mussten. Dieses Unterfangen dauerte sieben Jahre und fand in fünf Stufen statt.

LEGO 1.0

Während des Jahres 2004 führten Knudstorp und sein Copilot, CFO Jesper Ovesen, auf der ersten Stufe einen Überlebenskampf, bei dem sie die außer Kontrolle geratene Rakete LEGO zu einer nervenzerfetzenden Notlandung zwangen. Dazu fokussierten sie das Unternehmen auf drei unbedingt zu gewinnende Schlachten. Erstens: Abbau von Komplexität in der Organisation durch kostensparende Maßnahmen wie die Halbierung der Komponenten im Produktportfolio sowie der Zeit für die Entwicklung und Markteinführung einer Idee. Zweitens: Wiederherstellung der Wettbewerbsfähigkeit durch vorrangige Behandlung der Einzelhändler (statt der Kinder) – Steigerung des Profits für den Einzelhandel; Beschleunigung des Lagerumschlags. Drittens: Erhöhung des Geldbestands durch den Verkauf von Wirtschaftsgütern wie den LEGOLAND-Freizeitparks und Kosteneinschnitte in der gesamten Organisation.

Ovesen überzeugte Knudstorp davon, dass es ebenso wichtig war zu entscheiden, was *nicht* getan werden sollte, wie zu entscheiden, was getan werden sollte. Indem sie LEGO durch nur diese drei Aufgaben und sonst nichts gleich null setzten, schufen sie sich ein ausreichendes Zeitfenster, um den Turnaround zu wagen.

LEGO 2.0

Es folgte der zweite Schritt, in dem die Unternehmensführung metaphorisch gesprochen die Raketendüsen abmontierte und einen zuverlässigen, steuerbaren Motor baute. Mit anderen Worten: Sie gaben eine klare Richtung vor, indem sie LEGO »zurück zum Baustein« führten. Das bedeutete die Konzentration auf die Kerngüter (der Baustein und das LEGO-System), die Kernprodukte (wie LEGO City und DUPLO) und die Kernkunden (Kinder zwischen fünf und neun). Was nicht zum Kern gehörte, war auch nicht wichtig.

Knudstorp und sein Team vereinfachten die Bemühungen der Manager noch weiter, indem sie jenen einen Messwert festlegten, der die größte Bedeutung hatte: 13,5 Prozent Umsatzrendite. Im Hinblick auf die Richtungsvorgabe sind Messgrößen einforderbar und unzweideutig. Die 13,5-Prozent-Benchmark stand gut lesbar auf den Whiteboards der unternehmenseigenen »Einsatzzentrale« und wurde bei wöchentlichen Meetings überprüft. Sie hielt jeden dazu an, seine Bemühungen genau auf jene Produktlinien zu konzentrieren, die Gewinn versprachen – und schnell jede Reihe aus dem Verkehr zu ziehen, die sich schwertat. Daher nahm das Management ressourcenzehrende Produktlinien wie LEGO Explore und Jack Stone vom Markt und belebte klassische Verkaufsschlager wie DUPLO und LEGO City wieder. Bis Ende 2005 hatte LEGO seinen Vorjahresverlust von 1,6 Milliarden DKK (215 Millionen Euro) in einen Gewinn vor Steuern von 702 Millionen DKK (94 Millionen Euro) verwandelt und die Verkaufszahlen um zwölf Prozent gesteigert.

LEGO 3.0

Nachdem Knudstorp und sein Team eine kraftvolle, aber kontrollierbare Maschine gebaut hatten, machten sie sich daran, ihrer überarbeiteten Rakete Flügel und ein Heck zu verpassen sowie ein Navigationssystem einzubauen, das ihren Flug steuerte.

Die Manager legten die Richtung des Unternehmens fest, indem sie eine Matrix entwarfen, welche die verschiedenen Innovationsgrade definierte, von schrittweise bis radikal. Dann verwendeten sie diese Matrix, um zu veranschaulichen, welche Innovationen sie jeweils mit welcher Produktlinie anstrebten. Das Management überholte auch den LEGO-Entwicklungsprozess, indem es vierteljährliche Fortschrittsüberprüfungen einführte, bei denen die Führungskräfte eingehende Check-ups mit den Produktentwicklungsteams vornahmen. Indem sie solche Projekte aussortierten, die sich mit anderen überschnitten oder kein unverwechselbares Spielerlebnis boten, lenkten sie die kollektive Absicht des Unternehmens darauf, nur die aussichtsreichsten Konzepte zu realisieren.

Und dann gab es jene ersten Schritte zur Öffnung des Entwicklungsprozesses für die LEGO-Community. LEGO lud die erfinderischsten Hardcore-Fans dazu ein, Produktlinien wie Mindstorms NXT zu testen und sogar mit zu entwickeln, und erlangte dadurch Einblicke, die ihm anderenfalls verwehrt geblieben wären. Mit einer klar festgelegten Flugroute und einem Navigationssystem, das sowohl von Externen als auch von Insidern geprägt wurde, brachte LEGO sich selbst auf den Weg zu einem profitablen Wachstum. Trotz eines Rückgangs in der Spielzeugbranche lagen die Verkaufszahlen der LEGO Gruppe 2008 19 Prozent über denen des Vorjahrs, und die Gewinne erreichten 32 Prozent.

LEGO 4.0

Nachdem die stromlinienförmige LEGO-Rakete einmal abgehoben hatte, gewann sie rasch an Höhe. Und so ging LEGO von Innovationen, die eine profitable Kerngeschäftsplattform wiederherstellten, über zu Innovationen, die auf die Förderung eines natürlichen Wachstums abzielten. Das bedeutete eine Abwägung zwischen Erweiterung des Produktportfolios und fortgesetzter Gewinnerzielung, zwischen höheren Margen für die Kunden und Kostensenkung sowie zwischen dem Erreichen kurzfristiger Umsatzziele und dem Schaffen von Grundlagen für langfristigen Erfolg. Eine solche Abwägung, so formulierte es Knudstorp in einer E-Mail vom April 2008 an die Unternehmensführung, erfordere zunehmend eine »bifokale Sichtweise«.

Einerseits ging LEGO zunehmend höhere Risiken ein. Man richtete das Concept Lab darauf aus, »noch nie dagewesene« Spielerlebnisse zu schaffen, was zu LEGO Games führte. Das Unternehmen erlebte auch einige sehr heftige Turbulenzen, als das überaus ambitionierte LEGO Universe scheiterte. Gleichzeitig behielt LEGO seinen doppelten Fokus, indem es klassische Produktlinien wie LEGO City und LEGO *Star Wars* neu konzipierte, die nach wie vor die Top-Ten-Liste der bestverkauften Sets des Unternehmens dominierten.

In der Mehrzahl der Fälle erreichte das Unternehmen eine Mischung aus »eindeutig LEGO« und »noch nie dagewesen«, was für eine bemerkenswert aufgefrischte Marke sorgte. 2009 erklärte die New Yorker Firma BMO Capital Markets LEGO zum »angesagtesten Spielzeughersteller«. In einer E-Mail vom März 2010 an das obere Management berichtete Knudstorp, dass – nach jahrelangem Vergleich mit direkten Mitbewerbern wie Mega Brands (früher Mega Bloks), Mattel und Hasbro – der Wirtschaftsprüfer des Unternehmens, PricewaterhouseCoopers, nun begonnen habe, den Bausteinhersteller an Weltklassemarken wie Apple und Nike zu messen. Während Mattel und Hasbro zwischen 2007 und 2011 eine jährliche Wachstumsrate von einem respektive drei Prozent aufwiesen, schnellten die Verkaufszahlen der LEGO Gruppe auf 24 Prozent hoch. 2012 verzeichnete LEGO ein 27-prozentiges Umsatzwachstum und eine 36-prozentige Gewinnsteigerung im Vergleich zum Vorjahr. Im Fünfjahresdurchschnitt betrug das jährliche Umsatzwachstum 24 Prozent, die jährliche Gewinnsteigerung 40 Prozent. Es ist keineswegs gewiss, dass LEGO diese Geschwindigkeit aufrechterhalten kann, aber ebenso wenig ist ausgeschlossen, dass das Unternehmen eines Tages zum Marktführer der Spielzeugbranche wird. Was auch immer geschieht, die Marke LEGO, die noch vor zehn Jahren gefährdet war, ist der Verwirklichung von Plougmanns und Kristiansens Traum näher gekommen als je zuvor.

LEGO 5.0

Seit 2011 hat sich die metaphorische LEGO-Rakete in ein erfolgreiches Mutterschiff verwandelt, umgeben von einer wachsenden Flotte kleiner, experimenteller Raumsonden. Da ist der Branchenführer LEGO, der Bestseller in Serie produziert. Der größte Teil seiner Einnahmen fließt nach wie vor aus der Weiterentwicklung klassischer LEGO-Reihen wie City und *Star Wars,* den Lizenzen weiterer Mega-hits wie *Herr der Ringe* und der Erfindung von Big-Bang-Motiven wie LEGO Friends, dem jüngsten Versuch des Unternehmens, auf dem umfassenden Markt mit Spielzeug speziell für Mädchen zu kon-kurrieren. Friends kam Anfang 2012 auf den Markt, gestützt von jahrelangen ethnografischen Marktforschungen und einer 40-Millio-nen-US-Dollar-Werbekampagne. In jenem Jahr verkaufte das Unter-nehmen doppelt so viel von der Friends-Produktlinie wie ursprüng-lich vorausgesagt. Wenn LEGO es wirklich will, kann es seine Marke spielen lassen und Milliarden Bausteine auf eine Chance verwenden.

Gleichzeitig ist da jener Teil von LEGO, der sich vom Mainstream distanziert hat und von Grund auf innoviert, der neumodische Ideen aufgreift und einführt – rasch, systematisch und gelegentlich eigen-willig. Durch seine Co-Kreation mit Adam Reed Tucker baute LEGO weiterhin die Architecture-Linie mit Miniaturmodellen bekannter Gebäude aus. Es gab auch das iPhone-Spiel Life of George, eine cle-vere Kreuzung zwischen digitalem und physischem LEGO.

Und dann gab es Cuusoo, ein weiteres Abenteuer des Unterneh-mens, das auf einer Idee für Computerfreaks basierte. LEGO Cuusoo kam 2008 in Japan und im Oktober 2011 weltweit auf den Markt. Es forderte die User auf, Do-it-yourself-Ideen für neue LEGO-Sets einzureichen und darüber abzustimmen. Wenn ein Entwurf 10 000 Stimmen bekommen hatte, überprüfte LEGO, ob es mit ihm in Pro-duktion gehen sollte; wenn der Entwurf ausgearbeitet und auf den Markt gebracht worden war, erhielten seine Schöpfer ein Prozent des Nettoumsatzes von diesem Produkt. Im Jahr 2011 erreichte ein Cuu-soo-Konzept für ein LEGO-Set, das auf Minecraft basierte – jenem Online-Spiel, welches das Bausteinbusiness der LEGO Gruppe zer-schlagen könnte –, die erforderlichen 10 000 Stimmen in nur 48 Stun-den. LEGO kündigte daraufhin an, dass dieses Set produziert wer-den würde. Sechs Monate später (ein Drittel der durchschnittlichen Entwicklungszeit des Unternehmens) kam LEGO Minecraft Micro World auf den Markt. Mit Cuusoo nutzte LEGO nicht mehr nur die Intelligenz einiger elitärer Gruppen, sondern die Talente großer Mas-sen.

Natürlich mögen einige dieser kleinen LEGO-Start-ups in die falsche Richtung gehen. Einige werden sich wohl nie auszahlen. Aber das ist keine Ausrede dafür, nicht zu experimentieren. Auch wenn einige sicher scheitern werden, ist keines annähernd groß genug, um das Unternehmen zu Fall zu bringen.

Die Führung der LEGO Gruppe glaubt, dass sich das Unternehmen an eine fundamentale Innovationsweisheit halten muss, wenn es die nächste große Wachstumschance entdecken will: Je mehr Ideen man auf den Markt bringt, umso größer ist die Wahrscheinlichkeit, dass eine davon eine Goldgrube ist. Heute profitiert LEGO nach wie vor fast vollständig von seinem Kernportfolio bausteinorientierter Spiele. Morgen könnte der »Kern« ebenso gut etwas sein, das LEGO sich jetzt noch gar nicht vorstellen kann. Experimente wie LEGO Architecture und Cuusoo sind Suchstrategien, deren Ziel es letztlich ist, LEGO bei der Erforschung unerschlossener Märkte zu helfen.

DIE SIEBEN WAHRHEITEN DER INNOVATION
UND EIN UNTERNEHMEN, DAS KLICK MACHT

Ende der neunziger Jahre und Anfang des neuen Jahrtausends definierten Poul Plougmann und Kjeld Kirk Kristiansen Erfolg mit der Neubelebung der Marke LEGO und erklärten, bis zum Jahr 2005 »ist es unser Ziel, dass LEGO die weltweit stärkste Marke bei Familien mit Kindern wird«. Das war selbst für eine beliebte Marke wie LEGO ein unerfüllbarer Traum, wenn man bedenkt, dass das Unternehmen zu jener Zeit wirtschaftliche Werte von fast einer halben Million US-Dollar täglich vernichtete.

In Knudstorps Augen konnte es für die Marke keinen Aufschwung geben, ohne zuvor eine starke Grundlage für natürliches Wachstum zu schaffen: also eine ausgewogene Bilanz, eine vertretbare Schuldenbelastung, ein stabiles Kerngeschäft und profitable Produktlinien. Nur dann würden die Menschen daran glauben, dass LEGO wirklich eine verjüngte, aufregende Marke sei. Das brauchte Zeit. »Es beginnt mit einem finanziellen Turnaround, dann kommt eine Geschäftsumwandlung, und dann erfolgt eine Neubelebung der

Marke«, erklärte er. »Um die Marke LEGO wieder mit Leben zu erfüllen, muss man zunächst das gesamte Geschäftssystem verändern.«

Die größte geschäftliche Herausforderung ist nicht die Erfindung eines innovativen Produkts; es ist der Aufbau einer Organisation, die kontinuierlich innovative Produkte schaffen kann. Im Verlauf von acht Jahren hat LEGO dieses Ziel mehr als erreicht. Das Unternehmen fand zurück zum Baustein, verlieh unerschütterlichen Produktreihen wie LEGO City neues Leben und entwickelte zunehmend anspruchsvolle Kreationen wie Mindstorms NXT und LEGO Games. Nebenbei lernte LEGO, die Motoren der Innovation zu kontrollieren und zu lenken, die dem Unternehmen einstmals beinahe den Untergang gebracht hätten – die sieben Wahrheiten nämlich –, und wendete sie zu seinem Vorteil.

Welche letzten Lektionen können Sie von LEGO lernen und auf Ihre eigene Organisation anwenden? Ziehen Sie die drei folgenden Erkenntnisse in Betracht.

KEINE WAHRHEIT STEHT FÜR SICH ALLEIN

Die sieben Wahrheiten der Innovation sind keine konkurrierenden Visionen dessen, was für die erfolgreiche Innovation erforderlich ist. Auch wenn die sieben Wahrheiten gewöhnlich als Einzelmodelle des Innovationsmanagements dargestellt werden, hat LEGO bewiesen, dass jede davon in ein größeres Ganzes eingefügt werden kann, und ihre geballte Kraft schaffte es, ein Innovationssystem zu erzeugen, das beständige Gewinne erzielt.

Doch damit dieses System funktioniert, ist ein ausgesuchter Balanceakt erforderlich. Ihren Teams genügend Freiraum für die Gestaltung und zugleich eine Richtung zu geben bedeutet, dass Sie jene Art von Kontrollmechanismen nutzen müssen – wie die ausführlichen Konzepttests mit Kindern und die Festlegung der Design-DNA jeder Entwicklungsleistung –, die LEGO seit 2005 angewendet hat.

Zugegeben, es ist nicht leicht, ein gesundes Verhältnis zwischen Freiheit und Kontrolle herzustellen, wie LEGO selbst zur Genüge be-

wiesen hat. Von 1999 bis 2002 stärkte LEGO seine Innovationsinitiativen, ohne sie durch ausreichende Disziplin und Fokussierung auszugleichen. Und so brachte das Unternehmen eine Reihe schlecht umge-
setzter, unprofitabler Produkte heraus und ging infolgedessen beinahe
bankrott. Bei LEGO Universe dagegen übte LEGO zu viel Kontrolle
über seinen Versuch einer Durchbruchinnovation aus und verpasste
die Chance, jene Art von Online-Multiplayer-Konstruktionserlebnis
zu schaffen, die Markus Persson mit Minecraft umsetzte.

Wenn LEGO Erfolg hat, wie beispielsweise mit einer Big-Bang-
Produktreihe wie Ninjago, innoviert es von innen nach außen. Das
heißt, das Entwicklungsteam beginnt mit seinen Kernkompetenzen –
seinen umfassenden Kenntnissen über die Anwendung des Bausteins
und des Spielsystems – und experimentiert dann mit »noch nie dagewesenen« Accessoires wie etwa den Spinjitzu-Kreiseln. Und es lässt
die Ideen kontinuierlich von Kindern testen, um sicherzustellen, dass
es sich in eine profitable Richtung bewegt. Jedenfalls begibt das Team
sich niemals auf fremdes Territorium. Wirklich revolutionäre Spielerlebnisse bleiben dem Concept Lab überlassen. Experimentelle Ansätze wie Architecture gehören in Paal Smith-Meyers Neugeschäfts-
team.

Ob LEGO nun versucht, einen blauen Ozean zu befahren wie
mit Games oder eine Open Innovation wie Mindstorms NXT einzuführen, immer gibt es seinen Entwicklungsteams große Schaf-
fensfreiheit, solange sie »innerhalb der Grenzen« innovieren. In
Anbetracht der Einschränkungen, denen jedes Unternehmen in
diesen wirtschaftlich schwierigen Zeiten unterliegt, ist es vielleicht
an der Zeit, unser überstürztes Drängen nach dem »Denken über
den Tellerrand hinaus« neu einzuschätzen. Stattdessen könnten wir
dem Beispiel der LEGO Gruppe folgen und wieder die Grenzen des
Tellers berücksichtigen.

Ressourcen für Innovatoren
Für diejenigen unter Ihnen, die Interesse daran haben, die
Lektionen von LEGO anzuwenden, um die Innovation in Ihrem
eigenen Unternehmen zu fördern, haben wir eine Reihe von
Ressourcen zusammengestellt. Dazu gehören:

– Eine diagnostische Studie. Würden Sie Ihr Unternehmen gerne mit LEGO und anderen hervorragenden Innovatoren vergleichen? Nehmen Sie an der Studie teil, und Sie erhalten einen kostenlosen Bericht mit ausführlichem Feedback zu Ihrem Innovationsmanagement. Klicken Sie einfach unter *www.robertsoninnovation.com* auf »Take the Survey«.

– Eine allgemeine Innovationsmatrix. Eine der ersten richtungweisenden Aktivitäten von LEGO war die Definition einer eigenen Innovationsmatrix. Das Management schuf acht Kategorien von Innovationen, die sie verwendeten, um die Kreativität anzuregen, die Teams zu lenken und letztlich all ihre Innovationsbestrebungen zu organisieren. Eine allgemeine Matrix finden Sie unter *www.robertsoninnovation.com/innovation-matrix*.

– Innovationstechniken und -Tools. Wir haben die besten anthropologischen, Kreativitäts- und Prototypen-Tools in einer kostenlosen iPad-App zusammengestellt. Sie erhalten sie über *www.robertsoninnovation.com* oder direkt von iTunes über *bit.ly/innovationtechniques*.

– Die besten Bücher über Innovation. Unsere Lieblingsbücher zum Thema Innovation finden Sie auf *www.robertsoninnovation.com/favorite-innovation-books*.

– Davids Blog. Aktualisierungen zu unserer Innovationsforschung finden Sie auf *www.robertsoninnovation.com/category/blog*.

AUF ABLAUF UND RHYTHMUS KOMMT ES AN

Warum konnten Knudstorp und sein Team erfolgreich die meisten der Wahrheiten umsetzen, obwohl Plougmann und sein Team gescheitert waren? Knudstorp fing nicht damit an, den Schwerpunkt auf die radikaleren Innovationsstrategien zu legen, die eine Zerschlagung des Bestehenden und den Aufbruch in blaue Ozeane fordern. Und er versuchte nicht, alle sieben Innovationsstrategien auf einmal umzusetzen. Stattdessen schuf er eine Grundlage für die ehrgeizigeren Innovationen, indem er zunächst eine sehr klare Vision dessen aufbaute, wohin er das Unternehmen führen wollte. Er durchbrach auch die merkwürdig selbstzufriedene Kultur, die LEGO 2003 an den Rand des Abgrunds geführt hatte, und er brachte den Leuten die Grundwerte wieder nahe, die LEGO jahrzehntelang geprägt hatten. Gleichzeitig suchte er Kontakt zu den wichtigsten Fans. Sie bestätigten, dass sein Instinkt »zurück zum Baustein« die richtige Vorgehensweise war.

Nachdem Knudstorp eine Kultur aufgebaut hatte, die profitable Innovationen bot, und das Unternehmen sich wieder an seinen Kernkunden orientierte, warf er einen Blick zurück auf Bionicle, das Spielzeug, welches das Unternehmen gerettet hatte. In Bionicle sahen Knudstorp und sein Team das wertschöpfende Potenzial, das mit der Ausschöpfung der vollen Bandbreite von Innovation einherging. Sie definierten die Innovationstypen, die sie brauchten, und öffneten das Unternehmen, um ergänzende Innovationen auf den Markt bringen zu können. Sie erweiterten die Gespräche, die sie mit erwachsenen Fans beim Entwicklungsprozess von Mindstorms NXT geführt hatten, um die Intelligenz der Gruppe zu integrieren.

Erst dann, nachdem die volle Bandbreite der Innovation ausgeschöpft und der Entwicklungsprozess für externe Beteiligte geöffnet worden war, befasste sich LEGO mit den weiter außerhalb gelegenen Strategien zur Einführung einer Durchbruchinnovation – Universe und zum Entdecken eines unerforschten Marktes – Games. Universe war ein Misserfolg. Aber LEGO gab nicht auf. Einige der Strategien, die bei der Suche nach blauen Ozeanen funktionieren – die Übernahme einer Start-up-Mentalität, die Abschirmung des Teams von den Anforderungen anderer Geschäftseinheiten, die Erkenntnis, dass »gut genug« manchmal besser ist als Perfektion –, passen ebenso gut für Durchbruchbestrebungen. LEGO hatte aus seinem Erfolg mit der Blauer-Ozean-Strategie von Games gelernt und kann diese Lektionen nun mühelos auf seinen nächsten Versuch einer Durchbruchinnovation anwenden, welcher das auch immer sein mag.

Wie bei jeder Innovationsbemühung erfordert es eine gewisse Abfolge und einen Rhythmus, sich der Wahrheiten der Innovation zu bedienen. Am besten beginnt man mit dem Kern und den Kunden und arbeitet sich von dort aus vor. Und man sollte nicht zu schnell zu viel tun. Es ist sehr unwahrscheinlich, dass ein Unternehmen das Notwendige besitzt, um einen völlig neuen Markt zu entdecken, wenn es nicht zunächst ein Kerngeschäft aufgebaut hat, in dem man, wie Knudstorp es nannte, weiß, »wie man die Dinge erledigt«.

JEDE INNOVATION IST WICHTIG – AUCH WENN SIE NICHT ALLE GLEICH SIND

LEGO zeigte die beeindruckende Fähigkeit zu erkennen, welche Arten der Innovation am besten für eine neue Produktentwicklung geeignet sind. Das ist kein Zufall. Obwohl über das Übliche hinausgehende Innovationen wie Mindstorms und LEGO Games hohe Aufmerksamkeit erzielen, sind die gewinnträchtigsten Produktlinien des Unternehmens wie LEGO City zwar unsexy, aber zuverlässig. Die Neuauflage eines Evergreens wie City sorgt nicht unbedingt für Schlagzeilen, steigert jedoch maßgeblich den Profit des Unternehmens. Deshalb legt LEGO ebensoviel Wert auf die »Anpassung« (um die unternehmenseigene Terminologie zu verwenden) klassischer Bestseller wie auf die Schaffung revolutionärer Produktreihen, die eine ganze Spielzeugkategorie »neu definieren«. Darüber hinaus ist dem Unternehmen bewusst, dass solche unterschiedlichen Ansätze auch verschiedene Ressourcen, Strategien und Grade an Aufmerksamkeit erfordern. Um ein besseres Gespür dafür zu bekommen, wo und wie LEGO seine Wirtschaftsgüter arrangieren soll, zeichnet das Unternehmen seine Entwicklungsbestrebungen in die Innovationsmatrix ein.

Wie wir gesehen haben, ist die Matrix besonders nützlich, um den Grad an Innovativität zu bestimmen, den LEGO in eine neue Initiative einbringen sollte, je nach übergeordnetem Ziel. Und sie bewahrt LEGO davor, die wichtigen Innovationsarten zu ignorieren. Wie viele Unternehmen hatte LEGO früher einen blinden Fleck bei Innovationen. Es widmete einen Großteil seiner Aufmerksamkeit der Produktinnovation, wohingegen das Bionicle-Team bewies, dass neue Vertriebskanäle, ein intensivierter Entwicklungsprozess und neue Marketingmethoden ebenfalls überaus einträglich sein können. Indem LEGO seine Innovationsbemühungen in die Matrix einzeichnete, konnte es die weißen Flecken ausfindig machen – wie etwa eine gute Gelegenheit, sich mit einem externen Unternehmen zusammenzuschließen –, die es anderenfalls womöglich versäumt hätte.

Wie oft hat sich in Ihrem Unternehmen schon ein Innovationsvorhaben zerschlagen, nur weil der Initiative eine klare Richtung und die Kontrollmechanismen fehlten, die es den Managern ermöglicht hätten, Kurskorrekturen vorzunehmen? Für LEGO ist die Matrix eine Art GPS-System, das dabei hilft, die meisten Projekte in ihren Bahnen zu halten.

Egal wie oder wo LEGO innoviert, es wird jetzt von denselben beiden Wünschen angetrieben. Der erste ist, das fantasievolle Spielen und die kreative Ausdrucksfähigkeit bei möglichst vielen Kindern und Kind Gebliebenen auf möglichst viele verschiedene Arten zu fördern.

Die zweite Motivation ist ganz einfach, alle anderen Unternehmen an Innovativität zu übertreffen, oder anderes formuliert: das Bestreben, Ole Kirk Christiansens Grundwert »nur das Beste« zu verwirklichen. Aller Wahrscheinlichkeit nach wird LEGO es nicht schaffen, seine gigantische Wachstumsquote aufrechtzuerhalten, denn jede Rakete hat irgendwann ihren Höhepunkt erreicht. Das Unternehmen könnte auch feststellen, dass es sich beim Kampf gegen die Schwergewichte der Branche, Mattel und Hasbro, ein allzu ehrgeiziges Ziel gesetzt hat. Und es muss nach wie vor eine Vielzahl von Nachahmern abwehren, auch wenn es sich bemüht, den Baustein für Kinder des 21. Jahrhunderts weiterhin verlockend zu gestalten. Doch was immer die Zukunft für LEGO bringt, seine sieben Jahre dauernde Wandlung hält für potenzielle Innovatoren zwei letztgültige Botschaften bereit.

Innovieren bei LEGO ist nicht so viel anders als das Bauen mit LEGO. Ohne Zweifel ist der LEGO-Stein in der Lage, alles zu bieten, was die menschliche Vorstellungskraft ersinnen kann. Im Zeitraum einer willkürlich ausgewählten Woche (im Februar 2012) stießen wir auf Berichte, wonach ein amerikanischer Student der Ingenieurwissenschaften eine voll funktionsfähige, geradezu gespenstisch lebensechte Arm- und Handprothese *komplett aus LEGO-Komponenten* gebaut haben soll. Dann kam die Meldung, dass der Baustein bis an die äußerste Grenze vorgestoßen sei: ein japanischer Astronaut baute eine LEGO-Version der internationalen Raumstation ISS, *während er schwerelos im Orbit kreiste*. Man stelle sich vor, dass all diese unerschöpfliche Kreativität aus einem präzise kalibrierten, technisch hoch verfeinerten ABS-Kunststoffblock hervorgeht.

So ist es auch mit dem Innovationsansatz der LEGO Gruppe. Die Bandbreite völlig unterschiedlicher Spiele des Unternehmens, von zuverlässigen Klassikern wie DUPLO für Vorschulkinder bis zum 5 200 Teile starken, 500 US-Dollar teuren *Star-Wars*-Millennium-Falcon-Modell, entspringt seinem hochgradig disziplinierten, eng fokussierten System der Innovationssteuerung. LEGO entfacht die Kreativität und die Leidenschaft seiner Mitarbeiter hauptsächlich dadurch, dass der Innovationsprozess so sorgfältig ausgearbeitet und klar umrissen ist. So wie man alles mit LEGO-Steinen bauen kann, was man will, kann man auch innerhalb des Unternehmens alles schaffen, solange man »innerhalb des Bausteins« innoviert.

Unsere letzte Botschaft ist eine Warnung. Obgleich man aus der Wiederauferstehung der LEGO Gruppe viel lernen kann, gilt es auch, manches zu vermeiden. Wir haben viele Führungskräfte getroffen, die den Erfolg des Unternehmens nachahmen wollen, dabei jedoch nicht das Trauma berücksichtigen, das den Turnaround erzwungen hat. Unser Rat ist immer derselbe: Warten Sie nicht auf eine Krise, um einen tiefgreifenden systemischen Wandel anzustoßen. Auf den Bankrott zuzusteuern, wie es LEGO 2003 tat, fokussiert zwar die Sichtweise, ist jedoch nicht notwendig und ganz sicher nicht wünschenswert. Kontinuierliche Innovation muss ein Produkt der Lern- und Anpassungsfähigkeit einer Organisation sein.

LEGO öffnete uns seine Türen vor allem deshalb, weil das Managementteam seine Tausende Mitarbeiter an die Gefahren der Selbstzufriedenheit und an die Fallen eines blinden Gehorsams gegenüber Hausmitteln der Führungsriege erinnern wollte. Man wollte sicherstellen, dass das, was sich zwischen 1998 und 2003 ereignet hatte, »nie wieder passieren würde«. Wir hoffen, dass LEGO dieses Ziel realisiert. Wir hoffen, dass LEGO weiterhin gedeiht, denn eine Welt mit LEGO ist ein bisschen cleverer, ein bisschen kreativer und macht wesentlich mehr Spaß.

Teil 3

Eine kurze
Geschichte von
LEGO

Die Anfänge von LEGO

4   Eine LEGO-Formmaschine von 1947.

1   Die Ente, ein LEGO-Holzspielzeug aus den dreißiger Jahren, nimmt einen besonderen Platz in der LEGO-Historie ein. Als der junge Godtfred seinem Vater sagte, dass er bei einer Charge Enten nur zwei Schichten Lack verwendet hatte, um Zeit und Geld zu sparen, ließ dieser ihn zum Bahnhof gehen, die Enten zurückholen und die gesamte Nacht aufbleiben, um die dritte Lackschicht aufzutragen. Die Anekdote veranschaulicht die Maxime »Det Bedste Er Ikke For Godt« (Das Beste ist nicht gut genug).

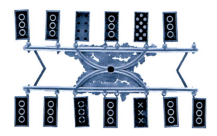

5   Frühe LEGO-Stein-Prototypen. Das Unternehmen experimentierte mit verschiedenen Konfigurationen, um die richtige »Haftkraft« zu finden.

6   Der heute weltberühmte LEGO-Stein kam 1958 auf den Markt.

2/3   Billund, Dänemark, in den 30er Jahren

9 Das einzige bekannte Foto mit drei Generationen von LEGO-Chefs: Ole Kirk, Godtfred Kirk und Kjeld Kirk.

7 Ein LEGO-Town-Set aus den sechziger Jahren versprach ein Spielerlebnis, das »so echt wie die Wirklichkeit« war.

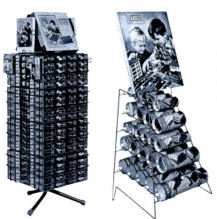

10 Drei Spielsets aus den siebziger Jahren: die LEGO-Familie, eine LEGO-Eisenbahn und ein LEGO-Haus. Die Familie ist zu groß, um in den Zug zu passen, und überragt das Haus.

8 LEGO-Verkaufsdisplays aus dem Einzelhandelskatalog von 1963.

11 Die erste LEGO-Minifigur aus dem Jahr 1978.

12 Das LEGO-Burg-Set Nr. 375 aus dem Jahr 1977.

15 Der X-Wing Starfighter von LEGO Star Wars.

13 Eine der vielen Innovationen der LEGO Gruppe unter dem jungen Kjeld Kirk Kristiansen war die Einführung von Fantasie-Themen wie Weltraum. Der Space Cruiser aus dem Jahr 1979 war ein großer Erfolg.

16 Das LEGO & Steven Spielberg Movie-Maker Set war der Versuch, eine Markt-chance auf dem »blauen Ozean« zu finden.

Bei LEGO wird experimentiert: 1999 — 2002

17 Die Jack-Stone-»Minifigur« (rechts) und eine klassische LEGO-Minifigur. Im Gegensatz zur klassischen Minifigur konnte die Jack-Stone-Figur nicht auseinanderge-nommen werden.

14 Eine LEGO-Spritzgussform.

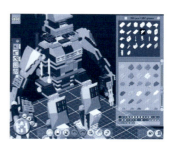

22 Mit LEGO Digital Designer, entwickelt von Qube Software, konnten die Nutzer virtuelle LEGO-Konstruktionen erstellen und sie auf eine LEGO-Website hochladen.

18/19/20 Das LEGO-Feuerwehrauto von 1997. Das Jack-Stone-Feuerwehrauto von 2001. Henrik Andersens Feuerwehrauto von 2004.

23 Zur Galidor-Actionfigur gehörte eine große Bandbreite komplementärer Innovationen, darunter ein neues Konstruktionssystem, eine Fernsehsendung und ein Videospiel.

21 Zu Beginn des neuen Jahrtausends wurde DUPLO zugunsten des neuen LEGO Explore vom Markt genommen. Der LEGO Explore Music Roller war eins der ersten Spielzeuge aus der neuen Produktreihe.

24 Zwischen 1996 und 2000 eröffnete LEGO drei LEGOLAND-Freizeitparks in Großbritannien, in den USA und in Deutschland.

27 An den Erfolg von Slizer und RoboRiders anknüpfend entwarf LEGO erste Konzepte für Voodoo Heads, woraus später Bionicle werden sollte.

Die Bionicle-Evolution

25 Die Slizer-Produktreihe erschien 1999. Es waren die ersten zusammenbaubaren Actionfiguren der Spielzeugwelt und die Vorläufer der Bionicle-Figuren.

28 Ein früher Prototyp für Voodoo Heads.

26 Die RoboRiders-Serie, die im Jahr 2000 auf den Markt kam, konnte nie Fuß fassen wurde nach kaum mehr als einem Jahr wieder eingestellt.

Die Geburtsstunde von Bionicle

31 Diese Innovationen gipfelten in Bionicle, einer Produktreihe, die weitaus düsterer und gewaltbetonter war als alles, was LEGO jemals angeboten hatte. Sie wurde bei Jungen auf aller Welt augenblicklich zum Erfolg.

29 Zwei frühe Konzeptskizzen von Christian Faber aus dem Jahr 2000 für das spätere Bionicle. Man beachte die pillenförmigen Behälter, mit denen die Bionicle-Helden auf die Insel Mata Nui gebracht werden.

32 Gorast, ein Bionicle aus der Mistika-Reihe von 2008. Laut lego.com ist »Makuta Gorast im gesamten Universum bekannt für ihre rohe Kraft und ihren gewalttätigen Zorn«.

30 Die Bionicle-Verpackung von 2001 war den von Christian Faber entworfenen Skizzen sehr ähnlich.

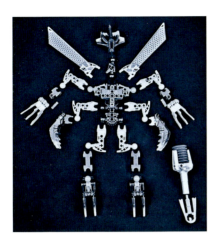

Open Innovation bei LEGO

33 Das Kugelkopfgelenk, das die Arme und Beine einer Figur drehbar macht, wurde speziell für Bionicle entwickelt. Die Steckverbindungen, mit denen die Hände am Arm befestigt werden, war von der Technic-Reihe übernommen worden.

35 Die vier ursprünglichen Mitglieder des Mindstorms User Panel (im Hintergrund stehend) wurden aus der LEGO-Fan-Community ausgewählt und eingeladen, dem LEGO-Team bei der Entwicklung der nächsten Generation des Produkts zu helfen. Das Bild zeigt (von links nach rechts) Steve Hassenplug, John Barnes, David Schilling und Ralph Hempel. Im Vordergrund knien Søren Lund (links) und Paal Smith-Meyer von der LEGO Gruppe.

34 Die Kanohi-Lebensmaske.

36 Der LEGO-Mindstorms-NXT-Baustein (links) verwendete Technic-Verbindungselemente (die in die Löcher an der Seite passten), um mit anderen Teilen des Sets zusammengebaut werden zu können. Der RCX-Baustein der früheren Generation (rechts) konnte entweder mit Technic-Verbindungsstücken (an der Seite) oder mit den traditionellen LEGO-Noppen (vorne) zusammengesteckt werden.

37 Steve Hassenplugs »Hassenpin«, mit dem man zwei Technic-Träger im rechten Winkel verbinden kann.

39 Adam Reed Tucker, ein Architekt aus Chicago, der riesige LEGO-Modelle von berühmten Gebäuden und Wahrzeichen gebaut hatte, entwickelte gemeinsam mit Paal Smith-Meyer von LEGO die Produktlinie Architecture.

38 Der Mindstorms-NXT-Roboter, der im Januar 2006 bei der Consumer Electronics Show in Las Vegas präsentiert wurde.

40 LEGO Architecture: der Willis Tower (oder Sears Tower).

LEGO, Minecraft und die 3-D-Drucker

41 Ein LEGO-Architecture-Display mit den Bausätzen für das Weiße Haus (Mitte) und Fallingwater (unten links).

44/45/46 LEGO-Fans können jetzt auch zu Hause Sets gestalten und replizieren. Oben sehen Sie eine Neuschöpfung des Fallingwater-Sets aus der LEGO-Architecture-Reihe für das Online-Spiel Minecraft. Mithilfe eines von Fans geschaffenen Konvertierungsprogramms wurde das Modell an einen 3-D-Drucker geschickt, um eine physische Version zu erzeugen, im Bild links neben dem Original-LEGO-Fallingwater-Set. Schließlich wurde die von Fans kreierte Neuschöpfung unter Verwendung eines Makerbot-3-D-Druckers »gedruckt«, wie das Bild unten links zeigt.

42/43 Das Fallingwater-Set aus der Reihe LEGO Architecture.

Die Entstehung von LEGO Games

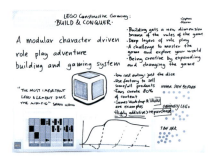

49   Ramses Pyramid, eins der ersten Sets aus der LEGO-Games-Reihe.

47   Die Originalplanung von LEGO Games. Beachten Sie die Innovationsmatrix unten links und die Abstimmungsergebnisse des Managementteams unten rechts. Das Management war gebeten worden, jedes Konzept daraufhin zu bewerten, wie gut es die Kriterien »noch nie dagewesen«, »eindeutig LEGO« und das Potenzial für einen Jahresumsatz von 1 Milliarde DKK (etwa 200 Millionen Dollar) erfüllte.

50   Prototypen von Ninjago-Kreiseln.

51   Cole, einer der Ninja-Helden, kämpft in der LEGO Ninjago Battle Area gegen Bonezai.

48   Prototypen von LEGO-Würfeln. Die endgültige Version ist unten rechts im Bild zu sehen.

1–16, 21, 23–28, 30, 31, 34, 36–38, 40, 42, 43, 47–51:
mit freundlicher Genehmigung der LEGO Group.
17–20, 32, 33, 44–46: David C. Robertson
22: mit freundlicher Genehmigung von Qube Software
29: mit freundlicher Genehmigung von Christian Faber
35: mit freundlicher Genehmigung von Søren Lund
39, 41: mit freundlicher Genehmigung von Adam Reed Tucker

Dank

Im Laufe der Zeit habe ich Dutzende von LEGO-Mitarbeitern, -Partnern und -Fans kennen gelernt, die durchweg freundlich, klug, bewusst und großzügig mit ihrer Zeit umgingen. Mein Dank gebührt Henrik Weis Aalbaek, Henrik Andersen, Tormod Askildsen, Phil Atencio, Erich Bach, Zev Barsky, Jamie Berard, Torsten Bjorn, Karsten Juel Bunch, Steve Canvin, Dan Elggren, Peter Espersen, Greg Farshtey, Helle Friberg, Ulrik Gernow, John Hansen, Mark Hansen, Lena Dixon Hjoland, Søren Holm, Cephas Howard, Niels Sandahl Jakobsen, Birthe Jensen, Jacob Kragh, Kjeld Kirk Kristiansen, Jens Lambak, Allan Steen Larsen, Kim Yde Larson, Soren Torp Laursen, Erik Legernes, Henrik Taudorf Lorenzen, Søren Lund, Phil McCormick, Sine Moller, Jai Mukherjee, Gitte Nipper, Mads Nipper, Henrik Nonnemann, Lars Nyengaard, Jette Orduna, Fleming Østergaard, Lisbeth Pallesen, Niels Milan Pedersen, Christoffer Raundahl, Jan Ryan, John Sahlertz, Ronny Scherer, Poul Schou, Chris Sherland, Mark Stafford, Robert Stecher, Bjarne Tveskov und Jill Wilfort von LEGO; Jesper Ovesen und Henrik Poulsen von TDC; Howard Roffman von Lucasfilm; Mitch Resnick vom MIT Media Lab; Jonathan Smith und Tom Stone von TT Games; Christian Faber von Advance; Scott Brown, Peter Grundy und Ryan Seabury von NetDevil; außerdem Peter Eio, Steve Hassenplug, Bill Hoover, Jake McKee, Megan Nerz, Poul Plougmann, Robert Rasmussen, Megan Rothrock und Adam Reed Tucker.

Per Hjuler und Paal Smith-Meyer, mit denen ich bei früheren Studien über die Firma LEGO zusammengearbeitet habe, waren von unschätzbarem Wert für das Verständnis der Kultur und der Vorgehensweisen bei LEGO. Dieses Buch beruht auf den Einsichten, die sie mir vermittelt haben. Cynthia Day, Duff McDonald und Michael Watkins haben mir die ganze Zeit Mut gemacht und Feedback gegeben – ich danke euch allen.

Bei LEGO selbst waren Jan Christensen aus der PR-Abteilung und Jørgen Vig Knudstorp, der CEO, von nie versiegender Hilfsbereitschaft in jeder Entwicklungsphase dieses Buches. Beide fanden immer die Zeit, mir zu helfen und meine Fragen zu beantworten. Ohne ihre Unterstützung wäre dieses Buch nie zustande gekommen.

Danke auch an Mary Choteborsky, meine Lektorin bei Crown Business. Mary war durchweg optimistisch, hilfsbereit und verständnisvoll. Ihre Anregung, die Lektionen aus der LEGO-Geschichte herauszuarbeiten, hat dieses Buch maßgeblich verbessert.

Noch drei letzte Danksagungen: Zunächst an Bill Breen, den Autor, der beim Verfassen dieses Buches mitgeholfen hat. Ein besonderes Dankeschön geht auch an Carol Franco, meine Agentin und Freundin. Ich hoffe, dass dies lediglich das erste Buch einer langen Zusammenarbeit ist. Und schließlich danke ich Anne, die all die emotionalen Höhen und Tiefen erdulden musste, die finanziellen Einschränkungen und die ständige Abwesenheit ihres Ehemanns. Danke für all deine Liebe und Unterstützung.

Anmerkungen

1 Teile dieses Kapitels beruhen auf Material aus folgenden Quellen: Willy Horn Hansen: *50 Years of Play* (1982); Christian Humberg: *50 Years of the LEGO Brick* (2008), dt. Titel: *50 Jahre LEGO Stein* (2008); Jesus Diaz: »LEGO Brick Timeline: 50 Years of Building Frenzy and Curiosities«, auf: *Gizmodo,* 28.01.2008, http://gizmodo.com/349509/lego-brick-timeline-50-years-of-building-frenzy-and-curiosities; Charles Fishman: »Why Can't LEGO Click?«, in: *Fast Company,* August 2001; sowie die exzellente Darstellung der Geschichte von LEGO auf Brickfetish.com.

2 *50 Years of Play* (1982).

3 Christian Humberg: *50 Years of the LEGO Brick* (2008).

4 Gary Hamel mit Bill Breen: *The Future of Management* (2007); dt. Titel: *Das Ende des Managements. Unternehmensführung im 21. Jahrhundert* (2008).

5 Es gibt verschiedene Fassungen der Prinzipien, die Godtfred im Laufe der Jahre immer wieder überarbeitete. Diese ist die prägnanteste.

6 Die Originalfarben des LEGO-Steins – Gelb, Rot und Blau – referierten auf den modernen niederländischen Maler Piet Mondrian.

7 Ein LEGO-»Element« wird definiert als die Kombination einer einzigartigen Form und Farbe. Ein roter 2 × 4-Stein ist ebenso ein Element wie ein gelber 2 × 4-Stein.

8 Brandon Griggs: »10 Great Quotes from Steve Jobs«, auf: CNN.com, 05.10.2012.

9 Sofern nicht anders vermerkt, stammen alle Zitate aus den von den Autoren geführten Interviews.

10 Charles Fishman: »Why Can't LEGO Click?«, in: *Fast Company,* August 2001.

11 Sonia Purnell: »Picking Up the Pieces«, in: *Independent,* 20.12.2000.

12 Nicholas Negroponte: »Where Do New Ideas Come From?«, auf: Wired.com, 01.01.1996.

13 Clayton M. Christensen: *The Innovator's Dilemma: When New Technologies Cause Great Firms to Fail* (1997); deutscher Titel: *The Innovator's Dilemma. Warum etablierte Unternehmen den Wettbewerb um bahnbrechende Innovationen verlieren* (2011). Dies ist das bekannteste von Christensens Büchern; seine Ideen über Durchbruchtechnologien und Durchbruchinnovationen hat er zunächst in Artikeln dargelegt, die vor dem Buch erschienen sind, sowie auch in späteren Büchern, insbesondere in *The Innovator's Solution* (mit Michael Raynor, 2003); deutscher Titel: *Marktorientierte Innovation. Geniale Produktideen für mehr Wachstum* (2004).

14 Douglas Coupland: *Microserfs: A Novel* (1995); deutscher Titel: *Microsklaven* (1996).

15 Die Bezeichnung »Full spectrum« stammt aus George S. Days *Growth Through Innovation.*

16 Das ist die »Innovationswahrheit«, die Kristiansen – nicht Plougmann – bevorzugt. Das Scheitern von Darwin beschleunigte den finanziellen Verlust von 1998. Als Plougmann etwas später im selben Jahr bei LEGO anfing, lag Darwin dem Unternehmen immer noch so schwer im Magen, dass niemand Appetit auf größere Investitionen in virtuelle Spiele verspürte.

17 Zitiert in Rosie Murray-West: »LEGO Wobbles as Star Wars and Harry Potter Sales Tumble«, in: *Telegraph,* 30.12.2003.

18 Rosie Murray-West: »LEGO's Blueprint for Success: Build Bigger Bricks«, in: *Telegraph,* 03.02.2004.

19 Christopher Brown-Humes: »After the Crash: LEGO Picks Up the Pieces«, in: *Financial Times,* 02.04.2004.

20 Unsere Überschlagsanalyse ergab, dass eine Million DKK Umsatz pro Element eine magische Zahl für LEGO sind. Wenn die Umsätze sinken oder die Anzahl der Elemente steigt – und das Verhältnis zwischen den beiden unter eine Million sinkt –, gerät LEGO in die Verlustzone. Wenn das Verhältnis dagegen steigt, wachsen die Gewinne exponentiell.

21 GFK ist der Kostenanteil des CPP-Systems, das wir weiter oben erwähnt haben. Die GFK-Zahlen werden mit den Umsatzzahlen kombiniert, um im CPP-System den Gewinn zu berechnen.

22 Zitat aus »How LEGO Caught the Cluetrain«, Präsentation von Jake McKee, http://experiencecurve.com/archives/how-lego-caught-the-cluetrain-presentation-by-jake-mckee.

23 Ein Teil des Materials dieses Abschnitts stammt aus Yun Mi Antorini, Alfred M. Muniz jun. und Tormod Askildsen: »Collaborating with Customer Communities: Lessons from the LEGO Group«, in: MIT *Sloan Management Review,* Frühjahr 2012.

24 Jake McKee: »Behind the Curtains – LEGO Factory AFOL Project Team«, 16.11.2004, www.lugnet.cc/lego/?n=2588.

25 Ira Sager und Peter Burrows mit Andy Reinhardt: »Back to the Future at Apple«, in: *BusinessWeek,* 25.05.1998.

26 Zum Glück schlug Fabers Medikament an, und er konnte uns diese Geschichte zehn Jahre später erzählen.

27 Wir verwenden »GE« als Abkürzung für das geistige Eigentum eines Unternehmens; dies kann Patente, Handelsmarken und Urheberrechte umfas

sen. Dieses Eigentum kann zu den wertvollsten Wirtschaftsgütern eines Unternehmens werden. Während LEGO einen Teil der Gewinne aus seinen lizenzierten *Star-Wars*-Spielzeugen an Lucasfilm abführte, konnte die Firma den gesamten Gewinn aus den Bionicle-Spielzeugen einstreichen, da ihr die geistigen Eigentumsrechte an Bionicle gehörten.

28 1979 führte LEGO zwar eine Reihe von Spielzeugen unter der Namen Fabuland ein, wozu auch begleitende Figuren, Handlungen und Comicbücher gehörten. Doch die Serie war kein großer Erfolg und wurde nicht fortgesetzt.

29 Bionicle wurde unter Poul Plougmann entwickelt, der LEGO für den größeren Markt von Jungen attraktiv machen wollte, die dem Baustein gleichgültig gegenüberstanden. Die meisten dieser Bemühungen scheiterten. Bionicle war jedoch ein strahlender Erfolg.

30 Teile von Kapitel 7 beruhen auf Material, das erstmals in den folgenden Veröffentlichungen erschien: Patricia B. Seybold: *Outside Innovation: How Your Customers Will Co-Design Your Company's Future* (2006); Brendan I. Koerner: »Geeks in Toyland«, in: *Wired,* Februar 2006; Quentin Hardy: »Son of LEGO«, in: *Forbes,* 04.09.2006.

31 LEGO verwendete eine iconbasierte Programmiersprache, den RCX-Code, der weniger leistungsfähig, aber leichter erlernbar war als NQC und sich daher besser für Kinder eignete.

32 Larissa MacFarquhar: »When Giants Fail«, in: *New Yorker,* 14.05.2012, http://archives.newyorker.com/?i=2012-05-14#folio=086.

33 Im Rahmen einer weltweiten Lizenzvereinbarung schuf der britische Videospielentwickler TT Games – gegründet von ehemaligen LEGO-Mitarbeitern, die bei der Unternehmensverschlankung 2003 entlassen worden waren – beliebte Konsolenspiele wie LEGO *Star Wars* und LEGO *Batman.*

34 Connor Wack: »Stephen Calender Talks: LEGO Universe«, auf: MMO Fallout, 24.07.2011, http://mmofallout.com/2011/07/24/stephen-calender-talks.

35 Josh Augustine: »A Glimpse into What LEGO Universe Could Have Been«, in: PC *Gamer,* 31.01.2012, www.pcgamer.com/2012/01/31/a-glimpse-into-what-lego-universe-couldve-been.

36 Chris Holt: »LEGO Universe«, in: *Macworld,* 19.02.2011.

37 Der Preis des LEGO-Fallingwater-Sets liegt bei ungefähr 15 US-Cent pro Gramm. Das ist das Dreifache der Kosten für ein Gramm Kunststoff, wie er im MakerBot verwendet wird. Doch mit dem MakerBot kann man das Modell innen hohl gestalten und damit die erforderliche Kunststoffmenge reduzieren.

38 Tom Chivers: »LEGO Concept Lab ›Like Working for CIA‹«, in: *Telegraph*, 22.10.2009.

39 LEGO legt zwar nicht regelmäßig seinen Weltmarktanteil offen, aber die Marktanalysten der NPD Group erfassen seinen US-amerikanischen Marktanteil, der von 1,9 Prozent im Jahr 2004 auf 6,2 Prozent im Jahr 2011 anstieg. Wenn das Unternehmen seinen Weltmarktanteil veröffentlicht, liegt dieser tendenziell einen Prozentpunkt höher als der in den USA.

40 Das Konzept des T-förmigen Profils war lange Zeit ein Hauptgedanke der Firma McKinsey & Company, früherer Arbeitgeber von Knudstorp, sowie der Designfirma IDEO.

41 Das Geschlecht ist der einzige Bereich, in dem die LEGO-Entwickler ausgesprochen einheitlich sind, denn die meisten sind Männer.

Register

Fredmund Malik
Wenn Grenzen keine sind
Management und Bergsteigen

2014. Ca. 256 Seiten, gebunden

Auch separat als E-Book erhältlich

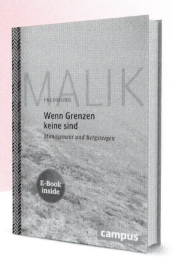

Die Gratwanderung meistern

Ausdauer, Selbstmotivation, Leistung, Verantwortung – Bergsteiger und
Manager verbindet mehr, als die meisten denken. In seinem neuen Buch präsentiert Bestsellerautor Fredmund Malik das Bergsteigen als facettenreiche
Lebensschule, in der man zentrale Erkenntnisse für ein wirksames Management und ein erfülltes Leben gewinnen kann. Malik ist überzeugt: Beruf
und Privatleben sind vereinbar, Erfolg und Lebensqualität kein Widerspruch.
Gewohnt scharfsinnig votiert er gegen einen Dauerzustand »am Limit«
und die Vorstellung, Topmanager müssten ständig »Berge versetzen«.
Ein Plädoyer für mehr Freude an Leistung.